日中戦争は
なぜ起きたのか

近代化をめぐる共鳴と衝突

波多野澄雄 / 中村元哉 [編]

中央公論新社

序　文

宮本雄二（元駐中国大使・宮本アジア研究所代表）

　日中関係に長年従事し、私は身を以て相互理解の難しさを体験してきた。世界中どこに行っても、隣国同士、しかも大国同士の関係は難しい。偏見が横行し、すぐに感情問題となり、理性的な対応を難しくする。それだけに相互理解が格段に重要になる。

　だが、日中いずれにおいても、真の意味で相互理解を助ける書物があまりにも少ない。問題を深く掘り下げながら全体を見失わず説明することがいかに難しいかの証左であろう。とはいえ政治家にしても、ジャーナリストにしても、はたまた外交官であっても、相手国に対する理解を深めるためには単なる経験の積み重ねだけでは不十分だ。質の高い専門書の助けがどうしても必要になる。とりわけ歴史書は、全体像を把握するための必須の道具である。しかし、客観的に眺めることの難しい分野であり、日中関係史においては特にその傾向が強い。

　笹川平和財団（笹川日中友好基金）は、2016年から「歴史認識と未来に係る有識者対話」事業を実施してきた。日本側の委員長を私がつとめ、中国側委員長は呉建民元駐仏大使（その後、蔡武元文化部長に交代）であった。本対話事業を立ち上げた最も大きな理由は、日中関係の発展を阻害する要因の1つが近代以来の歴史への評価の違いと、それに起因する両国の対立にあると考えたからである。そのために近代史および第2次世界大戦後の歴史を幅広い視野から総合的に分析し、評価することが必要となる。個別の事象は、カメラのレンズを引き、より大きな構図の中に置くことでさらに客観的な見方が可能となり、より正確な全体像も見えてくる。この正確な歴史認識が、正確な現状分析につな

がり、正確な未来のあるべき姿を描くことを可能とする。未来のあるべき姿を
描くことは、本対話事業の最終目的でもある。日中関係が最も厳しい時期に、
このことを構想し、事業として立ち上げた日中の関係者各位に対し深い敬意を
表する。

＊

　歴史を幅広い視野から総合的に分析し評価するという視点に立てば、国際政
治あるいは歴史の大きな潮流の中で、日中関係史の全体像を捉える必要がある。
そこで歴史学者に加え、国際政治、国際経済、国際関係、メディアなどの分野
の専門家に参加していただくことにした。本対話事業の近代史部分の成果が本
書である。質の高い研究成果になったと自負している。日中双方の専門家が、
同じ視点に立って作業をしたことの意義は、やはり大きい。本対話事業の第2
次世界大戦後の歴史に関する共同作業の成果も、いずれ日中両国において出版
される予定である。
　アメリカ歴史学会の会長をつとめたこともある入江昭ハーバード大学名誉教
授は、「過去に起こった出来事としての歴史は変えることが出来ない。しかし、
その歴史をどう理解、解釈、あるいは認識するかについて、ただひとつの正し
い答えがあるわけではない」（『歴史を学ぶということ』）といっている。しかし
認識が近づくことはある。今回の日中共同作業はまさにこのことを示している。
　そもそも日中が歴史共同研究を行えば、共通の歴史認識を持てるというよう
な簡単な話ではない。しかし、共同作業を通じて相手の見解と、それを支える
論拠に対する理解は確実に深まるし、双方の共通認識も確実に拡大する。
　21世紀を生きる我々にとり必要なのは地球的視野である。今回の、国際政
治あるいは歴史の大きな潮流の中で日中関係史の全体像を捉える作業の成果か
ら、我々は今日を生きる重要な教訓を導き出すことができるだろう。波多野澄
雄氏の「日中戦争の原因と背景について」と題する論考において、それらの点
が見事に浮かび上がっている。

＊

　私は、戦前の日本の最も本質的な錯誤は、歴史の大きな潮流を正確に把握す
ることに失敗した点にあったと考えてきた。歴史的潮流の1つは、戦争の非合
法化ないし規制強化の動きであり、ルールに基づく国際統治への動きであった。

日本は、それを感知できなかった。この新たな潮流は、第1次世界大戦におい
て未曽有の甚大な死傷者と破壊を経験した欧州とアメリカが、同じような大戦
が再度起こることを回避するために払った懸命な努力の結果でもあった。国際
政治は冷酷であり、きれい事では済まない。戦前の日本はこの側面を過度に重
視し、新しい国際統治への流れをほとんど無視した。国際世論は日本を批判し、
日本はドイツとともに国際秩序の破壊と戦争への道を進んだ。第2次世界大戦
後、この歴史的潮流は不可逆的なものとなり、国際連合に代表される戦後国際
秩序として結晶した。

　2つ目の歴史的潮流は、ナショナリズム、民族主義の高まりである。日本は
それに鈍感であり、最後まで正確に理解できなかった。20世紀初めの中国は
ナショナリズム高揚期に入っていた。1919年、山東返還などを求める学生デ
モは全国に拡大した。全国的ナショナリズム運動の嚆矢といわれる五・四運動
である。だが、わが国の対中国政策において中国のナショナリズムはほとんど
無視された。日本は日中戦争の泥沼に入り込み、アメリカとの関係を決定的に
悪化させた。真珠湾攻撃への道は、こうして準備されたのである。国際社会は
ウッドロー・ウィルソンの14ヵ条を先鞭として、欧州に限られかつ制限的な
ものではあったが、民族自決を認める方向に動いていた。第2次世界大戦後、
民族自決の原則は国連憲章において普遍的なものとして認められた。

　この2つの潮流は、今日も続いている。これにグローバリゼーションの進展
と、それによってもたらされた相互依存関係の拡大と深化が、新たな歴史的潮
流として付け加えられたと判断して良いだろう。これらの潮流に鈍感であった
り無視したりする政策は、いずれ破綻するであろう。

　本書を読み、どのような教訓をくみとるかは読者の皆さんの判断による。人
によって違っても良い。本書がそのための良質の材料を提供していることは確
かである。

　最後に、本対話事業の完成を見ることなく他界された中国の2人の友人たち
に触れさせていただきたい。なぜなら彼らの尽力なくして、本対話事業の出発
はなかったからである。1人は、中国側委員長をつとめた呉建民元駐仏大使で
ある。2016年、不幸にして交通事故で亡くなられた。長期的な広い視野もつ
卓越した外交家であり、中国国内の雰囲気と関わりなく、常に自説を発信し続

けてきた。その勇気と見識に深い敬意を表する。もう1人は中国の日中関係史の権威であった歩平社会科学院近代史研究所元所長である。歩平氏は、日中両国政府の合意に基づき06年に始まった日中歴史共同研究プロジェクトの中国側座長をつとめた。その経験を踏まえて本対話事業にも積極的に貢献したが、同じく16年、病没された。その真摯な使命感に心からの敬意を表したい。

目 次

序　文　　　　　　　　　　　　　　　　　　　　　　　宮本雄二　3

総括報告 ………………………………………………………………… 13

日本　日中戦争の原因と背景について　　　　　　　　波多野澄雄

はじめに ……………………………………………………………… 14

1. 中国の国権回収運動と日本——満洲事変の原因と背景 ………… 15

2. 満洲事変と華北工作——いかに紛争拡大を抑制するか ………… 20

3. 戦争の要因と背景 ……………………………………………… 22

4. 緊張緩和への取り組み ………………………………………… 27

おわりに——相互依存の世界と錯綜する対立要因 ……………… 29

中国　日中歴史共同研究報告　　　　　　　　汪朝光（小野寺史郎　訳）

はじめに ……………………………………………………………… 31

1. 近代以降の日中両国の異なる発展の道 ……………………… 31

2. 日中両国の近代化の道筋の違い ……………………………… 33

3. 日中両国における近代ナショナリズムの成長 ……………… 34

4. 東アジアの国際関係と日中両国の外交活用 ………………… 36

5. 日中両国関係に対する国際システムと国際秩序の影響 …… 38

6. 日中両国の国家体制の構造と社会の空気 …………………… 39

おわりに ……………………………………………………………… 42

第1章　近代化比較——日中両国の国家建設 ……………………… 45

日本　近代世界のなかの日本と清朝　　　　　　　　　吉澤誠一郎

1. 問題の設定 ……………………………………………………… 46

2. 近世における日中の分岐 ……………………………………… 47

3. 開港の時代 ……………………………………………………… 51

4. 模倣と反撥 ……………………………………………………… 55

5. 辛亥革命の展開と収束 ………………………………………… 57

6. 結びにかえて …………………………………………………… 60

中国　1930年代中期以前の両国の近代化と工業化モデルの比較研究

厳立賢（森川裕貫 訳）

提　要 ………………………………………………………………… 65

はじめに ……………………………………………………………… 65

1. 日中両国の近代化における初期条件の違い
　　──プロト工業化に関する考察 ……………………………… 66

2. 近代以来の日中両国の農業生産性と近代工業化発展の差異 … 73

3. 日中戦争に向けて──日中両国の工業化モデルの変遷 ……… 80

結　論 ………………………………………………………………… 87

第2章　国際関係・外交──1920年代

91

日本　東アジアの国際秩序の変動と日中の対応

中谷直司

はじめに ……………………………………………………………… 92

1. 第1次世界大戦と日中関係──21ヵ条要求とウィルソン主義 … 93

2. 旧秩序から新秩序へ …………………………………………… 96

3. 国際連盟と日中関係 …………………………………………… 105

中国　満洲事変前夜における国際秩序の変容と日中衝突の原因

王緝思／孫桜（久保茉莉子 訳）

提　要 ………………………………………………………………… 116

1. 日中衝突の背景にある国際秩序 ……………………………… 117

2. 中国における日米の国際秩序をめぐる争い ………………… 122

3. 第1次世界大戦後の協調時期における日中の矛盾解消失敗の原因 … 127

4. 歴史の教訓 ……………………………………………………… 135

第3章　経済関係──1910年代以降の貿易、投資、企業活動 ………… 139

日本1　近代中国経済の変容と1930年代　　　　　　　　　久保亨

はじめに ……………………………………………………………………… 140

1. 1920‑1930年代の中国経済と対外関係 ……………………………… 140
2. 1930年代の日中経済関係の展開 …………………………………… 143
3. 1930年代の日中経済関係の政治的含意 …………………………… 146

おわりに ……………………………………………………………………… 157

日本2　日中戦争の経済的要因をめぐる学説
──日本帝国史研究の視点から　　　　　　　　木越義則

はじめに ……………………………………………………………………… 161

1. 戦争の経済的要因をめぐる研究 …………………………………… 162
2. 戦争要因の実証的究明 ……………………………………………… 165
3. 日本帝国研究の進展──「帝国の経済遺産」 ……………………… 173

おわりに ……………………………………………………………………… 176

中国　1935年までの国際経済秩序と日中間の経済・貿易関係
　　　　　　　　　　　　　　　　　　　閻慶悦（松村史穂 訳）

はじめに ……………………………………………………………………… 183

1. 国際経済秩序と日中両国の経済への影響 ………………………… 184
2. 日中間の経済関係 …………………………………………………… 188
3. 日中経済関係と日中戦争勃発についての初歩的考察 …………… 196

第4章　文化関係──1910年代以降 ……………………………………… 203

日本　日中文化関係──協力と離反　　　　　　　　　　熊本史雄

はじめに ……………………………………………………………………… 204

1. 対支文化事業の開始と展開 ………………………………………… 205
2. 国際社会のなかの日本と中国 ……………………………………… 212
3. 日中戦争の勃発と文化事業のゆくえ ……………………………… 216

おわりに ……………………………………………………………………… 222

中国　文化協力と敵対の「契機」——中国人の眼から見た「東方文化事業」

徐志民（杉谷幸太 訳）

はじめに ……………………………………………………………………… 229

1. 中国政府——感謝から抗議へ ………………………………………… 230

2. 文化界と教育界——協力と反対と ………………………………… 237

3. 日本留学生——知と行の乖離 ………………………………………… 245

結　論 ………………………………………………………………………… 250

第5章　全面戦争化——国内要因 ……………………………………… 257

日本　両国の政策決定メカニズムの変化と全面戦争化の原因　　光田剛

はじめに ……………………………………………………………………… 258

1. 満洲事変までの両国の政策決定（－1931年9月）………………… 259

2. 満洲事変下での体制変容（1931年9月－1935年5月）…………… 265

3. 華北分離工作以後（1935年5月－1937年7月）………………… 271

おわりに ……………………………………………………………………… 275

中国　日中戦争の全面勃発の原因について　　臧運祜（矢久保典良 訳）

はじめに ……………………………………………………………………… 279

1. 日中戦争の定義に関する問題 ………………………………………… 279

2. 満洲事変勃発の原因 …………………………………………………… 281

3. 満洲事変以後の日中関係とその変化 ……………………………… 288

4. 両国の政策決定メカニズムの変化 ………………………………… 293

第6章　全面戦争化——国際要因 ……………………………………… 301

日本　満洲事変・日中戦争と国際関係——ドイツとの関係を中心に

田嶋信雄

はじめに ……………………………………………………………………… 302

1. 1920年代のドイツと中国 …………………………………………… 303

2. 満洲事変から日中戦争へ ……………………………………………… 305

3. 日中戦争の勃発から事実上の中独断交へ ……………………………… 309

おわりに ……………………………………………………………… 312

中国　日中全面戦争へ至った国際的要因　　于鉄軍／李卓（河野正 訳）

はじめに ……………………………………………………………… 317

1. 「命取り」となった満洲
　　──満洲事変の国際的要因と事後処理およびその影響：1931‒1933年 ………… 320

2. 限定的な緩和──塘沽停戦協定から広田三原則まで：1933‒1935年 ……… 328

3. 風雲急を告げる──「華北の危機」から盧溝橋事件へ：1935‒1937年 ………… 333

4. 破局──第2次上海事変の発生とトラウトマン和平工作の失敗、
　　および日中全面戦争の始まり：1937‒1938年 ……………………… 336

結　論 ………………………………………………………………… 338

結　び　　中村元哉　343

関連年表 ……………………………………………………………… 347

索　引 ………………………………………………………………… 351

執筆者紹介 …………………………………………………………… 359

凡例　〔　〕は翻訳者による注を示す。

総括報告

梅屋庄吉が中国に贈った、孫文の銅像（南京市）

| 日本 | # 日中戦争の原因と背景について |

波多野澄雄 （アジア歴史史料センター）

はじめに

満洲事変の勃発直後、石橋湛山は、自ら主宰する『東洋経済新報』の社説で次のように論じた。

> 日本と中国は千年以上も「親睦」を続け、その継続が両国の利益である。だが、過去十数年の両国関係は満蒙問題のため親睦とは逆に進んでいる。その原因は、日本が中国の主権を制限し、満蒙特殊権益を保持しているからで、その根本的解決のためには日本が満蒙権益を放棄するほかはない。たとえ日本が力をもって満蒙で特殊権益を確立させたとしても、必ず問題を起こす。そのことは21ヵ条要求の結末を見ればわかる。いわんや今日は、当時とは異なり、力をもって屈服させることはできない。「満蒙問題を根本的に解決する第一の要件は、支那の統一国家建設の要求を真っ直ぐに認識することだ」――。

満洲事変の直接の原因は、関東軍が満鉄線路を自ら爆破し、中国側の仕業だ

として満洲占領に乗り出したことにある。ただ、この事実が一般に明らかになったのは第2次世界大戦後のことである。石橋は、当然ながらこの事実に触れていないものの、日本の満蒙権益の回収に邁進する中国と、満蒙権益の擁護に固執する日本という対立の構図を示している。

　この石橋の社説を手がかりに、日中戦争の原因と背景について、主に外交史的な観点から若干の展望を述べてみよう。その際、満洲事変の勃発を1つの区切りとする。というのは、国権回収を主要課題とした中国外交は、満洲事変によって軍事侵略を抑制する新たな外交を展開せざるをえなかったからである。したがって、満洲事変までの時期では、事変を引き起こした背景と原因を探るが、それ以降の時期では、なぜ事変拡大を抑制できなかったか、という観点から、その背景と原因を探ることになる。そうすることによって、日中戦争の原因と背景も、より複合的に捉えられるはずである。

1. 中国の国権回収運動と日本——満洲事変の原因と背景

1.1 対立の原型——21ヵ条要求と山東権益問題

　辛亥革命の結果、臨時大総統に就任した孫文は、「文明国として享くべき権利を享くることを期すべし」と宣言して、国権回復への決意を公式に表明した。

　辛亥革命から日中戦争、さらには第2次世界大戦にいたるまで、不平等条約からの離脱、国際社会における独立・平等の地位の確立は、一貫する中国の対外政策の優先目標であった。内戦が続き、政権も何度も交代したが、国権回復という対外政策の目標は一致していた。各地に割拠した軍閥は中央政府がもてあます存在であったが、外国に媚びるばかりではなく、国権回復という目標を共有し、そのために中央政府に協力する場合も少なくなかった。

　第1次世界大戦から1920年代を通じて、中国はさまざまな方法で国権回復を訴えるが、最初の具体的な目標は、21ヵ条要求の撤廃と山東権益の無条件回収であった。

　21ヵ条要求は、世界大戦という「天祐」を利用して、大隈内閣の加藤外相が1915年1月に中華民国北京政府（1912-1928年）に突き付けたものである。ド

イツから奪取した山東権益（膠州湾租借地、山東鉄道など）の確保、諸懸案の解決による満洲権益の維持強化を図ろうとしたもので、満洲以外の中国本土に権益を扶植しようとした最初の試みであった。最後通牒によって要求を受け入れた中国は南満・東蒙条約（南満洲及び東部内蒙古に関する条約）、山東省に関する条約などを締結した。日本の要求は条約の上でも認められることになった。

　21ヵ条要求は力を背景に勢力拡大を試みるという、典型的な帝国主義外交であった。中国各地に反日ボイコット運動が巻き起こるが、その主な担い手は商人や土地の名士であり、運動も散発的で組織的なものではなく、その手法も直接的な日貨排斥というより、国産品の購入奨励による「救国」に重点をおいていた。国権回復に向けた対外的ナショナリズムはいまだ成長途上にあった。

　北京政府が最後通牒を受諾した5月9日は、その後の中国において「国恥記念日」として記録されるが、日本国内では、21ヵ条要求の手法と成果を疑問視する声はほとんどなかった。だが、交渉が終わったとき、日本外交は危機的な状況に直面する。中国との関係はもとより、とくにアメリカの対日不信感は深刻なものとなる。その「負の遺産」は長く日本外交の足かせとなる。たとえば1929年の、小幡酉吉公使の着任に対する中国政府によるアグレマン拒絶という事件は、小幡が21ヵ条交渉に関与したことが1つの原因とされる。

　パリ講和会議において、山東権益の日本への譲渡が中国の反対を押し切って承認されると、北京では組織的で大規模な反日デモが起こり、日本商品のボイコット運動や抗議行動が各地に広がる（五・四運動）。中国では「公理」（デモクラシー、民族自決、国際規範）が「強権」（帝国主義）によって踏みにじられたと広く理解され、北京政府はヴェルサイユ条約への調印を拒否した。

　その後、日本は日本軍の撤退、山東鉄道の日中合同経営などを条件に山東還付交渉を中国に提議した。しかし、無条件還付の姿勢を崩さない中国は、英米の介入を期待し、国際連盟に解決を託そうという世論にも押され、日本の申し入れを拒絶した。結局、山東権益は英米の後押しを得た1922年の日中交渉によって、一部の経済権益を除き中国のものとなる。

　他方、21ヵ条要求は、ワシントン会議でその一部を日本は放棄するものの、同要求に基づく南満・東蒙条約の効力は維持される。南満・東蒙条約は、まさしく日本の満蒙権益を支える法的基盤であった。

16　　総括報告

1.2 中国国権回収運動の「穏歩」と「急進」

　ところで、第1次世界大戦後から1920年代にかけて、グローバルなレベルで国際政治に大きな変化が起こった。大戦期に蓄えた経済力をもって戦後に台頭したアメリカは、ウッドロー・ウィルソンの14ヵ条として知られる国際秩序の諸原則を提示した。公開外交、自由貿易、民族自決などである。これらの諸原則に立脚する外交は「新外交」と呼ばれ、何よりも、排他的な勢力圏を競い合うという帝国主義外交――「旧外交」を否定していた。「デモクラシー」や「民族自決」の考え方も各国政治に変革の契機を与えた。大戦末期に起こったロシア革命も東アジア世界に大きな影響力をもった。

　中国の国権回収運動の展開は、こうした国際環境の大きな変化の影響を受け、またその手法にも「穏歩」と「急進」という違いがあり、日本外交はその狭間で悩まされることになる。

「穏歩」とは、二国間ないし多国間交渉を通じて不平等条約の束縛から脱し、漸進的な改革によって資本主義的な国家建設を図ろうという国内政策に導かれた路線である。とくに北京政府は、1921年に最初の対等条約とされる中独通商協定など、1920年代前半までに多くの国との個別交渉を通じて成果を挙げていく。その手法は、不平等条約の期限の到来に合わせて改正交渉によって改廃を求めるという穏健なもので、しばしば「修約外交」と呼ばれる。

　また、中国は、ワシントン会議（1921-1922年）の成果の1つである9ヵ国条約に参加し、多国間協議にも期待をかける。9ヵ国条約は、日米英の協調行動を通じて中国の統一を経済面で支援するしくみを備えていた（ワシントン体制）。ワシントン会議は、不平等条約の撤廃に向けた列国の努力を確認するのみであったが、関税率改定による財政安定をめざした1925年の北京関税特別会議では、中国は、国内通行税の釐金を撤廃することを条件に、関税自主権の回復の原則を列国に認めさせた。北京政府が1926年に実質的に瓦解したことによって会議は流会となるが、列国間の議論と合意は、その後の中国の関税自主権回復の重要な手がかりとなった。ただ、多国間協議の場はこれが最後となり、その後の日英米の対応は、単独交渉が顕著となる。

1.3 北伐と「革命外交」──対立関係への傾斜

国権回収運動の「急進」は、ソ連や中国共産党の影響を受けた汪精衛ら国民党左派の広東国民政府（1927年初頭より武漢）による「革命外交」に代表される。国民革命の一環としての「革命外交」は、しばしば実力行使によって国権回収を強行した。1926年夏、広東国民政府は、蔣介石を総司令として国民革命軍による北方軍閥打倒のための北伐を開始した。

第1次世界大戦以来の日中関係の悪化は、この北伐の過程で発生した。1927年3月、南京が革命軍に占領されたとき、日英の領事館や外国人が襲撃された。英米は南京城内を軍艦で砲撃したが、若槻礼次郎内閣の幣原喜重郎外相（1924-1927年）は共同制裁に加わらず、報復や制裁を避けて「内政不干渉」を貫き、居留民や野党から激しい批判を浴びた。幣原はあくまで蔣介石による事態収拾に期待していた。この南京事件は、それまで反帝国主義の主目標であったイギリスに代わり、実質的に日本が標的となった最初の事件であった。

北伐が山東半島に近づいた1927年4月、蔣介石は南京に国民政府を樹立し、日本も田中義一新内閣に交替した。外相兼任の田中は、幣原外交とは異なり、居留民の現地保護を名目に山東出兵を実施した。いったん中断した北伐が1928年4月に再開されると、田中は2回目の出兵に踏み切り、同年5月には日本軍と革命軍が衝突し中国側にも多くの犠牲者を出すという済南事件が起こった。済南事件は国民政府の対日姿勢を硬化させ、解決交渉は難航するが、国民政府内の「穏健派」の主導によって1929年3月、日中は相互譲歩のすえ解決文書に調印した。

この間、北伐を完成し、中国統一を成し遂げた国民政府は、再び「革命外交」を標榜して、反帝国主義、不平等条約撤廃を宣言した。だが、革命外交を先導していたソ連や共産党の影響力は低下しており、北京政府時代の「修約外交」を組み合わせた戦術であった。二国間交渉によって、自立的な経済建設に必須の関税自主権を確立することが優先目標となった。アメリカは率先して関税自主権を承認し、独英がこれに続いた。賠償問題が一段落していたドイツは9ヵ国条約にも参加し、ワシントン体制の側に加わっていた。

イギリスは1925年の五・三〇事件以後の反英ボイコット運動に悩まされ、

国際協調を崩さなかったものの、それ以上に中国のナショナリズムに現実的に対処する方策を選んだ結果であった。

田中内閣が退陣すると、浜口雄幸内閣のもと第2次幣原外交（1929-1931年）が発足する。幣原は、日本の最大産業であった紡績業の対中輸出の利益を国際協調に優先させ、関税率の無条件引き上げ、拙速な自主権回復には消極的であった。それでも1930年3月には関税自主権を認めるにいたった。幣原が応じた背景の1つは、済南事件以来の各地の中国人商工業者によって先導されたボイコット運動の威力であった。1928年半ばから半年の間に、対中輸出額の2割がボイコットされたという。

こうして1930年には、英米日による関税自主権の承認が完了し、中国を含むワシントン体制の再構築の道が開かれたかに見えた。現地交渉にあたっていた重光葵代理公使も、「幣原外交全盛の機運」に一瞬期待を寄せた。しかし1931年初頭に、革命外交のプログラムに満洲権益の回収が含まれることを確認した重光は、以後の交渉に悲観的となった。それまで日中交渉は、「機微な満洲問題には触れないとの暗黙の了解」があり、中国本土での不平等条約の改定を先行させる、という日本の交渉方針が崩れ去ったからである。

1.4　満洲の「危機」と世界恐慌

在満権益も中国に回収されるという外交上の危機感は、東北三省（張学良）政権下の日本人社会の危機感と連動していた。日本は1920年代から、張作霖政権の「操縦」による満蒙権益の擁護という政策を基本としていた。しかし、張作霖の爆殺後、後継の張学良政権は国民政府に接近し、満洲統治の多くの権限を中央政府に移し、反日傾向を強める。満洲の国民党や左派勢力による排日宣伝や日貨ボイコットは激しくなり、日本が条約上の根拠を有するとみなす幾多の既得権益の侵食も始まる。

さらに満洲に波及した世界恐慌は、銀貨の崩落、主要産品である大豆の輸出不振などをもたらし、1930年から翌年にかけて満鉄は著しい営業不振に陥った。傘下の関連会社、商店への影響はさらに深刻となった。満蒙は日本の「生命線」との主張は、在華日本人の8割、20万人におよぶ在満日本人社会の生活実感として浸透していく。1931年7月には全満の日本人青年を組織化した満

日本　日中戦争の原因と背景について　　19

洲青年連盟が、満蒙の分離独立を内地に訴える遊説隊を送るほどであった。

内地でもやはり世界恐慌の余波を受け、農産物価格は大幅に下落し、農家の生活を直撃していた。陸軍は1931年に入ると、在郷軍人会を動員した演説会などを通じて、満蒙の危機を訴えるようになる。こうして東アジアの日本人社会はボイコットを政策手段に用いる国民政府に対する怒りを募らせ、満洲占領計画を練っていた関東軍を刺激した。

2.　満洲事変と華北工作——いかに紛争拡大を抑制するか

2.1　協調介入の挫折

満洲事変の勃発に際し、国民政府の外交は混乱するものの、国権回収運動を中断して無抵抗主義のもと、国際連盟に訴える道を選択した。かねてからの「公理」に訴え、国民の支持を確保するという外交であった。一方、幣原外相の対応は日中直接交渉であり、当初から両国の事変解決の基本方策はすれ違っていたが、事変の拡大を抑制し、紛争解決に導こうとする試みはいくつかなされた。

まず、中国は国際協力による制裁行動に期待した。だが、主要国が世界恐慌からの脱却に追われるなかで、経済的制裁を含む積極的な制裁行動は望めなかった。米英はともに、1930年のロンドン軍縮会議などに見せた若槻・幣原を中心とする「穏健勢力」による日本軍の抑制に一定の期待をかけていた。1932年初頭の錦州爆撃によって事態が悪化しても、アメリカは軍事行動によって生じた事態の合法性を一切認めないとする声明（スティムソン・ドクトリン）を1932年1月に通告するにとどまった。英仏はこれにも同調しなかった。

とくにイギリスは、中国の勝利が国権回収運動を再燃させ、新たな排外ボイコット運動が中国貿易の攪乱をもたらすという危惧から対日宥和政策に終始した。1932年1月末に起こった上海事変でも迅速な停戦を後押しした。それは、イギリスが牽引する国際連盟の対日姿勢にも反映し積極的な制裁行動を妨げた。

国際連盟による最初の解決の機会は1931年10月中旬の理事会であった。幣原は、満蒙を含む中国の領土保全の約束と引き換えに、中国に満洲における日

本人の自由な活動を保証すること、など5項目の日中協定案を示し、日中協定が成立すれば撤兵するとした。しかし理事会は日本軍の占領地からの撤退が日中交渉の前提であるとする決議案を採択する（日本は棄権）。このとき関東軍は満洲占領から新政権樹立へと事態を急転回させており、理事会の決議案を受け入れる余地はなかった。

　第2の機会は、リットン調査団による解決案であった。1932年10月1日に公表されたリットン報告書は、日本の軍事行動を自衛権の行使とは認めず、満洲国は自発的な独立運動の結果ではない、として日本の主張を否定していた。その一方、事変の解決策として、連盟の協力を前提に、中国の主権下での自治政府の設立などを示唆していた。しかし、第三国の介入排除に固執する日本は受け入れを拒絶して満洲国承認を断行し、1933年3月に連盟を脱退した。

　日本の脱退は日本よりも連盟自身に与えた打撃が大きかった。連盟は日本の満洲侵攻を抑えることができず、常任理事国を失い、大国間の協調によって成り立つ集団安全保障体制の危うさを露呈したのである。

2.2　政党勢力の弱体化──政友会、民政党の連携運動の挫折

　国内的には、政友会と民政党の連携による軍部の抑制が試みられたが、政党間の利害対立を克服できず失敗に終わり、第2次若槻内閣の瓦解の理由となった。1931年10月には、満洲事変と連動した少壮軍人によるクーデター計画（10月事件）が発覚し、1932年5月には五・一五事件が起こっている。いずれも軍部主導の政府をめざすもので政党政治は危機に瀕していた。

2.3　華北分離工作と政策決定構造──相対的安定期の崩壊

　1933年5月、現地軍と国民政府の地方軍事組織との間で塘沽停戦協定が結ばれ、満洲事変は一応終結する。中国は満洲国不承認の姿勢は崩さなかったが、こうした「現地解決方式」は、共産党という国内の主要敵を殲滅させることを優先していた当時の国民政府にとって、中央政府が日本に直接屈伏しているという印象を和らげる効果をもたらした。いずれにせよ、反共の蒋介石と親日の汪精衛が協調する国民政府の政治体制下で、少なくとも1936年の綏遠事件に至るまでは、日中間に大きな戦闘は発生せず、両国の関係は一時安定を取り戻

した。

その一方、華北 5 省を国民政府の統治から切り離すという、日本の現地軍による華北分離工作が着々と進められた。1935 年後半から本格化した分離工作は、大規模な抗日運動や抗日救国団体が広がる契機となり（一二・九運動）、国民政府の対日妥協路線はその限界を超える。

他方、華北分離工作は現地軍だけでなく、満鉄も資源開発を通じて深くかかわる国策として推進され、その後退はもはや困難となっていた。それは、対中国外交が、国民政府を対象とする外務省中心の外交から、実質的に華北政権を対象とした現地軍による外交工作に移ることを意味していた。こうした中国政策をめぐる中央統制の欠如の背景は、政党勢力の弱体化によって、国策決定を導くリーダーシップが分散し、陸軍内部にも複雑な対立が生まれたことにある。現地軍の解決策を、統一的な国家意思を形成できない政府が追認していく構造が生まれたのである。

3. 戦争の要因と背景

3.1 「満蒙特殊権益」という足かせ

満洲事変の直接の原因は、「満蒙問題解決の唯一方法は、満蒙を我有とするにあり」として、満洲占領に乗り出した関東軍の軍事行動にあるが、「満蒙特殊権益」の擁護という長年の日本の主張がその背景にあった。特殊権益は、日本にとって日露戦争以来の日中間の条約に基づく権利であると同時に、歴史的、政治経済的に特殊な関係に基づく権利であると主張された。したがって既成事実や慣行、法的根拠があいまいで地域的な取り決めに基づくものが多く、特殊権益をめぐる紛争は錯綜した。

「満蒙」とは、当初は南満洲と東部内蒙古を指す概念であった。しかし、やがて南満洲は北満を含む満洲全域へと拡大し、また、日本が「東部内蒙古」と呼んだ地域には実は権益の実態がなかった。それを実態があるかの如く国内的には説明してきたものであった。また、外交的には、特殊権益は排他的勢力圏を意味しないことを訴え、あるいは国際借款団交渉などで満蒙除外を主張しなけ

22　総括報告

ればならなかった。特殊権益は、帝国主義外交時代には容認されたが、門戸開放・機会均等を相互に保証し、排他的な勢力圏の形成を否定するワシントン体制の考え方とは明らかに矛盾した。日本の独占的な経済進出を牽制することをねらいとした新四国借款団交渉（1918-1920年）では、日本は個別利益の確保と引き換えに、満蒙権益が勢力範囲を意味しないことを誓約していた。

こうした経緯から、外務省の一部には、満蒙権益が国際的に承認されたとする国内の一般的理解に疑義をもち、9ヵ国条約違反を懸念する声もあったが、大勢とはならなかった。たとえば幣原外相は、満洲に中国の主権が及ぶことを認めつつ、満蒙権益は条約に基礎をおく確固としたもので、列国によって承認されたもの、という理解を疑うことはなかった。国権回収運動が満洲に迫ると、この地域が日本の国防と経済的生存が特殊権益に大きく依存している、という「満蒙生命線論」が声高に主張される。

3.2 ワシントン体制の限界と「日中ソ」提携路線

アメリカが牽引するワシントン体制は、日英米の協調行動を優先し、厳密な条約解釈や理解の齟齬があっても、それを受け入れる柔軟さに特徴があった。その柔軟さゆえに特殊権益の妥当性を厳密に争うことより、東アジアの国際秩序の安定維持の利益が優先された。しかし、北京関税会議に示されたように、中国問題について、3国の既得権益や国内事情を克服することには限界があり、持続的な国際協調は実現しなかった。

ところで、ワシントン体制はソ連が排除されていたことから、資本主義諸国の連携と見なされる側面があった。1923年にソ連を訪問した蒋介石は、英米仏日の4大資本主義国は、軍閥を利用して中国を搾取しようとしていると述べ、独ソと中国の同盟を提案している。

やや観点は異なるが、後藤新平のようにアメリカのアジア進出を牽制するため「日中提携」を説き、後藤・ヨッフェ会談を実現させるという動きも見られた。後藤・ヨッフェ会談は、その後の日ソ国交樹立（1925年）の下地となる。日中ソ提携路線は、幣原外交の対米協調路線を崩すにはいたらなかったものの、イデオロギー問題を超えて、その後の日本外交の1つの選択肢として持続することになる。

3.3　紛争解決方策のすれ違い

　中国は脆弱な国力と内戦による混乱を克服するため、ナショナリズムの凝集力と列国を巧みに活用する「以夷制夷策」をもって国権回収運動を展開した。他方、日本はあくまで二国間交渉を通じて問題解決を図ろうとしていた。解決策をめぐるこうしたすれ違いは、双方の誤解や不信感の源泉となっていた。こうした傾向は満洲事変以降も同様であった。

　幣原外相の直接交渉方針への固執も問題解決を遠ざけた。国際連盟で奮闘していた佐藤尚武大使は、1931年10月、連盟の介入を排除する幣原の硬直した方針を批判し、「日本は欧州問題に付いては連盟の擁護者たるも、自己に直接関係ある問題に対しては連盟の排斥者たるべく、右は決して世界の世論を我に有利ならしむる所以にあらず」と指摘していた。

3.4　世論、プロパガンダ、ボイコット

　国権回収運動の過程で重要な意味をもったのは世論とプロパガンダであった。とくに1925年の五・三〇事件以降、運動の組織化と大衆動員に共産党が主導的役割を果たす。共産党は、局地的な小さな事件を全国的な大問題とし、「中国の災難をすべて外国からの経済政治の侵入のせいにする」傾向は、学生や若者に大きな宣伝効果をもった。「帝国主義」と「不平等条約」とは不正義、侵略、抑圧、威嚇を象徴する言葉として広く受け入れられていった。

　国権回収運動が満洲に及ぶと、日中双方の宣伝合戦は激しいものとなる。日本人社会は、満鉄包囲、土地商租の制限、日本人旅行の制限、日本人企業に対する干渉、鉱山経営への圧迫、鉄道借款協定の不履行、不当課税など錯綜する満洲権益をめぐる紛争を共産勢力に煽られた「背信的行為」として宣伝を繰り返した。

　重光駐華公使代理は、満洲事変後の報告書のなかで、国権回収運動に伴う権益の「蹂躙」の際に、「最も有力なる武器」がボイコットである、と記している。組織的に展開される外貨排斥運動は、貿易にも甚大な被害を与えた。

　日本でも満洲事変直前には、「満蒙の危機」を煽る在郷軍人会などの宣伝活動に、「満蒙問題をことさら重大化せしめて国民の注意を寧ろ軍拡の必要にま

で引きつけんとする計画」と評されるほどであった（朝日新聞1931年8月5日）。満蒙をめぐってエスカレートする宣伝合戦は東アジアにおける両国社会を分断した。

こうした激しい排外的ナショナリズムは建設的な方向には作用しなかった。日本は中国ナショナリズムを国民政府の反日教育と反日政策の結果とみなし、マスコミによる誇大報道の影響のもと、国民の間に嫌悪が広がる。

3.5　経済関係と日中対立

国民政府による中国統治が確立した1928年から1933年にかけて、主要国との関税自主権の回復と保護関税の実施、そして1935年の幣制改革は、中国の自立的な経済発展を促した。その過程では、民族産業の発展とともに日本品ボイコット運動も一定の役割を果たした。

1920年代の中国にとって日本は最大の輸入相手国であった。その輸入品の中心である軽工業品が日貨ボイコットの影響を受けて減少するが、とくに済南事件、満洲事変以後の日本品のボイコット運動による影響は甚大であった。国産品が中国市場を席捲する一方、日本製品は締め出された。そのため、ボイコット運動や関税引き上げに対する反発が日本国内の輸出業界などに広がり、中国侵略を支持する政治的潮流の土壌を形成した。

1935年11月、イギリスの支援のもとで断行された幣制改革とその成功は、金融面で日中対立を構造化させるという意味をもった。銀本位制の廃止と管理通貨制への移行という通貨制度の改革は、英米の強力な支援を通じて外貨としての価値を安定させることで、輸出の拡大が期待された。日本はその成功を見通せず、むしろその破壊をねらって華北工作を推し進め、国民政府による華北の現銀の回収にも応じなかった。日本の批判をよそに幣制改革は成功し、国民政府の財政的基礎は安定し、抗戦期の軍事費支出を支える体制が整備された。その一方、法幣はスターリング・ブロックに組み込まれ、同時に実施された満洲での日満通貨の等価リンクは通貨面で中国を分断することになった。

3.6　紛争解決のための国際規範形成への非協力と一方的解釈

1920年代には、紛争の平和的解決という問題は国際連盟を中心に議論が進

展する。連盟における一般議定書成立、不戦条約に基づく連盟規約の改正、常
設国際司法裁判所の強制管轄権（いわゆる応訴義務）の受諾、さらに紛争拡大
の抑止という観点からの、いわゆる戦争防止条約をめぐる議論などである。し
かし日本は、常任理事国でありながら、こうした連盟の努力に協力的ではなか
った。むしろ、満蒙における自衛権発動の正当性の根拠を確保しておく観点か
ら、一貫してそれらの条約化を拒み続けてきた。その点では、幣原外交も田中
外交も大差はなく、戦争違法化への国際的潮流に背を向けて来た。連盟規約、
9ヵ国条約、不戦条約以上の拘束を受けることを拒み続けたのである。

　満洲事変後の国民政府は、「公理」に訴えることで日本に抵抗し、米英は国
際連盟規約や不戦条約を紛争解決の規範として打ち出すようになる。一方日本
は、1920年代には幣原のように、「条約の神聖」を金科玉条とする厳密な法解
釈をもって権益擁護を図ってきた。不戦条約についても、アジア局は、日本人
居留民を保護するための出兵は自衛権の発動として正当化できるが、満蒙権益
擁護のための出兵は自衛権での説明は困難としていた。

　だが満洲事変に直面すると、政府は「自衛権の発動」であるとする解釈を展
開し、さらに満洲国の建国工作や華北工作を、第1次世界大戦後の国際潮流で
あった民族自決論に適合させるため「自治」運動と説明した。日本は、こうし
た国際規範の拡大解釈や自国の都合に合わせた一方的な解釈を積み重ね、やが
て国際規範そのものから離脱を図ることになる。

3.7　停滞する中国観――相互不信の連鎖

　日本では、19世紀末から20世紀初めの日中関係を反映した対中イメージが
形成されていく。日清戦争によって日中両国の立場が逆転したことで、「守旧
と開化」「伝統と近代」「抵抗と侵略」という定型的な見方が定着していく。単
独で中国に権益を設定した21ヵ条要求のころには、「遅れた中国と進んだ日本」
「統一国家を作れない中国と成し遂げた日本」という図式が語られる。そして
1920年代には、「支那は国家にあらず、支那は1つの社会である。少なくとも
近代組織の法治国と見做すべき国ではない」――こうした中国認識が、多かれ
少なかれ日本人に共通のものとなっていく。国民革命が進展し、1928年に統
一が完成しても大きく変わることはなく、内政干渉論や分治合作論、さらに華

北分離論を導く素地となっていた。

　さらに陸軍は、中国の混乱と激しい反日・抗日運動の源泉は、広東国民政府以来の国民党指導部の「指導精神」にあるとみなし、党指導部が共産勢力に誘導された「指導精神」を根本的に改めない限り、国民政府の親日政策も一時的なものに過ぎず、日中関係の真の安定はありえなかった。要するに、国民党指導部に対する不信感が陸軍部内を覆うようになっていた。国民党も華北における日本軍の行動に不信感を募らせており、相互不信の連鎖が日中関係の修復を困難なものとしていた。

　中国が近代国家建設の能力に欠けているという認識は、天羽声明（1934年）に象徴されるように、欧米が提供する国際規範は中国の現状にそぐわないものとして、日本の指導のもとに、新秩序を東アジアに構築するという地域主義——東亜モンロー主義の根拠ともなるのである。

　満洲事変によって民族的危機を自覚した国民政府はナショナリズムを強化する一環として孫文の遺訓に沿った憲政の準備を加速させたが（1936年5月「中華民国憲法草案」公布）、日本はこうした中国側の近代的国家建設への取り組みが満洲事変によって促されていたことに理解が及ぶことはなかった。

4.　緊張緩和への取り組み

4.1　紛争収拾の努力

　北伐の過程では、しばしば諸外国との衝突を引き起こし、英米の共同制裁や日本の山東出兵が実施される。しかし、いずれもその規模は限定的で、北伐そのものを阻止し、中国統一を妨げようとしたわけではなかった。むしろ軍事干渉を控え、外交交渉を重視した。頻発するボイコットや戦乱で諸外国にも被害が及びながら、日米英の軍事的な共同行動は実現しなかった。一時的に日中間の国交断絶にいたった済南事件も、中国は国際連盟に訴えようとするが、日本は「穏健勢力」の力を借りてそれを抑え、難交渉の末、済南事件解決文書（1929年3月）にこぎつけた。解決文書は、謝罪や責任追及の相互放棄（賠償は調査委員会の調査による）を確認し、山東派遣軍を撤退させた。それまでの紛

争解決パターンとは異なるものであった。この解決を機に、日本側も関税自主権のみならず、治外法権交渉にも応じようとするのである。

要するに両国とも、国権回復交渉の妥結に望みを捨てていなかったが、柳条湖事件と日中双方の「穏健勢力」の後退は、その望みを絶ってしまうのである。

4.2　文化事業の展開と限界

第1次世界大戦後の21ヵ条問題で冷え込んだ日中関係の修復のための取り組みとして、「対支文化事業」（のち東方文化事業）がある。義和団事件賠償金の還付金を、中国国内の利権と結びついた借款や経済開発ではなく、教育や文化事業に使って相互理解や感情融和をはかる試みが日本政府内で検討される。この試みは、日中の非公式折衝を経て1924年の日中文化協定（出淵・汪協定）に結実した。中国人留学生や学術研究の支援、人物交流などが共同事業として実施された。しかし、共同事業とされながら、実質的に「単独」事業とみなされ、国権回収（教育権回収）運動の対象となり、済南事件後の1929年に協定は中国によって廃棄される。

日本側は、日中間の政治動向とは切り離した独立した制度として事業の再編に努めるが、単独事業としての色彩が濃厚となり、関係修復への貢献は限定的なものに終わる。

4.3　経済連携の模索

塘沽協定の締結後、国民政府は「安内攘外」をかかげ、対日宥和政策をとる一方、経済発展と国防建設に力を注いだ。経済面では、華中・華南では日本の関与を封じる一方、華北では日本との関係調整を模索した。たとえば、経済提携を先行させることで現地軍が主導する華北工作を牽制し、政治関係の安定をめざす試みが両国の経済界を中心に推進された。1935年の経済視察団の訪日による日華貿易協会と中日貿易協会の発足がその成果であった。

日本でも、陸軍や外務省では、幣制改革の成功、蔣介石の統治能力の向上など「中国統一化」の傾向を認める立場が有力となり、華北工作の抑制、冀東密貿易の停止など華北政策の転換論が浮上する。1937年2月に成立した林銑十郎内閣の佐藤尚武外相は、こうした中国認識の変化を踏まえ、経済提携を基本

28　　総括報告

とする関係修復をめざした。その一環として児玉謙次経済使節団が佐藤外交の発足とともに訪中する。児玉使節団は、華北に対する政治工作を中止し、中央政府を相手とした経済提携をめざすものであったが、林内閣は6月には退陣してしまう。

おわりに——相互依存の世界と錯綜する対立要因

　1913年に日本が北京政府を承認して以来、多くの紛争にもかかわらず、両国は日中戦争後まで正式に国交を断絶することはなかった。両国関係をつなぎとめたものは、日中双方に存在する「穏健勢力」であった。この穏健勢力を支えたのは、1920年代の経済を中心とするグローバルな相互依存関係の深まりであった。

　日中ともに関与する地域や課題がグローバルなものとなり、多国間協調による解決が模索された。開かれた貿易を重視する日本は、ワシントン体制のみならず1927年のジュネーブ国際経済会議などを通じて、関税障壁の撤廃、通商自由の確保を訴えていく。貿易構造の多元化による貿易拡大をめざした幣原外交の国際貿易会議（1926年）の試みも、多国間協調を前提としていた。

　他方、内戦に悩む中国は、日本以上に世界との密接な関係構築を模索し、国際連盟の活動には発足当初から積極的な協力者であった。経済面では、労働力の移動、送金、通貨・金融システム、貿易という多様な部門で、中国経済は国際市場と結びついていた。世界との多角的な結びつきを活用し、国権回収運動を加速させ、1935年には中国史上初の幣制改革も断行して、自立的な経済発展による国家建設をめざした。1936年には中独条約を締結し、国防建設のためナチス・ドイツとの経済提携も本格化させる。

　この間、世界恐慌は相互依存的な国際環境を後退させ、経済ナショナリズムを勃興させるものの、1920年代の国際協調を支えた諸要素が消滅したわけではなかった。だが、両国の激しいナショナリズムを克服しつつ、日本が中国の国家建設に協力し、実質的な「共存共栄」の関係を築く条件は失われつつあった。とりわけ日本において「穏健勢力」を支えてきた政党政治が、軍部の台頭に直面して機能不全に陥っていた。冒頭に紹介した石橋湛山は日米開戦の1年

ほど前に、「今日の我が政治の悩みは、決して軍人が政治に関与することではない。逆に政治が、軍人の関与を許すがごときものであることだ」と記している。そうした状況が生まれつつあった。

参考文献（本書に収録された諸論文を除く）

唐啓華「国際社会と中国外交」飯島渉・久保亨・村田雄二郎編『シリーズ　20世紀中国史2』東京大学出版会、2009年。
久保亨『戦間期中国〈自立への模索〉』東京大学出版会、1999年。
鹿錫俊『中国国民政府の対日政策　1931－1933』東京大学出版会、2001年。
加藤陽子『満州事変から日中戦争へ』岩波書店、2007年。
川島真『近代国家への模索　シリーズ中国近現代史②』岩波書店、2010年。
劉傑・川島真編『対立と共存の歴史認識』東京大学出版会、2013年。
劉傑・三谷博・楊大慶編『国境を越える歴史認識』東京大学出版会、2006年。
田嶋信雄「東アジア国際関係の中の日独関係」工藤章・田嶋信雄編『日独関係史　Ⅰ』東京大学出版会、2008年。
服部龍二『東アジア国際環境の変動と日本外交』有斐閣、2001年。
服部龍二「史料紹介　重光駐華公使報告書」軍事史学会編『再考・満州事変』錦正社、2001年。
萩原充『中国の経済建設と日中関係』ミネルヴァ書房、2000年。
臼井勝美『日中外交史研究』吉川弘文館、1998年。
戸部良一『日本陸軍と中国』講談社、1999年。
軍事史学会編『日中戦争の諸相』錦正社、1997年。
吉澤誠一郎『愛国主義の創成』岩波書店、2003年。
細谷雄一『歴史認識とは何か　1』新潮社、2015年。
左双文・高文勝「革命と外交」、黄自進「地域認識と国際秩序」貴志俊彦・谷垣真理子・深町英夫編『模索する近代日中関係』東京大学出版会、2009年。
宇野重昭「幣原外交発足前後の日本外交と中国」、臼井勝美「佐藤外交と日中関係」、麻田貞雄「ワシントン体制下と日本外交」、大畑篤四郎「中国国民革命と日本の対応」入江昭・有賀貞編『戦間期の日本外交』東京大学出版会、1984年。
奈良岡聡智『対華二十一カ条要求とは何だったのか』名古屋大学出版会、2015年。
和田春子「国際連盟と日本」小風秀雅・季武嘉也編『グローバル化のなかの近代日本』有志社、2015年。
櫻井良樹『国際化時代　「大正日本」』吉川弘文館、2017年。
外務省編刊『日本外交文書　満州事変』（全7巻）
『東洋経済新報』

| 中国 | # 日中歴史共同研究報告 |

汪朝光 （中国社会科学院世界歴史研究所）

小野寺史郎 訳

はじめに

　日中両国は一衣帯水で、長い歴史上の関係をもち、その間には非常に密接な友好的往来があった一方で、緊張、衝突、さらには戦争が起きたこともあった。近代以来、日中両国は異なる歴史の道をたどり、長く緊張関係を生じさせ、2度の戦争を起こした。両国の矛盾と対立は切り離せず、解きほぐせない状態に陥った。歴史を鑑として初めて過去を知り、現在を示し、未来を戒めることができる。本論は以上の主旨に基づき、専門的な研究成果の基礎の上に、主として中国側の研究者の見方から出発して、中国観察の視角から、そしてややマクロなレベルから、1931年から1945年までの日中戦争発生の歴史的背景、国内的国際的環境および関連する諸要因について論じる[1]。

1. 近代以降の日中両国の異なる発展の道

　日中両国はともに東アジア文化圏に属し、長期にわたり中国を中心とする「華夷秩序」（「朝貢システム」）の影響を受けてきた。19世紀半ば、日中両国は、

西洋列強の東進と侵入に直面したが、いずれも相対的な弱者で、守旧的で伝統的な国家の状態にあった。〔日中両国は、そうした状況下で〕相対的な強者で新興の近代的な西洋列強の挑戦に対処しなければならなかったため、ともに「鎖国」から「開国」し、西洋列強が強要した「条約システム」の束縛を受けるという、共通の経験をもつこととなった。このような「条約システム」は、〔西洋列強に有利な〕その一部の内容によって、さらに強者と弱者の間に不平等を作り出した。日中両国は、このようにして近代という時代に入ったのだった。しかし、最初の驚愕、混乱、彷徨、思慮の後、このような状況にいかに対処するかをめぐり、日中両国は異なる道を歩んだ。

　中国では、「眼を見開いて世界を見る」ことから洋務運動へと進んだ。日本では、「尊王攘夷」から明治維新へと進んだ。洋務運動と明治維新は、いずれも近代化に邁進する富国強兵運動に起因するものだった。しかし、洋務運動が「中体西用」に基づくものだったのに対して、明治維新は「脱亜入欧」を追求した。「中体西用」は、中国の変化を「用」という技術レベルに限定したため、常に対処が受動的になった。一方、日本は「脱亜入欧」によって急速に国際システムに溶け込み、能動的な地位を占めた。対処の基点の違いが結果の違いを生み、中国は次第に没落し、日本は急速に勃興した。日本はさほど長い時間をかけずに西洋列強に対する不平等な地位を抜け出し、非西洋文明国の中で数少ない近代化に成功した勝利者となった。中国は自らの輝かしい古代文明とはうらはらに変化にあまり成功せず、それどころか失敗を繰り返す落伍者となった。双方の実力の差と意識の変化は、以後の双方の関係の展開にかなりの影響を及ぼした。

　勃興にともなって、日本は西洋の近代化を学ぶと同時に、西洋国家の対外植民地拡張までも学び、かつそれが周辺地域に集中したことで、中国はその影響をもっとも受けることになった。1870年代以降、日中は琉球、朝鮮半島など利害関係を有する地域で衝突を繰り返し、日本は強硬な態度で迫り、中国は一歩一歩後退した。1894年、日中は朝鮮問題をめぐって日清戦争を起こし、中国が敗北した。1895年に下関条約が締結され、中国は領土を割譲し、賠償金を支払い、日中の国力は逆転した。これ以後、日中関係の基本構造は次のようになった。日本が強者で、中国が弱者である。日本は中国を失敗者とみなし、

蔑視し、圧迫し、侵入するに至り、中国は日本を侵略者とみなし、反発し、抵抗し、抗戦するに至った。双方の関係は緊張に満ち、ついには第2次日中全面戦争に至った（日本からすれば中国侵略戦争であり、中国からすれば抗日戦争である）。

2. 日中両国の近代化の道筋の違い

日中両国の近代化は、いずれも西洋国家のようにまったく国内的要因に基づいたものではなく、西洋の侵入を受けた後、外部からの圧力に対処する必要に迫られて開始されたものであり、反応型の近代化と解することができる。しかし、日中両国は、ほぼ同じ1860年代から1870年代に近代工業化を開始したにもかかわらず、まったく異なる結果を呈することになった。

日本は、プロト工業化の時期に、農業労働生産性と経済発展水準が相対的に高かったため、近代工業化のために必要な一定の国内市場と資金的な条件を備えており、近代工業化を比較的スムーズに開始することができた。その後、農業労働生産性がさらに高まったことで、官営か民営かという発展の道をめぐる問題もうまく解決することができ、日本は比較的スムーズに国家主導の民営資本主義という発展の道をたどった。そして30年から40年の時間をかけて、比較的高い経済水準と発達した国力を有する近代国家となった。しかし、1910年代より、日本は次第にもともとの国内市場を基礎とする工業化モデルを脱し、拡大する国内の固定資産の投資と輸出によって牽引される、重工業（中でも軍需工業を主とする）が突出して際立った対外拡張型の工業化モデルへと転換した。日本国内の原料不足、資本不足、市場の狭さなどの要因に制約を受け、このような工業化モデルは対外拡張に大きく依存した。その矢面に立たされたのが日本に近接する中国と朝鮮半島だった。これは日中が最終的に戦争に至る重要な経済的要因となり、日本もこれより対外的全面戦争に向かう経済的軌道に入り始めた。

日本とは逆に、中国は、プロト工業化の時期の農業労働生産性と経済水準が相対的に低く、近代工業化の開始後も農業労働生産性が一貫して衰退状態にあったため、近代工業化に必要な国内市場をうまく拡大することができず、国民

中国　日中歴史共同研究報告　　33

収入の不平等な分配（つまり農村住民の消費水準を下げることで都市住民の消費水準を高める）に頼って工業製品の消費需要を相対的に拡大することしかできなかった。そのため、近代工業化の進展は一貫して緩慢な状態に置かれた。しかも中国は、経済の近代化の過程で、官営の道をとるか民営の道をとるかという問題をうまく解決することができず、最終的に官僚独占資本主義による経済発展の道を歩み、近代工業化に不利な影響を及ぼした。

　ただし、日中の国力の増減に影響を与え戦争に向かわせた原因は、近代工業化のみにあったわけではなかった。政治、経済、軍事、社会、文化などのあらゆる面で、日中両国には近代化の差による総合的な国力の差が生まれ、日中の総合的な国力の差は日中関係のバランスを失わせ、東アジアの国際構造にゆがみを生じさせた。日本がすでに一流の近代工業と、ほぼ国民皆兵の総力戦体制を有していた時に、中国はなお伝統的な農業国家で、近代工業の量は限られ、社会の動員能力も著しく不足し、最低限の人口統計すらなく、近代的な兵役制度をうまく構築することができなかった。要するに、中国は日本とほぼ同時に近代化を開始したものの、その効果と結果はいずれも日本にはるかに及ばず、そのため国力で日本に大きく後れをとり、日本との競争や力比べの中でも常に受動的な地位に置かれた。

3.　日中両国における近代ナショナリズムの成長

　近代ナショナリズムの勃興は、20世紀中国に生じたもっとも重要な歴史的変化の1つである。もともと中国はずっと「天朝上国」を自任し、自らを天下の「中心」とみなし、周辺や遠方を「蛮夷」とみなしていた。近代以来、西洋の侵入によって、中国人は初めて「我々」と「彼ら」の区別を強め、近代民族国家の概念をもつようになり、近代ナショナリズムを成長させることになった。その間にさまざまな紆余曲折を経て、清朝の統治への反発にかられた「反満」ナショナリズム（たとえば辛亥革命前の一部の主張）や、やや偏狭な「排外」ナショナリズム（たとえば義和団の一部の行動）もあった。理性的で愛国的で包容力があり、加えて積極的な中国近代ナショナリズムが成長し始めたのは、おおよそ20世紀初頭であった。その後、1911年の辛亥革命、1919年の五・四運動、

1920年代半ばの国民革命を経て、中国近代ナショナリズムは次第に形成され、人々の心に定着していった。孫文が提起した「三民主義」のもっとも重要な基点はナショナリズムにあり、その「反満」ナショナリズムから「反帝」ナショナリズムへの変化の過程は、中国近代ナショナリズムの成長の象徴である。国民党の政権獲得にともない、ナショナリズムは、国民党の民衆動員、政権の正統性確保の重要な基礎にもなった。さらに日中関係の緊張と、日本の中国への侵入が不断に拡大し深化するのにともなって、ナショナリズムもますます人々の心に定着し、日本に対する中国の反応に重大な影響と作用を及ぼし、中国政府が対日政策を決定する際に無視できない重大な要因ともなった。しかし、中国のナショナリズムは、列強の中国への侵入という刺激にともなって発生し発展したもので、西洋の衝撃に対する反応だった。つまりそれは、受動的で反応型の、強烈な感傷意識を帯びたナショナリズムと解することができる。

　同じ時期に日本の近代ナショナリズムも発生し、発展、拡大しつつあった。しかもそれは、日本の国力の増大と国際的地位の変化にともない、当初の中国と同様の受動的で反応型の感傷的なナショナリズムから、能動的で自意識的な、そして熱烈なナショナリズムへと変化した。また、日本は、中国やロシアといった古い大国との衝突で優位を占めたことから、政治家のポピュリズムに操られるようになった。日本の単一民族という特徴も、このようなナショナリズムをさらに膨張させ、さらに攻撃性をもつものとした。たとえば、日本の為政者や少なからぬ上流階層、さらには一般人まで、それぞれ程度は異なるものの、政治的・国家的な概念としての「中国」を認めることを拒み、地理的・文化的な概念である「支那」という言葉で中国を呼んだ。日本政府は、中国のナショナリズムに対して一貫して同情と理解を欠き、さらに常に中国のナショナリズムを「排日」と位置づけ（1920年代半ばの国民革命から1930年代半ばの華北問題に至るまで、日本は常に中国への圧力は中国の「排日」が原因だと強調し続けた）、「強硬」な方法で中国にナショナリズムを軟化もしくは放棄させようと迫った（それに対し、米英ソなどは、より「柔軟」な方法で中国のナショナリズムに順応しそれを利用できた）。同時に日本は、往々にして中国の国内政治に直接介入し、中央あるいは地方の指導者の中に親日派を育てようとし、彼らを武力で支援しさえした。中国ナショナリズムが次第に高まりつつあった時代に、このような

直接的で強硬なやり方は、さらに大きな反発を招くだけだった。そのため、中国と日本のさらなる対立と衝突を引き起こし、日中関係の緊張を増大させ続けた。

4. 東アジアの国際関係と日中両国の外交活用

　東アジアは、大国が角逐する重要な地域だった。19世紀、西洋列強は依然、国際システム中の国家間競争の主役だった。下関条約締結時、日本の力はすでに中国を圧倒していたが、ロシア・フランス・ドイツが三国干渉によって遼東半島の返還を迫ると、日本は譲歩するほかなく、実力不足を痛感した。日本は力で中国を圧倒しつつ、当時はまだ自身の「強」さが足りず、さらなる「強」者に譲歩したことに憤懣と不平を抱いた。日本は、これによって、国際関係においては強者が勝つものだという「経験的教訓」を得て、20世紀の初めに日露戦争でロシアに勝利し、勢力範囲を中国の遼東半島（南満）にまで拡大し、ついで韓国を併呑して朝鮮半島を独占した。日本は、国力の成長にともない、東アジアの大国の角逐の主役の1人となり、また、その地理的な位置から、東アジアにおける当然の指導者を自任し、さらには、東アジアの覇者となることをもくろんだ。日本は、東アジアの国際秩序と権力構造に影響を及ぼすキーファクターの1つとなった。

　西洋列強の大半は、第1次世界大戦の間、欧州の戦場にかかりきりになったため、日本の東アジアにおける拡大はさらに積極的になった。戦後、ドイツが東アジアから退出し、イギリスとフランスの勢力もくじかれ、ロシアは革命のため一時的に縮小したため（ソビエト・ロシアが再び東アジアや中国の問題に積極的に介入し出すのは1920年代半ば以降である）、日本とアメリカが東アジアの覇権争いの主役となった。日本は中国に対して繰り返し単独行動をとり（1915年に中国に提出した「21ヵ条要求」を発端とする）、勢力範囲を拡張して満蒙から大陸内地にまで及んだ。第1次世界大戦終結後に形成されたヴェルサイユ＝ワシントン体制の下で、東アジアは現状を維持することができた。日本はその受益者であり、中国における勢力範囲を拡大することができたが、一方で一定の制限も受け、依然として中国を独占することができなかった。日本は米英と協

調しながらも、米英との間で矛盾を次第に高めていった。実際に、当時の状況の下では、列強は程度こそ違え、日本の中国における優勢な地位と特殊権益を承認していた。そのため、もし日本がそうした時勢を読み取り、自身の拡張の衝動を適度に抑制することさえできていれば、他の列強との矛盾を調整することができたかもしれない（たとえば1917年の日米の「石井・ランシング協定」で、アメリカは日本の中国における「特殊権益」を承認している）。しかし、新興・後発の植民帝国主義国家である日本は、イギリスのような老舗の植民帝国主義国家が用意周到であったのとは異なり、行動が相対的に衝動的で功利的であり、自らの力を示すこと、己に有利な結果を得ることに性急だった。1927年以後、日中両国の国内情勢と国際関係の変動にともない、日本の対華政策は次第に急進化し、その重点が積極的な大陸侵略政策に置かれるようになっていった（たとえば田中義一内閣の政策決定）。軍部の影響力が日増しに増大し、対外関係における理性的な主張や対応は弱まっていった。満洲事変後、日本は、基本的に米英との「協調外交」を放棄して「自主外交」に転じ、短慮にも国際連盟を脱退した。日本は、そうすることがヴェルサイユ＝ワシントン体制の束縛を脱し、中国に対する拡張を進めるのに有利だと考え、中国の独占を図った。しかし、日本のやり方は思い通りにいかず、中国のさらなる反発を招いた上に、米英の強い警戒をも引き起こした。日本は次第に、国際的な孤立状態に陥っていった。

　中国側では、清末の官僚は、基本的に近代的な外交事務に暗かった。しかし、民国成立後、中国は近代民族国家の立場で国際的な事務に参与し、大国と協調しわたり合う中で、次第に自国の地位を回復し上昇させ始めた。顧維鈞に代表される中国の新世代の外交官たちは、西洋に学んで成長し、西洋の外交様式、外交戦術、さらには心理や感情までも理解した。さらに、中国の弱者としての国情を認識し、中国の伝統的な「哀兵必勝」〔老子の言葉。悲憤した軍隊は必ず勝つ〕、「後発制人」〔荀子の言葉。相手に先に行かせることで後発者の方が優位に立てる〕の方法をとり、ナショナリズムを後ろ盾とし、列強間の矛盾を利用して外交上の戦略・戦術・技術を比較的うまく活用して中国外交に新たな局面を開いた。パリ講和会議とワシントン会議の際、中国の外交活用は基本的に成功し、中国に国権の部分的な回復をもたらした。国民党は、政権獲得の前後に、やや過激な「革命外交」を行ったことはあったものの、その後はやはり「修約

外交」に回帰した。その重点は、やはり国際協力の強調、国際協調の強化、国際社会の力を借りて日本の拡張を押し止め、中国の利益を守ることにあった。さらに国民党政府は、幅広い輿論から批判を受け、また、かなりの国内政治の分裂を引き起こしつつ、対日妥協策を推進し、日本側の応答を得て、〔日中関係が〕破局に至らない〔ぎりぎりの〕現状を維持しようとしさえしたが、日中関係を実質的に改善させることはできなかった。華北に対する日本の拡張が激化するのにともない、日中関係は急激に悪化していった。国民党は、最後には、共産党やソ連と共同で抗日の道を歩むほかなくなった。

5. 日中両国関係に対する国際システムと国際秩序の影響

近代の国際システムと国際秩序は、基本的に、実力という基礎の上に築かれていた。弱肉強食がその主な特徴であり、その本質は、植民＝帝国主義国家間の関係を中心に構築された階層秩序で、植民地、半植民地国家は、その周辺や従属的な地位に置かれた。第1次世界大戦後、ウッドロー・ウィルソンの「14ヵ条」を発端として、主権の平等、民族自決、反戦、軍縮、自由貿易などを含む新たな国際原則が生み出された。これは、国際社会が公正・平等で普遍的な国際秩序を作り出そうとした努力の表れだった。しかし実際には、この当時、平等と民族自決の原則が適用されたのは、植民＝帝国主義国家の間だけだった。アジアやアフリカ、ラテンアメリカの広大な地域では、植民帝国による分割・支配と強権政治が依然として根強く、上述の原則的な主張は、制度化のレベルにおいては大国の行動を束縛するに足る具体的な措置を欠き、現実政治に根づくことはできなかった。しかも、当時の列強各国の関心は自らの国家利益のみにあり、そのために合従連衡を展開したのだったが、自己の利益に関わらない限りはまったく無関心で、宥和主義をとった。国際法、国際連盟、9ヵ国条約は、強制執行力をもたない状況下では、その効果を発揮することは困難だった。日本の対外的侵略・拡張、さらには戦争の発動が、国際的な制約をほぼ、あるいはまったく受けなかった重要な原因の1つでもある。

しかし、国際的な新秩序と新ルールの模索は、なお、世界規模で異なる思潮の勃興を促した。帝国主義、民族主義、共産主義、自由主義といった思潮のう

ねりと現実政治の変遷は、人々の世界の趨勢に対する判断と対外戦略をめぐる思考に影響を及ぼした。国際的なルールの調整と制定をめぐって、国際政治にはいくつかの重大な矛盾が醸成され、それらは世界の発展の趨勢に対しても深い影響を及ぼした。その中には、第1次世界大戦の戦勝国と敗戦国の矛盾、東アジアの主導権をめぐる英米と日本の矛盾、資本主義国と社会主義ソビエト・ロシアのイデオロギー闘争と現実利益の矛盾、帝国主義の対外拡張とアジア・アフリカ・ラテンアメリカ諸国の反植民地・革命運動の矛盾が含まれる。矛盾の性質や対立の当事者はそれぞれ異なるものの、そこには、いずれも既存の秩序に対する不満と是正要求が反映されていた。ソビエト・ロシアは資本主義の国際秩序を転覆しようとし、日本は欧米中心の秩序に不満を抱き、植民地化された国家は帝国主義の支配を覆し、独立自主を獲得したいと考えた。1929年から1933年にかけての世界的な経済危機は、国際政治上のさまざまな矛盾を激化させ、政治経済秩序の動揺を引き起こした。列強間の悪性の経済競争は、ファシズム勢力の台頭を促した。イギリス・フランス・アメリカなど海外の資源と市場を占有する国家は保護主義へと舵を切り、ドイツ・イタリア・日本など資源と市場が相対的に不足していた国家は対外拡張の歩調を速めた。列強間の政治経済の不均衡な発展は、後の衝突の遠因となった。

　武力と不平等条約に依拠して大陸に拡張を続ける日本と、民族の独立、政治的統一、主権の回復、帝国主義による干渉への拒絶の実現を切望する中国の間には、戦略的な矛盾と対抗の関係が生じた。この矛盾と対抗は、帝国主義国家と民族解放運動を展開していたアジア・アフリカ・ラテンアメリカ諸国の間の矛盾や対立がとりわけアジアで顕在化したものであり、当時の世界政治における、時代を反映した闘争の縮図だった。

6.　日中両国の国家体制の構造と社会の空気

　中国では近代以来、国内外の環境の推移と変化により、地方の軍人集団が次第に台頭したことで、中央権力の分散と地方の軍人派閥の強大化が生じ、〔地方の軍人集団が〕国家の政治的中枢で重要な地位を占めるに至った。民国が清朝にとってかわった後、軍人の袁世凱がその掌握する武力を頼りに、国家の最

高権力を掌握した。袁の死後、権勢の中心は下降し、中央権力は各軍閥の手中を転々とし、軍閥割拠、分裂内戦、政治的無秩序と国力の衰退を招き、対外的に統一した国家意思を形成できなくなった。

　国民党は政権を握った後、権威的な党治を推進して中央権力を若干回復したが、それでもなお全国を完全に統制することはできず、軍閥間の紛争や内部分裂に悩まされ続け、対外問題に対処するために力を結集することができなかった。中国の対外関係は、そのためにかなりの影響を受け、相対的に軟弱無力なものとなり、主として協調と妥協に頼らざるをえなかった。為政者とその対抗者は、往々にして彼我の実力差と利害関係を見極めることに腐心し、どうすれば攻めては中央政権を獲得し、守っては地方割拠の状態を維持できるかに腐心した。そのため、彼らは国際的な事務や国際関係に対して必要な見通しと判断を欠き、日本の戦略的意図や拡張の野心に対しても十分に正確な見通しを欠き、日本が侵略を実行に移した際にも、徹底して抵抗する決心や有効な組織的抵抗力を欠いていた。中国の妥協と譲歩は、実際ある程度において、日本の、とりわけ少壮軍人集団の冒険的な拡張衝動を助長した。

　しかし、当時の中国の政治エリートの基本的な共通認識は、やはり、中国の独立と主権を求め、中国の国際的地位を回復することにあった。彼らにとって妥協や譲歩は、往々にしてやむをえざる対外戦術にすぎず、長期的な対外戦略では必ずしもなかった。とはいっても、中国の政治エリートは、かつて日本に希望を寄せ、たとえば辛亥革命期の革命派の多くは日本の支持に希望を抱き、孫文が日本と連合してともに進むという「大アジア主義」の主張を行ったこともあった。しかし彼らは、日本のあらゆる行為から、日本がすでに中国にとって最大の脅威となったことを徐々に認識し始め、対日観の悪化の中で、敵対的な対日感情を明確にもつようになった。

　日本の「東方文化事業」を例にとってみよう。中国各界は、当初期待を寄せ、「協力」を試みたが、次第に懐疑、失望、抵抗、反対に転じていった。その根本的な原因は、日本が中国に対する武力による威嚇や侵略を停止しなかったことにある。日中が「協力」して「東方文化事業」を展開していた間に、日本は「東方会議」を開き、「満蒙政策」を推進し、北伐戦争を妨害して３度の山東出兵を行い、「済南事件」を引き起こした。このように刻々と迫る中国に対する

侵略と拡張は、もともと脆弱だった日中関係をますます緊張させた。日本の対華外交策の1つとしての「東方文化事業」は、中国人の反日感情を緩和できなかっただけでなく、むしろ、日中関係の悪化にともなって、最後には日本の中国侵略戦争の文化的な「共犯者」に落ちぶれてしまった。ここから見ると、近代以来、日中和解に役立ったはずの社会レベルでの可能性は、いずれも、日本の中国への拡張や日中の矛盾と衝突によって、消え去り続けたのだった。

　1930年代半ば、中華民国国民政府は、国防建設、軍隊の再編、近代的な交通システムの整備、金融と経済の国家化などを内容とする抗戦の準備を開始し、日中和解の可能性も、日本の中国侵入によって日中関係が日増しに緊張を高める中で失われた。

　日本は近代以来、独特の政治体制構造を作り上げてきた。部分的には西洋式の政体を採用したものの、日本的な特色ももち合わせており、三権分立は不完全だった。天皇がいと高く君臨し、独断で決定する権威をもつが、具体的な事務を処理することはない。文官集団と政党は発育不全で、安定した政党政治は形成されなかった。具体的な政策は、往々にして統一性と連続性を欠いた。軍人の力が強く、軍部が重大な影響力をもち、それを制約する仕組みを欠いた。とくに1930年代に入ると、軍部にしばしば「下剋上」の状況が生じ、少壮軍人集団が暴走し、政府を操って情勢判断を誤らせ（最後には中国は譲歩、妥協し、米英ソも介入しないだろうと考えた）、自己への評価が高かった（日本の実力は中国をはるかに上回り、中国は内部分裂して団結できないと考えた）。1928年の済南事件と張作霖爆殺から、1931年の満洲事変、そして、さらにその後の中国に対する拡張と侵略に至るまで、これらはすべて日本の大陸侵略政策の産物であると同時に、日本の少壮軍人集団の衝動と制御不能ぶりを反映したものだった。彼らの行動はうまく制約されなかっただけでなく、逆に一再ならず放任され支持された。彼らの再三の挑発と冒険の成功は、他の後発者を刺激して、さらに冒険的な行動をとらせることになった。こうして、彼らの行動を阻止するための決定はさらに困難なものとなった。

　日本政治の不確定性、日本の軍部と軍人集団のさまざまな行動は、しばしば中国を含む他国の政治家の一般的な予測を超えるものであり、彼らが日本の政策にどのように対処すべきかを判断する際に困惑をもたらした。しかし、帝国

中国　日中歴史共同研究報告　41

主義国家が戦争を自らの権益と勢力範囲拡大の手段とみなしていた時代に、日本の主流政治家たちは、現実政治においては、対外拡張という帝国主義の慣習的な考え方に沿って、もし国家間に調整不能な利害衝突が発生した場合には武力を用いて矛盾を解決するのが当然だと考えていた。そのため、日中間の矛盾が蓄積され、それがひとたび爆発すると、収拾不能な状態となった。この過程で、〔日本の〕民衆やメディアの態度、さらには、当時の大衆政治と不穏な空気が充満していた社会状況は、日本の軍部が「暴走」しそれがますます助長される社会的な基礎となった。そして危機がひとたび起きると、うまく統制することが困難になり、日中関係が危機から局部戦争そして全面戦争の勃発へと至り、ついには破局を招く重大な要因ともなった。

おわりに

　以上簡潔に述べてきたことから、近代以来の中国と日本が異なる発展の道を歩んできたことが理解できただろう。日中全面戦争の勃発に影響を及ぼした要因は1つではなく、また同様の要因（たとえばナショナリズム）であっても、日中両国で発現の形態が異なっていた場合もあった。その中には、突発的な事件の影響や当時の双方の判断ミスといったものも含まれるかもしれない。しかし、我々が歴史的事件の前後の経緯を全面的かつ十分に理解した後、多元的で非単一的な視角から日中関係の展開を観察するならば、全体的で長期的な、潮流のような要因が、その中でも非常に重要な役割を果たしたのであり、何か個々の突発的あるいは単一の要因が決定的だったわけではないことが分かる。もちろん、突発的で単一的で短期的な要因も何度も繰り返されれば、全体的で長期的な、潮流のような要因となっていき、日中関係の緊張を少しずつ高めていった。と同時に、〔日中両〕政府の国際情勢や国内の空気に対する判断や認識も、どのように国家利益を実現し、各方面を調整できるかという問題をめぐる思考と対応に、重要な作用を及ぼした。客観的かつ実証的にいえば、近代の日中関係、とりわけ日中全面戦争の勃発に影響を及ぼしたさまざまな要因の中で、中国は受動的な受け手の立場にあり、日本は能動的な攻め手の立場にあった。受け手は、受動的なために優柔不断であり、攻め手は、能動的なために優位を占める。

したがって、日本が戦争の開始とその結果に対して責任を負わなければならないというのは、決して事実に基づかない空論ではない。この点は、我々がもたなければならない正確な認識である。

---

1 1931年に日本が満洲事変を起こして中国東北に侵入したことは、近代以来2度目の日中戦争の発端と解することができる。しかし、主として中国国内のさまざまな要因によって、中国は日本の侵入に対し、中央政府主導の強い対応を行うことはなく、地方的な抵抗戦争を行っただけだったため、中国ではこれを局部抗戦と呼ぶ。その後、1932年の第1次上海事変、1933年の華北熱河、長城、チャハル抗戦、1936年の華北綏遠抗戦などの局地的な戦闘を経て、1937年7月の北平盧溝橋事件によって、日中両国は全面戦争の状態に入った。中国では全国抗戦あるいは全面抗戦と呼ぶ。したがって、1931年から1945年を日中戦争の全過程と解することもできる。本報告の執筆に際しては、以下の研究者たちの論文が参考となった。厳立賢「20世紀30年代中期以前中日両国近代化進程与工業化模式比較研究」、閆慶悦「20世紀前35年的国際経済秩序与中日経貿関係」、王緝思、孫桜「国際秩序的変動与中日両国的応対——中日両国的国際秩序観与戦略判断」、臧運祜「関於中日戦争全面爆発的原因」、于鉄軍、李卓「中日全面戦争的国際背景」、徐志民「従文化到対抗——中国人眼中的“東方文化事業”（1923-1931）」。上述の各論文の執筆者や中国の研究者である章百家、張沱生、李寒梅、帰泳濤、孫揚および筆者の数度にわたる議論も、本論執筆の助けとなった。

第1章
近代化比較
―― 日中両国の国家建設

日清講和記念館（山口県）／1895年にこの地で日清講和会議が開かれ、日本側は伊藤博文首相、陸奥宗光外相、清国側は李鴻章全権大使などが出席、下関条約が調印された

日本 | # 近代世界のなかの日本と清朝

吉澤誠一郎 (東京大学)

1. 問題の設定

19世紀半ばの開港を始点として、その後の日中両国の「近代化」の過程を比較するという発想は、今日なお非常に根強い影響力を有しているようである。この問題設定の帰結として、明治維新の成功と清末自強政策の挫折という結論が、しばしば下されてきた。

しかし、社会・経済の構造においても政治・軍事をめぐる意識においても、19世紀初頭までに両国は相当に異なる性格をもつに至っており、その点を看過した「近代化」比較はあまり意味がないといってよい[1]。

昨今の日中の各国では、自国の18世紀、つまり徳川政権および清朝政府の時代に対する評価は高まってきている。それは、「近代化」を単純に比較する発想を相対化する基礎として有用ではあるが、両国の相違に注目した立論は、まだ一部の学者の問題提起に留まっている。

もう1つ忘れてはならないのは、両国の歴史が、単に世界史の一部にすぎないという点である。16世紀以降、とくにスペインやポルトガルの対外進出によって世界史が新しい段階に入ったことは、早期のグローバル化とみなすこと

ができる。17世紀に成立する徳川や清朝の政権は、たとえば海上貿易の活性化やカトリック布教、銃砲開発の競争といった現状に取り組む必要があった。日本の、いわゆる刀狩や鎖国・禁教といった重要政策は、このような早期グローバル化への対策にほかならない。清朝の場合には、だいぶ異なる姿勢で、同じ課題に対処しようとしたのである[2]。

　こうして、異なる道を歩んでいった両国は、19世紀の半ばに、またしても次のグローバル化の趨勢に対処することを求められることになる。これはイギリスが主導する近代グローバル化とでもいうべきものである。国内の産業発展、政治・軍事制度の整備を通じて、日本はこの趨勢に比較的うまく順応できたが、それは19世紀までに日本が国内で育んだ達成度が、たまたま近代グローバル化の潮流のなかで有利に働いたからだったと見ることができる。清朝は同様の対応をすることが困難であったが、しかし、やはり既存の社会条件のもとで、巧みに国際環境のなかで生き残りを図ったと理解したい[3]。

2.　近世における日中の分岐

　16世紀は、スペインおよびポルトガルが積極的な海洋進出を進めていったことが、世界史に大きな作用をもたらした時代である。スペインは、ブラジルを除く中南米大陸をおさえ、この地から産出された銀は、世界の経済に大きな刺激を与えた。

　16世紀半ば、日本への火縄銃およびカトリックの伝来は、ポルトガルのアジア進出の結果である。これより早く、ポルトガルは1513年に明朝に来航していた。ポルトガル人の交易活動は16世紀後半に最盛期を迎え、中国大陸の生糸などの商品を日本にもたらし、日本からはその代価として銀を入手した。実は、16世紀には日本における銀の産出が盛んになっていき、そのような交易を可能にしていたのである[4]。

　1571年、スペインがマニラを支配するようになると、アメリカ大陸の銀が太平洋を越えてアジアにもたらされるようになる。このような銀は、中国大陸からの輸出品の代価として支払われた。おおまかな推計によれば、アメリカ大陸と日本からの銀の輸出量のうち、5分の1から3分の1程度の量が中国大陸

に流入したとされる[5]。

　さて、16世紀末、日本では豊臣秀吉が天下を統一し、秀吉死後に実権を握った徳川家による政権が17世紀には国内支配を安定させていく。徳川政権は、カトリック禁教を動機としつつ「鎖国」政策を展開したが、それは経済的には徳川家による貿易の統制を意味した。貿易は次第に長崎に限定されるようになったが、すぐに貿易額が激減したわけではない。長崎からは、17世紀前半にはやはり銀が輸出されつづけ、その後、徳川政権が銀輸出を統制したあとは、18世紀に至るまで銅が重要な輸出品の地位を占めていた[6]。

　17世紀から18世紀にかけて、日本の主な輸入品は、生糸・絹織物、綿布、砂糖を含む薬材などであった。これらの商品は、それぞれ程度の違いはあれ、次第に日本での自給が進んでいった。すなわち、一種の輸入代替の過程が、「鎖国」の時代に進展していったと見てよいだろう[7]。

　日本の人口動態を見ると、17世紀には盛んな新田開発を背景に急増し、18世紀に入ると停滞していったというのがおおまかな動向である。とくに18世紀末は、東北地方で自然災害などの理由により人口が減少したと見られる[8]。しかし、18世紀から19世紀にかけて、全国的に見れば農業の生産性は労働力の投入や肥料の利用を通じて高まっていったと考えられ、各地に織物生産や醸造などの産業が展開していった[9]。

　19世紀に入るころまでには、広域的な交易が経済発展を支えるようになっていた。たとえば、蝦夷地でとれた海産物は、非常に大きな経済的価値を持っていた。ニシンから油を搾った粕は、肥料として重要なものであり、近畿地方での綿花などの商品作物栽培を支えることになった[10]。

　ここに、国内市場の形成を見てとることも可能かもしれないが、もっと注目すべきことは、このような市場形成は、国際経済との接点を最小限にするという徳川政権の政策の下で展開したことである。その意味では、比較優位をもたらす国際分業ともほぼ無縁であったと見るべきであろう。「鎖国」政策の下では、日本からの海外渡航は禁止され、また日本国内に海外から移民が次々に来て定住するということもなかったが、このような厳格な出入国管理は世界史的にも稀なものと見られる。

　このような動向が日本の政治文化や社会意識にもたらした影響については、

一言でいうことは難しいが、限られた人間関係に縛られながら、多くの人々が生活していたと見ることは可能である。後に幕末から明治にかけて生きた福沢諭吉がきわめて批判的に述べている身分制度の息苦しさもあったかもしれない。福沢は自らの父の生涯について「四十五年のその間、封建制度に束縛せられて何事も出来ず、空しく不平を呑んで世を去りたるこそ遺憾なれ」[11]と述べているのである。これと表裏して、自分の属する組織のために忠誠をつくすという価値観と行動様式が、当時の武士のなかに生まれていたことも、注目される[12]。

　さて、中国大陸では、17世紀に明朝から清朝への政権交代があった。16世紀には銀の流入によって活況を呈した明代社会の動態があったが、清にとって銀の流入を統制することは思いもよらなかった。たしかに、台湾の鄭氏政権と対決するための措置が貿易を阻害することはあったが、その結果として銀の流入が少なくなると、深刻な物価低落と不景気がもたらされた。これが、康熙の不況（Kangxi depression）というものである[13]。

　しかし、このような銀の流れの変化によって、過度に地域経済が攪乱されないような仕組みがあった。これが、銀銭二貨制と呼ばれるものである。少額で重いため地域的に滞留する通貨として銅銭が用いられ、他方で遠隔地ないし海外との決済には銀が利用されるというように、機能の異なる貨幣が存在し、しかも銅銭と銀の交換比率は基本的に自由な相場変動に委ねられた。こうすることによって、銅銭の使用される地域空間は、より広域的な銀の流れから過度の影響を受けないようになっていたことになる[14]。

　とはいえ、やはり銀が不足することは取引の円滑化を阻害する大きな要因であった。清朝は、大量の銅銭を鋳造したが、銀貨を発行することはなく、流通した銀は原則として重量と含有量という貴金属としての価値によって交換されていた。このことの歴史的評価は論者によって一定しないが[15]、少なくとも国際的な銀の流通という、政権が統制不可能な要因によって、清の国内経済が大きく影響されることになったとはいえる。

　そもそも清にとって国内市場という概念が適当か否かも疑問がある。たしかに、国内における地域分業と遠距離交易の発展という現象は、18世紀の清朝治下に明瞭に認められる。しかし、その交易は必ずしも清朝の統治範囲で完結するものではなく、むしろ、統治領域を越えて拡がっていた。海上交易の地点

となりうる場所には徴税機関が置かれ、交易を担当する商人を特定して官はその商人に税を課した。武器やアヘンなどの禁制品を統制するのは当然としても、むしろ貿易を通じて内外を結びつける役割を持っていたのである[16]。

これは、18世紀における活発な人口流出とも深い関係がある。清朝政府も海外への人口流出を禁止する建前をとっていたが、実質的にいえば海外との往来についての厳格な管理はなく、むしろ海外に出た華僑が南洋方面と清との交易を担っていた。加えて、台湾、内蒙古や遼寧、四川や雲南、新疆などへの人口移動は大規模であり、清朝は18世紀を通じて3倍ともいわれる人口急増を経験することになった。

これまでの研究では十分に明らかになっているわけではないが、このような18世紀清朝治下の人口急増は、大規模な開墾や商業的農業、手工業の発展による経済規模の拡大を伴っていたと推測される。しかし、必ずしも長期の持続性を考慮しない急速な開発は、自然環境に大きな負荷をかけることになり[17]、また開発の容易な土地は次第に残り少なくなっていたと見るのが妥当であろう。このような行き詰まりは、18世紀末の嘉慶白蓮教反乱や19世紀半ばに連鎖的におこる諸反乱の背景要因として無視できない。すなわち、18世紀の乾隆時代の「盛世」による人口爆発こそが、社会の不安定化をもたらしたという側面がある。人口の流動性が高く、身分制度や「村社会」の枠組みのないなかで、自由で激しい生存競争を展開するような社会が形づくられた。

以上をまとめると、日清両国は、16‐17世紀の転換期において、きわめて封鎖的な社会ときわめて開放的な社会という対蹠的な方向へと分岐していったことがわかる。近年、両国のなかで比較的富裕な地域、つまり中国の江南と日本の近畿とを、イングランドなどと比較して生活水準はおおむね同様だったとする見解が示されている[18]。しかし、19世紀初めの時点で、日清両国が大きく異なる性格の社会となっていたことを考えないで、そのような数量的な比較をすることには疑問が残る[19]。

対外開放の度合いの指標として、あるいは両国の経済規模を推定し、対外貿易の大きさをそれと比較するという議論をすることはできるかもしれない。しかし問題なのは、対外貿易が国内経済にどのように影響するのかという仕組みの相違なのであって、「鎖国」下の日本が国内外の市場を極力切り離そうとし

ていたのに対し、清朝はむしろ国際経済と密接な関係を保っていたことに注目する必要がある[20]。

　政治秩序については、日本は一見すると各藩の独自の支配によって分裂していたように見えるが、実は各藩は江戸に屋敷をもち、藩主は定期的に江戸に滞在することになっていた。しかも、18世紀から19世紀初め、藩主の多くは江戸屋敷で生まれ育った者たちであった。すなわち、各藩は世襲的な大名によって支配されるが、大名の視野は藩内に限定されることはなく、江戸の公儀政権と密接な交渉を持ち、また日本各地の情報に接することになった。ここには、中央と地方についての独自の関係性が表現されている。

　清朝の統治構造は、きわめてゆるやかなものであった。まず、モンゴル・チベット・新疆・雲南などでは、現地の支配層を取り込む形をとった。しかし、民族性の多様さもあり、清朝の支配の性格も一様ではなかった。地図に一色で塗るような統治領域を想定すると誤解につながるのである。また、県を置いて直轄する漢人地域においても、中央が各県に派遣する官僚の数は、小さい県の場合には1〜2人にすぎず、数年程度で転勤になった。知県（県知事）は官署の地元役人を使い、地元の有力者と協力しつつ徴税や裁判といった業務を担当したが、地域の実態を掌握する行政能力には大きな限界があった。

　このように、清はなるべく民間社会に介入せず、必要最小限の行政を遂行するとともに、いってみれば様々な色のパッチワークのような複雑な構成をもつ政体を構成していたのであった。

3.　開港の時代

　18世紀末以降、清朝は増えすぎた人口を養いきれず、国内の民衆反乱に苦しむようになった。そこに貿易の利益を求めるイギリスが2回のアヘン戦争を引き起こすことになる。

　18世紀末までには、清朝の対外貿易のなかでイギリスは大きな比重を占めるに至っていた。イギリスが買い付けていた茶は、国際商品として渇望されていた。その代価の多くは、メキシコで鋳造されたドル銀貨が占めていた。

　しかし、1830‐1840年代は、世界的に銀が不足したことが指摘されている。

この理由については今なお議論が残るが、ラテンアメリカの独立に伴う銀産出や銀貨鋳造の停滞、アメリカ合衆国の貨幣政策などが挙げられている[21]。いずれにしても、銀貨が入手困難になるなかで、イギリス人はインド産のアヘンを密かに中国大陸に売りさばき、そうして得た銀によって茶が買い付けられたことになる。

アヘン密売が増えると、中国大陸から銀が流出していく可能性が高まる。その程度については、確実なことはいえないが、いずれにしても国際的な銀の不足という状態のなかで、銀を財政の基本においていた清朝は大きな経済的打撃を受けることになった。また、アヘン密輸入が横行したということは、それまでの関税の徴収の仕組みがうまく機能しなくなっていたことを意味する[22]。

イギリスは、「自由貿易」を理念として掲げアヘン戦争を戦ったが、それだけではすぐに貿易秩序を再建することはできなかった。1850年代を通じた模索を経て、清朝の新機構として「海関」が設置され、イギリス人など外国人を雇用する外国人税務司の制度がつくられていく。これが、ひとまずの完成に至るのが1860年代である。

開港は、短期的には必ずしも清朝治下の人々に不利益をもたらしたとは限らず、政治体制を根本から動揺させることもなかった。むしろ、生糸・茶・羊毛などの輸出が盛んになるとともに、そのような商品生産・流通に携わる人々は商機を得た。茶と生糸は、中国大陸の主力の輸出品であり、開港当初は高い国際的競争力を有していた。また、これまでほとんど商品価値のなかった羊毛は、天津の開港によって対外輸出することができるようになると、急速に利益の上がる商品となり、内陸のモンゴル人・チベット人などの牧民に収入をもたらし、その消費生活を変えていった[23]。

また、対外貿易から得られる税収は、清朝の体制を支える財源として重要なものとなった。1860年代から1870年代にかけての清朝にとって、深刻な問題は西北回民蜂起など国内の諸反乱の鎮定であり、そのための軍費が必要だった。関税収入は信用が高く容易に担保にできるものであり、対外借款を得ることは、このような税収によって可能になったといってよい[24]。

1860年代の清朝は、イギリスと協調しながら、対外関係を調整するよう努めた。イギリスとしても、清朝とうまく交渉することで、貿易の維持・発展を

めざした。こうして、当時のイギリスの世界覇権のなかで、清朝は巧みに生き残りを図ることができたのである。清朝は、既存の政治体制を維持したまま、総理衙門や海関といった新規の組織を増設することで対外交渉を進めた。国内においては儒教のイデオロギーもそのままとしたので、相対的には深刻な国内対立を経ずに、体制を立て直すことに成功したといえよう。また、清朝は意識的に欧米の軍事技術を導入しようとした。それは銃・大砲や汽船などであるが、これも海関の税収によってまかなわれたのである。

　さて、これに対し日本では、ペリー来航による開港を契機として、幕府の威信は失われ国内は大混乱となった。まず、金と銀の交換比率が国際水準と大きく異なっていたことから、金が国外流出するという一時的な現象があった。本論の立場からは、このような国際相場との乖離があったこと自体が「鎖国」時期の日本国内市場が国際市場と切り離されていたことの証左と見る。

　幕末の開港によって、日本の産業がいかなる影響を受けたかについては、これまでの学説が対立するところである。すなわち、国際競争力のない産業の壊滅を強調する立場と、19世紀前半以来の経済発展が継続していく点に注目する立場である。実際には、これは多様な産地と産業によって異なる程度の影響があったと考えるほかないだろう。

　徳川政権の開国政策に対しては強い反対意見が生じ、政治的な混乱は激しかった。とくに、尊王攘夷を掲げる動きは、次第に徳川政権と衝突する傾向をもつようになった。江戸の政権が動揺すると、各藩はそれぞれの利害や思惑から複雑な動きを示した。結局のところ、徳川政権は開国の衝撃のなかで体制を維持することができなかった。

　薩摩藩と長州藩の連携を基軸とする新政権は天皇をいただく国家を作ろうとした。たしかに、この政権の移行に際しては内戦を経なければならなかったが、当時の武士階層の人々は、対外的危機を念頭におくことでかえって国内対立を速やかに収束させ、明治政府を成立させるに至ったといえよう。

　もとは攘夷を唱えていた人々も含むはずなのに、明治の新政権は急速にヨーロッパの制度・文化を導入し、国家体制の整備および産業の発展をめざした。また、徳川体制の時期に武士が支配階層であったことから、明治政府にとって軍事を重視する政策を導入するのも容易であった。こうして日本の場合には、

直接的に欧米の模倣をすることで19世紀の国際環境に対応しようとしたが、その際には徳川公儀から明治政府へという政権交代によって新機軸導入が可能となったことが大きな意味をもっていた。そして、政治的には議会制の導入によって、江戸時代の藩に由来する地域意識・利害を中央の場に持ち出して調整する仕組みをつくりあげることができたのである。

このような日本の変化は、明治政府が意欲的に欧米をモデルとした国家建設をめざしたことを動因としているが、その前提となったのは、江戸時代からの社会構造の特色であった。それは、国内産業の発展を可能とする経済的条件、江戸時代の封鎖的環境のもとで形成された比較的まとまりのある社会と発達した行財政の組織、民族対立の少ない国内情勢といった点である。

天皇は、国民の忠誠の対象として、非常にうまく機能する存在であった。何よりも古代から系譜をひく伝統的正統性を明瞭に有している存在であったから、ナショナリズムを天皇と結びつけて国民統合を図ることは容易であった[25]。

明治前半の日本は、あまり外国からの借款に頼らずに国家建設を行った。それには、対外借款が政治的干渉を招きかねないという警戒心が関係していたことは間違いない[26]。しかし、日本の財政の対外的な信用には大きな限界があり、良い条件で借款を得ることは難しかったという側面もあるだろう。他方で、地券の発行によって土地税を掌握することができたというのは、江戸時代の政権による土地の把握を大きな前提としている。土地の実態をつかむことができず農業部門からの徴税強化が困難であった清朝とは異なるのである。

以上を整理してみよう。日本の開港にともなう政治的混乱は、ついに徳川政権を崩壊させてしまった。しかし、それゆえ明治の新体制は、思い切って新しい中央集権体制を作るとともに、殖産興業政策を進めることになった。清朝のほうは、2度のアヘン戦争や太平天国や回民蜂起などの諸反乱に苦しんだものの、政治体制を立て直すことに成功し、既存の体制に添加する形で新機構を設置して、時代に対応する仕組みを機能させた。そして、科挙体制や儒教などと結びついた既存の政治統合は維持していったのである。これは、19世紀の国際環境に対する異なる適応であり、両国ともきわめて創造的に危機に対応したといってよいだろう[27]。

4. 模倣と反撥

　日清両国は、19世紀の世界情勢のなかで、それぞれ異なる適応を遂げた。これを単に「近代化」の遅速と考えることに、私は反対する。それでも、たしかに工業化の進展、国民意識の形成、近代行政の整備、徴兵制の導入などをめざした日本は、清朝と対抗するうえで、有利な立場を獲得していったとはいえる。そして、議会制の開始と西洋法制度の導入は、欧米の主要国家に対し日本への好印象をもたらすことになる。

　とはいえ、日清戦争以前の清朝官僚や改革志向の先駆的知識分子のなかには、清朝の体制に問題があるという意見を述べる者はいたとしても、「日本のほうが先進的である」と考える者は稀であった。これは、清朝官僚たちが無知・頑迷であったからではなくて、あくまで清朝の政権維持を前提としながら、当時の社会実態に即した現実的な政策を採っていたものと理解できる。

　たとえば、産業化政策についていえば、李鴻章は十分にその意義を理解していた。しばしば、清朝は軍需産業にばかり傾注したことが問題とされるが、清朝が国内外の敵に直面せざるをえず、しかも欧米の軍事技術が比較的速やかに進歩しつつある当時の情勢に照らせば、新鋭の兵器を備えようとすることはごく当然の対策であろう。しかも、1865年、江南製造総局の兵器生産の状況を報告した上奏文のなかで、李鴻章は、目標が兵器生産にとどまらないことを説明し、「西洋の機器は、農耕、織布、印刷、陶器づくりなどに使える機材を作り出すことができ、民生日用に有益であって、もともと兵器のためだけのものでありません」[28]と述べている。たしかに、ときに李鴻章は、新規の産業の導入に慎重になる場合もあったが、そのなかには、在来産業の急速な崩壊を食い止めることで社会不安をもたらさないようにするという思慮が働いていたと見るべき事例もある[29]。

　清朝は19世紀後半以降ひたすら衰亡の道をたどったとする説明がなされることが多い。しかし、日清戦争は清朝と日本とが朝鮮における支配をめぐって争ったものであって、その前提としては清朝の政権が朝鮮に対して政治的介入を強めていたという事態があった[30]。清朝は決して外圧に屈して滅亡の一途を歩んでいたのではなく、むしろ東アジアの覇権を日本と争う意欲を示していた

日本　近代世界のなかの日本と清朝　　55

のである。

　そして日清戦争が転機となる。清朝が日本との戦争で敗れたのち、日本をモデルとした改革を模索する動きが生じた。日本モデルの提唱でまず注目すべき人物は、康有為であろう。彼が朝廷に提出した『日本変政考』は、これを象徴する著作である。これを上呈するときの説明には、「思うに日本は文字・政治風俗が、いずれも我が国と同じであり、ヨーロッパ500年の新制度を、30年で追いかけて模倣した」[31]とあり、ヨーロッパの制度を導入するために手近に参照すべき対象として日本を挙げている。類似した観点は、戊戌変法をめぐって康有為と対立する立場にあった大官僚の張 之洞の『勧学篇』にも見られる。

　戊戌の政変によって、康有為やその弟子の梁啓超は日本に亡命するに至った。康有為はまもなく清朝の要請を受けた日本政府によって日本から追われることになるが、梁啓超は日本で中国語雑誌を発刊し政治宣伝と啓蒙に努めた。梁啓超がとくに努力したのは、明治時代に刊行された日本語書籍を通じて欧米の最新知識を獲得し、それを中国語で紹介するということであった[32]。

　この時代は、梁啓超のような亡命者に加えて、多くの中国人留学生が日本に滞在していたが、彼らが注目したのは、単に日本語訳された西洋文明の知識だけでなく、日本社会のいくつかの側面であった。とくに、明治後半に高唱された「武士道」の観念は、中国人に強い印象を与えることがあった。この武士道は、必ずしも江戸時代の道徳と同じものではなく、むしろ明治時代になってから徴兵制導入とともに喧伝されたものであったが、自己犠牲を求めるその精神性は中国人にとって衝撃的であった[33]。

　清朝による立憲制度導入政策においても、日本が最大のモデルとされた。海外に派遣されて諸国を歴訪し政治制度を調査した端方は、上奏文において「思うに、各国の立憲制度には相違があります。専制の朝廷が憲法を頒布するのを君主立憲といいます。その君主は万世一系であり、日本の天皇は常に全国最高の統治の法的権限を有しています」[34]と述べて、憲法と皇室典範を制定することを求めている。

　清朝末期の10年間は、まさに日本モデルによる改革が進展していった[35]。しかし、日本を模倣する目的は、実は日本に対抗するためでもあり、ここに20世紀前半の、複雑な日中関係が幕を開けることになったといえるだろう。

56　　第1章　近代化比較

若き日に日本の「武士道」に憧れた蔣介石は、後の日中戦争において、自軍の規律の確保に悩みつつ戦争指導の任にあたらねばならなかったのである。

5. 辛亥革命の展開と収束

20世紀に入っても、清朝の命脈は絶えたわけではなく、積極的な改革を進めていった。1つは軍制の改革である。欧米・日本から組織や装備について学びながら新しく編成した軍隊を新軍と呼ぶ。新軍は地方的な財源で創設・維持される性格が強く、実態を見ると全国一律の編成とは言い難い。そのなかでも袁世凱の創設による北洋軍すなわち第1～6鎮（鎮とは師団の意）は首都防衛の任にあってもっともよく整備されており、また張之洞が育てた湖北省武昌の第8鎮も精鋭として知られていた[36]。

清朝の改革として、もう1つ注目されるのは教育改革である。西洋風の科目をふくむ教育施設として学堂が設置されるとともに、1905年に科挙は廃止された。そして海外留学が流行することになる。とくに日本は距離的に近く、また漢字を通じて近代的な知識を獲得するのに容易な国として、多くの留学生を引き付けた。

このような留学生に強く働きかけたのが、孫文ら清朝の打倒をめざす革命派の宣伝であった。当然ながら、革命宣伝は清朝によって弾圧を受けるはずの行動なのであるが、国外であれば（多少の制約を受けるとしても）運動がずっと容易である。革命をめざす諸派が大同団結して孫文を指導者とした中国同盟会も、1905年に東京で成立した。清朝の意図に反して、留学生はこれら反体制的な思想の影響を受けることとなった。

将校をめざす者も、日本に留学した事例が多い。そうでなくとも、軍人の使命は清朝に忠誠を尽くすためか、それとも中国の将来のために力を発揮することなのか、考え始める者が出て来ることになる。科挙の廃止は、士官となることを1つの立身の途として浮上させた。こうして、一定の教育のある若者が軍官学校を出て、新軍を率いることが多くなってきた。新軍のなかにも、革命宣伝が及ぶとその思想に染まる者も増えていった。

ついに、1911年10月10日の夜に武昌の第8鎮が蜂起し、また城外の第21混

成協（協とは旅団の意）もこれに加わった。蜂起軍は、第21混成協の協統（旅団長にあたる）であった黎元洪に迫って革命政権の首班とし、武漢の地区を制圧した。

辛亥革命の展開として特徴的なのは、この後、次々と南方の各省が独立を宣言して清朝から離脱していったことである。

この地滑りのような政治変動の背景にあったのは、必ずしもそれまで革命イデオロギーを信奉していなかった各省の有力者の動向といえる。

1908年、清朝は憲法大綱を定めて立憲君主制への方向性を示しており、1909年には各省に諮議局を設けて初歩的な地方議会とした。ついに、1911年、中央でも新しい内閣制度が導入され、慶親王が内閣総理大臣となった。しかし、この閣僚は多くが皇族・満洲人で占められており、朝廷がどこまで皇帝権力を制約して本気で立憲君主制に向かおうとしているのか、各省の有力者に疑問を抱かせることになった。

また、清朝は国内統合のため鉄道建設を急務としており、1911年には幹線鉄道を中央政府の責任で敷設していくことを決定した[37]。しかし、この集権化政策は、各地で資金を集めて鉄道を建設していこうとする紳士・実業家にとっては、すでに自分たちが投じた資金がどうなるのかも不透明であり、納得しがたいものであった。

以上の経緯を見るとき、辛亥革命は、必ずしも清朝の政権が無為無策であったために起こったわけではない。清朝の教育改革によって留学生が革命思想に触れる機会を得ることになり、軍制改革こそが新軍を作り出した。諮議局の設置は各省の有力者の結集点を作り出し、中央権力の強化による国家統合の志向は各省の有力者の不満を強めた。清朝の意欲的な改革こそが革命を準備していたという逆説を見て取るべきなのである。

さて、辛亥革命の展開に対して、日本政府は難しい対応を迫られた。当初、日本の政策の基調は、清朝の政権を維持しつつも革命の情勢を利用して日本の影響力を拡大するということにあったが、他方では可能なかぎり諸列強と共同歩調をとるという原則も重視されていた。清朝が袁世凱を起用して事態を収束させようとした後の流動的な情勢に日本政府は即応できず、結局はイギリスの仲介のもとで袁世凱と革命側との調停が進められることになった。なお、日本

58　第1章　近代化比較

の参謀本部は革命派を援助する工作を進めようとしており、外務省の方針と一定の緊張関係にあったと考えられる[38]。

革命側としては、袁世凱側との交渉を進めつつも、清朝から独立した各省を束ねた中央政府をつくることを企図していた。革命側のなかには、その政府の首班に袁世凱をいただくことを約束することで、袁世凱を取り込もうとする試みもあった。ところが、1911年12月25日に孫文が帰国すると事態は一気に展開し、急いで孫文を首班とする共和政府を発足させることになった。1912年1月1日の深夜、南京で孫文は中華民国臨時大総統に就任したが、その就任の誓約には、近い将来に適切な者（袁世凱を指す）に政権を譲ることを示唆する文言が含まれていた[39]。

袁世凱は、調停交渉のさなかに、孫文が突如として新政権をつくってしまったことを不審と感じたであろうが、清朝の政権を廃して統一された共和政府をつくることで交渉は妥結していった。こうして袁世凱の意向を受けて、1912年2月12日、清朝は遜位（皇帝が政治権力を譲ること）を発表するとともに、袁世凱に対しては全権を掌握して全国の統一を進めるように委託した。南京においても袁世凱が臨時大総統に選出され、それを踏まえ3月10日に北京で就任式を行った。この袁世凱の中華民国政権は、まだ諸外国の正式承認を得ていなかったので、就任式にも外国の公使は参加していない。

1912年の末から1913年にかけて、中華民国の国会議員選挙が行われた。1913年4月に開会した参議院・衆議院は、必ずしも袁世凱の意向に従わず、政治は空転しがちだった。そして、孫文を中心とする国民党は袁世凱との対立を深め、ついに1913年7月に武力対決するに至った（国民党の立場からは第二革命と呼ばれる）。

反政府蜂起を鎮圧した袁世凱は、国会議員によって正式な大総統に選出され、1913年10月10日に就任した。これより先、北京で国会が開会された後の5月にアメリカのウッドロー・ウィルソン政権は中華民国を承認していた。日本をふくむ列強は、袁世凱政権と国民党との内戦の帰結を見守っていたが、袁世凱が正式に大総統となる見通しとなったので、国家承認に踏み切った。日本政府が中華民国を承認したのは、1913年10月6日のことである[40]。

内戦に敗れた孫文らは日本を根拠地として再起をはかろうとした。日本政府

は、袁世凱政権の意向も考慮して、必ずしも孫文らの来日を歓迎していたわけではなかったが、結局は孫文らが日本で活動するのを監視しつつ黙認していた[41]。

　以上の経緯を前提としつつ、その後、第1次世界大戦の勃発から21ヵ条要求に至る時期の日中関係が展開していくことになるのである。

6.　結びにかえて

　1883年に参議として明治政府の要人であった山県有朋（やまがたありとも）がまとめた「対清意見書」が、井上馨文書のなかに残されている。そこには、清の軍事力に対する強い懸念が表明されていた。

　　清国、長毛賊の乱ありし以来、漸（ようや）くに陸海軍制を一変して西洋式に模倣し、洋師を雇い洋艦を購（あがな）い既に百余艘の多きに及び、近ごろ「ゼルマン」に委託し製造せる甲鉄艦は無比の堅牢なる物にして、若し加うるに兵気の壮勇なると士官の猛武練熟なる者あらしめば、以て雄を宇内に争うとも可なり[42]。

　これは、清仏戦争の交戦が進んでいる時点のことであった。山県のいう「ゼルマン」（ドイツ）に製造委託した甲鉄艦とは、定遠と鎮遠を指す。この両艦は北洋海軍の主力とされ、のちに日清戦争でも要の役割を果たすことになる。

　山県は、この意見書で清軍の脅威を説き、それに対して日本は本気で対応する緊急の必要性があることを指摘している。たしかに、この意見書は敢えて日本政府首脳の危機意識を高めて軍備を進めようとする意図に由来していると見ることはできるかもしれない。しかし、翌1884年には朝鮮において甲申政変が起こって日清の緊張が高まり、その後も清朝側による朝鮮政治への介入が強められていくことから見ても、山県の意見書はいたずらに危機感を煽りたてようとしたというより、日本の実力に関する冷静な客観分析を示そうとしていたと理解するほうが妥当であろう[43]。

　さて、日清戦争と日露戦争を経たのちの1907年、元老の山県は西園寺公望（さいおんじきんもち）

60　　第1章　近代化比較

首相に対して、対清政策についての意見書を送った。山県によれば、最近1－2年は清の外交姿勢は強硬となり、「苟くも理の有る所は之れを争うて止まざるは勿論、便ち理の無き所に至りても亦頻りに我意を主張して敢て屈せざるの風あり」[44]ということから、列強諸国も多少は遠慮をするようになってきた。

　この指摘は、20世紀に入った後、清朝も国権回復に努力していたことをよく示している。

　そして、現状を踏まえると次のような予測ができると山県は述べる。

> 所謂利権の回収と主権の維持とは、今後益々其勢力を増長するに至るべきや、殆んど疑を容れざるなり。便ち南満洲に地歩を占取したる我邦が事毎に其の異議に衝突し、少からざるの不便を受けんとするは、実に勢いの止む可らざる所なりと雖ども、我邦が数万の人命を亡い十数億の金銭を消して贏ち得たる所の満洲に於ける利権は、固より清国の異論の為めに之れを退縮す可きに非ず。況んや之れを抛棄するに於てをや[45]。

　それでは、山県の考える対策とは何であろうか。山県は、いつかは満洲の利権をめぐって日清が干戈を交える可能性を指摘しつつも、それは万やむをえない場合のみであって、なるべく平和的な手段によって国家の富強を増進すべきだという。そのために、日清の交情を厚くするのに加えて、満洲の利権について日露の交渉も必要だと指摘するのである。周知のとおり、この日露交渉は両国の数次の協約として現実化していくことになる。

　山県は、日露戦争を経て日本が南満洲に得た利権は抛棄できないとしながらも、この方針が清による国権維持の立場と衝突することを明瞭に認識していた。しかも、関東州の租借期限が近づいてくることも山県の念頭にあった。そもそもロシアが旅順・大連の租借権を得た1898年から25年間と定められていて、日本もその権利を引き継いでいたからである。

　こうして、関東州および満鉄に関する利権の確保は、日本の外交政策においても、非常に大きな課題とされるようになっていく。この点は、1915年の21ヵ条要求の核心をなすものでもあった[46]。

　その背景にあったのは、戦争で払った犠牲には、国権の拡張という形で見返

りがあるのが当然だという意識である。山県の特殊な意見ではなく、おそらく多くの国民を捉えていた発想であろう。山県が予測するように、それはその後の日中対立をもたらしかねない発想でもあった。

1 さらにいえば、そもそも今日の日本と中国という2つの国家について単純に時代を遡らせて論じることには問題が多い。現今の国家の系譜を過去に向かってたどることは可能かもしれないが、そこに見て取るべきなのは各時点における連続性にすぎず通時的な同一性ではない。

2 このような意味での「近世」の世界史の観点を提示した論考として、岸本美緒「時代区分論」『岩波講座世界歴史』第1巻、岩波書店、1998年を挙げたい。

3 本論は、歴史の大きな流れを概括することを目的とするので、根拠を精密に注記することは難しい。そこで、異論の少ないと思われる常識的な事柄については注記を省略し、特徴的な主張に拠る場合や最近の研究成果を参照した場合、そして史料を引用した場合に、依拠した文献を挙げることにしたい。

4 この銀の生産の展開も含め、16世紀から17世紀にかけての日本列島の歴史を世界史の観点から論じた著作として、村井章介『世界史のなかの戦国日本』ちくま学芸文庫、2012年がある。

5 岸本美緒『東アジアの「近世」』山川出版社、1998年、17-18頁。

6 島田竜登「銅からみた近世アジア間貿易とイギリス産業革命」水島司編『グローバル・ヒストリーの挑戦』山川出版社、2008年。

7 川勝平太『日本文明と近代西洋――「鎖国」再考』日本放送出版協会、1991年。

8 速水融『歴史人口学の世界』岩波書店、1997年、69-105頁。

9 谷本雅之「在来経済・産業の発展」『岩波講座 日本歴史』第14巻、岩波書店、2015年。

10 ニシン粕の交易については、中西聡『近世・近代日本の市場構造――「松前鯡」肥料取引の研究』東京大学出版会、1998年が詳しい。

11 福沢諭吉『新訂 福翁自伝』岩波文庫、2008年改版、15頁。

12 笠谷和比古『主君「押込」の構造――近世大名と家臣団』平凡社、1988年。

13 Mio Kishimoto-Nakayama, "The Kangxi Depression and Early Qing Local Markets," *Modern China*, Vol. 10, No. 2, 1984.

14 黒田明伸『中華帝国の構造と世界経済』名古屋大学出版会、1994年。

15 Man-houng Lin, *China Upside Down: Currency, Society, and Ideologies, 1808–1856*, Cambridge, Mass.: Harvard University Asia Center, 2006. デニス・フリン（Dennis Flynn）著・秋田茂・西村雄志編『グローバル化と銀』山川出版社、2010年。

16 岡本隆司『近代中国と海関』名古屋大学出版会、1999年、43-77頁。

17 1つの事例として上田信「中国における生態システムと山区経済――秦嶺山脈の事例から」溝口雄三ほか編『アジアから考える』第6巻、東京大学出版会、1994年を参照。

18 Kenneth Pomeranz, *The Great Divergence: China, Europe, and the Making of the Modern World Economy*, Princeton: Princeton University Press, 2000.

19 村上衛「批判と反省「大分岐」を超えて——K. ポメランツの議論をめぐって」『歴史学研究』949号、2016年。

20 岸本美緒「清朝とユーラシア」歴史学研究会編『講座世界史』第2巻、東京大学出版会、1995年。

21 Lin, *op. cit.*; Alejandra Irigoin, "The End of a Silver Era: The Consequences of the Breakdown of the Spanish Peso Standard in China and the United States, 1780s-1850s," *Journal of World History*, vol. 20, no. 2, 2009.

22 このような状況については村上衛『海の近代中国——福建人の活動とイギリス・清朝』名古屋大学出版会、2013年、26 - 88頁を参照。

23 吉澤誠一郎「近代天津の貿易とその後背地——羊毛輸出を中心に」井上徹・仁木宏・松浦恆雄編『東アジアの都市構造と集団性——伝統都市から近代都市へ』清文堂出版、2016年。

24 岡本、前掲書、295 - 374頁。

25 一部の日本史研究者は、幕末から明治初期にかけて天皇がそれほど民衆に認知されていなかったことを強調しがちであるが、たとえば満洲人の皇帝を中国ナショナリズムの軸にすえることの困難さと比較して議論する必要があるだろう。

26 三谷太一郎「明治国家の外国借款政策——幕末維新期から日清戦争期にいたる経済ナショナリズム」『ウォール・ストリートと極東——政治における国際金融資本』東京大学出版会、2009年。

27 このことの含意は、かりに19世紀後半にうまく機能した国家と社会の統合の仕組みであったとしても、国際環境が変化すれば、不適応を起こす可能性があるということである。日本国内において明治時代の成功を高く評価する議論が今日では強くなっているかもしれないが、同じ社会の仕組みが21世紀には必ずしも有利とは限らないということが閑却される危険性がある。本論が、直線的な発展や近代化の概念を避け、国際情勢のなかでの適応という視点を強調するのは、この問題意識からである。

28 顧廷竜・戴逸主編『李鴻章全集』安徽教育出版社、2008年、第2冊、202頁。

29 鈴木智夫『洋務運動の研究——一九世紀後半の中国における工業化と外交の革新についての考察』汲古書院、1992年。

30 この事情は、岡本隆司『属国と自主のあいだ——近代清韓関係と東アジアの命運』名古屋大学出版会、2004年に詳しい。

31 孔祥吉編著『救亡図存的藍図——康有為変法奏議輯証』聯合報系文化基金会、1998年、58頁。

32 狭間直樹『梁啓超——東アジア文明史の転換』岩波書店、2016年。

33 吉澤誠一郎「清末中国における男性性の構築と日本」『中国——社会と文化』29号、2014年。このような自己犠牲を強いるイデオロギーは、近代日本の戦争において悲劇的な結果をもたらすことになったとも思われるが、日露戦争前後の中国人の観察ではほとんど批判的な見方はない。

34 故宮博物院明清檔案部編『清末籌備立憲檔案史料』中華書局、1979年、上冊、46頁。

35 Douglas R. Reynolds, *China, 1898-1912: The Xinzheng Revolution and Japan*, Cambridge, Mass.: Council on East Asian Studies, Harvard University, 1993.

36 清末の軍制改革についての概観は、吉澤誠一郎「軍隊の動向からみた辛亥革命」『早稲田大学高等研究所紀要』8号、2016年を参照。

37　この時期の鉄道政策については、千葉正史『近代交通体系と清帝国の変貌——電信・鉄道ネットワークの形成と中国国家統合の変容』日本経済評論社、2006年を参照。

38　この過程について参照すべき研究は多い。古典的なものとしては、北岡伸一『日本陸軍と大陸政策 1906-1918年』東京大学出版会、1978年、89-102頁、比較的近年に刊行された著作としては、兪辛焞『辛亥革命期の中日外交史研究』東方書店、2002年、3-97頁、千葉功『旧外交の形成——日本外交一九〇〇～一九一九』勁草書房、2008年、229-264頁、櫻井良樹『辛亥革命と日本政治の変動』岩波書店、2009年、25-133頁を挙げておく。

39　この就任式典については、吉澤誠一郎「中華民国初期における大総統就任式典」『東洋史研究』76巻1号、2017年を参照。

40　外務省編『日本外交文書』大正2年第2冊、外務省、1964年、69頁、山座円次郎在華公使より牧野伸顕外相あて電報（1913年10月6日）。

41　兪、前掲書、457-486頁。

42　大山梓編『山県有朋意見書』原書房、1966年、137頁。表記を現代のものに改めた（以下同様）。当時、井上馨は外務卿であったが、内容から推すと、この意見書は井上だけにあてたものでなく、政府首脳陣などに自らの考え方を提示しようとまとめた文書と考えるほうが良いだろう。

43　なお、山県が清軍に対して抱いていた脅威の感覚は、その後、日清戦争直前には変化しており、1893年の意見書では清の国勢は「衰退の状況に陥りたるものの如し」と述べている。大山、前掲書、218頁。

44　大山、前掲書、305頁。

45　大山、前掲書。なお、原文に見える「贏」は誤字とみなし「贏」に訂正して引用した。

46　奈良岡聰智『対華二十一ヵ条要求とは何だったのか——第一次世界大戦と日中対立の原点』名古屋大学出版会、2015年。

| 中国 | # 1930年代中期以前の両国の近代化と工業化モデルの比較研究

厳立賢（社会科学院近代史研究所）

森川裕貫 訳

提　要

　日中両国における近代化と工業化の差異は、明治維新と洋務運動以前、すでに十分に顕著であった。幕藩体制の中後期における日本の経済発展の水準は、中国の明清時期よりも明らかに高かった。近代以来、日中両国の農業発展と工業化は、いずれも大きな差異を示しており、さらに両国間の経済発展の水準と基本的な国力の差は拡大するばかりであった。1910年代より、日本の工業化は国内市場を基礎とするモデルから、投資と輸出を基礎とする対外拡張型のモデルへと次第に転換し、日本は対外侵略の道を歩むこととなった。中国の工業化は、長期にわたり、官営によるのか民営によるのかという紛糾のなかにあったが、最終的には官営が民営を圧倒したため、中国の近代工業化と中国人民による対日抗戦には不利な影響をもたらした。

はじめに

　日中両国の近代化は、西洋各国のように本国内部の経済発展から促されたも

のではなく、西洋資本主義の侵入ののちに迫られて開始された国家の近代化の一環である。両国の近代化は、いずれも〔外部に対する〕一種の反応からもたらされた近代化である。しかし、ほぼ同時に開始された両国の近代化は、明らかに異なる結果を呈した。1910年代以降の日本は、独立した、かつ初歩的とはいえ発達した資本主義国家の道を歩み始め、のちに対外拡張型の経済構造を形成して、近隣の中国や東南アジアの国々を侵略した。これに対し、中国は一貫して半封建・半植民地という泥沼のなかでもがき、独立かつ成熟した資本主義国家たりえなかった。その原因として、両国政府の対応の異なりのほかに、両国内部の異なる経済構造が、両国の近代化に対し提供した異なる条件に由来する影響が挙げられる。本論は、日中両国の近代化の初期条件を対比し、近代から1930年代半ばまでの両国の近代化の過程と工業化モデルを考察して、日中両国の発展の道程と経済の水準がかくも大きく異なったこと、そして両国が戦争へと至ったその内在的な要因を経済面から明らかにしたい。

1. 日中両国の近代化における初期条件の違い
――プロト工業化に関する考察

　中国の学術界はかつて、近代以来の日中両国の近代化と経済発展における巨大な差異が、日本の明治維新と中国の洋務運動のあとに生じ始めたのは、両国政府による近代化と工業化への対応と政策が異なっていたためだと考えていた。しかし筆者の考えでは、日中両国における近代化と工業化の違いは、明治維新と洋務運動以前、すでに十分に明確に存在していた。日中両国にあっては、西洋資本主義の侵入から近代化を開始する以前に、その経済構造と経済レベルに大きな違いがすでに存在しており、この違いは両国のその後の近代化に対して、重大な影響を及ぼしたと考えられるのである。

1.1　日本――農民の余剰産品価値を基礎とするプロト工業化

　いわゆる近代化とは、一国が伝統農業社会から近代工業社会へと転換することである。その経済面における主要な内容は、近代工業化、すなわち近代工業が伝統農業社会のなかで生成・発展し、社会全体に拡張する過程である。伝統

農業社会において、近代工業が誕生する初期の必要条件は、農民にもたらされる「余剰産品価値」、つまり農民が基本生活を維持する上で必要な分を取り除いた、その余剰がどれだけあるかである。

　農民が基本生活を維持する以上の余剰は、自己の消費を増加させうるものである。まず増加するのは当然に食糧の消費であり、それによって飢えを満たすことができる。しかし、食糧の消費には限度がある。なぜなら食糧消費支出の弾力性が低いからである。その次に増加するのは衣服の消費である。衣服消費支出の弾力性は高く、1着の衣服から数着の衣服、質の悪い衣服から質の高い衣服まで、消費量は何倍にも増加可能である。農民が手にした余剰は、綿紡織品に対する社会全体の消費需要を大幅に高め、紡績業の国内市場の大幅な拡大をもたらす。農民の余剰が不断に増大したことで、農村の紡績業はマニュファクチュアと機械工業化へと向かって発展した。それ故に、国内市場を基礎とする工業化は、その初期の段階にあっては、常に紡績業を主たる部門とするのである。

　伝統経済から近代経済への移行というこの過程は、かつて西欧で典型的に出現したものである。日本では、18世紀中期から、農民の手中に余剰産品価値が出現し始めた。主要な原因は、農業労働生産性の上昇と耕地面積の増加である。農業労働生産性の上昇と耕地面積の増加によって、日本の食糧生産量は18世紀中期以降、大幅に増加した。増加の程度は14％以上であり、19世紀初めには24％以上に達した。貢租率は増加しなかったので、増加した食糧はすべて農民の手中にとどまり、それによって農民の手中には余剰が出現した[1]。これを基礎にして、養蚕業・絹織物業・紡績業に、農民の余剰産品価値を基礎とするプロト工業化が出現した。

　我々の観察によると、日本の絹織物業のプロト工業化には、関東地方の桐生と近畿地方の丹後という2つの地域が関連していた。両地の産出する産品は、農村市場に供給される一方、京都西陣の販売市場を不断に侵食し、その同業組合を主体とする絹織物業を衰退させた。天保年間（1830‐1844年）、桐生には5台前後の織機を有し10名前後の労働者を雇うマニュファクチュアが多数出現し、丹後にも3台の織機を有し4人から5人の労働者を雇う、より小規模な作業場が出現していた[2]。

中国　1930年代中期以前の両国の近代化と工業化モデルの比較研究　67

紡績業におけるプロト工業化の主要集中区域は、近畿地方の摂津・河内・和泉、中部地方の尾張・美濃、関東地方の八王子一帯である。そのなかでもっとも発展したのが尾張であり、その中心は鵜多須の代官が管轄する42の紡績村である。1844（天保15）年の時点で、この42の村には紡績業に従事する農家322戸、織機1435台が存在していた。平均すると1戸あたり4.5台となり、そのうち租放機（有償で別人の使用に供するもの）471台を除くと、平均して1戸あたり3台となる[3]。生産規模がマニュファクチュアのレベルに達していたのは、小信中島村の孫次郎家（自家経営9台）、下祖父江村の紋蔵家（自家経営18台、租放機1台）、下祖父江村の重左衛門家（自家経営13台、租放機12台）、山崎村の勝右衛門家（自家経営10台、租放機7台）の4家である[4]。

　紡績業こそ、プロト工業化の各職業のなかではもっとも重大な意義を有している。なぜなら、紡績業の消費対象は圧倒的多数を占める農民であり、紡績業のプロト工業化が進展すればするほど、農民の消費水準は高くなり、農民の商品経済は発達し、社会経済は近代経済の性質を備えるようになるからである。世界各国の近代工業は、すべて紡績業から始まっているのである。

　しかし、日本のプロト工業化は、西欧のように小手工業→小資本家経営→マニュファクチュア→機械大工業という方向には発展しなかった。少数のマニュファクチュアが文政・天保年間（1818-1844年）の発展時期に出現したものの、衰退を始めた。幕末になると、もともとは独立していた大部分の小規模手工業とマニュファクチュアは、問屋商人から生産工具と原料を借りる問屋商人のための家内工業へといずれも退行してしまい、問屋商人の力はより強まった。

　桐生の絹織物業は、幕末になると「買次商たる「絹買」が「絹市」を支配しながら前貸制度によって次第に生産過程を制握」するようになった[5]。丹後の絹織物業では、自営機の挂機（自営機所有者が、織機を貧しい農家にレンタルする）と歩機（もともとの自営機所有者が問屋商人に隷属する家内生産者に没落したもので、彼らは問屋商人の貸し与える生産器具と原材料を受け入れるが、商品の所有権は失った）への転換が絶え間なく進んだ。ある村では、「歩機のみ致しおり」というところもあった[6]。

　紡績業も同様である。和泉の綿紡農家は「綿買」（綿紗の問屋商人）に隷属する原料加工者となり[7]、綿織農家は「京都・大阪の問屋業者より原料を受け製

造して単に其の賃金を得るを目的とする者多し」という状態にあった[8]。河内の大規模綿紡織品問屋商人である山脇家が管轄する範囲は、20キロメートル四方30以上の村におよび、その取引の圧倒的多数は「前貸」（生産前に綿織物農家に資金あるいは原材料を貸し与え、その代わりに生産品の所有権をコントロールする制度）であった[9]。尾張と美濃では、幕末時期、紡績業に従事するもっとも発達した4つの村のなかで、上祖父江村、下祖父江村、山崎村はいずれも衰退し中心的位置を失う一方、小信中島村のみはいっそうの発展を遂げた。しかし、発展した村にせよ衰退した村にせよ、生産規模と雇っている労働者の数はいずれも大いに縮小し、また「出機」経営（問屋商人あるいは代理商が織機と原材料を貧しい農家に貸し与えて生産させ、産品を受け取って給与を支払う経営方式）が主導的地位を占めた[10]。すなわち、幕末時期、生産者はすでに問屋商人の浸透を普遍的に受けていたのであり、問屋制工業生産形式が日本の工業生産領域で主導的生産形式の地位を占めたのである。

　問屋制工業生産形式の出現は、日本の農村工業が、西欧のような小手工業→小資本家経営→マニュファクチュア→機械大工業という道筋を経て、資本主義工業生産に発展していくということを不可能としてしまった。しかしその出現は、明治維新以後の工業化の発展に対して、ある意義を有した。それは、問屋制工業生産形式を通じ、数多の分散した小規模生産の利潤を問屋商人の手中に集中させ、資本の原始的蓄積作用を生じさせたことにある。

　明治維新以後、日本は維新政府の主導下、問屋制工業生産から近代的大工業生産に移行し始めた。日本の近代的大工業生産の移行に見られる1つの根本的特徴は、各経済段階の非連続性にある。すなわち問屋制工業生産の段階とマニュファクチュアの段階が非連続であり、マニュファクチュア段階と近代大工業生産も非連続であること、つまりのちの段階は前の段階の高度な発展の結果ではなかったことである。近代的大工業生産は、大問屋商人資本が維新政府の支援の下に直接転換した結果もたらされたのであって、マニュファクチュアの段階が発展したものではない。

　綿紡織業の事例を見ると、1882（明治15）年前後に設立された15家2000錘以上の規模の紡績工場は、広島紡績所と愛知紡績所の2ヵ所が政府による直接創業という官営の模範工場であること、および4ヵ所が大地主による創業であ

ったほかは、すべて各種の問屋商人が創業したものである。彼らのなかには綿問屋商人・呉服問屋商人・果実問屋商人・米問屋商人・塩問屋商人・糖綿問屋商人が含まれていた[11]。明治維新以後の「企業勃興」の主要な担い手は、大小の問屋商人・金融業者・地主（主として紡績業と絹織物業に集中する）、および三井・三菱・住友・藤田と渋沢などの政商と財閥（主として鉄道と大規模建設業に集中する）であり、彼らはすべて民間資本であった。そのほか一部の中小資本（幕末、問屋商人に属していた小代理商、および問屋商人の侵食をまだ受けておらず衰退・萎縮していない一部の小手工業など）は、マニュファクチュアに向かって移行していたが、全体経済の作用のなかでは、小さすぎて述べるに足りない。要するに、明治以後の日本の近代的工業化は、民間資本を基礎としていたのである。

　維新政府は当初、官営企業の形式を通じて、完全なる上から下への工業化を目指した。しかし、官営企業が損失を出して以降、官営企業を民間資本（主として大問屋商人資本）に放出し、民間の問屋商人を助け、資本を機械大工業への移行に直接向ける方針を採った。問屋商人資本は明治維新以降、機械大工業の移行に向かう主体であった。

　明治政府の殖産工業政策は、当初は官営・半官営企業の建設を目的としており、中国の洋務運動に類似していた。しかし、日本は以下の2つの点で中国と異なっている。第1に、官営企業の損失以降、明治政府は官営路線がうまくいかないと認識し、民間資本の育成という方針を採用し始めたことである。第2に、明治政府が官営企業を払い下げ、民間資本を育成するという政策を採用して以降、民間が大量の資本を用いて破産に瀕した官営企業を買い取り、近代工業に投資したことである。ここで述べる民間資本とは、主として問屋商人資本である。問屋商人資本は前近代の資本形態ではあるが、しかし官営資本ではなく、民間資本に属する。明治維新以降、問屋商人資本の特権は廃止され、新たな歴史的条件の下、近代的産業資本への転換が迫られた。明治維新以後に見られた近代工業の初歩的形成は、上から下への路線と下から上への路線の結合の産物であったのである。

1.2 中国——農民の必要産品価値を基礎とするプロト工業化

日本とは異なり、明清時代を通じて、中国にはまだ農民の手中に余剰産品価値は出現していなかった。中国のプロト工業化は、農民の余剰産品価値を基礎とするものではなく、農民の「必要産品価値」を基礎とするものである。

農民の必要産品価値を基礎とするプロト工業化とは、農民の手中に出現する余剰産品価値のあとに、農民の消費需要が拡大してもたらされるものではなく、農民の収入が低くなって最低の生計すら維持しがたい状況下、商品性手工業生産が、生計維持のための手段に組み入れられて生じるものである。農民の余剰産品価値を基礎とするプロト工業化は、生産者にも余剰を生み出させ、さらには生産者がそもそも生計を維持できているという前提の下、収入水準と生活水準をいま一歩上昇させる。農民の必要産品価値を基礎とするプロト工業化がこれと異なるのは、生産者の収入を増加させはするが、増加した収入は、その生活の必要を補い生計を維持させるためにのみ用いられるということである[12]。

中国の農民の手中に余剰産品価値がない根本原因は、中国の農業労働生産性の低さにある。農民の手中に、余剰産品価値を出現させる要素として1つありうるのは、搾取率の下降である。封建社会の一般的特徴として、余剰産品がすべて統治階級に搾取されるために、農民はもっとも基本的な生活と生産消費を維持するほかは、余剰を得られないという点が挙げられる。しかし、封建統治の比較的弱い時期や、農民闘争が成果を収める時期においては、搾取率は下降し、農民の手中に余剰が生じることになる。

だが、こうした経路から生じる余剰は、量的には有限である。農民の手中に余剰を出現させることを促す主要な要素は、労働生産性の上昇のみである。労働生産性の上昇は農民の産出の増加を促し、増加した産出の一部分は農民の手元に残され、農民に余剰がもたらされる。労働生産性は、生産量を投入された労働量で割った比率であり、労働生産性が高くとも、土地生産性が高いことを意味しない。同様に、土地生産性の高さも、労働生産性の高さを意味しない。

西欧の土地生産性は低いが、労働生産性は高い。中国の土地生産性は高いが、労働生産性は低い。こうした状況を生み出す原因は、中国の人口密度が西欧よりもはるかに高いために、日々増大する人口の食糧需要に総生産量の増加によ

って対応しなければならないこと、しかし土地と資金がいずれも欠乏している状況下では、投下される労働を単純に増加せざるをえない、つまり労働集約型の生産によらざるをえず、労働の限界生産性と平均生産性が常に下降してしまうことにある。

　日本の土地生産性は西欧よりも高く中国よりも低い一方、労働生産性は中国よりも高く西欧よりも低い。つまり日本は、西欧と中国の間に位置している。労働生産性が低いというのは、農業労働者と農業人口の平均収入が低く、農民の手中に余剰が出現する可能性が小さく、農村と農民の工業品に対する消費需要が小さく、工業化の求める国内市場が狭隘で工業化を促す内在的動力も弱いことを意味する。人口密度が高く1人あたりの平均耕地の面積の小さい中国では、工業化を開始するために求められる生産力水準はよりいっそう高い。だから、労働生産性の工業化が、伝統経済から近代経済に転換する過程で引き起こす作用を十分に認識しなければならない。労働生産性の上昇は、工業化、経済発展と社会進歩の基礎動力だといえる[13]。

　中国のプロト工業化は、農民の余剰産品価値ではなく、農民の必要産品価値を基礎としているので、大変微弱なものである。その微弱さは、その生産が家庭規模の生産形式を終始突破できなかったことに見て取れる。西洋資本主義の侵入以前、中国の紡績業の生産形式は一貫して完全な家庭生産であり、マニュファクチュアの存在や労働者を雇用したとする史料は基本的に見られない。

　中国のプロト工業化の弱さが生み出す根本的影響は、2つの方面からその後の中国の近代工業化に重大で不利な作用をもたらした。第1に中国の近代工業化が求める国内市場を非常に狭隘にしたこと、第2に中国の近代工業化が求める資金をひどく不足させたことである。国内市場の狭隘さと投資資金の不足は、まるでペンチで中国の近代工業化を押さえ込んでしまったかのようであり、中国は伝統経済から近代経済の移行において困難を重ねることとなった。

2. 近代以来の日中両国の農業生産性と近代工業化発展の差異

2.1 日本──農業労働生産性増大を基礎とする近代工業化

　日本では明治維新以降、明治農法に牽引されて、農業生産は幕末以来の基礎の上にさらなる発展を遂げた。これにより国内市場は力強く拡大し、近代工業化のための良好な市場条件と資金の支えを提供した。これとは反対に、中国では近代工業化の開始以降、農業労働生産性の衰退によって、近代工業化が求める国内市場の拡大が困難となった。近代工業化は、強く有力な市場という条件と資金の支えのいずれをも欠いて、最初から最後まで発展困難な状態に置かれた。

　明治維新以降から1930年代に至るまで、日本の農業労働生産性の増加は一貫して安定していたし、1915年以前はその速度もとりわけ速かった。史料によると、1885年から1915年まで、日本の農業の純生産値は74.6％増大し、平均して毎年1.9％の増大が見られた。農業労働者1人あたりの生産量については81％増大し、平均して毎年2％の増加が見られた。純生産量の増加速度は、全産業の純生産量増加速度には追いついていないが、しかし労働者1人あたりの平均生産値の増加率は、非農業（工業を含む）労働者の純生産量の増加を超えている。

　この現象は2つの事柄を示している。1つは農業純生産量の増加は、工業純生産量の増大よりも遅いとはいえ着実に安定して増加していること。もう1つは農業労働力の工業部門への不断の移行にもかかわらず、農業の成長が、各生産単位の生産量の上昇に基づく1人あたりの平均生産量の上昇によって、実現していることである。1915年以後、日本の農業生産力増加の速度は緩やかになり始めたが、それでも1915年から1940年まで農業純生産量は平均して毎年0.4％増加し、農業労働者の1人あたりの純生産量も平均して毎年0.9％増加している[14]。

　農業労働生産性の上昇と同時に、日本の製造工業の労働生産性も上昇した。たとえば、綿紡織業を含む繊維工業の年生産高は、1885（明治18）年の1億円あまりから19世紀末には5億円以上にまで増加した。こののちの数年間は若

干減少するものの、1904年以降は増大の傾向を継続して示している。機械工業の伸びはさらに大きい[15]。20世紀以降、繊維工業、機械工業および全製造業の労働者の1人あたりの平均生産高は、強力に増大しており、1906年から1915年まで、毎年平均で繊維工業は5.5％、機械工業は5.0％、全製造業は4.0％の成長を示している[16]。

　ここで強調して説明する必要があるのは、工業の成長と農業の成長の関係である。まず、工業の成長は農業の一定の成長を前提とする。農業の成長がなければ、さらに多くの余剰を土地から獲得できない。余剰が獲得できなければ、資金と市場のいずれも欠くこととなり、工業の成長は不可能である。その次に、一定の農業成長という前提の下で、人口の増大の速度が農業の成長速度よりも遅い（つまり、1人あたりの農業純生産値が、増長の傾向を示すことを意味する）とするならば、工業の成長速度は農業の成長速度よりも速くなる。これは、このような状況下では、農業部門自身の消費する農産物が基本的に増加しない、あるいは増加の速度が遅いので、増加する部分は基本的に工業部門に提供可能であるためだ。また、農業人口が工業に転換するなどといった原因から生じる工業人口の急速な拡大により、工業部門自身が工業製品消費の拡大に寄与することとなる。

　なかんずく機械工業は、その早期には工業部門をほぼ市場とする。農業部門はそれ自身の提供する農産品市場の成長が遅いが、工業部門はそれ自身のために提供する工業製品の市場が迅速に成長を遂げる。そのため、工業品市場の成長速度は農産品市場よりも速く、つまり工業の成長速度は、農業よりも速いのである（なお、とりわけ半導体技術と電子技術の出現以降、これらの工業部門は食糧を農業に依存するほかは、原材料では農業さらには鉱業にも依存することはなく、工業部門の急速な成長のためのいっそう広範な前提を提供した）。

　日本の工業と農業の成長状況を見てみると、完全に以上の原理に符合しているとわかるだろう。日本の工業の比較的早い成長は、農業の安定的な成長に完全に依存している。つまり、日本のこの時期の経済成長は、農業成長を基礎としていた。

　工業と農業における労働生産性の向上は、必然的に2つの産業人口の1人あたりの平均収入と平均消費を増大させ、国内市場の拡大をもたらした。ある史

料は、1885 - 1900年と1900 - 1915年の日本における1人あたりの消費支出と
その増加状況を示している。日本の国民総支出（GNE）は、この2つの時期、
年平均増大率をそれぞれ3.27％（38.52億円から62.38億円に増大）と2.11％（62.38
億円から85.22億円に増大）とし、1人あたりの消費支出の年平均増大率は、そ
れぞれ2.22％（100.9億円から141.6億円）と0.46％（141.6億円から160.5億円）と
なった[17]。消費支出が国民総支出に占める比率の下降は、貯蓄率の増大と、経
済成長の速度、とりわけ工業成長の速度がきわめて速いことを示している。総
消費支出の増大は、消費需要と市場が拡大していること、1人あたりの消費支
出の増大は、増大する消費需要の多くの部分がおそらく工業部門に傾斜してお
り、工業部門の市場拡大が迅速であることを示している。

　明治政府が「殖産興業」政策を確立し、上から下への近代工業化を推し進め
て以降、日本の国民経済のなかで次第に近代工業部門が成長してきた。この近
代工業部門は、プロト工業化の発展の基礎の上に、明治政府が西洋の技術を導
入し、上から下へのかたちで育成したもので、上から下への発展と下から上へ
の発展が総合的に結合した産物である。

　近代工業の初歩的形成には、工業の種類により時間的な前後が見られる。機
械工業の生産量が、手工製造業（マニュファクチュアも含む）の生産量を超過し
た時点を、当該部門における近代工業の初歩的形成の標識とみなすと、紡績業
は明治20年代（1887 - 1896年）、すでに初歩的な近代工業の段階に到達してい
た[18]。綿織物業については1910（明治43）年、重要な綿織物業地帯において動
力紡績機が手動紡績機の台数をすでに超えており、やはり初歩的な近代工業を
形成していた[19]。絹織物業については、明治年間にはまだあまり明確ではなか
ったが、1914（大正3）年には主要な絹織物業地区において、近代工業化が大
いに進展していた。たとえば、福井県の12326台の織機中8312台が動力織機で
あり、全織機の67.4％を占めていた[20]。

　日本にはその近代工業の確立過程に、以下のような現象が存在した。すなわ
ち、各主要工業部門はその近代工業化の初期に、一定程度の国内市場（内需）
を基礎とする巨額の輸入という現象を出現させ、国内生産分は国内総消費のな
かでわずかな額を占めるだけだった。近代工業化の着実な発展にしたがって、
輸入額は次第に減少する一方、輸出額が次第に拡大して輸入額を上回り、国内

の生産と需要もこの過程で着実に増大した。最終的に生産が国内需要以上に拡大すると、国民経済は国外市場を発展の重要条件とする段階に達し、近代工業を根本から確立できたのである。

以上の現象につき、生産・国内消費（内需）・輸入と輸出というういくつかの変量の変動状況に基づいて１つの図を描くと、一群の雁がいくつかの列をなして前に向かって飛んでいる姿と類似しており、これは近代工業化過程における「雁行形態」と呼ばれる[21]。南亮進の考察によれば、この種の「輸入→輸入代替→輸出」という現象は、全製造業に普遍的に存在する。ただ重化学工業では、この現象の出現および全過程の完成は、軽工業よりも遅い。軽工業は明治維新以前にこの過程を開始しており、1910年前後にはすでに基本的に完成していた[22]。重化学工業は20世紀の初めにようやくこの過程を開始し、戦後にようやく完成した。日本の近代工業確立過程における「雁行形態」は、各工業部門において近代工業化がいずれも初歩的成功を収めたことを説明している。

輸入から輸入代替、そして輸出への移行は、日本が西洋資本主義国家の市場の周縁国から、西洋先進資本主義国家と東南アジア諸国・中国の間の「中間型」あるいは「半周縁」国家に完全に成長したことを説明する。西洋の先進諸国にとっては、日本は依然として「周縁」国の地位を完全には脱していない。しかし、東南アジア諸国と中国にとっては、日本は近代工業品を生産し輸出する国家となったのであり、東南アジア諸国（ある程度は中国も含む）はその「周縁」国となった。

輸入の減少と輸出の増加から輸出が輸入を上回るという過程は、国内近代工業の着実な成長が一方では西洋先進国家製品の輸入を抑制し、一方では東南アジア諸国・中国・南太平洋の発展途上国家を近代工業製品市場として開拓する、つまり近代工業の成長する過程にほかならなかったのである。

2.2　中国——農業労働生産性衰退を前提とする近代工業化

日本とは反対に、中国ではプロト工業化時期に農業労働生産性は低く、そのため農民の手中に余剰産品価値を生じさせることはできなかった。近代工業化開始以降は、農業労働生産性は衰退の趨勢を呈し、近代工業化の必要とする国内市場の拡大は難しく、資本形成能力は乏しく、近代工業化は終始発展困難な

状態におかれた。

　農業労働生産性のなかでもっとも重要なのは、食糧生産性である。中国近代以来の1人あたりの食糧占有量は、一貫して下降していた。1840年には約696市斤であったのが、1949年には約447市斤に減少し、35％あまり下降した[23]。1920年代以降の時点で、一般の下層農民はすでに十分な衣食を維持できなかった。1930年代以降になると、粗衣粗食がすでに農民の日常となっていた。

　近代以来、中国の綿花の生産量はアヘン戦争以前よりも大幅に上昇しており、近代以来の綿花生産に発展があったことを説明している。しかし1930年代より、綿花と綿布の供給量は下降を始めた。中国の綿花と綿布需要の不足は、主として大量の綿花輸入によって解決された。中国綿花の栽培面積縮小と大量の国外綿花の輸入は、食糧耕地の生産性の下降もあいまって、耕地面積の拡大のみでは食糧の最低消費を維持できず、一部の綿花耕地を食糧栽培地に改め、工業化にとってはもっとも貴重な外貨を用いて綿花の購入を行わざるをえなかった事実を示している。中国は農業国であるが、しかしもっとも基本的な農産品の需要も満足させられなかったのであり、工業品だけでなく農産品ですら輸入の必要があった。中国近代の農業生産が、すでにどの程度まで衰退していたかがわかるだろう。

　経済成長の一般原理に照らすと、工業化開始以前およびまだ近代工業部門の早期工業化が完全には確立されていない時期にあっては、工業化の速度あるいは工業部門の成長は、農業生産の成長を基礎とすることになる。農業生産成長の基礎の上に、工業生産も成長し、またおそらくは農業生産よりも早く成長する。中国は1920年代中期以降、農業生産性が衰退を始め、工業生産性もそのために本来は衰退を始めなければならなかったはずである。しかし実際には、中国は1920年代中期以前またそれ以後も、個別の危機的な年を除き、工業生産は常に増大した。これはなぜなのだろうか。

　1920年代中期以降、近代工業化で求められる国内市場は、主として農民を搾取し農民の利益を犠牲にするという基礎の上に拡大したと考えられる。また、各種の手段を通じて、農村の農民の収入を都市商工業者階層のなかに移動し、農民の生活水準を急激に下降させることで都市商工業者階層の収入を絶え間なく上昇させ、また彼らの市場に対する需要も拡大を続けたので、工業化のため

の市場を拡大させることができた。

これに反して、農民の市場に対する需要は本来高くなく、主として自給に依拠していた。収入水準が下降すると、まず圧縮されたのは非生産消費であり、たとえば粗食で食糧を代替し、衣服消費を減らすといったことがなされた。さらに収入水準が低くなれば、生存のための消費すら圧縮され、農業生産はいっそう破壊されかねない。この時期の国内市場の拡大は、国民収入の不平等な再分配により実現されたもので、こうした不平等な国民収入再分配は農村住民の貧困を加速化し、最終的には農業生産に重大な打撃を与えてしまう。

張仲礼、フォイエルワーカー、バッグ、巫宝三、虞和平らの研究を通じて筆者が総合的に分析しえた結論では、1880年代末、中国の士紳階層の収入は、普通の国民1人の収入の13.2倍であった[24]。1920年から1925年の間は中国の農業生産にいくらかの発展があり、農民の収入は若干成長した。しかし1933年になると、農業人口の収入水準が全国民収入に占める比重が下降を始め、農民収入の絶対値も下降を開始して、1887年の水準に接近した。都市商工業者階層の収入の上昇は、農民階層のこうした収入水準の下降を前提として実現した。1936年になると、都市商工業者階層の1人あたりの収入はさらに増大したが、農村住民の実際の平均収入は一貫して減少し、都市と農村住民の間の収入格差は益々拡大した。

それでは都市と農村、商工業と農業の間のこうした不平等な国民収入構造は、どのような要素により形成されたのか。もっとも主要な要素は、農工業品価格の鋏状価格差、つまり工業品価格をその価値よりも高め、農産品価格をその価値よりも低くし、その上で農工業品の交換において、農業と農村の収入を無形のうちに都市商工業者の手中に流入させたことである。

関連史料は、以下の事実を示している。1895年から1905年の農工業品価格は上昇しているが、農産品価格の上昇は工業品よりも低く不利な地位にあった。1905年から1912年の数年間のみは、工業品価格は下降したが、農産品価格は依然として堅調で農産品に有利であった。第1次世界大戦の期間は、工業品価格は急上昇したが、それと比較して農産品価格ははるかに低い水準にとどまった。満洲事変（九・一八事変）以降の危機のなかにあっても、農産品価格の下降は工業よりもはるかに早かった。そのため、農産品は農工業産品交換にお

いて不利な地位に置かれ、その水準は歴史上最低のラインにまで下降した[25]。

　工業化の過程で都市が農村を搾取し、工業が農業を搾取するという問題は、中国だけの問題ではない。この問題は日本にも存在したし、大多数の発展途上国家であればどこにでも見られた。この問題に対して、国民収入分配の角度から、合理的あるいは不合理と論断してしまうのはいずれも適切ではない。なぜなら、ある国家の工業化は大量の資金を必要とし、単に工業部門そのものの蓄積に頼っても、その速度は必然的に相当に緩慢であり、農業から蓄積を移転して工業化の加速を促進する必要があったからである。

　しかし、こうした移転の程度が過度になる、すなわち農業部門の最終的な受容能力を超過すると、農業生産の発展は破壊・制約されてしまう。そうなると、貯蓄を継続的にもたらす源泉が断ちきられるだけではなく、広大な農村の工業生産品への購買力が欠乏し、工業品市場は縮小に向かい、工業化の過程にも危機が出現することになる。中国はこのような状況を、1933年から1935年に迎えた。この危機的状況は、満洲事変による日本の東三省占領および世界経済危機の影響によって生じたものである。だが、より根本的な原因は、上述した不合理な国民収入の分配が、農村購買力の衰退と農村経済の崩壊を引き起こしたことにある。

　中国の近代工業には、1936年以前に発展が順調な時期がいくつかあった。第1の時期は、日清戦争以後から1911年までであり、これは近代工業の初歩発展段階に相当する。この段階では、近代工業化開始前にすでに形成されていた市場が、近代工業により奪われた。ただ、工業の農業に対する搾取は開始されたばかりであって、その程度は重大ではなく、農業生産はまだ衰退し始めてはいなかった。そのため、長江三角州など元来からの綿布と絹糸の集中的産地が、その市場を近代工業に奪われ、その生活水準は目に見えて下降したものの、その他の地区の農民は元来よりもより安い機械絹糸・機械織物を購入でき、生活水準はむしろ上昇したといえる。第2の時期は、第1次世界大戦の期間であり、外国資本の中国市場からの退出によって、国内工業はこの時期、短期間とはいえ空間的拡大を遂げた。

　しかし大戦の終結以後、外国資本が捲土重来すると、限りある発展の機会は瞬く間に消失した。この2度の「順調な」発展は、いずれも既定の狭小な市場

中国　1930年代中期以前の両国の近代化と工業化モデルの比較研究　　79

に厳格に限定されたものであり、国内市場が拡大を進めるなかで発展したものではなかったのである。

このものち、比較的順調な発展の時期が見られはした。たとえば、1920年から1922年まで、国外の銀価格は大幅に下降し、中国の対外貿易の貿易条件は大幅に改善し、輸出品購買力も上昇し、国内工業生産に対して有利となった。しかし、中国の輸出品はすべて農産品であって、農産品の輸出の増加は農産品価格の上昇を招いた。だから1923年以後、工業生産的にはまた不況が出現した。1925年から1926年のボイコット運動が支持されたために、1927年から農工業品の価格差はさらに拡大し、工業生産には暫時の順調さが出現した。1929年には世界恐慌が出現し、各国の物価は下落した。中国は銀を用いていたので、物価はかえって上昇し、工業発展に有利となった。その結果、1930年以後、農工業製品の価格差と工業生産はいずれも猛烈に拡大した。だが1933年になると、農村経済は都市の搾取の下でとうとう破綻に瀕し、工業品は滞留し、工業生産は危機に陥った。こののち1935年に至るまで、中国の投資は一貫してマイナスであり、これは中国の工業化が完全に停滞に陥ったことを示している。投資は1936年に至ってようやく回復したが、依然として国民収入の6.1％を占めるに過ぎなかった[26]。正常な投資水準に照らせば、国民収入に占める投資の割合は15％前後はなければならず、中国の工業生産はまだ回復していなかったのである。

3. 日中戦争に向けて――日中両国の工業化モデルの変遷

3.1 日本――国内市場を基礎とする工業化から国外市場に大きく依存する工業化への転換

以上の分析から見て取れるのは、日本の早期の近代工業化の基本的特徴が、国内市場を基礎とし、農業発展を前提としていたことであり、また農業・工業の発展が、相互協調的であったことである。工業化を先導する力量は、労働生産性の増大に基づく国内消費水準の増大と国内市場の拡大であった。これは、下から上への工業化といえる。政府は工業化への移行においても重要な役割を

果たすが、それは民間経済の育成と支援に限られ、経済行為の主体は依然として民間部門である。したがって、上から下へという政府の作用は、下から上への路線を前提としたものである。

　工業化への移行において、下から上へのモデルは、1894年の日清戦争以前は、一貫して非常に正常に機能していた。しかし、日清戦争以後、下から上への工業化は阻害を受け、政府の経済活動に対する関与は次第に強くなった。こののち、日本は程なくして1904年の日露戦争を経験し、帝国主義に向けて転換した。工業化のモデルも、これにしたがって大いに国外市場に依拠するようになり、政府の主導の下で重工業（とりわけ軍事工業）がいびつなまでの発展を見た。つまり、対外拡張を目標とする上から下への工業化がなされたのである。この移行は、日清と日露の2度の戦争ののちに開始され、1930年代中期に初歩的完成を見た。しかし最終的に完成したのは、1940年代前半期である。

　日中戦争前、下から上への工業化が順調に進展したのは、歴史的背景が存在する。第1に、我々がすでに述べた明治20年代以来の農業の安定的成長が、農村消費の水準と市場の需要を着実に成長させ、工業部門の拡大を強力に牽引した。第2に、松方財政と関連して、政府が財政支出を削減する政策を採り、税収の大幅な増加がない場合であっても、利潤の多くを企業が留保できるようにした。当時の大蔵大臣松方正義が緊縮財政を実施したことで、軍費（とりわけ海軍建設費）を除き、そのほかの支出はいずれも最低限度にまで圧縮され、政府の財政は毎年大体10‐20％の黒字を達成した。その結果、さらなる税収の増加は必要なかった[27]。第3に、当時の社会や政治のありようも、民間経済の成長に有利だった。日本は1890年に議会を開設し、衆議院では民党が多数を占め、内閣と対立した。民党は民力の休養をスローガンとし、政府の提出した予算を削減し、軍備拡張、国家製鉄工場の設立と鉄道国有化などの提案を否決した。貴族院の否決により、衆議院が通過させた地租削減の提案は実施がかなわなかったとはいえ、議会政治の存在は、政府の役割を大幅に減少させた[28]。この時期、政府の役割は、年賦の免除あるいは資金の立替による民間企業の育成と支援といった方式に限られ、それらは議会の支持を得ることができた。政府はさらに農業技術（たとえば明治農法は、政府の支持の下に全国に拡大した）の改革を助け、また企業が産品の質量を高め生産コストを低下させて西洋の産品

に対抗することなどにも支援を実施した。

　総じて、この時期の環境は、下から上への工業化の発展に有利であった。日本の歴史学界はこの時期を「企業勃興」期と呼んでいる。「企業勃興」の負担者は、農村や都市の大小の問屋商人、金融業者と地主（主として紡績業と絹織物業に集中する）、および三菱・三井・住友・藤田・渋沢などの政商と財閥（主として鉄道と大規模建設業に集中する）などの民間資本であった。

　しかし、日中戦争以降、状況には変化が生じた。政府は「小政府」であることに甘んじず、「大政府」であろうとし、特殊時期であるという理由で議会の活動を停止した。「大政府」の最大の関心事は、大規模な軍費の増加であった。

　日清戦争以前、軍費が政府の財政支出項目のなかで最大であったが、財政の総支出は年間800万円程度に過ぎなかった。だが、戦後には急増して2億円となり、そのうちの半分が軍費に用いられた。以後、年々財政支出は急増していき、日露戦争前夜の1900年には3億円に達し、そのうちの半分をやはり軍費支出が占めた。日露戦争のときの財政支出は11億円あまりに達し、そのうちの70-75％が戦争に用いられた。こののち1915年まで、財政支出は一貫して6〜8億円、そのうち軍費は50％前後を占めた[29]。

　2度の戦争ののち、日本政府は大量の資金を軍事・産業・交通・教育に対する重点建設、いわゆる「戦後経営」に投入した。「戦後経営」では、各重大項目の資金投入のなかで、軍費（植民地経営費を含む）が終始もっとも主要で、投入額も最多であった。非軍費のなかでは、主としてインフラ整備に重点が置かれ、産業奨励費が占める割合はきわめて小さかった[30]。

　軍費を主とする巨額資金の調達のために、日本政府は租税と各種財政金融政策により、国内の人民、とりわけ農村と農民を搾取するという方法を採用した。明治30年代（1897-1906年）より、政府は地租増収、所得税法改正、間接税と地方税徴収の強化という一連の措置をとり、租税収入を大幅に増加させた。史料が示すように、国税にせよ地方税にせよ、1891年から1913年まで5〜6倍以上に増大し、個人あたりでは増加率は3倍以上になる[31]。強調すべきは、主として農村の農民が、これらの租税を負担していたということである。1897年から1906年まで、農民1人あたりの国税額は3.06倍に増加したが、全国平均では2.36倍にも達していなかった[32]。

82　　第1章　近代化比較

国家の租税の大幅な増加は、必然的に国内住民、とりわけ農民生活水準の大幅な下降と国内市場の萎縮をもたらした。その結果、国内消費の工業発展に対する牽引力は低下し、経済成長は固定資本への投資と国外市場への輸出に日増しに依存するようになった。日本の国民総支出（GNE）の状況からは、国内市場を基礎とする下から上への工業化の典型的時期（とくに1888年前後）にあって、個人消費支出が需要に占める割合は86.3％、国内の固定資本形成が占める割合は9.2％前後、国外市場に対する依存が占めるのは2.1 - 4.4％であることが見て取れる。1910年以降、個人消費支出の割合は下降を始め、固定資本形成と国外市場に対する依存がいずれも大きくなった。第2次世界大戦以前、個人消費支出はすでに63.6％にまで下降したが、固定資本形成は30％近くに達し、海外市場に対する依存も20％以上にまで上昇した[33]。

　こうした支出と需要の構造は、西洋先進工業国では第2次世界大戦以後になって出現したものだが、日本では1930年代に実現していた。日本は消費支出を抑制する一方、固定資本投資と海外市場に過度に依存するいびつな構造にあった。

　以上の分析に基づくと、次のような結論を得る。日清・日露の2度の戦争以降、日本は元来の国内市場を基礎とする下から上への工業化モデルから、国内の固定資本形成（そのなかでも軍事工業に偏った）と国外市場を牽引力とする上から下への工業化に向かって次第に転換した。こうした工業化は、国内人民（とりわけ農民）の搾取と国外人民からの略奪という基礎の上に成り立ったものである。国内人民を搾取し国外人民を略奪するために、日本は軍事工業を中核とする重工業に変化しなければならなかった。そして、重工業の資金獲得を強化するためには、国内外の人民を不断に搾取・略奪しなければならなかった。

　その最初の対象となったのが、日本に近く、日本とほとんど同時に近代化の過程を開始したものの、その水準と基本国力は日本よりもはるかに劣る中国と朝鮮半島だった。「無限に農業を搾取して、農民の犠牲の上に国を発展させることは不可能であるから、やがては搾取源をほかに求めなければならなくなった。日露戦争の勝利とともに日本は満洲に確固たる地位を確立し、その特権的地位は列強のみでなく、中国自身も承認した。さらに1910年には韓国を併合した。こうして日本は植民地帝国になり、莫大な新しい搾取源を獲得した」[34]。

1927年から1928年、蔣介石が率いる南京国民政府の軍隊が北伐を進めている時期、日本政府は日本人居留民保護を口実に山東省に軍隊を派遣し、済南事件を引き起こした。これと同時に、「政府は満州と蒙古を中国本土から切り離し、日本が同地域の治安維持にあたるという秘密案をもっていた」[35]。張作霖が関東軍には従いたくないという意向を表明してのち、関東軍は彼を暗殺し、引き続いて満洲事変を引き起こした。そして、日本はこれ以降、全面的な中国侵略へと進んでいった。

3.2　中国——官営の民営圧倒と、官僚資本主義の発展およびその独占

　中国の国内市場は大変に狭隘で、近代工業化の基礎は薄弱だった。それ故、この狭隘な国内市場において、工業化はいかなるモデルを採用すべきなのか。すなわち、政権を担う国家と民間の民族資本家との間で、国家が民間資本主義を支援する工業化モデルを採用するのか、それとも、民間資本を抑制し国家が資本を独占する、いわば官僚資本主義型の工業化モデルを採用するのかが、清末の洋務運動以来、激しく争われてきた。

　日中両国の近代工業化は、いずれも船舶輸送業と紡績業から開始された。さらにいずれも官営の形式で開始されている。しかし日本は、国家が資本を独占するようには発展しなかった。日本は、官営工場を設立したときに民営資本を排斥せず、官営と民営をともに発展させてきた。

　たとえば船舶輸送業は、官営の2つの造船所のほかに、民間の三菱造船所の発展を認めた。紡績業は民間が主で官営が補、つまり紡績業はすべてが民営で、官営工場は1つも存在しなかった。日増しに欠損を出す官営は、近代工業を発展させる最良の形式ではないと理解して以降、明治政府は軍事工業を除くあらゆる企業を、低廉な価格で民間企業に毅然として払い下げ、民間企業を支援する方針に転換した。すなわち、「官営か民営か」という近代工業化の構造において、日本は最初から適切なやり方をとり、順調に道を切り開いたのである。

　当然、日本の民営は西洋諸国の民営と同じではない。西洋諸国の民営は、完全競争という条件下での本当の民営である。これに対し日本の民営は、政府が優れたものを選ぶという原則に則り、優秀な民間企業を選んで特権を与える。そして、国家の力によりそれら民間企業が巨大な独占集団（いわゆる政商と財

閥）を形成することを支援し、外国資本と競わせて国家の近代化を強力に推進したのである。

歴史がすでに証明しているように、国家の力によって効率的に民営企業の発展を支援するという発展途上非西洋諸国のこうしたモデルは、国家をして迅速に近代化へと向かわせ、西洋先進諸国に追いつき先んじるための有効な方式である。しかし中国は、清朝政府から北京政府・南京国民政府に至るまで、このようなやり方を切り開けなかった。彼らは、積極的に官営を追い求めて民営を抑制し、国家により資本を独占することを目標とした。

歴史が証明しているように、政府と官僚の手中に資源を独占させ、民営の資本を圧迫して官営の資本を発展させるモデルは、発展途上の非西洋諸国が近代化を追い求める上で、もっとも劣ったやり方である。にもかかわらず、清朝政府にせよ北京政府にせよ、あるいは南京国民政府にせよ、一貫して追い求めたのは、効率のきわめて悪い官営であった。そのため、中国の近代工業化は、いわば一本の脇道の上を一貫して歩むこととなり、富国強民という目標を実現できず、さらには日本帝国主義の侵略に大いに苦しむことになった。

周知のように、中国の近代工業化は清末の洋務運動に始まる。洋務運動において、清朝政府（洋務派）と民間資本は、各自が異なる目的を抱いて歩んだ。その結果、近代化開始時期における工業・企業組織経営形式の最初の形態、官督商辦〔官僚が監督を、商人が出資・経営を担当すること〕が形成された。一方において、清朝政府（洋務派）は、官督商辦を通じて官僚が独占する資本の発展を試みた。他方において、民間資本は、官督商辦を通じて清朝政府に民間資本の発展を認めさせ、中国が独立した民族資本主義の発展路線を歩めるよう試みた。

この目的の相違は、その後の双方の立場と態度の相違を決定づけた。清朝政府（洋務派）は民間資本の要望に沿うかたちで官督商辦企業の利益を考慮し、その発展を支持することができなかった。さらには、官僚による「過度の厳しい取り立て」が常に生じ、ひどい場合は口実を設けて民間資本を併呑した。そのため商権が官権に圧倒され、官督商辦は官僚独占資本に変化してしまった[36]。清朝政府は国家独占資本の利益を維持し、民間資本の発展を抑制するという従来の方針を、1895年の日清戦争以降になってようやく変更した。しかし、本

当に民間資本の発展を激励したのは、1910年代の辛亥革命以降である。孫文を代表とする南京臨時政府および革命党に掣肘された初期袁世凱政府が公布・採用した多くの法令と措置は、民間主体の資本主義の発展を強力に後押しした。

しかし1916年の袁世凱の死後、軍閥が相争うようになったため、中央政府は名ばかりで実をともなわなくなった。このことは官僚独占資本の発展にとり、疑問の余地なく致命的な打撃であった。ある人はこれを「国家資本主義の中断」と称している[37]。こののち1927年まで、国家が独占する資本は総じてさらなる発展の基礎を失い、元来は官僚独占資本に属する多くの企業も民間企業へと転化した。官僚独占資本は停滞し、民間資本はかえって大きな発展を遂げた。

この時期、民間資本が大きく発展した主要な原因として、以下の3点が挙げられる。①国家による資本独占が停滞し、民間資本が受ける制約が減少した。②帝国主義国家が戦争に忙殺され、資本の輸入量と商品の輸入量がいずれも減少したので、国内の民間資本がより多くの市場に乗り出した。③農工業品の価格差異が拡大を始めたため、貿易条件の悪化（輸出品購買力指数の低下）による損失がすべて農民に降りかかる一方、輸入価格の上昇がもたらす国内工業品価格のさらなる上昇により、商工業は多くの利益を得た。この利益はいうまでもなく、農民から搾取したものであった。

1911年から1931年までの20年間は、中国の民間資本発展の最良の時期であった。1927年以降、国民党の蒋介石が南京に統一国家政権を樹立したが、国家権力は当初、社会の経済活動に過度には介入しておらず、民間主体の資本主義はなお継続して発展できた。

1931年以降、満洲事変の影響を受けて、中国の国民経済には衰退の兆候が現れた[38]。1933年以降、経済構造上の原因（農村金融の枯渇と農村経済の崩壊）により、中国の国民経済は崩壊に向かい始めた。南京国民政府は、国民経済の危機的状況に対して有効な措置を講じなかったばかりか、かえって不正当な手段により、中国銀行と交通銀行というもっとも主要な民営銀行を、政府のコントロール下に置いた。1935年、南京国民政府は幣制改革を実施し、国家が独占する官僚資本主義を構築した。こののち、中国では官営が再度台頭し始め、さらに、これによって対日抗戦が全面化するに至った。国民政府が初期に構築

した官僚資本主義は、国家と社会が対日抗戦を準備するのに有利ではあった。しかし、1940年代に入ると、後方の経済発展が再び窒息したため、中国人民の対日抗戦という面においては、次第にマイナスの影響を及ぼすようになった。

結　論

　以上の分析を通じ、日中両国は1860‐1870年代から近代工業化の過程を開始したが、しかし両国の近代化は完全に異なる結果となったことが見て取れる。日本は、近代工業化を開始する以前のプロト工業化時期に、その農業労働生産性と経済発展の水準が同時期の中国よりも高かったことによって、国内市場と資金という、のちの近代工業化にとって必要な条件を一定程度満たし、近代工業化をその開始当初から比較的順調に行いえた。さらに、農業労働生産性がいっそう上昇したことにより、日本は、官営か民営かという問題を適切に解決できたので、民間の資本主義を国家主導で比較的順調に発展させ、高度な経済水準と強大な国力を有する近代国家となった。しかし日本は、1910年代から元来の国内市場を基礎とする工業化モデルを次第に脱し、国内においては固定資産に専ら投資するようになったために、経済発展の道を対外輸出とそれによって牽引される重工業化（そのなかでも軍事工業を主とする）へと転換していった。いわば、対外拡張型の工業化モデルへと転換していったのである。このモデルは、最終的に日中戦争をもたらす根本的な経済原因となった。

　他方中国は、プロト工業化時期の農業労働生産性と経済水準が日本よりも低く、近代工業化を開始した後も、農業労働生産性を引き上げられないままだった。そのため、近代工業化にとって必要な国内市場をなかなか有効に拡大できず、国民収入の不均衡な分配、つまり農村住民の消費水準を低くして都市住民の消費水準を上昇させるような分配にのみ依拠して、工業製品に対する消費需要を相対的に拡大するしかなかった。したがって、中国の近代工業化の進展具合は、一貫して緩慢な状態にあった。中国は、官営か民営かという問題を有効に解決できず、最終的には官僚資本主義の路線を選択したが、そのことがかえって近代工業化に対してマイナスの影響を及ぼすようになった。総じて中国は、日本とほぼ同時期に近代工業化に移行したが、しかし、その効果と結果は日本

にはるかに及ばない。中国の国力は日本より大きく劣り、日本との戦争中も、一貫して受動的な地位に置かれた。中国が同盟国の支持を得ることなく、独力で日本の侵略に立ち向かったならば、日本を敗北させるのにおそらくより長い年月を費やすことになっただろう。

---

1 速水融、宮本又郎編『経済社会の成立』岩波書店、1988年、44頁。
2 具体的な史料と関連する考察については、拙著『日本資本主義形態研究』中国社会科学出版社、1995年、123‐145頁を参照。
3 中村哲『日本初期資本主義史論』ミネルヴァ書房、1991年、106頁。
4 塩澤君夫・川浦康次『寄生地主制論』御茶の水書房、1979年、161‐162頁。
5 信夫清三郎『近代日本産業史序説』日本評論社、1942年、25頁。
6 地方史研究協議会編『日本産業史大系（近畿地方篇）』東京大学出版会、1960年、83頁。
7 相沢正彦『泉南織布発達史』大阪市参事会、1924年、19‐20頁。
8 大阪府編『大阪府志』第2巻、大阪府全志発行所、1903年、281頁。
9 中村哲『日本初期資本主義史論』154、159‐160頁の表を参照。
10 具体的な考察については、拙著『日本資本主義形態研究』183‐193頁を参照。
11 絹川太一『本邦綿絲紡績史（明治百年史叢書）』第2巻、原書房、1990年、278‐286頁、288‐291頁。
12 筆者は明清時期の中国において、もっとも著名な紡績業のプロト工業化地域にして、もっとも富裕で農民の生活水準が最高の地域、すなわち長江三角州の松江府の農民家庭の収支状況について、詳細な考察と分析を行った。その結果、この地域の農民家庭には、プロト工業化の生じる以前、収入が支出に追いつかないという現象が普遍的に見られたこと、しかしプロト工業化が生じて以降は、農民家庭は家庭手工業による紡績業収入の増加により、大体において収支の均衡を保てるようになった事実を明らかにした。この点については、拙著『中国和日本的早期工業化与国内市場』北京大学出版社、1999年、第4章第2節「作為必要産品価値手段的原初工業化」を参照。
13 拙稿「従労働生産率的差異看由伝統手工業向近代大工業過渡的不同模式」『河北学刊』2017年第5期、71‐78頁。
14 西川俊作、阿部武司編『産業化の時代（上）』岩波書店、1990年、83頁。
15 農業労働生産性の上昇と同時に、日本の製造業の生産性も上昇した。たとえば、製糸業と紡績業を含む繊維工業の生産高は、1934年から1936年の価格に照らして計算すると、1880年の2.2億円から1900年の21.8億円、1920年にはさらに64.7億円にまで増加している。織物業の生産高も1880年の4.9億円から1920年の54.6億円に増加している。南亮進『日本の経済発展』東洋経済新報社、1981年、108頁。
16 西川俊作、阿部武司編『産業化の時代（上）』85頁。
17 西川俊作、阿部武司編『産業化の時代（上）』46頁。

18 1889（明治22）年、日本国内の綿紗の総生産高中、機器工業の生産高は90％を占めたのに対し、手紡紗はわずかに10％を占めるに過ぎなかった。1893（明治26）年になると、機械紡紗は96.1％を占めたが、手紡紗はすでに基本的に消失した。内閣統計局編『日本帝国統計年鑑』東京リプリント出版社、第10回、1963年、147、149頁、同、第13回、1963年、466、468頁。

19 信夫清三郎『近代日本産業史序説』、171頁。

20 堀江英一『堀江英一著作集』第2巻、青木書店、1976年、92頁。

21 南亮進『日本の経済発展』190頁、西川俊作、山本有造編『産業化の時代（下）』岩波書店、1990年、108頁。

22 南亮進『日本の経済発展』191頁。

23 近代以来の中国の食糧と綿花生産に関する状況については、多くの研究がある。筆者は、いくつかの重要な研究を総合して自己の判断を下している。拙著『中国和日本的早期工業化与国内市場』226 - 227頁、表5 - 9、表5 - 10、表5 - 11。

24 張仲礼『中国紳士　関於其在19世紀中国社会中作用的研究』上海社会科学院出版社、1991年、附録一、附録二、費維凱（Albert Feurwerker）「1870 - 1911年晩清帝国的経済趨向」費正清編『剣橋中国晩清史（下巻）』中国社会科学出版社、1985年、9頁、バッグ『支那農家経済研究（再版）』東亜経済調査局出版、1935年、上巻122、131頁、下巻467頁、巫宝三主編『中国国民所得：1933年（上巻）』中華書局、1947年、虞和平『商会与中国早期近代化』上海人民出版社、1993年、402 - 405頁。

25 陳其広『中国近代工農業産品交換比価及其理論思考』中国社会科学院研究生院1988年博士論文。

26 巫宝三主編『中国国民所得：1933年（上巻）』173頁。

27 室山義正『近代日本の軍事と財政』東京大学出版会、1984年、169 - 173頁。

28 坂野潤治『明治憲法体制の確立』東京大学出版会、1971年、序章。

29 以上の数字は、大蔵省百年史編集室編『主要財政経済統計』大蔵財務協会、1969年、第1、5、9表。

30 中村隆英『明治大正期の経済』東京大学出版会、1985年、86 - 87頁。

31 中村政則『近代日本地主制史研究』東京大学出版会、1979年、47頁。

32 中村、前掲書、49頁。

33 南亮進『日本の経済発展』80頁。

34 森嶋通夫（胡国成訳）『日本為什麼“成功”?』四川人民出版社、1986年、147 - 148頁〔森嶋通夫『なぜ日本は「成功」したか？（森嶋通夫著作集13）』岩波書店、2004年、120頁〕。

35 森嶋通夫（胡国成訳）『日本為什麼“成功”?』220 - 221頁〔森嶋通夫『なぜ日本は「成功」したか？（森嶋通夫著作集13）』172頁〕。

36 拙著『近代化模式的転換与近代以来中国歴史進程』九州出版社、2010年、第2章。

37 杜恂誠『民族資本主義与旧中国政府』上海社会科学院出版社、1991年、189頁。

38 満洲事変は中国東北部の失陥をもたらした。東北地方の三省は物産が豊富であったので、その失陥は中国の工業から石炭生産量の30％、鉄生産量の71％、石油生産量の99％、発電量の26％、セメント生産量の47％を消失させた。汪敬虞「第二次国内革命戦争時期的中国民族工業」『新建設』1953年12月号。

第2章
国際関係・外交
―― 1920年代

第一次山東出兵（青島市）　1927年

日本	東アジアの国際秩序の変動と
	日中の対応

中谷直司（三重大学）

はじめに

　国際政治の「20世紀」は、1901年ではなく、1914年から始まったとよくいわれる。第1次世界大戦の勃発と4年半におよぶ総力戦で、ヨーロッパ中心の時代は終わりを告げ、いまに続くアメリカの時代が始まったからである。19世紀の国際政治を彩った帝国主義（植民地支配）の「終わりの始まり」も、第1次世界大戦が契機だった。とくに中央および東ヨーロッパを支配していた4つの帝国——ドイツ、オーストリア゠ハンガリー、オスマン、ロシア——のいずれもが敗戦もしくは革命で瓦解したことで、ポーランドやハンガリー、チェコスロバキアなどの多くの独立国家が生まれた。旧来の国際政治では常識でなかった民族（nation）の自決原則の適用である。同じ原則にもとづいて、アジア・アフリカ地域でも、まずオスマン帝国の支配から解放された中東で独立国家の形成が、1920年代から1930年代にかけて徐々に進んだ。それ以外の敗戦国のアジア・アフリカの植民地も、あからさまな戦利品として戦勝国に割譲されることはなかった。これら地域は国際連盟の委任統治地域とされ、実質的な統治は個々の戦勝国が担ったが、国際連盟理事会の監督下におかれたのである

92　第2章　国際関係・外交

（大戦直後期の中東の多くも、この委任統治地域であった）。植民地主義の正統性は、大きく低下したのである。

　もちろん、以上の説明・評価だけでは、第1次世界大戦の画期性は誇張されている。まず、国際連盟への不参加に代表されるように、アメリカは国際政治のリーダーシップを取ることを自ら拒んだ。国際政治の中心を占める大国も、国際連盟の常任理事国（英仏伊日独）を見ればわかるように、そのほとんどがヨーロッパの主要国であり続けた。加えて、大部分の委任統治の実態は植民地支配と大きく変わらなかった。形式的な独立が早期から進んだ中東にしても、それまでに英仏が扶植した勢力・権益は強固であり続ける（それが明確に終わるには、1956年のスエズ危機と1972年の第1次石油危機まで待たねばならない）。さらに、アジア・アフリカの植民地の大部分を占めたのは戦勝国の支配地域だったが、そのほとんどは変わらず植民地であり続けたのである。これら地域の独立が実現するのは、第2次世界大戦後である。

　以上の旧秩序の破壊と温存という二面性は、東アジアにも、そして日中関係にもあてはまる。そのことを本論では第1次世界大戦期から直後期にかけての「転換期」と大戦後国際政治の基本要素がある程度固まった1922年以後の2つの時期にわけて検討する。同時に、第1次世界大戦後、国際政治に初めて導入された集団安全保障機構＝国際連盟と日中の関係も合わせて検証する。

1.　第1次世界大戦と日中関係——21ヵ条要求とウィルソン主義

1.1　21ヵ条要求

「今回欧州の大禍乱は、日本国運の発展に対する大正新時代の天祐である」[1]
元老の一人、井上馨が第1次世界大戦の勃発を歓迎して発したあまりにも有名なこの言葉は、大戦中の日本の中国政策の特徴を「端的」に示す表現として定着している。日本は日英同盟を利用して参戦し、ドイツの権益が集中していた山東半島を占領した。1915年には「21ヵ条要求」を提出して満洲権益（旅順・大連および南満洲鉄道）の租借期限の大幅な延長と、経済関係を中心とした山東権益の継承を中国に認めさせた。ついで日本の戦時協力に期待するイギリス

日本　東アジアの国際秩序の変動と日中の対応　　93

をはじめとしたヨーロッパの連合国からも、大戦後の講和会議で日本の主張を支持する約束を秘密条約の形で得た（1917年）。圧倒的な既得権・勢力圏をほこる欧州大国の主導下で、中国の本格的な分割が行われることに怯えていた日本は、大戦の勃発によってその"劣勢"を挽回し、中国問題における「特殊の地位」を主張するまでにいたったのである。

ただし、この「千載一遇の大局」（井上馨）に乗じた日本の権益拡張策は、結局は、日本の中国政策にとっても、日中関係にとっても大きくマイナスに作用した。まず、欧州大国の苦境につけ込んだ権益拡張は、日本に対する国際的不信感を増大させ、中国問題に関する日本外交の訴求力を大幅に失わせた。

日中関係が受けたダメージはそれ以上に深刻であった。中国政府が21ヵ条要求に関する日本の最後通牒を受け入れた5月9日は「国恥記念日」として広く記憶され、中国のナショナリズムと排日運動のシンボルとなった。しかも、日本側の認識としてはその際の日中協定で決着したはずの山東権益の処分問題が、大戦後のパリ講和会議（1919年）で中国全権によって提起される。この過程で、中国側が日本との直接交渉を拒んだことで、日本の対中国外交は大きな混乱状態に陥る。パリ講和会議中の1919年5月に爆発した強烈な世論の支持（五・四運動）を背景に、日本の要求を（形式上は）そのまま認めた講和条約への調印を中国全権が拒んだのは、そのハイライトである[2]。

その後、1921‐1922年に開かれたワシントン会議での日中の一応の和解と、対中内政不干渉主義を掲げたその後の幣原喜重郎外交によって、日中外交の機能不全は相当に改善される。また日本に対する国際的な不信感もかなり払拭された。しかし、大戦中の日本の拡張政策が日中関係——とくに中国社会全体の日本イメージ——に与えたダメージは完全には修復できなかった。

発展が著しい中国外交史研究の成果によれば、中国の少なくない少壮外交官や知識人層が、大戦の勃発を（日本とは違う意味で）「千載一遇の機会」と捉え、大戦への積極的な関与によって自国の国際的地位を向上させることを構想した[3]。そして、この中国ナショナリズムの熱望（aspiration）をおそらく最悪のタイミングで否定し、国際社会におけるその「従属的地位」と「不平等状態」を確認させる結果となったのが、すでに見た日本の21ヵ条要求であり、パリ講和会議での山東権益の無条件譲渡要求であった。

中国のナショナル・アイデンティティーの形成に第1次世界大戦が非常に大きな影響を及ぼしたことを論じたシュ（Xu Guoqi）は、日本が山東半島を占領した当初は限られたエリート層のアイディアにとどまっていた①山東問題に関する日中直接交渉の回避と、②講和会議への参加による中国の国際的地位の向上という政策構想が、21ヵ条要求を契機として政府内と知識人層に広まり、中国外交の事実上のフレームワーク（本論では、ある国家の対外政策の基本的な目標・価値観、問題意識を意味する言葉として用いる）となったことを指摘している[4]。こうした対日姿勢は中国政府（北京政府）の存続が日本の借款や軍事援助に大幅に依存していたため、すぐに顕在化することはなかった。しかしシュが指摘するように、日本を主要な標的として、中国の国際的地位の向上（internationalization）をはかるという大戦後の中国外交の基本方針は、21ヵ条の心理的な衝撃を焦点として、すでに大戦初期に形成されていたのである。中国の近代外交の特質を膨大な原資料を用いて分析した川島真[5]も、現代の教科書問題や排日デモにまでつながる日中の敵対関係の「原型」が、第1次世界大戦期に生じたことを指摘している[6]。

1.2　ウィルソン主義

　21ヵ条要求に端を発する日本との対決路線を、中国外交が実際の政策として選択するにあたって決定的に重要だったのは、大戦が生み出した新しい国際思潮であった。「諸国家の総体的な連合」による勢力均衡の克服と、「ネイションの自決」による不平等・不公正な国際政治の改革を唱えたアメリカ大統領ウッドロー・ウィルソンによる「新外交」（New Diplomacy）である[7]。

　中国外交にとってもっともインパクトを持ったのが「ネイションの自決」原則だったのは当然である。とくに顧維鈞や施肇基、王正廷といった欧米留学経験を持つ若手外交官のエリートたちは、ウィルソンの「新外交」原則（ウィルソン主義）を全面的に援用して、中国領土の保全や勢力範囲の撤廃、治外法権の回復などをパリ講和会議で要求する決意を固めていた。この基本方針のなかでとくに最重要の地位を占めたのが、大戦中に日本がドイツから奪取し、21ヵ条要求の結果、その無条件での継承を中国が認めさせられていた山東権益の回復である[8]。同時にウィルソン主義は、非対称な対日関係の打開を越えて、国

際社会全体との関係でも、自国の地位向上という中国外交のより長期的な目標にとって大きな後押しとなった[9]。第1次世界大戦の勃発は、アメリカ発の新しい国際政治理念を不可欠の媒介として、内にあっては安定した国民国家の建設を、外に対しては不平等条約から解放された主権国家の確立を、中国外交に実現可能な目標として明確に予期させたのである。

しかし、ウィルソン主義への全面的な賛同と日本との全面対決路線を選んだ中国外交は、パリ講和会議で所期の目的を達成することができなかった。21ヵ条要求の無効を訴えた中国全権団の主張は、欧州大国はもとよりアメリカからも明確な支持を受けられず、山東の旧ドイツ権益に関しても、ドイツから日本に無条件譲渡されることが講和条約中に明記されたからである。こうした結果を、あるいは顧維鈞ら中国全権団の中堅が、あるいは知識人や学生などの社会エリートを中心とした中国世論が、中国外交の全面的な敗北・国際社会の裏切りとみなしたのは仕方のないことではあった[10]。すでに見た中国世論の激発（五・四運動）と中国全権団によるヴェルサイユ条約（対独講和条約）への調印拒否は、その帰結である[11]。この敗北感と欧米発の「理想主義」に対する（アンビバレントともいえる）猜疑心は、その後のワシントン会議でいくぶん改善されるものの、1931年の満洲事変にいたるまで、中国外交から払拭されることはなかった。実際にはパリ講和会議における国際交渉の結果は、中国の全面敗北と呼べるものではなかった。日本外交のフレームワークも、パリ講和会議を契機に、旧来の拡張政策から急速に転換していく。しかし、パリ講和会議での「敗北」が原体験となって、中国外交はウィルソン主義への信頼を完全に回復することはなく、第1次世界大戦とウィルソン主義が生み出した国際秩序との間に埋めがたい距離を取り続けるのである。

2. 旧秩序から新秩序へ[12]

2.1 勢力圏外交秩序の終焉

パリ講和会議で合意された山東の旧ドイツ権益の処理内容は、講和条約に公式に明記されたものよりは複雑であり、同じく条約の文言ほどには中国に不利

なものではなかった。まず講和条約への無条件譲渡の明記と引き換えに、租借地をはじめとする権益の枢要部分の中国への返還と日本の全軍隊の撤退を日本全権団は声明していた。さらに、同じく山東の旧ドイツ権益をめぐる交渉のなかで、日本側は、国際連盟の枠組みのなかで中国の不平等状態の抜本的な改善を企図するウィルソン大統領の構想に全面的に賛同している。その中には、①治外法権の回復、②勢力範囲の撤廃、③義和団事件の賠償金の放棄、④同事件の結果として中国に駐屯している外国軍隊の撤退が含まれていた。もちろん——すべての関係大国の合意を条件にしたように——その即時の実現を日本全権が予期していたわけでも望んでいたわけでもない。しかし、中国をめぐる国際政治の基本ルールは、転換を始めていたのである。

　中国に勢力範囲や治外法権、駐留権などの特権をもつ関係大国が一致・協力して中国の不平等状態の改善と国際的な地位の向上を図る——以上の価値観・目標は、パリ講和会議を契機に、東アジアの国際関係においても日本の対外政策にとっても基本的なフレームワークとなっていく。その起源は当然、ウィルソンの「新外交」である。ただしこの新たな理念の導入を、東アジアで決定的にしたのは日本外交のフレームワークの転換だった。

　第1次世界大戦以前の東アジア国際政治は——グローバルな国際政治と同様に——大国の優位を当然の前提とするものだった。このため、「秩序」を守るための国際協調の基本ルール（もしくは基本的な定義）も、きわめて不公正で不平等なものであった。そのルールは、主要大国が中国で個別に持つ勢力範囲や特権を相互に尊重することを求めていたのである。

　第1次世界大戦後の東アジアでウィルソンがめざしたのは、以上のルールを根幹とする東アジアの「勢力圏外交秩序」を破壊し、自身が確立を企図する集団安全保障体制に東アジアを確実に包摂することであった。この過程でウィルソンは、東アジアが当時の国際政治で占めた地位から考えれば過剰なまでの注意を東アジア問題に払った。戦火が自然と旧秩序を破壊したヨーロッパとは違い、主戦場とならなかった東アジアでは旧秩序の根幹である勢力均衡が根強く残ることをウィルソンが懸念したためである。ウィルソンは（そして少なくないアメリカ政府の東アジア専門家も）自然にまかせれば次の危機は東アジアで起こると信じていた。

日本　東アジアの国際秩序の変動と日中の対応　　97

そして、以上のアメリカ外交の目標に積極的に協力することで、日米および日中関係の改善をはかることが、第1次世界大戦後――とくにパリ講和会議以後の日本外交の基本方針であった。パリ講和会議に見られたウィルソン外交への積極的な呼応と、山東の旧ドイツ権益の返還声明はその嚆矢である。

　パリ講和会議後も、さらにいえば連盟加盟をめぐるアメリカの国内政治でウィルソンが敗れ去ったあとも、ウィルソン主義への積極的な賛同と勢力圏外交からの転換をはかる日本外交の基本方針は継続した。パリ講和会議の途中から直後にかけて持たれた新四国借款団交渉（1918-1920年）で日本外交は、満蒙権益の取り扱いをめぐってアメリカ外交と激しく対立しながらも、勢力圏外交のルールを共有するはずの同盟国イギリスと協調しようとはしなかった。それどころか、各大国が中国の各地で持つ一般的・地理的な投資優先権を、新たに結成される国際借款団に提供するべしとのアメリカ提案に同意したのである。ここでいう投資優先権とは、中国政府が外国資本を用いて鉄道の敷設やその他の公共事業を行う際に、真っ先に資金提供の打診を承ける「特権」であり、勢力範囲の根幹をなす権利と考えられていた。

　もちろん以上のエピソードは、日本外交による「理想主義」の採用を意味するものではない。新四国借款団交渉では、中国「本土」（関内）の経済的利益を主体とした「勢力範囲」とは異なるとの理屈で、自国の南満洲権益の保持を図った。さらに講和会議でも新四国借款団交渉でもウィルソンの東アジア構想に賛同した背景には、中国の「富源の中心」を占める欧州大国の勢力範囲を日本の資本と企業に解放させたいと考える利己的な計算が存在したのである。

　だが、こうした日本外交の態度や計算を、「新外交」の被衣をかぶった「帝国主義」と考えては、その政策転換の程度を過小評価することになる。まず旧秩序の解体においては、日本の利益と欧州大国の犠牲が強調されたが、それと同時に「支那本位の仕組」とすることが大前提であった。とくに外務省内で政策転換を主導した実務担当レベルの外交官たちは、この点を幾度も政策文書のなかで強調した。もちろん勢力範囲の解体が日本にもたらす経済的利益を強調することが、政策決定者の説得を行う際にとくに重要ではあった。しかしそれはあくまでも副次的・長期的な効果として説かれたのであり、主眼は日中関係の改善にあった。あるいは中国との経済関係を安定化させるためにも、ある

いは日米関係の最大の争点が日中関係にあったことからも、21ヵ条要求で深刻なダメージを受けた日中関係の回復を図る必要性が、政策転換を主唱する外務官僚の間では強く意識されていたのである。

こうした特徴は、ワシントン会議の準備過程にも明瞭に見てとることができる。政府の総括訓令の草案として外務省の亜細亜局で作成された文書中では、南満洲権益の絶対性が事実上否定される議論が展開された。亜細亜局は、ウィルソン主義への積極的な呼応を中心とする政策転換を大戦中から準備した政務局第一課の後進である。

その見解を詳しく見れば、まず、21ヵ条要求の結果にもとづく南満洲および東部内モンゴルに対する投資優先権（鉄道借款優先権と課税担保借款優先権）は、新四国借款団の結成（1920年）ですでに「事実上消滅に帰」していた。このことを前例に、旅順・大連をふくむ関東州租借地の返還や、南満洲鉄道の「ステータス」の変更についても、条約期限（1997年）に縛られずに考慮する旨をワシントン会議で声明する訓令案を亜細亜局は作成したのである。もちろん無条件ではなく、関東州の返還については近代法制の整備による領事裁判権の撤廃と内地雑居の実現および他の外国の租借地との一律返還が、満鉄については「支那の文化経済の進歩、就中交通の発達」が前提条件として挙げられていた[13]。ただしこれらは、不平等条約を解消するために日本が歩んだ道と基本的には軌を一にしており、中国に対する非現実的な要求であったわけではない。

結局、以上の訓令案は、おそらく外務省首脳と政策決定者の要求で大幅に内容を後退させ、実際の政府訓令には盛り込まれなかった。満蒙をめぐる日米・日中関係に多くの業績を残した三谷太一郎が指摘したように、「のりこえがたい歴史的制約」としての満蒙権益の拘束性はたしかに強力であった[14]。ただし同時にここで確認しておきたいことは、以下の２点である。

第１に、亜細亜局の満蒙権益返還論に注文を付けた外務省と政府の首脳陣にとっても、大戦前から東アジアの国際政治を規定してきた勢力圏外交秩序の解体は、既定路線であったことである。彼らは自国の権益を守ろうとはしたが（この態度自体は、もちろん大いに問題視されるべきである）、他国の同等の権益との関係を調整していたルール＝勢力圏外交秩序までは守ろうとはしなかった。つまり新四国借款団交渉の結果「大部分自然に解決」を見た「経済上の勢力範

囲問題」（欧州大国の勢力範囲の開放とほぼ同義）と、満蒙問題の関連を否定しようとしたのである。このことは次節に見るように、ワシントン会議後に中国が展開する条約修正外交（修約外交）や、国民党が推し進めた革命外交（租借地などの強制回収）にとって、大きな意義をもつことになる。

第2に、亜細亜局の訓令案が示しているように、第1次世界大戦を契機とする日本外交の政策転換を担った比較的若い世代の外交官にとって、ウィルソン主義への呼応と勢力圏外交秩序の解体は、最終的には南満洲権益の返還を少なくとも覚悟させるものであった。亜細亜局の草案でも、また曖昧な表現ながら政府訓令でも触れられていたように、直前に行われた新四国借款団交渉の結果は、欧米大国による日本の満蒙特殊権益の承認とはとてもいえるものではなかった。いくつかの個別利益の確保と引き替えに、日本側は満蒙権益が「勢力範囲」を意味しないことを事実上確認させられ、さらに条約上の投資優先権も手放していたからである。もし将来の国際交渉で再び同様の問題が大国共通の課題となっていれば、日本の政策決定者の満蒙特殊権益論は後退を余儀なくされ、亜細亜局の満蒙返還論が再び浮上することになっただろう。交渉過程における政策決定者の強硬論の後退と、実務担当者の新外交呼応論の浮上は、パリ講和会議や新四国借款団交渉のいずれでも、実際に見られたものである。たしかにその後のワシントン会議では関係大国の既得権益は不問に付された（ルート4原則）。しかし同会議で成立した中国関係の諸条約（代表的なものは中国の領土的・行政的統一をうたった9ヵ国条約、中国の関税率引き上げのプログラムを規定した中国関税条約など）は、中国の不平等状態の段階的な解消を、明確に関係大国共通のプログラムとしていた。その延長線上に関税自主権の回復や治外法権の撤廃、ひいては主要な租借地や鉄道権益の返還交渉を予期することは──日本の政策決定者の希望がどうであれ──そこまで不自然ではなかった。だがワシントン会議がつくりだした国際協調（通常、「ワシントン体制」と呼ばれる）は、そのようには機能しなかった。

2.2　ワシントン体制の始動

ワシントン諸条約に調印した日米英をはじめとした関係諸国が最初の具体的な目標としたのは、中国の財政的な安定である。このため、中国の関税率（従

価5％）の引き上げが急務だった。関税は、中国の中央政府（北京政府）の主
要な歳入源だったが、①不平等条約下で認められていた税率は相当に低く（従
価5％）、②その貴重な収入も、ほとんどが外債の返済に消えていた。よって
ワシントン会議では当座をしのぐための事実上の税率引き上げ（関税表の改定）
が認められ、さらにワシントン会議後すぐに2.5％（奢侈品は5％）の付加税を
承認するための関税会議の開催が予定されていた[15]。

　この関税会議の開催は、しかし実際には大きく遅れる。原因自体はワシント
ン諸条約の根幹をゆるがすものではなかった。同時期に、義和団事件賠償金の
支払いレートをめぐって中国と対立したフランス政府が、中国関税条約の批准
を拒んだためである（金フランス論争）。この論争は1925年4月まで続き、中
国側が大幅に譲歩して決着した。

　この間に中国国内の情勢は大きく変化していた。ワシントン会議に参加した
主要大国が第1の交渉相手と想定していた北京政府が、大きく弱体化していた
のである。同時に北京政府の弱体化の原因でもあり結果でもある軍閥間の内戦
や政変が相次ぎ、中国の将来に対する失望感がワシントン条約諸国には広がっ
ていた。とくに1923年に起こった臨城事件（南京－天津間の急行列車が「匪賊」
に襲撃され、外国人にも略奪・誘拐の被害が出た）の衝撃は大きく、大戦中から
構想自体は存在した中国の「国際共同管理」が、中国駐在の外交官サークルを
中心に、関係諸国間で取りざたされるほどであった[16]。

　同時期に進んだ、中国の外交機構の整備・近代化を考え合わせると、1922
年2月のワシントン会議の閉幕後に、ワシントン体制が失った時間はあまりに
も大きかった。パリ講和会議では苦い挫折を味わったとはいえ、第1次世界大
戦の勃発とウィルソン主義の出現は、外交官では顧維鈞や王正廷、政治家や知
識人では梁啓超や陳独秀といった新たな政治的・社会的な思潮を体現する新世
代が、中国政府の南北・内外を問わずに台頭する絶好の契機を提供した。都市
部のエリート層が中心だっただろうが、近代的な国民国家（nation state）の建
設を支持する世論の形成も急速に進んだ[17]。中小国との条約改正交渉でも、一
定の成果があがりつつあった[18]。しかしこうした有為の人材と近代化が進んだ
外政機構、さらには目覚めつつある国民意識（ナショナル・アイデンティティー）
を、統一的な対外政策に転換できる安定した政治機構を、中国外交が同時に持

日本　東アジアの国際秩序の変動と日中の対応　　101

つことはできなかったのである[19]。

1925年10月に北京関税特別会議が開幕したとき、それでもワシントン諸条約の「精神」は、少なくとも会議代表団の間には保たれていた。開幕してすぐに日本全権団が、中国の関税自主権の承認に積極姿勢を表明したのは、その代表例である。関税率の引き上げが対中貿易に影響することを懸念する日本政府は、当初この「親華声明」に消極的であった。しかし、日本主導による会議の成功と北京の段祺瑞政権への支援を理由に、積極的な親中政策の必要性を説く現地代表団の具申が最終的には受け入れられたのである。このことが1つのきっかけとなって、11月には中国の関税自主権が回復されるべきとの原則が承認された。それに答えるかたちで中国側も、1929年の正月までに釐金を廃止することを約束した。釐金とは、各軍閥がそれぞれの支配地域で課していた国内通行税で、輸入品をふくむ商品流通の深刻な障害になっていた。会議の内容は、関税自主権の名目的な回復だけでなく、回復後の輸入品流通の大きな変化を視野に入れていた。さらに、一方で関税率の引き上げで北京政府の財政基盤を強化し、他方で釐金の廃止によって軍閥の支配力を弱めることで、ワシントン条約が本来想定していた統一的で安定した中国政府を現実的に想定できるところまで来たのである。

もちろん会議がまったくスムーズに進んだわけではない。まず関税自主権が回復されるまでの暫定税率をめぐって、日中間には強い対立が見られた。さらに、税率引き上げ分の歳入の使途をめぐって、不確実債務（代表例は西原借款）の整理に充当すべきだとする日米と、アヘン戦争以来の確実債務を多数持ち、これ以上の中国世論の刺激を避けたいイギリスの間にも対立が生じた。それでも前者の暫定税率をめぐっては、日中間の調停をアメリカが熱心に行い、製品ごとに「差等税率」（欧米からの輸出が多かった奢侈品には高率、日本からのものが多かった日常品には低率）を設定して日中は妥結した。しかし北京政府の命脈はここまでであった。差等税率の決着直後の1926年4月、段祺瑞政権でクーデターが起こり、北京は無政府状態となったのである。結果、関税会議は正式の条約を結べないまま、無期限で延期された[20]。

102　第2章　国際関係・外交

2.3 革命外交とワシントン体制

北京関税会議の流会は、外交交渉を通じて漸進的に中国の不平等状態を改善していくことを想定していたワシントン体制にとって、大きな痛手だった。とくに北京政府の崩壊後、それまで北京政府が展開してきた修約外交の有効性と、その前提であるワシントン諸条約の正統性のどちらも十分には認めない南方の国民党政権が中国統一（北伐）を進めたことで、ワシントン体制の不調はさらに悪化していく。国民党政権は、漢口と九江のイギリス租界を強制回収し（1927年1月）、関税自主権や治外法権の回復交渉でもワシントン条約諸国との多国間交渉はせずに、個別交渉で切り崩す方針をとった。同時に、こうした国権回復交渉で一方的に期限を宣言し、それまでに交渉が妥結しなければ既存の条約が失効すると主張する戦略をたびたび用いた。さらに、北京政府の瓦解前から主要貿易港で頻発していたボイコット（日本製品やイギリス製品の排斥）に、中国共産党とともに国民党の直接・間接の影響があったことは否定できない。とくに日本にとって深刻だったのは、北伐の過程で自国の居留民に被害が出た（1927年の南京事件と1928年の済南事件）ことと、日本と不安定ながら事実上の提携関係にある奉天財閥の支配する南満洲に北伐がおよぶ可能性が出てきたことであった。加えて関税自主権の回復交渉では、アメリカとイギリスが先に中国と妥結し、日本のみ取り残された形となっていた[21]。

ただし、国民党の「革命外交」が、ワシントン条約諸国はもとより、日本との「交渉」の可能性をまったく欠いていたわけではない。強硬なスローガンと時には実力行使を用いながらも、国民党政府の「革命外交」は、実際には北京政府時代の「修約外交」が整備した機構・人材と、ワシントン会議以来のその成果をよく引き継いだものであったと、近年の研究では評価されている[22]。たとえば、国民党政府による関税自主権の回復は、北京政府時代の関税会議の決議に大きく後押しされる形で実現しつつあった[23]。

とはいえ、当時の中国の軍事的な実力を考えれば、北伐期の租界強制回収などを含む国民党の「革命外交」路線は（かなりスローガンが先走っていたとはいえ）リスクの大きい政策であった。結果、とくに北伐期には軍事干渉もたしかに招いた。しかしその規模はきわめて限定的だった。1つの理由は、最大規模

日本　東アジアの国際秩序の変動と日中の対応　103

であった日本の田中義一内閣による3次にわたる山東出兵でも、北伐そのもの
を阻止する目的をもたなかったことである[24]。中国の統一は、いずれのワシン
トン条約国も否認しがたい正統性を有していた。さらに重要なことは、北伐以
前から中国がたびたび内乱やボイコットで混乱し、諸外国の権益にも被害が及
びながら、ワシントン体制の根幹を占めた日米英三国同時の軍事的な協調が1
度として実現しなかったことである[25]。

　そのハイライトは、先述した1927年の南京事件であろう。このとき英米の
艦隊が国民党軍に対して艦砲射撃を行うなかで、日本のみ参加しなかったので
ある。さらにさかのぼる、1925年5月に上海で発生した大規模なボイコット
（五・三〇事件）では、租界警察に発砲を許可し、軍事手段の行使——とくに地
理的に近い日本軍の援助——も視野に入れたイギリスが、独り孤立している。
それに対して1928年の日本の山東出兵では、当初イギリスは好意的であった
ものの、済南における日中両軍の衝突もあり、日本の軍事干渉を支持する声は
急速に減少していった。

　南京事件での英米の艦砲射撃や、日本の山東出兵に見られるように、日米英
のいずれもが軍事手段の行使をまったく除外していたわけではない。対中不干
渉をきわめて重視した幣原喜重郎外相でさえ、1924年に奉天派と直隷派の内
戦が南満洲におよぶ形勢を見せたときには、日本陸軍の在華特務機関による謀
略工作を支持したとされる（第2次奉直戦争）[26]。日本が陰に陽に支持する奉天
派の壊滅を防ぐためである。各国が自国権益や居留民を守るために軍事力を行
使する可能性は、ワシントン会議以降も十分に残されていた。

　しかし、租界や居留地、鉄道権益といったかつての帝国主義の「遺産」を守
るために、主要大国が「国際協調」を展開する姿は、もはや見られなかった。
とくに決定的だったのは、かつての同盟国である日本とイギリスの「勢力圏外
交」が機能しなかったことである。両国は、ともに中国の国権回復運動の標的
となる租借地や居留地などの特権を多く持ちながら、中国のナショナリズムに
対抗するための接近をついに果たせなかったのである。パリ講和会議からワシ
ントン会議にかけての国際交渉は、中国外交に大きな失望を与えると同時に、
勢力範囲の相互尊重を基本ルールとする東アジアの旧秩序をたしかに破壊して
いた。

104　　第2章　国際関係・外交

以上の結果、日本政府は国民党政府の「革命外交」を強く非難しながら、関税自主権の回復交渉に応じる。正式の交渉を担ったのは駐華臨時代理公使の重光葵と、財政部長の宋子文であったが、日本政府内はもとより国民党政府内の路線対立もあり、交渉ルートは一本化されなかった。交渉自体も、治外法権の撤廃問題が合わさったこともあり、紛糾を重ねる [27]。現在、服部龍二編著『満州事変と重光駐華公使報告書』として公刊されている、駐華日本公使館の報告書の主要部分がまとめられたのも、おそらくこの時期前後である [28]。ワシントン会議以降の中国の国内情勢の混乱と、さらに国民党の「革命外交」に収斂する歴代の“不当”な国権回復運動に多くの紙幅が割かれているからである。しかし、いくらワシントン体制下の日米英協調が不調を重ねようと、もしくは中国外交の“不法ぶり”を強調しようとも、日本側が取りうる選択肢は限られていた。とくに関税自主権の回復は北京関税会議が認めた正統な目標であって、米英と中国の間ではすでに交渉が妥結していたからである。

　結果日本外交も、遅ればせながら外交交渉の道を実際に選んでいた。よって1930年5月に成立した日中関税協定は、国民党の「革命外交」の大きな記念碑といえた。日本の最後の抵抗を乗りこえ、中国の関税自主権の完全回復がなったからである。

　まがりなりにも外交交渉でこの結果にいたった事実は、国民党政府の中国を包摂する形でワシントン体制を再構築する道を開けたかもしれない。関税自主権問題に少し遅れて中国と英米間の交渉が本格化し、英中間では交渉担当者間の仮合意に至った治外法権の撤廃問題はその試金石となったであろう（詳細は注23のとくに宮田の研究）。しかし、1931年9月18日に発生した満洲事変とその拡大阻止の失敗は、こうした「ワシントン体制の修復」という可能性をほとんど消し去ってしまったのである。

3.　国際連盟と日中関係

　日中関係から評価した場合、国際連盟は、とくに中国にとっては、①大国（植民地帝国）間の特権的なクラブとしての性質を持っていた。しかし日本にとっては、②大国中心の理事会ではなく、中小国が多数を占める総会が決定権を

持つために、潜在的にはやっかいな存在であった。かつ常任理事国5ヵ国のうち、4ヵ国をヨーロッパ大国が占め、本部もスイスのジュネーブにある連盟は、③ヨーロッパ問題に偏重した国際機関ともいえた。だが1920年代の後半から、連盟のとくに事務局は徐々に東アジア問題への関心を強め、中国に対する"技術的"な協力を展開するようになる。このように連盟と東アジア国際政治との関係は、のちの満洲事変期でさえそうであるように、たとえば日本 vs. 連盟・中国とも、日本・連盟 vs. 中国とも画一化できない。

3.1　中国と連盟

　国際連盟が当初からヨーロッパに偏重した大国中心の国際機関とみなされていたわけではない。とりわけ中国にとっては、ウィルソンの「新外交」原則を体現する組織として、その期待は非常に高いものがあった。だが、山東の旧ドイツ権益の日本への無条件譲渡を明記したヴェルサイユ条約への調印をめぐっては、本国政府と代表団の間ではもとより代表団内でも対応策をめぐって議論の応酬が続いた。第一編を国際連盟規約とする同条約の調印・批准を通じて、ドイツとの戦争状態が終了するだけでなく、連盟加盟手続きが完了するはずだったからである。最終的には、本国政府の調印指示を無視する形で、代表団は全権の顧維鈞らの主導で不調印の道を選んだ。結果、中国は対オーストリアの講和条約であるサン゠ジェルマン条約の調印を通じて、連盟参加の道を確保する。同条約も連盟規約を含んでおり、かつ対独講和ではないため山東問題とは無関係だったからである。だが国内政治の混乱もあり、批准手続きに手間取り、中国の加盟手続きが完了したのはようやく1923年である。なおドイツとの戦争終結は、国内的な手続きだけで処理された[29]。

　ただし「国権回復」の観点から評価した場合、中国にとってもっとも大きな痛手はアメリカの連盟加盟がならなかったことである。山東権益をめぐるパリ講和会議の交渉中、ウィルソンは英仏の首脳に対して「連盟の成立後には、中国における外国人の特殊権利の放棄に関するセッションを提案する」意向を表明していた[30]。もしアメリカの加盟が実現していれば——とくにウィルソン政権が継続していれば——この種のセッションが早期に開かれた可能性は高い。アメリカの不参加で、連盟内のもっとも有力な後援者を中国は失ったのである。

結果、パリ講和会議時にウィルソンが中国に勧めていた、山東問題の連盟への提起も諦めざるをえなかった[31]。

　だが、アメリカの連盟不参加が確定した後も、中国が連盟外交に対する熱意を失ったわけではない。中国外交の基本的な方針は、連盟内での地位向上を通じて、国際社会における影響力を確保することであった。このため——巨大な人口を理由に——常任理事国に次ぐ分担金を負担すると同時に、2年任期の非常任理事国への連続選出をきわめて重視した。だがこの方針は早々に行き詰まる。北京政府の財政難の影響もあり、1922年以降に分担金の滞納が常態化する。さらに中国は非常任理事国への選出にも、何度も失敗した（当時独立国が非常に少なかったとはいえ、事実上のアジア枠が1であったことも原因の1つではあった）[32]。

　加えて、連盟内で中国を代表する北京政府が度重なる内戦や内紛で弱体化し、国民党政権との内戦（北伐）で敗勢に追い込まれていったことも、連盟内での中国の影響力を大きく制約した。その最たる例は、1928年の日本による第3次山東出兵をめぐる中国外交である。この渦中で済南事件（日本軍と国民党軍の軍事衝突）が起きた際には、国民党政府内で連盟への提起が検討された。だがこの時点でも連盟で中国を代表していたのは、北伐の前に風前の灯火といえた北京政府であった。結果、南北合同での提起も検討されたが、両者の停戦が成立せず、その機会を逸したのである。同時に内戦状態の継続は、連盟の対中国関与そのものを限定する効果を持った。国民党軍による北伐の過程では、第2節の3項で述べたように、まず揚子江流域を中心とするイギリスの権益が「回収」の対象となったが、その際には英政府内で連盟提訴が検討された。しかし済南事件の際と同様に国民党政府が連盟代表権を持たないため、この時はイギリスが提起を見送っている[33]。あるいはこの時ばかりは、連盟の不関与が、中国の「国権回復」に有利に作用したといえそうである。だがここで重要なことは、アメリカの不参加やヨーロッパに偏った常任理事国構成だけでなく、長引く内戦を抱える中国の国内条件も、東アジアに対する連盟の政治的な関与を満洲事変まで遅らせた原因であった事実を確認することである。

3.2　日本と連盟[34]

　ヴェルサイユ条約の山東条項で中国外交が屈辱を味わったのであれば、日本は国際連盟規約に人種平等条項を挿入することを提案し挫折した。人種平等案が討議された講和会議の特別委員会では、日本の提案は――挿入場所を本文から前文へ、かつ表現も「人種平等」から「国民平等」への大きな変更を経た上で――同じアジア諸国の中国はもちろん、フランスやベルギーなど西洋諸国を含めて過半数の賛同を得た。しかし、この種の重大問題には全会一致が必要とのウィルソン大統領（同委員会の議長であった）の判断で、不採択となったのである。国内の人種問題・移民問題への飛び火をウィルソン大統領が懸念したこともあったが、英帝国諸国（とくにオーストラリア）の強硬な反対が最たる原因であった[35]。ただし、中国外交が山東問題で受けたダメージと、日本が人種平等問題で味わった失望を比較することは均衡を欠くだろう。人種平等提案の失敗は、日本政府や全権団がヴェルサイユ条約への調印を躊躇する理由にはならなかったし（対して山東交渉で日本側はその可能性に何度も言及した）、かつ中国とは異なり、連盟内での常任理事国としての地位も保障されていた。

　ただし常任理事国（つまり大国）のステータスのみが、国際連盟加盟に日本が見いだした積極的な意義ではない。講和会議前の日本政府内の連盟案に関する討議では、日本を二等国の地位に固定する「『アングロサクソン』人種の現状維持を目的とする一種の政治的同盟」と警戒する意見もあった[36]。しかしこればかりが、講和会議期の日本の政策過程で力をもった見解ではなかった。たとえ日本がすでに不平等条約の改正に成功していても、人種・移民問題や貿易問題で欧米大国の優位が変わらず続く国際政治を改革する手段として連盟を重視する見解が、講和会議が進むにつれて、外務省内を中心に徐々に力を得ていったのである[37]。たしかに人種平等案の不採択で、連盟の設立は「人種宗教国力等の別によらざる完全平等の待遇を要求する」にあたって「与て力あるべき」（講和会議全権の牧野伸顕）[38]との希望は後退した。だが、連盟が「特殊利己的の経済聯合」を防止する国際機関になりうる（講和会議期の外務省）[39]との期待は――連盟がなした具体的な成果は乏しかったにもかかわらず――その後も強く残り続けた。第 1 次世界大戦後の国際政治に対する日本外交の最たる懸念

108　第 2 章　国際関係・外交

は、自らの中国権益と衝突しかねないウィルソン主義の拡大というよりも、総力戦の教訓にもとづいた経済的な保護主義の蔓延であったからである[40]。よって、実際にはアメリカを欠いたものの、「経済的障壁の除去」を原則としてかかげる「新外交」理念を引き継いだ連盟が世界経済で果たす役割を、日本外交は重視していたのである[41]。

　加えて外務省内には、中国の不平等状態の改善（勢力範囲や治外法権の撤廃、関税自主権の回復）について連盟内で協議することを覚悟すべきとの意見が根強くあった[42]。連盟における中国問題の協議は、講和会議でのウィルソンとの交渉のなかで日本全権団が賛同していたためであろう[43]。だがその後にアメリカの不参加が確定し、ついでワシントン会議で中国関係の諸条約が結ばれる。それと同時に山東問題も決着したことで、連盟内で中国問題（外国の特権や権益の返還）について協議することに、日本外交の関心はあまりむかわなくなる。もはやアメリカから連盟内での協議を求められることはなく、かつ大国主体のワシントン諸条約の枠組の方が明らかに有利だったからであろう。

　さらに1920年代に連盟を中心に進行した戦争違法化の動きにも、日本外交の姿勢は概して消極的であった[44]。1920年代の半ば以降に中国で頻発した排日ボイコットや、今後予想される満洲権益の「回収」に、軍事的に対抗する手段を失うことを懸念したのである。ただし、ヨーロッパの事情と東アジアの事情は異なるとして、集団安全保障体制下での戦争違法化に難色を示した日本側の態度が、世界の趨勢に反した、まったく孤立した特殊な見解だったわけではない。対独安全保障の文脈でヨーロッパ各国が下した判断を、そのまま日本の政策態度を理解する（あるいは批判する）基準として用いることは困難である。事実、たとえばイギリスは英自治領諸国や植民地の安全保障については、戦争違法化の潮流と相当に距離を取っていた。同時に満洲事変初期の日本の行動に、イギリスをはじめとした大国が――日本政府内の混乱を知らなかったこともあるが――同情的であったことの説明もつかない。戦争違法化に対する各国の動機と（促進・阻害を含めた）役割をよりよく理解するには、大西洋地域と太平洋地域を同時に対象とする意思決定過程の比較分析が必要だが、言語の壁もあり、そうした研究はまだ現れていないようである[45]。

日本　東アジアの国際秩序の変動と日中の対応　　109

3.3 満洲事変前

1920年代後半から満洲事変直前の国際連盟と日中との関係で注目すべきは、まず中国を対象とした連盟の技術的な「協力」（援助と呼べたが、連盟側はこの表現を避けた）が進展したことである[46]。1928年に非常任理事国の再選に失敗した中国への配慮が契機ではあったが、衛生保健分野（とくに感染症対策）の専門家の派遣を皮切りに、国立病院の建設支援、経済政策への助言、教育制度の整備、官吏の養成へと、その協力分野は徐々に拡大していった。その過程で、従来は財政部所属の洋関（イギリス人が歴代の総税務司を務めるなど、中国における「非公式帝国」の象徴的な存在であった）の担当した検疫が、中国政府内の業務移管の名目で、衛生部の所管に移されるなど、連盟の技術協力は、政治的な成果ももたらしつつあった。それに対して日本は、日本人専門家の採用をしきりに促すなど、自国の影響力の確保に血道を上げた。この問題を国際政治の展開と合わせて検討した後藤春美は、日本本国の外務省だけでなく、通常は国際主義者で通っている連盟事務局次長の杉村陽太郎であっても、「この件に関しては完全に日本のナショナリストとして行動していたといえよう」と指摘している。さらに連盟分担金の中国滞納分をそのまま中国への「援助」に回す計画には、日本側は強い不快感を表明している（ただし他の加盟国や連盟内からも同様の批判があった）。しかし、計画の修正はともかく、技術協力を通じた連盟の東アジア関与の進展を押しとどめる力も正当性も、日本は持たなかったのである。

加えて北伐が1928年6月に一応の完成（国民党軍の北京入城）を見たことで、内戦による中国の代表権問題も自然と解消をみた。結果、北伐期にイギリスや当時の国民党政府が提起を検討したいきさつもあり、中国が関係する国際紛争が連盟に提起される可能性は否定しがたいものとなったのである。その後、1929年に発生した中ソ紛争（中東鉄道の強制回収をめぐる軍事衝突）では、係争相手のソ連が連盟加盟国ではなかったため、国民党政府は提起を断念したが、満洲事変ではそうではなかった[47]。もっとも技術協力のために中国に滞在中の連盟の責任者が、過去数年の中国での自身の成果と強烈な個人的信念に支えられる形で連盟提訴を助言したときも、それだけで日本との二国間交渉による問

110　　第2章　国際関係・外交

題解決の可能性を中国政府が否定したわけではない[48]。しかし関東軍の急速な軍事行動の拡大を前に、集団安全保障機構である連盟に日本との武力紛争を提訴する妨げとなるものは、もはや中国外交の前に存在しなかったのである。

1　井上馨侯傳記編纂会編『世外井上公傳』第5巻、原書房、1968年、367頁。

2　中国代表団が不調印に至った経緯については、川島真『中国近代外交の形成』名古屋大学出版会、2004年、251‐259頁が詳しい。

3　Xu Guoqi, *China and the Great War: China's Pursuit for a New National Identity and Internationalization*, New York: Cambridge University Press, 2005, 81-101, 244-258.

4　Xu, *China and the Great War*, 93-100.

5　注2の研究。

6　川島真「関係緊密化と対立の原型——日清戦争から二十一ヶ条要求まで」劉傑、三谷博、楊大慶編『国境を越える歴史認識——日中対話の試み』東京大学出版会、2006年、46‐47頁。日本側の政策過程を分析した最新の研究は奈良岡聰智『対華二十一ヵ条要求とは何だったのか——第一次世界大戦と日中対立の原点』名古屋大学出版会、2015年。本項の記述については、中谷直司「第一次世界大戦後の中国をめぐる日米英関係——大国間協調の変容」小林道彦、中西寛編著『歴史の桎梏を越えて——20世紀日中関係への新視点』千倉書房、2010年も参照。

7　ウィルソンの「新外交」については、主に以下の文献を参照。アーサー・S・リンク（松延慶二、菅英輝訳）『地球時代の先駆者——外政家ウィルソン』玉川大学出版部、1979年、114‐128頁。N. Gordon Levin, Jr., *Woodrow Wilson and World Politics: America's Response to War and Revolution*, New York: Oxford University Press, 1970. 麻田貞雄『両大戦間の日米関係——海軍と政策決定過程』東京大学出版会、1993年、96頁。

8　Elleman, *Wilson and China: A Revised History of the Shandong Question*, Armonk, New York: England: M. E. Sharpe, 2002, 39-40; Stephen G. Graft, "John Bassett Moore, Robert Lansing, and the Shantong Question," *The Pacific Historical Review* 66 (May 1997): 235-236. 川島『中国近代外交の形成』第3章。

9　Xu, *China and the Great War*, 244-258.

10　ただし、こうした強い敗北感と同時に、日本に対する中国の道義的な勝利という評価が中国内外で主張されたことは重要である。Xu, *China and the Great War*, 272-273; 吉澤誠一郎「公理と強権——民国8年の国際関係論」貴志俊彦、谷垣真理子、深町英夫編『模索する近代日中関係——対話と競存の時代』東京大学出版会、2009年、154頁。

11　その経緯については、川島『中国近代外交の形成』251‐259頁を主に参照。

12　本節の記述についての詳細は、中谷直司『強いアメリカと弱いアメリカの狭間で——第一次世界大戦後の東アジア秩序をめぐる日米英関係』千倉書房、2016年のとくにイントロダクションと終章を参照。ただし筆者の議論が、パリ講和会議期前後の日本外交をめぐる日本の学界のスタンダードというわけではない。先行研究の整

日本　東アジアの国際秩序の変動と日中の対応　111

理については、同書のイントロダクション、とくに15-25頁。最新のものでは、佐々木雄一『帝国日本の外交1894-1922——なぜ版図は拡大したのか』東京大学出版会、2017年、第6章。

13 「支那問題」1921年9月30日「華盛頓会議一件準備」1巻、外務省記録2.4.3-3。

14 三谷太一郎『増補 日本政党政治の形成——原敬の政治指導の展開』東京大学出版会、1995年、343頁。

15 ワシントン会議のとくに中国関係の取り決めについては、入江昭『極東新秩序の模索』原書房、1968年、序章と服部龍二『東アジア国際環境の変動と日本外交』有斐閣、2001年、第2章を主に参照。ワシントン会議全体の意義については、他に麻田『両大戦間の日米関係』第3章も参照。

16 当該期の中国国内の情勢については、主に菊池秀明『ラストエンペラーと近代中国』講談社、2005年を参照。中国の国際共同管理論については、酒井一臣『近代日本外交とアジア・太平洋秩序』昭和堂、2009年、第7章が詳しい。中国の混乱状態（とくに軍閥間の内戦である奉直戦争）に対する日本の政策については、戸部良一『日本陸軍と中国——「支那通」にみる夢と蹉跌』講談社選書メチエ、1999年、第2章、奈良岡聰智『加藤高明と政党政治』山川出版社、2006年、第6章、小林道彦『政党内閣の崩壊と満州事変一九一八〜一九三二年』ミネルヴァ書房、2010年、序章を主に参照。

17 Xu, *China and the Great War*, 11-13, Ch. 3-4 & 6. 川島『中国近代外交の形成』251頁、吉澤「公理と強権」141-156頁。

18 川島『中国近代外交の形成』第Ⅲ部第5章。

19 中谷「第一次世界大戦後の中国をめぐる日米英関係——大国間協調の変容」104-105頁。

20 日本の政策とその北京関税会議の展開への影響については、馬場伸也「北京関税特別会議にのぞむ日本の政策決定過程」細谷千博、綿貫譲治編『対外政策決定過程の日米比較』東京大学出版会、1977年が依然としてもっとも包括的な研究である。他に、河合秀和「北伐へのイギリスの対応——『クリスマス・メッセージ』を中心として」細谷千博、斎藤真『ワシントン体制と日米関係』東京大学出版会、1978年、酒井哲哉「『英米協調』と『日中提携』」近代日本研究会編『年報近代日本研究』11、山川出版社、1989年、西田敏宏「東アジア国際秩序と幣原外交」（二・完）『法学論叢』第149巻1号、2001年4月、服部『東アジア国際環境の変動と日本外交』第3章、後藤春美『上海をめぐる日英関係一九二五—一九三二年——日英同盟後の協調と対抗』東京大学出版会、2006年、第2章、古瀬啓之「英国と東アジア——一九二〇年代の東アジア政策の展開を中心に」伊藤之雄、川田稔編著『20世紀日本と東アジアの形成』ミネルヴァ書房、2007年を参照。

21 当該期の東アジア国際関係については主に、入江『極東新秩序の模索』と、河合「北伐へのイギリスの対応」、服部『東アジア国際環境の変動と日本外交』第3-5章、後藤『上海をめぐる日英関係』第2章以下を参照。他に最新の研究として、宮田昌明『英米世界秩序と東アジアにおける日本——中国をめぐる協調と相克一九〇六〜一九三六』錦正社、2014年、第2部も適宜参照。中国外交の性格については、久保亨『戦間期中国〈自立への模索〉——関税通貨政策と経済発展』東京大学出版会、1999年、序章が優れた総論となっている。

22 こうした評価を定着させた代表的な業績は、川島『中国近代外交の形成』、とくに347 - 350頁と541 - 544頁。

23 当該期のとくに日中関係については、小池聖一『満州事変と対中国政策』吉川弘文館、2003年と服部『東アジア国際環境の変動と日本外交』第5章を主に参照。国際政治史を含む近年の研究状況の整理については、服部龍二「ワシントン体制下の国際政治史——一九二〇年代」川島真、服部編『東アジア国際政治史』名古屋大学出版会、2007年が有益。中国の関税政策については、久保『戦間期中国〈自立への模索〉』第1 - 2章。他に宮田『英米世界秩序と東アジアにおける日本』のとくに第14章は治外法権撤廃交渉を軸にきわめて興味深い解釈を提示している。

24 山東出兵をめぐる東アジア国際政治と日本外交については、前掲の入江『極東新秩序の模索』第六章、服部『東アジア国際環境の変動と日本外交』第4章、後藤『上海をめぐる日英関係』第4章以下、小林『政党内閣の崩壊と満州事変』第1部第1章と、関寛治「満州事変前史（一九二七〜一九三一年）」日本国際政治学会太平洋戦争原因研究部編『太平洋戦争への道——開戦外交史1　満州事変前夜』朝日新聞社、1963年、馬場伸也『満州事変への道——幣原外交と田中外交』中公新書、1972年、佐藤元英『近代日本の外交と軍事——権益擁護と侵略の構造』吉川弘文館、2000年、島田俊彦『満州事変』講談社学術文庫、2010年を主に参照。

25 こうした旧来型の「大国間協調」の不調については、後藤『上海をめぐる日英関係』がもっとも包括的な描写となっている。合わせて服部『東アジア国際環境の変動と日本外交』のとくに第3章がいう「ワシントン体制論の分化」（日米英のワシントン体制観の乖離）も、当該期の大国間協調の不調を理解するにあたって有益な視点である。

26 この点については、たとえば小林『政党内閣の崩壊と満州事変』序章。

27 当該期日本の中国政策に関する包括的な研究として、小池『満州事変と対中国政策』。重光の役割・方針については、武田知己『重光葵と戦後政治』吉川弘文館、2002年、第1部第1章が有益。同時に日本の中国政策の優れた総論でもある。対満蒙政策と対ソ関係を軸に日本の中国政策を論じた近年の成果として、種稲秀司『近代日本外交と「死活的利益」——第二次幣原外交と太平洋戦争への序曲』芙蓉書房出版、2014年、第2 - 5章。

28 服部龍二編著『満州事変と重光駐華公使報告書——外務省記録「支那ノ対外政策関係雑纂『革命外交』に寄せて」』日本図書センター、2002年。

29 山東条項に対する留保付きの調印も有力な選択肢だったが、アメリカをはじめとする欧米大国の支持が得られなかったことで、断念された。その間の経緯については、川島『中国近代外交の形成』259 - 262頁。

30 Hankey's Note of a Meeting of the Council of Four, 28 April 1919, Arthur S. Link, ed., *The Papers of Woodrow Wilson*, vol. 58, Princeton, NJ: Princeton University Press, 1988, 182; Arthur S. Link, ed., with the Assistance of Manfred F. Bemeke, *The Deliberations of the Council of Four (March 24-June 28, 1919): Note of the Official Interpreter Paul Mantoux*, vol. I, Princeton: Princeton University Press, 1992, 399-401; 中谷『強いアメリカと弱いアメリカの狭間で』153頁。

31 川島『中国近代外交の形成』259 - 264頁。帯谷俊輔「中国の対外紛争の国際連盟提起をめぐる国際関係、一九二〇 - 一九三一——中国代表権問題と日本、イギリス、

日本　東アジアの国際秩序の変動と日中の対応　　113

中国」『国際政治』第180号、2015年、69-70頁。

32 川島『中国近代外交の形成』329-332頁。川島真「中華民国の国際連盟外交――『非常任理事国』層からみた連盟論」緒方貞子、半澤朝彦編著『グローバル・ガヴァナンスの歴史的変容』ミネルヴァ書房、2007年、49-67頁も参照。

33 南北に分裂した中国政府の代表権問題とその国際政治史上の意義については、帯谷「中国の対外紛争の国際連盟提起をめぐる国際関係」69-82頁が最新かつ包括的な知見を提供している。

34 このテーマについての代表的な研究は、依然として海野芳郎『国際連盟と日本』原書房、1972年である。日本語資料をふんだんに用いて、連盟と日本の関係を総括的に再検討した Thomas W. Burkman, *Japan and the League of Nations: Empire and World Order, 1914-1938*, Honolulu: Hawaii, University of Hawai'i Press, 2008 は貴重な成果である。Burkman は、連盟に対する日本の協調政策が、パリ講和会議後も一貫して継続し、ジュネーブ平和議定書や軍縮計画の形成などに重要な役割を果たしたことを主張している。

35 パリ講和会議における人種平等問題については、池井優「パリ講和会議と人種差別撤廃問題」『国際政治』第23号、1963年、44-58頁、Naoko Shimazu, *Japan, Race and Equality* (London: Routledge, 1998); 高原『ウィルソン外交と日本』258-282頁。中国の対応については、川島『中国近代外交の形成』253-254頁、Stephen G. Craft, *V.K. Wellington Koo and the Emergence of Modern China* (Lexington, Ky: The University Press of Kentucky, 2004), 53-54; Xu, China and the Great War, 257-258; Erez Manela, *The Wilsonian Moment: Self-determination and the International Origins of Anticolonial Nationalism* (Oxford, UK: Oxford University Press, 2007), 181-182. なお Manela の研究は、中国をふくむアジア諸国のウィルソン主義への反応を分析したものとしても重要である。

36 小林龍夫編『翠雨荘日記――伊東家文書 臨時外交調査委員会会議筆記等』原書房、1966年、339頁（以下、『翠雨荘日記』）。

37 中谷『強いアメリカと弱いアメリカの狭間で』のとくに第Ⅰ部および終章。

38 『翠雨荘日記』334頁。

39 「講和ノ基礎条件ノ東洋ニ於ケル帝国ノ地位ニ及ボス影響ニ就テ」日付不明『支那政見雑纂』第3巻、外務省記録1.1.2-77／アジア歴史資料センター JCAR Ref. B03030277800。中谷『強いアメリカと弱いアメリカの狭間で』95-96頁。

40 Nakatani, "What Peace Meant to Japan: The Changeover at Paris in 1919," in *The Decade of the Great War: Japan and the Wider World in the 1910s*, ed. Tosh Minohara, Tze-ki Hon and Evan Dawley, Leiden: Brill Academic Publishers, 2014, 171-174.

41 服部聡「終戦前後における日本外務省の国連認識――国際連盟での教訓と国際復帰」伊藤信哉、萩原稔編著『近代日本の対外認識Ⅰ』彩流社、2015年、270-271頁。中谷直司「外交の『経済化』は可能だったのか――幣原『経済外交』の起源と形成」簑原俊洋編著『戦間期における東アジア国際秩序の変容――政治外交史と経済史の視座より』関西学院大学出版会、近刊予定も参照。

42 帯谷「中国の対外紛争の国際連盟提起をめぐる国際関係」69頁。

43 中谷『強いアメリカと弱いアメリカの狭間で』第3章。

44 戦争違法化に対する日本外交の対応を分析した代表的な研究は、伊香俊哉『近代日

本と戦争違法化体制——第一次世界大戦から日中戦争へ』吉川弘文館、2002年。小林啓治『国際秩序の形成と近代日本』吉川弘文館、2002年も参照。伊香の問題意識を引き継ぐ形で、幣原喜重郎外相の対中政策を検討したものとして、種稲『近代日本外交と「死活的利益」』。

45 こうした研究の必要性を主張するものとして、西田敏宏「〈書評論文〉戦間期日本の国際協調外交と国際連盟」『国際政治』第155号、2009年3月、158‐168頁。西田敏宏「ワシントン体制と国際連盟・集団安全保障——日・米・英の政策展開を中心として」伊藤、川田『20世紀日本と東アジアの形成』47‐66頁も参照。そのような研究の基盤となる最新の成果として、帯谷俊輔「普遍的国際機構としての国際連盟——普遍・地域関係の構築」博士学位論文、東京大学、2017年。注34のBurkmanの研究も参照のこと。アメリカにおける戦争違法化思想・運動の展開については、三牧聖子『戦争違法化運動の時代——「危機の20年」のアメリカ国際関係思想』名古屋大学出版会、2014年。

46 以下の記述は、後藤春美『国際主義との格闘——日本、国際連盟、イギリス帝国』中公叢書、2016年、とくに第2章による。川島「中華民国の国際連盟外交」62‐64頁も参照。東アジアにおける連盟の経済社会的な活動を扱った代表的な研究に、後藤春美『アヘンとイギリス帝国——国際規制の高まり一九〇六〜四三年』山川出版社、2005年や安田佳代『国際政治のなかの国際保健事業——国際連盟保健機関から世界保健機関、ユニセフへ』ミネルヴァ書房、2014年がある。帯谷「中国の対外紛争の国際連盟提起をめぐる国際関係」68頁も参照。

47 帯谷「中国の対外紛争の国際連盟提起をめぐる国際関係」76‐78頁。

48 連盟の責任者とは、ポーランド出身の医師で連盟事務局保健部長であったルドヴィク・ライヒマンである。後藤『国際主義との格闘』86頁。満洲事変初期の日中関係・連盟については、膨大な研究が存在するが、さしあたり、外務省百年史編纂委員会編『外務省の百年』下、原書房、1969年、147‐157頁、服部『東アジア国際環境の変動と日本外交』278‐281頁、小池聖一『満州事変と対中国政策』吉川弘文館、2003年、258‐265頁。篠原初枝『国際連盟——世界平和への夢と挫折』中公新書、2010年、196‐201頁を参照。

日本　東アジアの国際秩序の変動と日中の対応　　115

| 中国 | 満洲事変前夜における
国際秩序の変容と日中衝突の原因 |

王緝思 (北京大学)／孫桜 (北京大学)

久保茉莉子 訳

提　要

　1931年、満洲事変を引き起こした日本は、中国東三省（奉天省〔現在の遼寧省〕・吉林省・黒竜江省）に侵攻し、14年もの長きにわたる対中軍事占領と植民統治を開始した。満洲事変がもたらした日中衝突は、中華民族による近代独立国家建設の道を阻み、第1次世界大戦後、国際連盟が進めてきた日中対立の調停が完全に失敗したことを意味した。この時期、国際秩序は、帝国間の権力闘争状態から近代主権国家を基礎とする協調構造へと転換する兆しが現れていた。しかし、日本による中国東北部の占領は、アジアにおいてこの兆しが完全に消えたことを示し、また世界全体においても協調構造への転換が失敗に終わることを予期させるものであった。

　満洲事変は、日本が長期間進めてきた大陸拡張政策の結果なのか、それとも日本の対中武力侵略の端緒なのか。この問題をめぐっては、歴史学界において活発に議論が交わされてきた。本論は、20世紀初年以降、満洲事変により日中衝突が激化するまでの過程を、国際秩序の変容という視角から分析することで、第1次世界大戦後の国際秩序が日中関係に与えた影響を考察し、国際的な

116　　第2章　国際関係・外交

調停が日中の軍事衝突を阻止できなかった原因を究明する。

1. 日中衝突の背景にある国際秩序

　満洲事変は、日本が在華植民権益を強化し、武力を用いて中国の領土を分割する端緒であったと同時に、19世紀末以来、日中の矛盾が深刻化してきた結果でもあった。こうした国家主権と植民権益をめぐる日中の衝突は、欧米列強が支配する国際秩序の下では避けようがなかった。

　本論で検討する国際秩序とは、以下の2つの内容を含む。第1に、国家間のパワー分布である。つまり、特定の時代の国際体系において、いかなる国の力がもっとも強かったのか、そうした国々の力の関係や、国同士の遠近親疎の関係はどうなっていたのか（たとえば連盟か、反連盟か、中立かなど）を検討する。

　第2に、国際法規に注目し、いかなるルールを拠りどころとして国家間関係が処理されていたのかを分析する。ウェストファリア条約（1648年）は、対等な主権を基礎とする国際関係のルールを確定し、国際会議の方式で国際紛争を解決する先例をつくった。その後、国際法体系は漸進的に建設され、その適用範囲は、ヨーロッパ各国からその他の主権国家へと拡大した。国際法規は徐々に具体化され、国際紛争の平和的解決といったような既存の一般規則とともに、国際条約が規定する様々な細則も盛り込まれるようになった。さらには、いかなる政府が合法的に国家を代表する権利を有するか、いかなる政府の権力が合法的でないかといったような価値規範も定められた。

　19世紀末から20世紀初年に至るまでの国際秩序には、4つの明瞭な特徴がある。まず、ホブズボームのいう「帝国の世界」である。それによれば、「先進的な資本主義的中枢もしくは発展途上にある資本主義的中枢が発展速度を決定するような世界経済は、「先進地域」が「後進地域」を支配する世界、いうなれば、帝国の世界へと変ずる可能性が極めて高かった」とされる[1]。このような「帝国世界」と、それ以前の「帝国世界」との重要な違いとして、後者はアフリカ大陸、ユーラシア大陸、南米大陸に分かれており、いずれも農耕時代に出現し、それぞれの生産力がほぼ同じであったことが挙げられる。しかし、20世紀初頭、工業革命と資本主義の急速な発展を遂げた欧米諸国と、工業化

を経ていない国や地域との経済力・生産力の差はすでに決定的なものとなっており、ヨーロッパ5大国（イギリス、フランス、ロシア帝国、オーストリア＝ハンガリー帝国、ドイツ帝国）とアメリカが、国際政治の中心を占めた。こうして欧米列強は、圧倒的優位な力にものをいわせて、貿易の拡張、砲艦外交、不平等条約の締結といった「帝国主義」のやり方でグローバルな拡張競争を展開した。世界各地の政治・経済的な結びつきはかつてないほど強化され、中東、アフリカ、アジア、南米は、いずれも列強が主導する国際秩序の中に組み込まれていった。もともとヨーロッパを中心としていた国際秩序は、徐々に欧米列強が主導する全世界規模の国際秩序へと転換していくこととなった。そして、中国、インド、オスマン・トルコ、エジプト、イラン等、欧米列強による植民や勢力争いが繰り広げられた国や地域は、帝国秩序の中で従属的な地位へと陥落した。

　この時代、欧米諸大国は原料・労働力・商品市場を獲得するために、世界中で領土と植民地を拡大した。植民地と勢力範囲は帝国建設の基盤と資産であると同時に、国家権威と国際的地位の象徴でもあった。帝国から見て、植民権益は権力と安全をめぐる競争の手段であった。こうして、「国強必覇」〔国は強くなれば必ず覇を唱える〕といえる状況になったのである。19世紀のあるフランス人官僚の言葉を借りれば、「偉大な国家を維持するため、或いは偉大な国家になるためには、植民するべき」であった[2]。ある地域を占領・植民地化し、そこの人々を抑圧することは、現代においては国際関係の準則に違反する行為とみなされるが、当時は「偉大で栄誉ある」行為とされ、合理的で道義的にも認められる通用規則となった。各大国は表面上、国際紛争の解決および領土の略奪と植民地建設という方法が平和的・非暴力的であるとし、これを国際条約により確認するべきであると認めた。これこそが、1928年にケロッグ＝ブリアン条約（パリ不戦条約）が締結された時代背景である。

　この時期の国際秩序の第2の特徴として、国際政治体系の中に3つの構造的な対立要因が存在したことがある。第1の対立要因は、欧米列強間に存在した。欧米列強のパワー分布はほぼ均衡がとれており、各国にはそれぞれ強みと弱みがあった。第1次世界大戦前、2大軍事同盟の力はほぼ同格で、両者ともに戦争で相手を倒し、均衡状態を崩すことを目論んでいた。アメリカは、経済的に

118　　第2章　国際関係・外交

はもっとも強かったが、軍事力はイギリスやドイツよりも劣っていた。第1次世界大戦後、オーストリア＝ハンガリー帝国やロシア帝国が崩壊し、ドイツは弱体化したが、列強間の勢力均衡状態は完全には崩れず、依然として強権をめぐる競争と矛盾が存在した。第2の対立要因は、植民帝国と被植民者、抑圧された民族の間に生じており、中国、トルコ、モロッコ等の国々では、激しい民族独立運動が起こった。第3の対立要因は、1917年のロシア革命後に突出して現れた。ボリシェヴィキが率いるコミンテルンが革命の旗を掲げ、全世界の無産階級と被抑圧民族が連合し、帝国主義および各国におけるその代理人による統治を打倒するよう呼びかけたのである。第2・第3の対立要因は相互に連係し、国家間関係のみならず、関連する国や地域の内政にも作用した。この3種の対立要因は、いずれも直接的或いは間接的に日中の矛盾を生成する促進剤となった。

　この時期の国際秩序の第3の特徴は、欧米列強が植民統治の合法化のため、中国人のいう「不平等条約」体系を築き、国際法の側面から植民権益を擁護し、欧米諸国同士の関係を定めた規則と区別したことである。国際法は「文明国家間の法律」と限定され、「文明国家」のみが「国際社会」の正式な一員となり、国際法の完全な保護を受けられることとされた。そして、ある国が「国際社会」からその主権と国際法上の権利を認められるかどうかは、その国が欧米国家と同等の「文明水準」に到達しているか否かで決められた[3]。つまり、当時オスマン・トルコや中国、日本等は、欧米諸国から国力と文明水準が比較的高い国であると見られていたものの、国内の法律と政策が欧米人のいう「文明」の基準を満たしていなかったため、「半野蛮」「半文明」の国家とされ、その主権は部分的に国際的承認を得るにとどまったのである。欧米列強は「非文明性」を理由に他国の内政に干渉し、関税協定権や治外法権、租借地等の特殊権益を手に入れた。こうした不平等条約構造の下、欧米列強の政治・経済的権益は被植民国家の内政秩序に浸透し、近代国家の主権独立と帝国の「特殊権益」との間には、深層部分で緊張関係が生じることとなった。

　ここで注意しなくてはならないのは、「不平等条約」という概念は、中国の国共両党が1920年代に初めて正式に提示したものであり、清朝とイギリスの南京条約締結（1842年）以降、欧米列強が武力を用いてアジア諸国に強制した

条約を指すということである。近代国際法は「平等条約」と「不平等条約」とを明確に分けておらず、列強にとってはこうした区別は存在しなかった。このため、中国にとっての「不平等条約」は、ヨーロッパから見れば合法的であり、実施すべきものとされていた。

　以上のような状況が、日中両国の国際的地位とその転換、および日中関係のありかたを決定づけた。近代の中国と日本は、ともに欧米列強から「野蛮」で「半文明」のアジア国家とみなされ、不平等条約体制において従属的で支配される側となった。近代国際法による条約体制の時代、日中両国は、ともに砲艦外交の圧力の下、鎖国政策の転換を迫られ、不平等条約を締結し、列強の通商権益を認め、行政・司法等の国家主権を明け渡すこととなった。さらなる植民或いは分割の進行を防ぎ、欧米諸国と対等な「文明国家」になるために、両国は、対外・国内政策について、いずれも「西洋文明」を基準とした。対外政策では、民族国家・主権平等の概念を用いて自国の権益を擁護した。一方、国内政策としては、工業化を達成した欧米諸国を模範として政治・経済改革を進め、「富国強兵」を目指した。

　しかし、日中の近代化進展の速さと質は異なり、それが両国の国際的地位に大きな影響を与えた。中国は1840年の第1次アヘン戦争[1]以降、列強による東アジア進出の際の主要な標的となり、厳しい外圧を受けたことに加え、国内政治も動揺し、近代化建設の進展は緩慢になった。そして、あらゆる方面での改革事業を本格的に進めることは、とうとうできなかった。それに対して日本は、列強侵攻により中国が被った損失と屈辱を教訓とし、明治維新（1868年）を経て近代国家建設に着手し、上からの政治改革を推進して立憲君主制を確立した。1895年、日清戦争で中国に勝利した日本は、不平等条約の廃止をほぼ達成しており、国際秩序の中で独立主権国家の地位を獲得していた。その後、日本は1900年に8ヵ国連合軍の一員として中国に侵攻し、1904年から1905年の日露戦争ではロシアに勝利、さらに1910年に朝鮮半島を併合したことで、完全に植民帝国へと変貌を遂げた。

　清末の洋務運動と日本の明治維新とは、改革の始まりは似ていたものの、その目標が大きく異なっていた。具体的にいえば、前者は国内問題を重視し、改革を通じて清朝の統治を継続・維持しようとするものであり、対外問題は二の

次であった。一方、後者は対外問題を重視し、腐朽した幕府の統治を迅速に打ち倒して国内政治を比較的平穏に改革し、不平等条約問題を国家が解決すべき最重要事項と位置づけていた。この点で、前者は目標が狭く、先の見通しがなかったのに対し、後者は偏狭な皇権統治を超越し、主体的に国家の近代化を推進し、主権平等を追求する動力を有していた。

「脱亜入欧」は、一貫して日本の戦略目標であった。日本は日清戦争前後に第１次産業革命を完成させ、日露戦争後の10年余りでさらに重工業を中心とする電力産業革命、すなわち第２次産業革命を進め、経済面において「脱亜入欧」を完成した。そして下関条約を締結して清朝に台湾と澎湖諸島の割譲を迫り、アジアで初めて海外植民地を有する国家となり、アジアで強国の地位を確立したのみならず、帝国による植民地支配のゲームに加わり、列強による対中不平等条約体系の受益者となった。第１次世界大戦後、日本は戦勝国かつ大国の一員として、英米仏等の新旧の帝国主義国家とともにパリ講和会議とワシントン会議に参加し、政治・外交面でも「脱亜入欧」を達成し、国際秩序を主導する国々の一員となった。

　日中の国際的地位の変化にともない、両国関係の処理構造にも変化が生じた。両国は、日清修好条規の締結（1871年）により比較的平等な外交関係を確立していたが、下関条約（1895年）はその状況を完全に変えた。ポーツマス条約締結によって中国東北部の植民権益を獲得した日本は、その後大陸拡張政策を進め続け、やがて満洲権益を「帝国建設」の重要な構成要素と見るようになり、中国への内政干渉を強めていく。こうして日中衝突を生む種がまかれたのである。

　日清戦争に敗北してから５年後、中国は８ヵ国連合軍（英米仏露独伊墺日）に首都を占領されるという屈辱を味わった。列強は在華拡張競争を激化させ、中国の政治的独立・主権統一と列強の在華権益との構造的矛盾は徐々に深刻化した。欧米列強と日本が中国分割を進めたことで、伝統的な皇帝専制秩序に対する国内の批判は高まった。そして「国家富強」の手段や模倣すべき「文明国家」の政治体制をめぐり、国内の各政治勢力の見解が分かれ、内政の亀裂は深まった。孫文の率いる中国国民党（国民党）とコミンテルンが指導する中国共産党（共産党）は、ともにフランス革命や十月革命に見られる急進思想の影響

が強く、アメリカやイギリスのような漸進的な改革路線は選択しなかった。辛亥革命は暴力革命のやり方で清朝を倒したが、革命後に政権は分裂し、国家主権の統一は達成できなかった。このように近代国家建設が成功しなかったことは、その後の中国の国民意識や対外戦略に深刻な影響を与えた。

2. 中国における日米の国際秩序をめぐる争い

アヘン戦争の後、欧米列強による在華権益の拡張と中国の近代国家建設および主権独立との矛盾は次第に激化した。この矛盾は多面的かつ構造的で、主要な矛盾は中国と列強の間にあり、清朝・中華民国政府、および中国の各政治勢力は、列強間の矛盾を利用しようと試みた。日本の対中姿勢は、他国と比べて甚だしく威嚇的であったわけではなく、日中が協力する余地はかなりあった。

19世紀から20世紀へと時代が移り変わるとき、国際秩序と中国の対外関係において新たな要素が生まれた。それはアメリカの台頭である。旧来の帝国植民秩序の中で周縁部に位置していたアメリカは、北米大陸で大規模な領土拡張を進め、ハワイを併合し、19世紀末には世界一の経済大国となった。こうして国力が急成長する過程で、アメリカは海外市場の開拓を必要とした。この時点で、すでに欧州列強による世界分割が完成しており、旧来の植民地体系はアメリカの海外拡張の妨げとなっていた。米西戦争（1898年）は、旧来の植民地体系に対するアメリカの初めての挑戦であり、勝利したアメリカは、キューバやプエルトリコ、グアム、フィリピン等の地域を占領したが、最終的には大きな代償を支払うこととなった。アメリカは衰退の途にあったスペインを倒すことはできても、イギリス、フランス、ドイツ等のヨーロッパの強国に挑戦できるほどの軍事力はなく、日本やロシアに勝つことすら難しかった。アメリカは国際秩序の再編を切望し、急成長した力をもって国際政治と安全保障に関わる規則を改変した。商工業の面で優位だったアメリカは、旧来の植民・領土をめぐる争奪戦や、各国が交易障壁を設置して排他的勢力範囲を確立することを否定した。そして、商品・資本の自由競争に基づき、アメリカ国内の勢力均衡および自由主義原則を、国際的な政治・経済活動においても通用させられるような国際法規を構想した。当時のアメリカにとってラテンアメリカはすでに「裏

庭」となっていたが、ヨーロッパ、アフリカ、中東は、旧来の帝国と植民権益が複雑に併存する地域であり、進出は困難であった。そこでアメリカはアジアに目を向け、1899年から1900年に門戸開放政策を提出した。これが、東アジア国際秩序を転換させることとなった。半世紀以上にわたる列強の侵食を経て、中国を中心とする東アジア国際秩序は崩壊し始めており、清朝は急速に衰退していたものの、表面上、中国の主権と行政システムは維持されていた。ヨーロッパ列強と日本は中国で勢力争いを繰り広げていたが、絶対的優位な国はなく、多国間の脆弱な均衡状態が保たれていた。アメリカは商品・資本の自由競争を基礎とする国際法規を構想し、それを中国で推進する機会を見出した。門戸開放政策の主要な内容は、中国全土で、全ての列強に、均しく貿易推進の権利と利益を付与し、平等に機会を与えるというものであった。門戸開放政策について、ヨーロッパ列強や日本は留保を付けつつもおおむね賛成し、在華権益をめぐる列強間の矛盾が深刻化することを避けた。その後、アメリカは対中外交において一貫して門戸開放の原則を求め続けた。

　しかし、中国をめぐる国家間の脆弱な均衡状態は早々に破られ、日本の勢力拡張に有利な方向へ進んだ。北京議定書の締結（1901年）後、英仏独等の国々はヨーロッパや植民地における紛争で手一杯となった。1902年に締結された日英同盟は、中国・朝鮮における日本の特殊権益を承認するもので、事実上、日本が対露戦争を引き起こすことを準備するものであった。1905年には第2次日英同盟が締結され、イギリスが朝鮮における日本の政治的・軍事的・経済的最高権益を認める一方、日本はインドにおけるイギリスの特殊権益を承認し、日本の韓国併合に向けた外交準備が事実上完成した。さらにアメリカは、桂・タフト協定（1905年）において、日本がフィリピンに手を出さないことを条件に、朝鮮における日本の「特殊権益」と「保護権」を認めた。またフランスは、1907年の日仏協定により、中国東三省・福建・朝鮮を日本の勢力範囲とすることを認め、それと引き換えに日本は、フランスのインドシナ統治およびインドシナに隣接する中国の省をフランスの勢力範囲とすることを承認した。この日仏協定は日本にとって重大な意味をもった。すなわち、ロシアと同盟関係にあったフランスが、日露間の矛盾に関して公然とロシアを支持することができなくなったのである。当時、ヨーロッパではすでに英仏露の三国協商が成立し

ており、日本の韓国併合と南満洲権益は欧米列強から認められ、軍事的圧力を受けることがなくなった。

日露戦争時期に、中国東北部をめぐる争いに参与していた主な外部勢力は、ロシア、日本、そしてアメリカであった。アメリカは基本的に商業上の利益およびそれに関わる政治的影響力のみを求め、領土獲得の野心はなかったが、満洲権益をめぐる日露の争いは、中国の領土確立にとって脅威となった。日露の対立について、英米両国は表面的には中立の立場を示したが、内心では日本寄りで、日本によるロシア勢力の排斥を支持するような行為をとった。アメリカは、ロシアが義和団事件後に満洲に侵攻し門戸開放の原則に違反したことに抗議した。また、日露戦争後には調停役を務め、ポーツマス条約締結を主導した。

以下に挙げる4点から、日露戦争は重要な歴史的転換点であり、東アジア国際秩序に重大な変化をもたらしたといえる。第1に、日本がポーツマス条約により中国東北部における巨大な特権を獲得した後、中国の主要な対外矛盾は日中間の矛盾となった。満洲問題は、日露戦争後の日中関係において最大の構造的矛盾であった。日露戦争後、日本が中華民族の生存と中国の領土主権完成にとって最大の外的脅威となったことは間違いない。

第2に、日本はロシアに勝利したことで士気を高め、欧米諸国に対する畏怖の念や中国を尊重する気持ちが薄れた。そして、アジアを先導し、高みから中国を見下す態度で「啓蒙」と「改革」を進めるのだという意識をもち、大陸政策における使命感を強めていった。この独善的な態度は、日中戦争期の「大東亜共栄圏」提唱の前触れであった。日露戦争での勝利により、日本は国際社会の中で傲然たる態度をとるようになっていった。陶文釗は、入江昭の研究を参照し、次のように述べている。「ある者は、日本がまさに東洋の模範国家になったと言い、それはギリシアがペルシアを打ち負かした後に西洋文明の模範になったのと同様であるとする。さらにひどい場合には、あれこれと知恵を絞りながら歴史・言語・文字等の方面から論証を進め、日本人は実際には西洋人と同種であって、中国人とは同種でない、実際にはアーリア人なのだと言う者さえいる。つまり、彼らは、日本は完全に西洋列強とともに植民地を争奪する資格を有すると考えているのである」[4]。

第3に、日露戦争によって、ハワイ、フィリピン、東南アジア、その他東

方・南方地域で日本が進めていた経済拡張と領土開拓は一旦停止し、日本の関心は満洲制圧にいっそう集中することとなった。高平・ルート協定（1908年）は、日米両国が太平洋における領土の現状を相互に承認し、中国の門戸開放政策を維持することをうたっている。すなわち、日本はフィリピンをはじめとするアメリカの属地について領土を求めず、アメリカは満洲における日本の「平和的手段」による勢力拡大に同意したのである。1910年、アメリカやイギリス等の国々が日本の韓国併合を承認したため、ロシアはそれを受け入れざるをえなかった。朝鮮半島を占領した後、日本のアジア大陸拡張政策において満蒙権益の獲得が主要な目標となった。

　第4に、日露戦争後、中国東北部における日米の競争は徐々に激化し、日中対立以外の重要な国際問題となった。清朝は中国に及ぼす危害が比較的小さいアメリカに歩み寄っていったが、日本はアメリカとの競争で度々成功し、アメリカの勢力は次第に後退した。日露戦争後の講和会議期間中、アメリカは日本に対し南満洲鉄道を買収するというハリマン計画を提出したが、日本はこの要求を拒絶した。清朝は東三省総督徐世昌と奉天巡撫唐紹儀を派遣し、英米勢力を前進させて日露に拮抗させることを図った。アメリカ留学の経験をもち、外交経験が豊富であった唐紹儀は、1907年、アメリカの外交官とともに、アメリカの財団からのドル借款による東三省銀行建設計画を立案し、新法鉄道の修築に投資して南満洲鉄道に対抗しようとしたが、日本に強く反対された。1909年、米ウィリアム・タフト政権の国務長官フィランダー・ノックスは、清朝支持の下、アメリカ資本を引き入れ、南満洲鉄道と中東鉄道に並行する錦璦鉄道を修築し、日露と競った。ノックスは、東三省の鉄道を中立化し、英米日露を含む関係各国が共同で清朝に借款を提供し、管理するという案を提出したが、この計画は事前に漏れて日露両国が反対しただけでなく、ロシアと同盟を結んでいたフランスや、日本との関係を重視するイギリスも支持しなかった。こうして、ノックスによる満洲の鉄道中立化と錦璦鉄道の計画はいずれも失敗に終わった。

　それ以降の、中国東北部における日米の政治・経済的競争には、3方面のパワーバランスの変化と、異なる国際法規の堅持が反映されていった。日米中の3ヵ国のうち、中国はもっとも弱かった。清朝はすでに動揺・衰退しており、

中国　満洲事変前夜における国際秩序の変容と日中衝突の原因　　125

朝鮮に対する影響力を失って、一撃に耐えうる軍事力をもたなかった。そのため、外交上在華権益を求めるイギリス、アメリカ、ロシア等の国々の力に頼って日本の勢力拡張を制御するしかなく、アメリカの門戸開放政策を支持した。世界規模で見ると、アメリカは大国へと急成長し、経済力は日本よりもはるかに強かった。しかし、アメリカの戦略の重点はユーラシア大陸西部にあり、東アジアでの経済利益は日本よりも少なく、軍事拠点を設けていなかったため、日本に武力で対抗する力はなかった。アメリカの持ちえた手段は、門戸開放の原則を極力擁護することであったが、「確実性」に欠けていたため、実際に利益を獲得することはできなかった。それに対し、日本は南満洲での主導権を掌握し、軍隊も駐屯させ、数十年間積み上げてきた豊富な外交経験をもって、かなり巧妙に立ち振る舞った。日本は表面上門戸開放原則に同意していたが、実際には一連の条約・協定を通して、他の大国との間で勢力範囲と経済利益の交換を進め、門戸開放原則の効力を低下させた。日本は南満洲に対して門戸封鎖を実行し、アメリカの勢力を排斥した。日本が堅持した国際法規は、実はヨーロッパ列強が植民地に対して適用していた弱肉強食の規則であった。パワーバランスとルールの両面において、日本はアメリカとの競争で明らかに優勢となり、中国は日米競争の犠牲となった。

　1914年に第1次世界大戦が勃発すると、日本は第3次日英同盟（1911年）によりドイツに宣戦布告した。日本は中国に進出する絶好の機会を見出したのである。日本の政界の元老井上馨は、ヨーロッパでの大戦を、日本の発展にとって「天祐」であると見て、アジアにおける日本の利権確立を主張した。1914年秋、日本は青島のドイツ軍を破り、山東半島の植民権益の占拠を強行した。中華民国政府は日本軍の撤収を要求したが、日本はそれを受け入れず、1915年1月、中華民国大総統袁世凱に21ヵ条要求を突き付けて各種特権を要求し、満蒙権益の永久化を図った。

　日本は袁世凱に21ヵ条要求について秘密にするよう求めたが、袁世凱はこれをイギリスやアメリカ等に暴露することで、各国の干渉を期待した。駐華公使ポール・ラインシュを代表とするアメリカの外交官・商人・宣教師・軍人等は、中国の反日運動に対して大いに同情し、アメリカ政府は21ヵ条要求に対して明確に反対した。もともと親日で知られていたロシア外交大臣サゾーノフ

126　第2章　国際関係・外交

（Sergey Dmitryevich Sazonov）も日本に対し、中国にこれほど過度な要求をすべきではないと建議した[5]。イギリスは日本に対し、第1にイギリスの在華権益を侵害してはならないとし、また第2に中国の領土主権の確立を妨げるべきではないという旨を回答した。さらに日本が中国に対して武力行使すると威嚇すると、イギリス外交大臣は日本の駐英公使に対し、日本が中国に対して開戦して中国の領土主権の確立に危害を与える場合には、イギリスは反対すると伝えた[6]。これと同時にアメリカは、日本が中国といかなる条約を締結しようと、アメリカの利益や中国の独立・主権確立に危害を与えるならば、一切承認しないと通達した[7]。

　欧米列強、とりわけアメリカは21ヵ条要求に強く反対した。中国各界の強い抵抗の下、袁世凱政権が妥協しなかったことで、日本は21ヵ条要求を修正せざるをえなかったが、修正後の条款を受け入れない場合には中国に対して武力行使すると威嚇した。袁世凱政権は自らの軍事力が劣勢であることを認識しており、屈辱に耐えて日本の要求を承認せざるをえず、「南満洲及び東部内蒙古に関する条約」と「山東省に関する条約」に調印した。この2つの条約は歴史上「民四条約」（中華民国4年〔1915年〕に調印した条約）と呼ばれる。

　第1次世界大戦勃発後、日中両国は相次いで連合国陣営に加わり、同盟国に宣戦布告した。日中両国は、第1次世界大戦に参戦し、欧米諸国が主導する国際秩序に参加するための契機にしようとした。日中両国の参戦によってアジア情勢と国際政治とが連動し、国際秩序拡大の重要な端緒となった。ただし、両国はともに連合国の一員となりながら、その参戦動機は相互に衝突するものであった。日本はヨーロッパ列強が内部紛争に忙殺されていることを絶好の機会と捉え、列強がアジアを考慮する余裕のない間に、自身の絶対的覇権の確立を狙った。それに対し中国は、1917年、戦争がまさに終結しようとしていた時期に連合国に加盟し、戦後の講和会議と講和条約を通して国権を回復し、日本に強制的に締結させられた「民四条約」を修正することを図った。

3. 第1次世界大戦後の協調時期における日中の矛盾解消失敗の原因

　第1次世界大戦は欧米列強が支配する国際秩序に大きな衝撃を与えた。この

大戦はヨーロッパ諸国間の覇権争いに端を発し、統一後のドイツの急成長とヨーロッパ列強の対外拡張をめぐる競争との間で従来の勢力均衡が破られ、既存の国際法規や外交原則を動揺させた。大戦中、世界の政治思潮と社会の価値規範は大きく変化した。それと同時に、帝国の解体と民族独立運動により、新たな近代国民国家が相次いで成立し、国際体系の構成国が増加した。国際政治の行為体が増加したこと、欧米列強の対外影響力が減退したこと、植民主義に反対する民族独立運動が世界規模で勃興したことにより、植民秩序の政治的基礎は動揺していくこととなる。しかし、宗主国と植民地との間に大きな格差が存在する状況に変化はなく、後者が政治・経済的に前者に大きく依存していた。

　権力構造から見ると、パワーバランスの変化は主に大国間で生じた。第1次世界大戦により、ヨーロッパ5大国の勢力均衡状態を基礎とする国際秩序は打破され、5大国のうち、ドイツ、オーストリア゠ハンガリー、ロシアの3帝国は崩壊し、イギリスやフランスも大きな損失を被った。大戦によって全ヨーロッパの資本とエネルギーは欠乏し、対外投資は減少し、対外的な政治・経済的影響力は小さくなった。大戦中、ヨーロッパの連合国がアメリカに求めた借款の総額は70億ドルを超え、各国は債権国から債務国に変わったため、国際体系における支配力は弱まった。一方アメリカは、連合国への借款を通して、絶対的優勢な力をつけていくこととなった。

　アメリカの台頭は、国家間のパワーバランスや国際的なパワー分布のみならず、国際紛争をめぐるルールをも改変した。米大統領ウッドロー・ウィルソンの提示した14ヵ条の原則（1918年）をはじめ、アメリカは国際政治の価値規範や組織規則の革新を求めた。「14ヵ条」は、秘密外交の禁止、公海航行の自由、貿易の自由、軍縮、植民地問題の公正な措置、民族自決、国際連盟の設立等をうたい、その精神は、後に「ウィルソン主義」と呼ばれるようになる。ウィルソンは、国際秩序は勢力均衡ではなく民族自決を基礎として成立させるべきだと考え、軍事同盟ではなく集団的安全保障によって各国の安全を守るべきであると見た。しかし議会の反対により、アメリカは自らが設立を提唱した国際連盟に加盟できなかった。

「14ヵ条」は、アメリカが提出した最初の系統的な国際秩序構想であり、後世において「自由主義国際秩序」と呼ばれ、近代ヨーロッパ諸国が行ってきた強

権政治に取って代わった。ウィルソンが提唱した国際秩序は、アメリカ国内の秩序観や価値体系と同じ流れをくむものであった。近代ヨーロッパにおける強権政治原則は、権益争いを生み、戦争は止むことがなかった。国家間の条約や協定、国際法に基づく交渉規範は存在したものの、平和を維持するための大国間の力の均衡状態は脆弱で、ひとたびその均衡が破られれば、瞬く間に戦争が勃発する恐れがあった。ウィルソンは、理想主義的な国際ルールと列強を制御する国際連盟等からなる国際秩序を構想し、「14ヵ条」は門戸開放を再度主張するものではなかったが、門戸開放と自由貿易をもって植民地・領土分割に代えることを趣旨としていた。もしウィルソン主義が実現できていれば、この時、ヨーロッパの植民帝国が世界を主導する時代から、アメリカ主導の「文明世界の時代」へと変わっていただろう。しかし、この変化の進行はかなり遅く、新たな国際秩序は、第2次世界大戦後にようやくそのひな形を現すこととなった。

　1917年11月のロシア革命は、国際秩序に新たな革命的要素をもたらした。革命後にウラジーミル・レーニンが起草した「平和に関する布告」は、全世界の労働者階級が各国で下からの無産階級革命闘争を実行し、政権を奪取して人民の解放と自決を実現し、既存の国際条約・協定を否定する革命外交を行うよう喚起するものであった。ウィルソン主義とレーニン主義は、民族自決と国際平和を主張するという点では共通している。米大統領は、門戸開放政策と同様、植民地の独占に反対して自由貿易の促進を目標とし、これによってアメリカの国際的地位が上昇した。一方ボリシェヴィキは、抑圧されてきた民族が帝国主義を打倒する革命を起こし、新生の社会主義国家を守ることを目指していた。やがてソビエト・ロシアの力は強大化し、英米主導の国際秩序構造にとって大きな脅威となった。共産党はコミンテルンの指導の下で成立し、レーニン主義は共産党が帝国主義と国内反動派を倒すための強大な思想的武器となった。

　世界の舞台でアメリカが勢力を強め、ヨーロッパの影響力が低下し、ソビエト・ロシアという新勢力が突如現れたことは、中国の内政と対外関係に甚大な影響を及ぼした。ウィルソンの提唱した民族自決、自由民主、国際平和の原則は、中国の「民族覚醒」を促進し、李大釗、陳独秀、胡適といった当時の知識人たちもこの思想に賛同し、抗日運動がますます高潮していくこととなった。この時期、中国では全国規模の民族覚醒の波が3度起きていた。1度目は日本

の21ヵ条要求に対する反発（1915年）、2度目はパリ講和会議を導火線とする五・四運動（1919年）、3度目はワシントン会議（1921年）をめぐるものであり、いずれも主に日本に抗議するものであった。

東アジアにおいて、日米はそれぞれ自らの構想に照らして国際体系を構築することを企図し、あらゆる面で角逐していった。桂・タフト協定（1905年）と高平・ルート協定（1908年）の後、1917年には石井・ランシング協定が締結され、アメリカは日本が中国で「特殊権益」を享有することを認め、両国政府は中国において「門戸開放」と「機会均等」の原則を尊重することを確認した。こうした協定の締結を経て、アメリカはほとんど実益がなかったが、日本は大きな利益を獲得した。

パリ講和会議（1919年）において、日中両国は初めて同時に主権国家として国際秩序構想に参与することとなった。日本は植民帝国秩序の中での地位上昇を目指し、中国は民族国家を基礎とする新たな秩序において「平等の権利」を獲得することを目標とした。こうした国権回復の要望と植民地拡張の思惑とが衝突し、両国の外交代表は激しく対立した。北京政府代表は、ドイツの山東権益の回収や「民四条約」の廃止等を盛り込んだ訴求を提出し、各国に対し、中国における領事裁判権、関税協定権、外国軍駐屯等の特殊権益を撤廃するよう求めた。これは、欧米を中心とする国際秩序と国際法の枠組みの中で、中国が積極的に「修約外交」を展開する道を歩み始めたことを示す。日本の代表は強硬な態度で、ドイツの山東権益を無条件で日本に渡すよう要求した。実は大戦中、日本海軍の地中海派遣を条件として、英仏が日本の要求を認めるという密約を交わしていたため、日本は山東権益の獲得要求を堅持した。日本は国際連盟への加盟を拒絶するという手段を用いて、アメリカにもこの要求を認めさせた。この問題をめぐる日中間の矛盾は解消されず、最終的に中国代表がヴェルサイユ条約の調印を拒否したため、日本は「合法的」に山東権益を獲得することはできなかった。

日中の外交対立は第1次世界大戦からパリ講和会議に至るまでの国際秩序の変遷過程における「旧規則」と「新規則」との矛盾を体現していた。日本は明治維新以来一貫して行ってきた弱肉強食の帝国外交を堅持し、武力を用いて国際的地位を上昇させ、戦争中に既成事実をつくり、密約や同盟により列強の承

認を獲得する一方、高圧外交により敗戦国に対し不平等条約への調印を迫り、特殊権益を強化・拡大させた。パリ講和会議において、日本は中国との間で交わした条約や換文を提示し、山東権益を保有する資格があることを証明しようと試みた。議論の過程で中国側が妥協案を提出した際、米大統領ウィルソンは中国代表の陸徴祥に対し、中国が「民四条約」などに調印している以上、中国の権益回復を支持することは難しいとする旨を伝えた。もう1名の中国代表、顧維鈞が「民四条約」は不平等条約であると主張すると、英首相ロイド=ジョージは、国際条約において不平等なことはたしかにあるが、一旦調印したのであれば条約は成立しているとして、中国を助けたい気持ちはあるが、条約を尊重しなければならないという立場を示した[8]。こうして、パリ講和会議において、ドイツの山東権益は全て日本に渡されることとなった。

　パリ講和会議後、アメリカはヨーロッパの大国とともに日本を制御しようとし、これが1921-1922年のワシントン会議とその後のワシントン体制成立につながった。ワシントン会議で、アメリカ、イギリス、日本、フランス、イタリア、オランダ、ベルギー、ポルトガル、中国が調印した9ヵ国条約は、基本的にはアメリカの意向に基づき、新たな東アジア国際秩序の青写真を示したものである。9ヵ国条約の意義は、4点挙げられる。第1に、中国に関わる重大な問題については各国が協議して一致しなければならないと規定し、大国間の協力・協商をもって排他的勢力範囲に代えるという原則を確認した。この原則は主に日本に対するものであった。第2に、門戸開放政策の制度化を確認し、貿易の自由・公開外交・集団的安全保障という「新規則」を樹立することを企図した。第3に、帝国主義集団政治を体現する日英同盟を廃止した。そして第4に、条約締結国にソ連を入れないことで、中国の政治・経済に対するソ連の干渉を公的に排除し、革命的手段による植民秩序の打倒を提唱するソ連がアジアで影響力を強めることを牽制した。この体制の下、ソ連はワシントン体制への対抗者となって国際舞台に出現した。ソ連から見れば、この体制はソ連を排斥・敵視・包囲し、自らにとって直接的かつ現実的な脅威となりうるものであった。

　9ヵ国条約の重大な欠陥は、そこに定められた原則と規定を実施するための細則を設けなかったことであり、後に日本が明らかに公約に違反した際も、強

制的な制裁措置を発動できなかった。中国の主権独立と領土の確立を尊重するという規定は一種の原則に過ぎず、実際には列強が現状を維持するための手配がなされていた。新たな秩序構造において、列強は権益拡大こそ進めないものの、既存の権益を修正する際には一定の条件が満たされなければならなかった。すなわち、中国は列強の監護の下、自力で秩序を形成することを前提条件として、漸進的に条約を改正しなければならなかったのである。列強は、中国の国内改革が欧米の水準に達したかどうかを判断基準として、在華権益の修正可否を決定する権限を有していた。このため、中国の民族主義者にとってワシントン体制の正当性は弱くなった。それ以前に、ウィルソンはパリ講和会議の山東省に関する問題で自ら提唱した原則に背いており、中国の一部の知識人たちが欧米諸国に対して抱いていた幻想はすでに破壊されていた。

　パリ講和会議からワシントン会議までは、国際平和の擁護が全世界の主流の思想となった。アメリカが主導しようと努めた国際秩序改革は、列強の在華権益と中国の主権平等獲得との間の矛盾について、互いに譲歩するという一種の引き延ばし策をとるものであった。つまり、一方では中国の条約改正の正当性を認め、他方では在華権益の廃止を延期したのである。この折衷策は、日中の対立激化を一時的に緩和し、東アジアにおける政情安定を一定程度維持した。

　9ヵ国条約は日本の対外拡張に対し一定の掣肘作用をもたらし、中国における特権拡大を狙っていた日本の野心は収斂せざるをえなかった。1922年2月、北京政府と日本政府がワシントンで「山東問題懸案を解決する条約」に調印し、1915年の「山東に関する条約」は撤廃された。新たな条約に基づいて、日本軍は山東から撤収し、青島も中国に返還された。こうして山東問題をめぐる日中の争いは、一時的に収束することとなった。

　ワシントン会議終了後まもなく、アメリカ政府は日本に対し、石井・ランシング協定が認める日本の在華特殊権益は、9ヵ国条約の原則に背くとし、この協定を廃止するよう要求した。日本は初め同意しなかったが、度重なる交渉を通じて承諾を迫られ、両国は1923年に正式な外交文書を通してこの協定を廃止した。欧米諸国が圧力を加えたため、日本は既存権益を放棄したと考えられる。

　しかし、ワシントン会議は中国で高まっていた反帝国・民族主義の感情をな

だめることはできなかった。国内世論は、中国に対する欧米諸国の親善的態度は口先ばかりであるとして、「革命外交」が推進された。1922年、中国共産党第2回全国代表大会は、国際的な帝国主義の抑圧を打倒し、中華民族の完全な独立を達成することを主要綱領の1つとした。帝国時期にロシアが獲得した一切の権益を放棄することをうたった「中俄解決懸案大綱協定」（1924年）は、実現はされなかったものの、多くの中国知識人から高評価された。孫文の率いる広州国民政府は、関税廃止問題でたびたび列強の妨害を受けており、「連ソ容共」政策を採用した。1924年の中国国民党第1回大会で党章〔党規約〕が通過した際には、「不平等条約廃止」が主旨として示された。国内統一と条約改正は近代国家建設の要となり、国共を中心とする革命政党の間で共通認識が形成された。

「反帝国」の声が激しさを増す中、中国世論は欧米諸国に幻滅し、親ソの傾向を強めていった。国際情勢への対応をめぐり、共産党と国民党主流派の見解は明らかに異なっていた。1925年末、毛沢東は、「世界は、革命と反革命の2大勢力による最終闘争の局面となっている。この2大勢力が掲げる大旗の1つは、赤い革命の大旗であり、コミンテルンが掲げ、全世界の被抑圧階級がこの旗印の下に集合するよう喚起している。もう1つは、白い反革命の大旗であり、国際連盟が掲げ、全世界の反革命分子がこの旗印の下に集合するよう喚起している」[9]と考えた。1927年の国共分裂後、国民党は日本と欧米諸国に歩み寄り、共産党はソ連指導下のコミンテルンへとさらに接近した。こうして、中国の諸勢力が一致団結して外国に立ち向かうという方針は一転し、国内の勢力争いが繰り広げられることとなった。列強は中国の内政の変化を、中国進出の奇貨とみた。

北京政府と広州国民政府が「修約外交」と「革命外交」を展開する中で、英米日の3ヵ国は、中国問題への対応をめぐり方針が分かれた。アメリカは率先して対中政策を調整した。イギリスは中国国民革命における「反帝国」の主要な対象とされていたため、初期は対中強硬姿勢をとったが、日米の賛同を得られず、対中協調路線へ転向した。日本は、ワシントン会議において列強に満蒙権益を黙認されたため、1度は対中政策において英米に歩調を合わせ、対中協調外交を採用した。しかしこの協調外交は、日本国内で軟弱であると責められ、

中国　満洲事変前夜における国際秩序の変容と日中衝突の原因　　133

民族主義の台頭と軍部の不満を引き起こした。1927年、田中義一内閣成立後、対中強硬政策が採用され、「満洲」と「中国本土」を区別し、武力行使もいとわずに中国分割を進める準備がなされた。こうして、植民帝国主義の退潮と反戦運動の潮流の中、日本はこれに逆行していくこととなった。日本軍の強硬姿勢と国内政治がそれを制御できなかったことは、国際協調の失敗と満洲事変勃発の要因となった。1928年4月から5月にかけて、日本は僑民保護の名目で派兵し、済南、青島、膠済鉄道沿線に進駐し、武力を用いて国民革命軍の北伐を阻止し、済南事件を起こした。同年6月、日本の関東軍は、日本の中国東北部侵略を妨げているとみなされていた軍閥張作霖の暗殺を秘密裏に計画・実行した。この一連の事件は、中国国内の反日感情をさらに高め、日中双方が相互に信頼して協力するという希望は消え、中国は最終的に「聯日外交」を完全放棄し、欧米諸国、とりわけアメリカと密接な関係を築く方針へと転換した。

　1929年に勃発した世界恐慌は、国際秩序の基盤を大きく揺るがせ、ドイツやイタリアなどのファシズム政権が台頭する重要な要因となった。この大恐慌は日本経済に巨大な打撃を与え、日本の平和外交の最後の一縷の望みをもかき消した。まさに、第2次世界大戦後に日本の首相に就任した吉田茂が、「世界大恐慌の打撃が軍部を満洲国建設へと独走させた」[10]と述べた通りである。1929年に日本の外務大臣に就任した幣原喜重郎や政治家の石橋湛山といった人々は、世界の平和潮流に迎合する主張に関して、その行き詰まりを宣告した。満洲事変の際に日本の駐華大使を務めていた重光葵は、後世この時代を振り返り、次のように語っている。それによれば、当時国際連盟は戦争を否認していたが、「人類生活の根本たる食糧問題」を解決するための経済問題については自由主義を「空論」するのみで、「経済自由の原則」はまったく忘れられていた。そして日本の対中貿易は、中国における排日運動によって重大な打撃を受けた。急増していた人口を養うため、海外貿易の発展に頼ることができなくなった日本は、生活水準の引き下げを余儀なくされたという[11]。

　ウェスタッドは、世界恐慌が日本人の心理に与えた衝撃をこう描写している。「一部の〔日本の〕政治家や知識人、とりわけ多くの軍人は、世界恐慌を、欧米諸国が日本の経済成長を阻害するために与えた故意の攻撃であると見た。日本は1920年代に欧米諸国が提起した軍縮や関税、その他国際法規に関する多

134　第2章　国際関係・外交

くの議案に同意してきた。〔それなのに〕いまや、日本の競争相手であるそれらの国々は、日本が欧米の経済に損失を与えないよう自制してきたことを逆に利用しようとしている。右翼は、日本は欧米から受容してきた政治制度を捨て、新たに「アジア的価値観」へと転向し、大陸における統治範囲を拡大していかなければならないと信じていた」[12]。日本がこうした心理状態にあり、英米両国が経済危機への対応を迫られていた時代、保守的な外交政策がとられ、孤立主義と保護貿易主義が主流となった。欧米列強は、日本の対中侵略行為を阻止できるような余裕はなく、このような状況の中で満洲事変が勃発し、まもなく日本は東北全域を軍事占領した。

4. 歴史の教訓

　20世紀初頭から1931年の満洲事変に至るまで、日中関係は徐々に衝突・対立へと進んでいった。日本と中国は同時期に欧米列強の圧力を受けながら、最終的に前者が後者にとって最大の抑圧者となった。その主要な原因は、日本が中国に比べて国力を強化し、在華権益拡大に貪欲だったからである。日本は次第に対外拡張を目指すようになったが、中国の対外方針は深刻な矛盾を抱えていた。すなわち一方では、対外問題よりも国内問題を優先することが清朝および中華民国政府の方針であり、危機に面した際はまず外国に対して妥協し、国内の安定を図らなければならないとされていた。他方で「喪権辱国」に対する民衆の憤怒は収まらず、国内の革命勢力は急成長し、北伐後に「革命外交」が強く求められることとなり、不平等条約を改正して植民帝国主義が主導する国際秩序を打倒することが、国内世論の切望するところであった。この矛盾は、当時の日中関係において顕著に現れている。

　本論は、主に国際秩序の変容が日中関係に与えた影響を検討してきたが、それは日中両国それぞれの発展の道程や建国の目標、国際秩序に対する反応と決して無関係ではない。国際秩序と国内情勢の変化、およびその両者の関係は、相互に作用し合うものであった。この相互作用に関して、重要な課題が2点挙げられる。第1に、本論が扱った時代において、日本は数えきれないほどの国際条約・協定および密約を結んでいる。たとえば、日英同盟は3度調印され

（1902年、1905年、1911年）、1921年に英仏米日の4ヵ国条約がそれに代わった。これらの条約・協定は、その多くが日本の在華権益と関係し、日本が列強の権益を承認することと引き換えに、列強が日本の在華特権を認めるというものであった。日本が調印した双方向・多方向の条約・協定は、日本の対外権益の擁護と拡張、中韓等の国々に対する主権侵害、日本の国際的地位の上昇に大きく作用したということは否定できない。日本は常に国際秩序の破壊者であったが、往々にして国際秩序の建設者・擁護者の顔をして現れ、ほぼ「文明国家」といえるまでに成長した。一方で中国の場合、調印した条約・協定は、北京議定書や「民四条約」に代表されるように、いずれも中国の主権が傷つけられ、民族にとって屈辱的なものであった。中国は明らかに被害者であったのにもかかわらず、欧米諸国からは「造反国家」と見なされ、同情されることはほとんどなかった。

　こうした状況は、もちろん当時の植民帝国体制とも関係があるが、別の解釈も考えられる。すなわち、日本は明治維新の後、ヨーロッパの憲政を導入して比較的整った法制体系を構築し、対外関係では条約体系を用いて自身の権益を守る方法を身につけていた。一方、中国の状況は非常に複雑であった。たとえば1926年、北京で治外法権調査会が開催され、9ヵ国条約に調印した国々を含む13ヵ国が参加した。中国代表は会議の場で、「中国における治外法権の現状についての意見書」を提出した。しかし、各国代表による調査を経て、中国の司法状況が欧米諸国の水準には遠く及ばず、治外法権の廃止は時期尚早であるとされた。つまり各国は、中国の司法制度改革が相当程度進展した段階で、初めて治外法権の廃止を協議できると考えていた。この事例から、欧米から見た日中両国の相違は、単に軍事力等の「ハード面」のみならず、法制やいわゆる「文明水準」といった「ソフト面」においても明瞭に現れていたのである。

　第2に、不平等条約をめぐる問題について、中国の捉え方は欧米列強や日本と大きく異なっていた。中国が強調したのは「不平等」、すなわち国際関係における道義的問題であったが、欧米や日本、ソ連は「条約」、つまり国際関係上の法的問題を重視した。この相違は、政治・法律の領域において、「実体的公正」（一般的に言われる、結果の公正）と「秩序的公正」（形式的な公正）との関係を、いかに理解・処理するかという問題につながる。「不平等条約」の概

念は中国が提示したものであって、現在通用している国際法体系において、その認識は一致していない。1960年代から1970年代の中ソ間の国境交渉において、中国は、かつてロシアと結んだ条約によって割譲した領土の返還を要求することはなかったが、一連の条約が「不平等条約」であることを認めるよう、ソ連に強く要求し続けた。しかしソ連はその要求を受け入れず、交渉は行き詰まった。不平等条約に対する中国の姿勢は、今なお対外関係に影響を及ぼしているのである。

　約100年前の状況を顧みれば、ある種の感慨を抱かずにはいられない。当時、日本は国際秩序の「体系内」にあったが、中国は欧米諸国から「別類」であるとして排斥・蔑視されていた。今日、日本はなお国際秩序の「体系内」にある。一方、中国は世界第2の経済大国へと急成長し、軍事力はかつてと比べものにならないほど強大になったが、依然として国際秩序への対応をめぐる問題を抱えている。アメリカは、約100年前も現在も、日中関係における重要な「第三要素」であるが、その立ち位置はまったく変わっている。アジア太平洋地域の安定的な国際体系を構築し、日中米3ヵ国間の良好な相互関係を形成するため、歴史の教訓に真摯に向き合っていかなければならない。

1　E・J・ホブズボーム著、野口建彦・野口照子共訳『帝国の時代　1（1875‐1914）』みすず書房、1993年、79頁。ホブズボームはイギリスの歴史学者。

2　Antony Best, Jussi Hanhimaki, Joseph A. Maiolo, Kirsten E. Schulze, *International History of the Twentieth Century and Beyond*, Second Edition, London: Routledge, 2008, p20.

3　劉文明「19世紀末欧州国際法中的"文明"標準」『世界歴史』2014年第1期、35頁。

4　Akira Iriye, *Pacific Estrangement: Japanese and American Expansion, 1897-1911*, Cambridge: Harvard University Press, 1972, pp.93, 98, 105. 陶文釗「日美在中国東北的争奪（1905‐1910）」『探尋中美関係的奥秘』中国社会科学出版社、2014年、1‐2頁。陶文釗は中国の歴史学者で、中米関係史・近代中国国際関係史が専門。入江昭は、日本出身、アメリカ合衆国の国際政治学者。

5　馮学栄『日本為甚麼侵華──従甲午戦争到七七事変』金城出版社、2014年、68頁。

6　馮学栄、前掲書、68頁。

7　馮学栄、前掲書、69頁。

8　王芸生『六十年来中国与日本』三聯書店、1981年、306‐307頁。

9　毛沢東「中国社会各階級的分析（1925年12月1日）」『毛沢東選集』第1巻、人民出版社、1991年、4頁。

中国　満洲事変前夜における国際秩序の変容と日中衝突の原因　　137

10　吉田茂『激動の百年史──わが決断と奇跡の転換』白川書院、1978年、80頁。

11　重光葵『昭和の動乱　上』中央公論社、1952年、49‐50頁。

12　Odd Arne Westad, *Restless Empire: China and the World Since 1750*, London: The Bodley Head, 2012, p. 250.　ウェスタッドはハーバード大学の歴史学者。

訳者注

〔1〕　清朝のアヘン厳禁政策に反発したイギリスが起こした戦争。清朝が敗北し、1842年に南京条約を締結。その後、あまり貿易が伸びなかったイギリスは、1856年、フランスとともに再び清朝と開戦した（第2次アヘン戦争）。

第3章
経済関係
——1910年代以降の貿易、投資、企業活動

(左から) 孔祥熙 (南京国民政府財政部長)、宋美齢、蔣介石　1934年頃

| 日本1 | 近代中国経済の変容と1930年代

久保亨 (信州大学)

はじめに

　日中戦争の勃発に到る歴史を解明するためには、その時期の中国経済の発展過程、とくに1920年代から1930年代にかけての発展過程とそれをとりまく対外経済関係を理解する必要がある。なぜなら、日中戦争が勃発し拡大した理由の１つは、当時の日中経済関係の在り方に求められるからである。この章では、世界史的な視野の中で当時の中国経済を概観した上で、開戦前夜の日中経済関係とそれが政治的に持った意味を考察する。

1.　1920-1930年代の中国経済と対外関係

　中国経済が今日のような発展を遂げる最初の重要な局面は、1880-1910年代の対外貿易の拡大と外国資本の流入に求められる[1]。19世紀末から20世紀初頭に世界的な規模で形成された多角的貿易決済網の下、中国においても貿易が拡大し、商業・金融業に新しい要素が持ち込まれた。上海機器織布局の設立をはじめ、近代工業移植の試みもこの時期に本格化している。外国資本の対中国投

140　　第3章　経済関係

資が増加し、鉄道の敷設、汽船の内陸河川航行など近代的交通通信手段が普及するとともに、石炭採掘を軸とするエネルギー産業も発展した。その一方、農産物の対外輸出の増大は、商品的農業の拡大にも大きな刺激を与えている。以上のような過程を通じて進んだ中国国内における資本蓄積は、本格的な輸入代替工業化の展開を準備する基礎的な条件を形成しつつあった。そうした時に発生したのが第1次世界大戦（1914-1918年）である。西欧諸国から中国などアジア諸国への工業製品輸入を激減させた第1次世界大戦は、結果的に見ると中国などの工業化を刺激し、その経済的自立を促進することになった。

　そして1920-1930年代に軽工業を中心とする輸入代替工業化が進展し、軽工業製品の自給化がほぼ完成した。近代的な機械制工業による工業生産が、どのような比率で増加したかを示すのが、工業生産指数の推移である（図表1）。

　これは、機械制工場で生産された綿糸、綿布、生糸、小麦粉、セメント、鉄鋼などの生産量の年次推移を整理して指数化し、それぞれの品目ごとに価額構成に基づく比率を乗じた数値を算出して合計し、さらにそこから物価変動の影響を除去したものであり、工業生産全体の動向を示している。1912年から1949年にかけ、年平均4.0%で上昇しており、1931年から1936年にかけての上

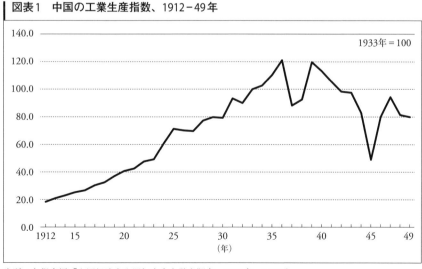

図表1　中国の工業生産指数、1912-49年

出所：久保亨編『中国経済史入門』東京大学出版会、2012年、306頁

昇率は5.2%であった。

　時期を同じくして綿布、綿糸、セメント、ソーダ灰など当時の主要工業製品の自給率が急速に高まり、1930年代半ばまでにほぼ国内の需要を満たしつつあった。対外経済関係が第1次世界大戦以降のこの時期に縮小もしくは停滞状態に陥っていたのに対し、国内における交通通信網や商業・金融業の整備拡充は着実に進んでおり、電力産業の発展を含めエネルギーの供給量も増大している。先に見た1880‐1910年代が対外経済関係主導の発展の時期だったとするならば、この1920‐1930年代は国内経済主導の発展が見られた時期だといってよいだろう。ただし重化学工業の発展は、一部の分野では始まりつつあったとはいえ、国内の一般の軽工業との結びつきは希薄なものが多かった。この時期までの工業化は、あくまで軽工業が主体だったのである。しかし日本の中国侵略が進み、やがて第2次世界大戦も始まろうとしていた1930年代後半になると、軍需工業を軸とする急速な重化学工業化の要請が切迫したものとなってくる。

　1920‐1930年代の経済発展は、主に中国の民間資本によって担われていた。むろんこの時期にも香港上海銀行をはじめとする外国銀行や英米タバコ、日本の在華紡などの大規模な外資系製造業各社は、それぞれの分野において有力な地位を保持している。しかし金融業も含め中国の民間資本企業の全般的な発展と、外国の対華投資の消極化の中で、中国経済全体の中における外国資本の相対的な比重は、明らかに低下する傾向をたどりつつあった。重要な例外は、東北の鉄鋼業・炭鉱業・鉄道業などの分野における日本資本の突出した活動であり、それが可能になった条件は、日本の中国侵略に求められる。

　経済発展に対する国家の役割は、この時期も比較的に小さなものであったとはいえ、より実効性を伴う経済政策が推進されるようになってきた。とくに重要な意味を持ったのは、国民党政権の下、1928年から1933年にかけ実現した関税自主権の回復と保護関税の実施、そして1935年の幣制改革である。全国経済委員会、資源委員会などが推し進めた産業振興策もそれぞれ成果を収め、済南事件・満洲占領に対する日本品ボイコットのような民族運動もある程度の役割を発揮した。

2. 1930年代の日中経済関係の展開

　こうして国民党政権下の中国が新たな経済発展を遂げつつあったことは、日中関係に対しても複雑な影響を及ぼすことになった。そもそも当時の中国にとって、貿易関係にせよ、投資関係にせよ、日本との経済関係がきわめて大きな意味を持っていたことを理解しておく必要がある。

　1920年代、中国の最大の輸入相手国は日本であった（図表2）。その日本からの輸入の内容に大きな変化が生じつつあった。それは、日本製軽工業品輸入の急速な減少にほかならない（図表3）。1928年の済南事件や1931年の満洲事変に抗議して巻き起こった日本品ボイコット運動が影響を及ぼしていたことは確かである。しかし、とくに軽工業製品の比率の減少が著しかったことは、中国国内で日本製軽工業製品の売れ行きが落ちる一方、中国国産の軽工業製品が市場を席捲するようになった状況を反映している。保護関税がそうした過程を促す役割を果たしたことはいうまでもない。

　一方、日本国内で対中国輸出に関わっていた軽工業経営者にとっては、これは中国市場から自分たちが閉め出されつつあることを意味していた。彼らの間には中国の日本品ボイコット運動や関税引き上げの動きに対する反発が広がり、やがて日本の対中侵略を支持する政治潮流を生み出す土壌を形成していった[2]。

図表2　輸入相手国別構成の推移

(単位：%)

年	香　港	日　本	アメリカ	イギリス	ドイツ	フランス	大陸欧洲
1871-73	32.5	3.7	0.5	34.7	—	—	0.6
81-83	36.2	4.9	3.7	23.8	—	—	3.0
91-93	51.2	4.7	4.5	20.4	—	—	3.5
1901-03	41.6	12.5	8.5	15.9	—	—	6.4
09-11	33.9	15.5	7.1	16.5	4.2	0.6	—
19-21	22.4	29.2	17.6	14.0	0.7	0.7	—
29-31	16.1	23.4	19.2	8.6	5.4	1.4	—
1936	1.9	16.6	19.6	11.7	15.9	1.9	—
1947	1.8	1.7	50.1	6.9	0.0	1.2	—

　注：香港の1931年以前の数値は、欧米原産の再輸入品を多数含んでいる
出所：久保亨・加島潤・木越義則『統計でみる中国近現代経済史』東京大学出版会、2016年、145頁

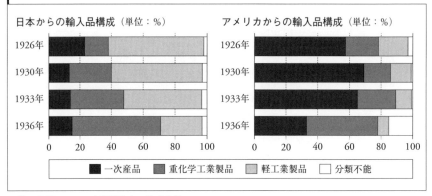

図表3　日本からの輸入とアメリカからの輸入、1926-36年

注：分類については出所論文の付表参照
出所：久保亨「南京政府の関税政策とその歴史的意義」『土地制度史学』第86号、1980年

　日本の中国向け軽工業製品の輸出が急速に減っていたのに対し、重化学工業製品の輸出はある程度の水準を維持していた。紡織機械をはじめ、当時の中国の工業化にとって必要な機械設備類などは、日本からも相当な額を輸出していたからである。その一部は中国に開設された日本資本の紡績工場（在華紡と称された）に向けられたものであった。

　各国の対中投資の動向を見ると、1930年代に日本はきわめて大きな存在になっていたことが知られる。各国の対中投資総額中で日本が占める比率は、1914年は14％でイギリスの38％に遠く及ばなかったのに対し、1936年には40％となり、イギリスの35％を抜き去っていた[3]。とくに特徴的なのは、鉱工業・交通産業などへの投資が大きな比重を占め、中国側の経済活動との間で摩擦を引き起こしやすい構造になっていたことである（図表4）。

　1920-1930年代の日本の在華経済勢力には、地域と分野に大きな偏りがあった。東北では、満鉄を軸に撫順炭鉱、鞍山製鉄、本渓湖製鉄などへの投資が巨額にのぼり、大豆生産を中心とする農業にも多くの日本人が従事していた。中国に暮らす日本人の8割程度は東北に集中しており、華北、華中在住者の比率はいずれも数％程度にとどまっている（図表5）。

　上海を中心とする長江流域にも日本資本の綿紡績工場が多数建設されていた。ただしイギリス、フランス、アメリカなどの存在も大きく、日本が圧倒的な地

図表4　戦前期各国別対中投資の内容の推移

（単位：100万USドル）

投資国	年	総額	借款金額	直接投資金額	工業	鉱業	交通	公共	貿易	金融
					(直接投資内訳%)					
イギリス	1930	1,189.2	225.8	963.4	18.0	2.0	13.9	5.0	25.1	12.0
	36	1,220.8	161.5	1,059.3	17.0	1.5	5.8	4.6	23.0	28.5
アメリカ	1930	196.8	41.7	150.2	13.7	0.1	7.2	23.4	31.8	16.8
	36	298.8	54.2	244.6	3.8	―	2.5	28.6	38.6	21.8
日本	1907	―	―	―	5.8	23.0	31.4	1.7	28.1	1.5
	14	219.6	9.6	192.5	5.5	15.1	35.5	1.8	22.1	3.3
	26	―	―	―	19.1	7.6	21.2	2.3	21.0	11.6
	30	1,136.9	224.1	874.1	21.0	8.0	23.3	1.8	21.0	8.4
	36	1,394.0	241.4	1,117.8	29.4	2.0	50.0	0.3	4.1	8.6

出所：久保亨・加島潤・木越義則『統計でみる中国近現代経済史』東京大学出版会、2016年、153頁

図表5　地域別中国在留日本人数、1895－1936年

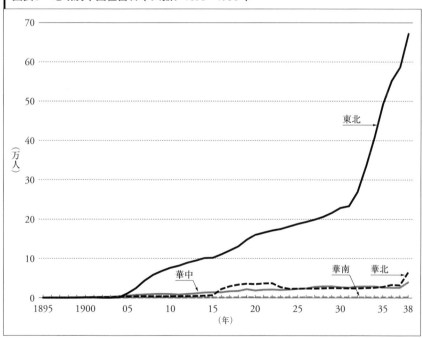

出所：久保亨「華北地域概念の形成と日本」本庄比佐子・内山雅生・久保亨編『華北の発見』汲古書院、2014年、28頁

位を占めていたわけではない。華北地域では、青島、天津などを中心に、とくに1930年代に勢力の伸長が企てられた。他方、西南地域における日本の経済勢力は、きわめて微弱であった。

3. 1930年代の日中経済関係の政治的含意

1930年代の日中関係は、以上にまとめたような経済関係の下で展開された。1930年5月に結ばれた日中関税協定が、関税自主権を回復し保護関税を設けようとする中国側の攻勢に対し低率関税の据え置きを求める日本側の守勢という交渉過程を経て成立したものであったことは象徴的である。この時点での日本は、民政党浜口雄幸内閣の下、いわゆる第2次幣原外交を進めており、外交交渉による市場の確保をめざし、国民党政権に対しても比較的柔軟な対応をとっていた。

だが経済恐慌が深刻化する中、1931年9月に関東軍の謀略によって満洲事変が勃発すると、こうした状況は一変する。日本国内では軍事力によって日本の東北権益を安定的に保持しようとする政策に支持が集まるようになり、軍国主義的風潮が高まった。国際連盟、国際世論に対する中国の訴えは実を結ばず、東北における日本の軍事占領は既成事実化していった。

一方、満洲にいた日本軍は抗日勢力を一掃する軍事行動を展開し、1933年1月には満洲と華北の境に位置する山海関の中国軍を攻撃した。そして同年4月、日本軍はついに長城線を越えて華北に進入し、5月末の塘沽停戦協定でようやく兵を収めた。

塘沽協定の締結後、蔣介石と汪精衛の協力の下にあった国民政府は「安内攘外」を掲げ、日本に対し宥和策をとる一方、近代化と国防の充実に力を注ぎ将来に備える方針をとった。しかし1935年1月、日本軍は華北を国民政府の統治から切り離し、日本の強い影響下に置く方針を立て、5月には天津の親日紙記者暗殺事件を口実に、北平・天津から国民党政権の政府機関・党機関・中央軍を撤退させ、抗日を停止することなどを強硬に要求した。国民政府はやむなく受諾を決し、6月10日には抗日運動の抑制を意味する「邦交敦睦令」を公布した。さらに日本側の強い求めに応じ、7月6日、日本側の要求を承認する

旨の書函を送付し（「梅津・何応欽協定」の確認）、チャハル省でも同様の協定に
応じた（「土肥原・秦徳純協定」）。

3.1　1935年の中国の経済視察団：その組織と派遣

　こうして緊迫した情勢が続いていた1935年10月、呉鼎昌を団長に中国経済
界の有力者15人が日本を訪れ、横浜正金銀行頭取の児玉謙次をはじめとする
日本の経済界有力者と会談を重ねるとともに各地の工場などを視察した。この
視察団については、当時日中両国の新聞などで大きく報道されており、会談の
中で日中経済提携の推進と常設の協議機関設置で一致したことを双方が高く評
価している。

　経済視察団には、上海、天津、武漢、広東の実業界の指導層が参加していた。
まずそのメンバーの特徴を確認しておこう（図表6）。

　第1に目につくのは、銀行界の関係者が多かったことである。団長の呉鼎昌
は塩業銀行の総経理（頭取）であったし、発言が多かった周作民も金城銀行の
総経理であった。加えて政府系主要2行である中国銀行総経理の宋漢章と交通
銀行総経理の唐寿民、上海を代表する上海商業儲蓄銀行総経理の陳輝徳と浙江
興業銀行総経理の徐新六も名を連ねるなど銀行界の錚々たるメンバーが名を連
ね、15人中に銀行の総経理クラスが10人おり、他の金融業者2人を加えれば
計12人と、実に8割が銀行関係者であった。工業界からの参加は、上海セメ
ント、大中華マッチなどを経営していた劉鴻生と武漢の裕華紗廠廠長の祝樹網
（士剛）の2人にとどまる。

　第2に、視察団メンバーの経歴を見ると、日本留学経験者が5人（呉鼎昌、
周作民、銭永銘、南経庸、祝士剛）、欧米留学経験者が3人と海外で学んできた
人々が過半数を占めた。3人の秘書団も留学生出身であり、全員が日本留学組
であった。

　この経済視察団派遣は、中国が主導したものであった。「蔣作賓駐日大使か
ら（視察団派遣を）日本側が応諾したとの連絡が入った」と報じられ、事前協
議のため日本の須磨弥吉郎総領事を訪ねた呉鼎昌は、「希望者ハ二十五名ヲ超
ヘタルモ、御趣旨ニ依リ精選シ十五、六名トナレル……」と、日本側の応諾条
件を踏まえ、準備を進めていることを明らかにしている[4]。その須磨総領事か

図表6　1935年中国訪日視察団の団員名簿

	姓　名	現　職	生没年	出　身	学　歴	職　歴	注
団長	呉鼎昌 （達詮）	塩業銀行総経理、四行儲蓄会主任、『大公報』社長	1884-1950	浙江・呉興	日・東京高商卒	中国銀行、天津造幣廠、金城銀行	(1)
団員	宋漢章	中国銀行総経理	1872-1968	浙江・余姚	上海・中西書院卒	上海通商銀行、上海総商会会長	(2)
団員	陳輝徳 （光甫）	上海銀行公会主席 上海商業儲蓄銀行総経理	1881-1976	江蘇・鎮江	米・ペンシルバニア州立大学卒	漢口海関郵政局、中国銀行	(3)
団員	俞佐庭	上海市商会主席、上海銭業公会常務委員	1889-1951	浙江・鎮海	寧波・四明専門学校卒	上海恒祥銭荘、四明銀行	(4)
団員	周作民	北平銀行公会主席 金城銀行総経理	1884-1955	江蘇・淮安	日・三高中退	財政部、交通銀行	(5)
団員	黄賢彬 （文植）	漢口市商会首席、通益精塩公司経理、漢口大学銀行董事長	1879-？	江西・南昌			
団員	劉鴻生	上海水泥公司総経理、大中華火柴公司総経理	1888-1956	浙江・定海	上海・セントジョンズ大学中退	開灤炭鉱	(6)
団員	徐新六	浙江興業銀行総経理	1890-1938	浙江・余杭	英・バーミンガム大学卒	財政部、中国銀行	(7)
団員	唐寿民	交通銀行総経理	1892-1974	江蘇・鎮江		蕪湖徳泰銭荘、中国銀行、中央造幣廠	(8)
団員	銭永銘 （新之）	中央銀行理事、交通銀行常務董事、中国銀行常務董事	1885-1958	浙江・呉興	日・神戸高商卒	財政部	(9)
団員	鄒敏初	広東富国煤礦公司総経理	1885-？	広東・大埔		広東省財政庁、広東中央銀行	(10)
団員	鐘鍔	天津交通銀行経理、天津銀行公会主席	1890-？	広東・梅県	米・ウィスコンシン大学卒	交通部、北京大学教授	(11)
団員	胡筠庵	中国棉業貿易有限公司常務理事	1894-？	上海		上海華商紗布交易所副理事長	
団員	南夔 （経庸）	湖北省銀行行長	1896-？		日・慶應大学卒		
団員	祝樹網 （士剛）	武昌裕華紗廠長	1896-？		日・東京工専卒	大生二廠、上海紡織印染廠紡紗廠廠長	
秘書長	劉展超 （鉄誠）	交通銀行儲蓄部・信託部経理	1889-？		日・東京帝大卒	鉄道部秘書、交通銀行設計部部長	
秘書	周文彬	交通銀行秘書	1890-？		日・慶應大学卒	北平通才高等商業学校教師	
秘書	周錫経 （李綸）	塩業銀行杭州分行経理	1883-？		日・東京高商卒	浙江省立商業学校校長、農工銀行経理	

注：(1)『民国人物大辞典』増訂本632-633頁、(2) 同776-777頁、(3) 同1406頁、(4) 同1034頁、(5) 同908-909頁、(6) 同2526頁、(7) 同1235頁、(8) 同1327頁、(9) 同2629頁、(10) 同2031頁、(11) 同2697頁
出所：上海日本商工会議所『訪日中華民国経済視察団員及随員名簿』（防衛研究所蔵）、注記末尾の補記参照

ら本省へは、「日支互恵平等ノ観念」を強調する中国側の積極的姿勢を警戒する報告が寄せられていた[5]。

　当時、国民党政権は、日本への視察団派遣を中国の国際戦略の一環に位置づけていた。すなわち蔣介石らは、日本の広田弘毅外相が対中協和外交を掲げ、1935年1月の国会答弁で「私の在任中に戦争は断じてない」と述べ、同年5月には在中国公使館を大使館に引き上げたことなどに着目し、中国国内の排日運動を抑制し日本に対する宥和政策の可能性を探るようになっていた[6]。その線で一本にまとまっていたわけではなく、それを「日本に媚びる姿勢」だと批判し、職を辞した邵元冲のような高官も出ている[7]。しかも同年6月の梅津・何応欽協定締結の経緯や10月の広田三原則の内容などによって、中国側の広田外相に対する期待は急速にしぼまっていった[8]。一方この時期、ソ連との連携によって日本を牽制する策略の可能性を探っていたことも知られる[9]。しかし、こうした複雑な経緯を伴うものであったにせよ、1935年2月頃から9月頃にかけ、国民党政権の外交方針の基調の1つに対日協調が位置づけられており、その延長線上に視察団の派遣があった。たとえば鹿錫俊が紹介している文書史料によれば、蔣介石側近の陳儀は7月25日、日本の磯谷廉介武官との交渉の中で「平等互恵と貿易の平衡を原則とする」経済関係の確立を盛り込んだ中日友好条約要綱案を提示していたほどである[10]。

　10月の視察団派遣は、以上に述べた流れの中で実現したものであった。換言すれば、日本軍主導の華北開発、経済提携を牽制し、中国側の主導性を保持しながら日中経済提携の可能性を追求しようとする試みだったとも見られ、その意味で前に引いた須磨総領事の推測は当たっていたともいえる。そのあたりの事情を戦後、児玉謙次は、中国の視察団は「蔣介石を始め政府要人の肝煎りによって組織されたもの」であり、「日支両国の関係を改善するには民間同志の交歓を有意義に利用しなければならぬという蔣介石の意思が表れていた」と端的に表現していた[11]。

　加えてこの視察団派遣には、塩業銀行の呉鼎昌と金城銀行の周作民が非常に積極的であったことも考慮されるべきである。華北を重要な営業基盤にしてきた両行にとって、棉花栽培の改良普及をはじめ華北の経済開発は大きな意味を持っていた。その一方、天津にあった中国資本の紡績工場の経営が傾き、次々

日本1　近代中国経済の変容と1930年代　　149

と日本資本に買収される動きが進んでいたことは、両行にとって由々しき事態
であり、何らかの対応を迫られる事態であった。

3.2　1935年の中国の経済視察団：その成果と背景

　1935年10月22日、ほぼ日本視察の日程を終えた中国側の経済視察団と日本
側の日華実業協会及び日本経済連盟会とは連合協議会を開き、対等な日中経済
提携を進めるための常設機関を開設する具体的な方針を確認した[12]。上海に設
けられる中日貿易協会の会長には周作民、副会長には児玉謙次が就き、東京に
設けられる日華貿易協会の会長には児玉謙次、副会長には周作民が就くことが
構想されていた。「形式は2つの団体と見えてもその実は1つの団体とし、将
来、日支両国の友好のために意義あるものに育成しよう」という狙いが込めら
れていたと、戦後、児玉は回想している[13]。

　ただし、日華貿易協会＝中日貿易協会の発足は、訪日視察団の帰国直後に発
生した汪精衛行政院長狙撃事件、幣制改革の実施、汪精衛辞任に伴う国民政府
行政院の改組、一二・九運動をはじめとする抗日運動の拡大などのため、遅延
を余儀なくされた。当時の新聞報道によれば、1度は12月末に開催する運び
になった設立会議が、中国側の要請により突如延期される事態も生じている[14]。
ようやく1936年1月27日、日中両国でそれぞれの組織が正式に発足した[15]。

　こうして一応の組織体制を整えたとはいえ、そこに行きつくまでの過程を見
ていくと、日中経済提携の内容をめぐって無視できない相違が存在したことが
知られる。視察団の訪日に際し、日中両国で発表された議論を見ておこう。

　上海では全国商会連合会主席の林康侯が「中日経済提携観」という文章を発
表し、「暴力で隣人の土地を侵犯したり、脅迫したりするものと経済提携を語
ることはできない」と今回の動きを牽制していた[16]。

　さらに天津では、中国のオピニオンリーダー的存在になっていた『大公報』
紙が社論「送経済考察団赴日」を発表し、周到に考え抜かれた主張を明らかに
した[17]。この社論は、まず第1に日本に対し、華北地域で「経済提携」という
字義を支配、指導の意味で使っているのではないか、と批判を加える。ついで、
日本の中国に対する政治的進出は第2段階に突入した可能性があり、経済提携
の前途は容易ではない、と悲観的な見通しを示す。そうした厳しい現状認識を

150　　第3章　経済関係

踏まえつつも、社論は、日中両国が真に平等な提携の道を歩むことは、単に経済界だけの期待ではなく、中国の国策であり、官民一致の主張であると強い言葉で日本側に呼びかけている。最後は、日中両民族の関係如何の帰趨は20世紀世界の最大の問題の1つであるとして、団員に対し日本側へ率直に語りかけることを求める激励の言葉で結ばれていた[18]。

　一方、こうして中国側が日本の満洲占領や華北侵略を問題視していたのに対し、視察団を迎えた日本側は、中国の政情不安を指摘するだけで、ほとんど自らの問題を顧みる姿勢を見せなかった。たとえば「社説・支那実業団を迎へて」を掲げた『中外商業新報』紙（現『日本経済新聞』）は、次のように主張している。「東亜の大局を支持するには、日支両国が、政治的にも、また経済的にも、提携一致の態度に出でなければならない。……未だ事実上に具体化せられないのは、もちろん、幾多の支障がその間に伏在するためではあるが、率直にいへば、支那が、政治的に、尚ほ絶対安定の域に達してゐないことが、その主要原因を成してゐると思ふ」[19]。

　視察団の来日後、関係者の間で交わされた議論について見ておこう。10月10日夜、日本工業倶楽部で開かれた晩餐会で挨拶に立った呉鼎昌は、日中間の経済提携は、中国の原料品と日本の工業品を交換するといった単純な原則で実現するものではなく、長期的な展望の下、両国の全般的な経済発展を促すものであるべきだという決意を吐露した。当然そこには中国の工業化を進める意志も込められていたと見るべきであろう[20]。

　それに対し日本側は、「工業日本・農業中国」を安直に強調する傾向が見られた。たとえば10月10日午前10時から午後2時にかけ、丸の内の銀行倶楽部で開催された懇談会では下記のような応答があったことが報じられている。「（日本側）由来支那は農業国を以て自他共に許して来たが、最近に至り支那の経済政策は工業方面に力を傾け却つて外国より農産物を輸入する有様であるが如何。（支那側）我国は元来農業国を以て任じてきたのは事実である。最近工業発展に特に力を注ぎつゝあるのは決して本来の国策を変更したものではなく、今後も農業の改良奨励には大いに努力する方針である」[21]。

　日本側の中心人物児玉謙次にしても、「農産国の支那と工業国の日本と堅く提携して両国の繁栄をはかり……」と、まさに呉鼎昌が戒めた単純な理解を書

き残している[22]。

このように、表面的には華やかに展開された交流であったとはいえ、日中の経済界の期待の間には、微妙だが重要な相違が存在していた。

その後、日中関係の調整は難航したため、先に述べたように日華貿易協会と中日貿易協会は1936年1月末にそれぞれ発足したとはいえ、両国の経済提携の具体化は遅延を余儀なくされた。結局、1937年3月、日本から使節団が中国を訪れ、貿易協会の活動の実質化が図られることになる。

3.3　1937年の日本の対華経済使節団

1937年3月、児玉謙次を団長に日本の経済界の有力者13人が中国を訪れ（現地参加3人が加わり総勢は16人）、中国の政界、経済界の有力者と会談を重ねた。1935年10月の中国側の訪日視察団の時と比べ、当時の日中間の諸問題をめぐり相当突っ込んだ話し合いが行われたことに特徴がある[23]。

使節団の顔ぶれを見ると、三井物産の常務取締役と三菱商事の前社長が参加していただけではなく、中国に投資し事業を展開していた経営者も紡績業5人、汽船業・マッチ製造業各1人の計7人に達し、団長の児玉をはじめ中国関係事業に関わっていた銀行家5人を加えると、当時の日本の対中ビジネスを代表するメンバーが揃っていた（図表7）。経歴に着目すると、東京高等商業学校（現・一橋大学）の卒業生が7人と際立って多い。使節団団長の児玉もその1人であったし、1年半前の中国の日本視察団団長でこの時は実業部長に就いていた呉鼎昌も、やはり東京高商の卒業生であった。また高い中国語能力を身につけた東亜同文書院（上海）の卒業生が2人、東京外国語学校（現・東京外国語大学）支那語科卒業生の1人も重要な存在だったと見られる。ただし中国側の視察団に見られたような欧米の大学などで学んだ留学経験者は含まれていない。平均年齢は56歳で、中国側視察団の平均年齢より一回り上であった。

1937年の使節団派遣は、日本側から申し出たものであった。児玉の回想によれば、日中国交調整の糸口を探っていた有田八郎外相から、1936年の晩秋、使節団派遣の勧告を受けたという。その時は辞退したものの、同年12月末、再度の懇請を受け、寺内寿一陸相の同意も確認できたため、1937年に入ってから中日貿易協会会長の周作民に訪中を申し入れた。日本軍の華北侵略とその

152　　第3章　経済関係

下で拡大した冀東密貿易などに対する中国国内の世論の反発が強まる中、使節団を受け入れるか否か中国側でも議論が必要だった。しかし最終的に蔣介石が決断し、日本からの使節団受け入れが決まった、というのが児玉の記す派遣の経緯である[24]。当時の日本の外交文書によれば、日本政府が使節団派遣を重視し、出先の外交機関が中国側新聞報道を逐一追っていたことが知られ、児玉の

図表7　1937年児玉使節団の団員名簿

	姓　名	職　名	生没年	出身	学　歴	注
団長	児玉謙次	横浜正金銀行頭取	1871-1954	香川	1892東京高商卒	B 663頁
団員	飯尾一二	同興紡織社長、東洋紡相談役	1871-1940	大阪	1887大阪商業卒	F イ-57頁
団員	石田礼助	三井物産常務取締役	1886-1978	静岡	1907東京高商卒	A 69頁
団員	堀新	日清汽船社長	1883-1969	兵庫	「大阪上海に学ぶ」とのみ	E 兵庫-150頁
団員	豊田利三郎	豊田紡織社長、豊田自動織機製作所社長	1884-1952	滋賀	1910東京高商卒	D 愛知-112頁
団員	大平賢作	住友銀行常務取締役	1880-1953	新潟	1912東京高商卒	E 大阪-48頁
団員	加藤敬三郎	朝鮮銀行総裁	1873-1939	愛知	1897日大卒	F カ-11頁
団員	藤山愛一郎	大日本製糖社長	1897-1985	東京	1918慶應義塾大学中退	A 913頁
団員	秋山昱禧	三菱合資参与	1883-?	山梨	1904東京外語支那語科卒	C 25頁
団員	油谷恭一	日華實業協會書記長	1886-?	山口	1908東亜同文書院卒	C 36頁
団員	三宅川百太郎	三菱商事相談役・前取締役社長	1869-1954	愛媛	東京高商卒	C 953頁
団員	宮島清次郎	日清紡績社長	1879-1963	栃木	東京帝大卒	A 1031頁
団員	庄司乙吉	東洋紡織社長、大日本紡織連合会会長	1873-1944	秋田	1897東京高商卒	A 532頁
団員	吉田政治	三菱銀行上海支店長、上海日本商工会議所会頭	1890-1973	兵庫	1915東京高商卒	C 1090頁
団員	植田賢次郎	中華全国火柴產銷聯営社副経理	1892-?	奈良	1913東亜同文書院卒	E 兵庫-24頁
団員	船津辰一郎	在華日本紡績同業会総務理事	1873-1947	佐賀	佐賀松陰学舎卒	A 918頁

出所：A 臼井勝美・高村直助・鳥海靖・由井正臣編『日本近現代人名辞典』吉川弘文館、2001年
　　　B 朝日新聞社編『［現代日本］朝日人物事典』朝日新聞社、1990年
　　　C 帝国秘密探偵社編『大衆人事録』第14版、東京篇、1942年。復刻版『昭和人名大辞典』第1巻、1987年使用
　　　D 帝国秘密探偵社編『大衆人事録』第14版、北海道・奥羽・関東・中部篇、1943年。同上第2巻を使用
　　　E 帝国秘密探偵社編『大衆人事録』第14版、近畿・中国・四国・九州篇、1943年。同上3巻を使用
　　　F 帝国秘密探偵社・帝国人事通信社編『大衆人事録』昭和3年版、1928年。復刻版『大正人名大辞典』Ⅱ上巻、1989年を使用

日本 1　近代中国経済の変容と1930年代　　153

以上の説明にほぼ符合する経緯を確認することができる[25]。

　日本政府の意図は佐藤尚武外交につながるものであり、経済提携を先行させることによって日中関係の安定化を図ろうとするものであった。1937年3月に新たに外相に就任した佐藤尚武は、陸海軍の判断も踏まえながら対中政策の抜本的見直しを進め、同年4月16日、「北支の分治を図り、若くは支那の内政を紊す虞あるが如き政治工作は之を行はず。……南京政権並に同政権の指導する支那統一運動に対しては公正なる態度を以て之に臨む」という新たな基本方針（「対支実行策」）を決定している[26]。新政策を準備する過程では、軍人の間から「支那に対し恫喝に依り我意を押しつけんとする時機は已に去れり」という認識が示され、佐藤外相は「抗日精神をもって統一した今日の支那は、もはや昔日の支那ではない」と説いたという[27]。こうして華北を日本の支配下に置こうとするような政治工作を中止し、中央政府を相手にした経済工作の推進に主力を置くことが明確にされる中で、3月の使節団派遣が実施されたのであった[28]。

　日本政府の方針転換の背後には、児玉使節団を組織した経済界側の強い意志が存在した。幣制改革が成功した後、列強の対中進出はきわめて活発化しており、それに対する深刻な危機感が存在した[29]。上海の日系企業関係者を代表する立場にあった三菱銀行上海支店長、上海日商会頭の吉田政治は、1936年11月、「各国が対支事業の獲得に努めつつあるに反し、日本は著しく立ち遅れの状態にある」ことを指摘するとともに、「返礼的経済使節を渡来せしめ側面より経済提携を促進する方が有意義」であると、日本からの経済使節団の早期派遣を強く期待することを政府に要請する方針を明らかにしている[30]。ただし、依然、日本の国内世論の中には、成果を収めることに懐疑的な観測のほうが強かった[31]。

　一方、訪問を受け入れた中国側も日本政府の方針転換の試みを認識しており、条件さえ整えば日本との国交調整を図ろうとし、官民を挙げて児玉使節団を歓迎した。1年半前、中国側の視察団を率いて日本を訪れ、この時は実業部長になっていた呉鼎昌は、南京に日本側使節団を迎えいれた当夜の宴会の席上、1935年10月の訪日時に求めた対等な日中経済提携が、その後「冬の寒さで実を結ばなかった」と日本の華北侵略の動きがやまず成果を生むに到らなかった

154　第3章　経済関係

ことを惜しみつつ、「春を迎えた今、大きな木々に育ち行くことを信じる」と、その可能性に期待を込めた挨拶を行っている[32]。同時に呉鼎昌は「経済提携とは、相互に利益をもたらすことが目的であって、独善であってはならないし、握手という方法が求められるのであって拳を見せつけるようであってはならない」と付け加えることを忘れなかった。

　翌日、蔣介石自らも招宴の場を設け、中日両国を象徴する梅の花と桜の花が飾り付けられた会場で熱弁を振るった。中国紙はもとより、日本の大阪朝日新聞も「和気漲る日支交歓」という大見出しをつけ、一面トップで報じている[33]。この時、10年前の訪日時に蔣介石自身が渋沢栄一から聞かされた言として引いたのが論語の中の「己の欲せざるところを人に施すこと勿れ（己所不欲、勿施于人）」である。日中両国の新聞ともこの言葉を強調して報じた。ただし中国側が日本の華北侵略の停止を求める言葉として受けとめたのに対し、日本側は中国の反日運動の抑制を約す言葉として受けとめた可能性がある。

　その後、上海で会議の実質的な討議が始まると、両国の新聞は歓迎会や宴会での挨拶を報じるのみにとどまり、座談会の突っ込んだ中味は伝えなかった。しかし、当時は非公開であった議事録を読むと、1935年10月の東京での懇談会に比べ、会議の雰囲気は様変わりしていたことが知られる。

　3月18日午前中と19日の午前中は日中関係全般について討議が行われた。まず18日の会議冒頭、中国側出席者から冀東密貿易の問題を中心に華北の深刻な状況が報告された。中国銀行南京分行は、密貿易をはじめとする事態の悪化で「今や中国人の99％までが排日になった」と述べている。それに対し日清紡の宮島清次郎は、日清戦争以来の歴史を振り返りながら「中国は増長している」と反発し、浙江興業銀行の徐新六や中国銀行の宋漢章にたしなめられた。19日も三井物産の石田礼助が再び日中関係の歴史に触れ、「抗日反日は政府が煽ったためではないか」と発言、これに対し徐新六と呉震脩が反論を加えるという展開になった。その後、三菱商事の三宅川百太郎、在華紡同業会の船津辰一郎、朝鮮銀行の加藤敬三郎、周作民、児玉謙次らが双方の主張をとりなす発言を重ね、ようやくその場を収拾した[34]。

　日本側新聞報道では、双方がいいたい放題だったという宮島の興奮気味の感想まで含め、会議に対する消極的な評価が目立ち、会議の成果に関し悲観的な

日本1　近代中国経済の変容と1930年代　155

見方が広がった。そのため、まだ上海にいた児玉がわざわざ日本での報道内容を訂正し、先発帰国組の3人も成果があったことを強調するという一幕もあった[35]。議論が刺々しいものになった一因は、日本側参加者の一部が無神経な発言を繰り返したことにある[36]。しかし、根本的には、冀東密貿易問題に象徴される日本の対中国政策に対し、中国側がきわめて厳しい目で見つめるようになっていたことを、日本側が十分に認識できていなかったことに問題があった。

20日から22日にかけては、部会に分かれ、砂糖問題懇談会、金融部懇談会、綿業問題懇談会の3つの懇談会が開催された。このうち冀東密貿易が絡む砂糖問題にかなり議論が白熱したのを除き、金融関係はなごやかな質疑応答に終始し、綿業に関しても棉花改良問題や生産過剰に対応する操短問題などに関し率直な意見交換がなされ、日中双方の協力が約されたことが記録されている[37]。

実際、当時の新聞報道にも、そうした雰囲気は反映されていた。前にも述べたように使節団参加者のうち一足先に帰国の途に就いた豊田紡の豊田利三郎、三菱商事の三宅川百太郎、同じく秋山昱禧の3人は、長崎で「政治問題は極力これを避け、現在実行可能の経済問題だけ研究する方針をとったため経済提携の端緒を得たもの」と、端緒的とはいえ成果を得たことを強調するとともに、「中国国民一般が革新新興の意気に燃え努力しつゝ、あるは敬服に堪へず、祝意を表するとともに、わが朝野の新たなる認識を希望する」と語った[38]。三宅川、秋山の2人は、神戸でも同じ趣旨の発言を繰り返している[39]。

また日本の紡績業界を代表する立場にもあった東洋紡の庄司乙吉は、今回の訪中の結果、「中国における棉花の改良増産の研究に着手すると、もに、中日紡績業者の共同利益を増進する目的をもってそれぞれ共同代表を推挙、立案を急ぐことに決定を見た」と具体的な成果があったことを明らかにしている[40]。

全体として、経済提携を進める可能性が模索された領域が存在したことは確かである。しかし華北問題、とくに冀東密貿易問題をめぐる日中間の認識のズレは大きく、それと密接不可分の関係にある反日運動の評価をめぐっても、日中の考えは一致しなかった。満洲問題は、そうした当面の問題に比べると、むしろ後景に退いた感があったとはいえ、もしそれを正面から論じようとすれば、やはり深刻な対立を生んだに違いないことを、宮島や石田の歴史認識に関する発言が示している。中国側が「中国と日本の経済協力の前途についても、決し

156　　第3章　経済関係

て楽観することはできない」としていたのも当然である[41]。

こうした厳しい状況をもっともよく認識していた1人は、おそらく使節団を率いた児玉謙次であった。帰国した児玉は、佐藤外相に対し意見を具申したことが報じられ、実際、戦後の回顧録にも、そのような経緯の説明とともに外相宛に提出した文書が収録されている[42]。

おわりに

19世紀末以来の大きな経済変動を経て、1930年代に国民党政権の下で中国が新たな経済発展を遂げつつあったことは、日中関係に対しても複雑な影響を及ぼすことになった。一方、この時期に日本の華北侵略策動も強化されていたため、国民党政権と北四行（金城、塩業、大陸、中南の4銀行）など中国経済界の共同の対応策として、1935年10月、訪日視察団が組織された。その結果、曲折を経ながらも、日中両国の経済界が協力するための制度として、日華貿易協会＝中日貿易協会が設立されるに到っている。

しかしその後、在華日本軍を中心にした華北侵略策動がいっそう強まったため、当然ながら日中関係の調整は難航した。そこで日中関係調整策の1つとして、日本側の要望を背景に準備されたのが1937年3月の児玉訪中使節団であった。この時も協力関係は確認されたとはいえ、華北問題がいっそう大きな障害として浮上し、経済提携の展開は困難に陥りつつあった。

1935年10月の中国訪日視察団と1937年3月の日本訪中使節団との大きな相違はどこから生まれたか。その一因は、1935年末から翌年にかけ冀東密貿易が拡大し経済や財政へ重大な影響を及ぼすようになり、中国が日本への反発を強めていたことである。加えて、1936年5月の在華日本軍（天津軍）増強、1935年末に成立した興中公司の活動、モンゴル東部に日本軍の手先となる政権を作ろうとして失敗した1936年11月の綏遠事件などを通じ、日本側の華北侵略に対する中国側の批判が一段と強化されていた。その一方、幣制改革とその後の景気回復を踏まえ、中国に対する国際的支援も広がるなど、中国側が国力に対する自信を深め、日本の相対的重要性は低下しつつあった。こうして日本が華北政策を抜本的に転換しない限り、日中経済提携を拡大することはきわ

日本1　近代中国経済の変容と1930年代　　157

めて困難になりつつあった。

1937年3月、上海を訪れた日本の使節団に提供された宿泊施設は、当時東洋一を誇った高層ビル、パークホテル（国際飯店）である。日本経済界の要人に改めて中国経済の発展をアピールする意味もあったであろう。しかし日中国交調整の努力は実を結ばず、7月には日中全面戦争が勃発した。中国側の立役者の1人であった呉鼎昌は、戦時中貴州省主席に転じ、日本の侵略に抵抗する戦時経済を築くため尽力することになる。上海に残った周作民は、対日協力者になることを回避しつつ戦後の復興に備えた。一方、中支那振興株式会社の総裁に就任し、日本の占領地統治の一翼を担った児玉謙次は、敗戦後にまとめた回想で「中日両国の経済的友誼を常道に復さんとし、微力ながら多年相当の努力を試み苦心を払ったが、すべて徒労に終わった」と失意の念を記した[43]。しかしその回顧録には、児玉使節団関係の貴重な文書が多数掲載されており、戦争前夜、日中の国交調整と経済提携の可能性を最後まで追求したことに関し、万感の思いと自負が込められているようにも思われる。

1　以下に示す中国経済の発展過程については、久保亨・加島潤・木越義則『統計でみる中国近現代経済史』東京大学出版会、2016年を参照。

2　吉見義明『草の根のファシズム』東京大学出版会、1987年。

3　久保・加島・木越『統計でみる中国近現代経済史』151頁。

4　『大公報』1935年9月21日。須磨総領事→広田外相、第993号、1935年9月19日、『日本外交文書』昭和期II 昭和6〜12年 第1部 第4巻上、2006年、171頁。

5　須磨総領事→広田外相、第932号、1935年9月8日、同上『日本外交文書』、168-169頁。

6　臼井勝美「広田弘毅論」『日中外交史研究——昭和前期』吉川弘文館、1998年所収（初出は『国際政治』33、1967年）、174-175頁。

7　邵元冲『邵元冲日記』上海人民出版社、1990年、1217頁。

8　臼井、前掲書、175-176頁。

9　鹿錫俊「日ソ相互牽制戦略の変容と蔣介石の『応戦』決定——再考　一九三五年における中日ソ関係の転換過程」『軍事史学』第43巻3・4合併号、2008年、37頁、40-42頁。

10　同上、38頁。

11　児玉謙次『中国回想録』日本週報社、1952年、115頁。そうした観点を強調したのが先に引用した周作民の書簡である。

12　『中外商業新報』1935年10月23日。『大公報』1935年10月23日。

13 児玉、前掲書、116頁。

14 「一両日前、設立準備完了と中国側から返答。12/27−28設立を検討」『東京朝日新聞』
1935年12月14日。「12/27開催を決定」『東京朝日新聞』1935年12月21日。「日華貿
易協会設立突如延期、支那側申込む。……会員募集に手間取ると称してゐる。近日来、
北支那自治をめぐり支那全土に排日運動が蔓延せんとの不穏情勢に影響、と成行は
重視される」『東京朝日新聞』1935年12月27日。

15 『申報』1936年1月28日、『大公報』1936年1月28日、『東京朝日新聞』1936年1月
28日、『中外商業新報』1936年1月28日。

16 全国商会連合会主席林康侯発表「中日経済提携観」『申報』1935年10月3日。

17 「社評　送経済考察団赴日」『大公報』1935年10月3日。

18 団長の呉鼎昌らに向かってこのように書けるのは、『大公報』の編集を呉鼎昌ととも
に担ってきた3人の内の2人、張季鸞か、胡政之しかいない。おそらく2人の合作
であろう。そして文章の格調の高さから見て、最後に手を入れたのが張季鸞である
ことも、たぶん間違いない。3人は、ともに1900年代に日本に留学した経験があり、
1920年代から『大公報』の経営と編集に関わっていた。

19 『中外商業新報』1935年10月日。皮肉にもそれから半年も経たぬうちに二・二六事件
が勃発し、日本も政治的に「絶対安定の域に達してゐない」ことが明らかになる。

20 『大公報』1935年10月16日。

21 『中外商業新報』1935年10月11日。

22 児玉、前掲書、116頁。

23 使節団をめぐる日本側の動きと会談の内容については、児玉謙次の『中国回想録』
が詳しく紹介しており、35年前に出版された野沢豊編の論文集『中国の幣制改革と
国際関係』東京大学出版会、1981年、所収論文をはじめ、多くの研究も積み重ねら
れている。したがってここでは先行研究を参照し、その不備を適宜補正しながら簡
単に触れるだけにとどめたい。

24 児玉、前掲書、118−120頁。

25 川越大使→有田外相、第59号、1937年1月27日、『日本外交文書』昭和期Ⅱ　昭和6
〜12年　第1部　第5巻上、2008年、385頁。

26 臼井勝美「佐藤外交と日中関係」（前掲『日中外交史研究──昭和前期』所収、初出
は入江昭他編『戦間期の日本外交』東京大学出版会、1984年）、190−195頁。

27 同上。また前掲、野沢編『中国の幣制改革と国際関係』所収、波多野論文、291頁。

28 中国では佐藤外交の可能性に言及しない研究が多い。たとえば日中戦争直前の日中
関係を扱った臧運祜論文も張群川越交渉のみに焦点を絞り、佐藤外交と王寵恵外交
については、ほとんど触れていない。臧運祜「日中戦争直前における中日国交交渉」
西村成雄他編『国際関係のなかの日中戦争』慶應義塾大学出版会、2011年。

29 久保亨『戦間期中国〈自立への模索〉：関税通貨政策と経済発展』東京大学出版会、
1999年。当時の日本の経済界の意志の一端は、伊藤正徳「中外週評　議論は既に無
用である　対支復交策を即行せよ」『中外経済新報』1937年3月29日にも示されてい
る。伊藤は「外国の資本が支那に流れ込み、そこに財的勢力、経済利益を扶植して
行く実情」を指摘し、日本が「躊躇してゐる間に、南支、中支の投資利益も市場利
益も、悉く日本の踏む余地を零にする」と深刻な危機感を表明し、経済提携の実行
を強く求めた。

30 『東京朝日新聞』1936年11月6日。

31 「訪支経済使節団　財界の有力者を網羅、使命達成の前途は多難」『東京朝日新聞』1937年2月27日、「(社説)訪支経済使節を送る」『東京朝日新聞』1937年3月12日。

32 『大公報』1937年3月16日。

33 『大公報』1937年3月17日、『大阪朝日新聞』1937年3月17日。

34 児玉、前掲書、129-146頁。

35 「我経済進出の余地　たゞ北支のみ　経済使節団の結論」『東京朝日新聞』1937年3月21日。「『日支提携具体交渉なく不平のぶっ放しあひ』青島に到着の宮島日清紡社長談」『大阪朝日新聞』1937年3月21日。「日支国交調整問題」『東京朝日新聞』1937年3月22日。「東京朝日新聞発表社論後、児玉謙次認為遺憾　実際双方意見甚融洽」『申報』1937年3月24日。「"日支経済提携の端緒獲得に成功"使節団の3氏語る」『大阪朝日新聞』1937年3月25日。

36 前掲、野沢編『中国の幣制改革と国際関係』所収、松本論文214-215頁。なおまったく否定的なものばかりでなかったことは、以下の本文に述べるとおりである。

37 児玉、前掲書、146-159頁。

38 前掲「"日支経済提携の端緒獲得に成功"使節団の3氏語る」。

39 「"訪支の効果　誤解されてゐる"三宅川・秋山二使節神戸に帰る」『大阪朝日新聞』1937年3月26日。なお三菱商事の経営幹部で中国駐在経験が長かった2人が同様の感想を漏らしているのは興味深い。

40 「日支綿業委員会の経過を庄司氏から発表」『大阪朝日新聞』1937年3月27日。

41 「社評　現阶段的国際経済合作」『大公報』1937年3月24日

42 「児玉訪支使節団団長　外相に重要提言"支那の現状を正しく認識せよ"」『大阪朝日新聞』1937年4月9日。児玉、前掲書、177-182頁。

43 児玉、前掲書、3頁。

補記：1935年の訪日使節団名簿について

　日華実業協会会長児玉謙次が海軍大臣大角岑生に宛てた1935年10月7日付の軍需工場参観許可依頼書簡に下記の2点の小冊子が添付してある。中国側が参観を希望したのは、芝浦製作所（東京）、住友電線（大阪）、神戸製鋼（神戸）、川崎造船（同）、愛知電気時計（愛知）の5工場であった。

• 上海日本商工会議所「訪日中華民国経済視察団員及随員名簿」（昭和10年10月3日）

• 日本経済連盟会・日華実業協会「訪日中華民国経済視察団員名簿並日程」（昭和10年10月）

　上記書簡は、防衛省防衛研究所所蔵「海軍省公文備考」という文書群に含まれている。文書の件名は「中華民国経済視察団一行見学に関する件」で、ファイル番号は「昭和10年D外事　巻10」。

日本2	日中戦争の経済的要因をめぐる学説
	──日本帝国史研究の視点から

木越義則 (名古屋大学)

はじめに

　日中戦争の経済的要因をめぐる研究は古くて新しいテーマである。1930年代は世界恐慌に端を発する経済的困難が世界全体に波及した。経済を取り巻く要因が戦争勃発の遠因である、という理解は広く同時代人が共有する常識であった。また、社会科学者のなかでもとくにマルクス主義の影響下にあった研究者は、戦争の遠因を経済構造に求めた。戦後、日本の経済学のなかではマルクス主義の影響力が大きかったので、経済から戦争勃発の要因を解明しようとする方向はいっそう強められた。しかし、1980年代からマルクス主義がアカデミズムのなかで力を失うにつれて、経済の矛盾から戦争を説明しようとする枠組みも後退していった。マルクス主義のテーゼに基づいた研究から解放され、一つ一つの史実を史料から確定しようとする方向が強まった。その結果、戦争には収斂されない多様な要素に光が当てられるようになっている。

　本論は、日中戦争の要因を経済的に説明しようとした研究の流れをまとめ、今日までの経済史学上の到達を確認する。ついで、近来とくに成果が蓄積されている、日中戦争前後にかけての対外経済関係について整理したい。1970年

161

代までの経済史学は、日本経済史であれ中国経済史であれ、1930年代の日中両国の国内経済から対外関係に至るまで悲観的な観点から事実が整理・叙述される傾向が強かった。しかし、1980年代からは経済の成長や継承という観点から事実が発掘されるようになり、むしろ1930年代は両国経済の現代化の原点であると評価されている。その裏返しとして、すべての経済的事象を戦争に結びつけることはされなくなった。その結果、日中戦争の経済的要因と背景をめぐっては、論述されることが少なくなっている。今後の日中両国の戦争要因をめぐる経済史研究の課題は、1980年代以降の研究パラダイムの転換で見出された事実を精査して、新たなパラダイムの構築を図ることにあると考えられる。

1. 戦争の経済的要因をめぐる研究

1.1 資本主義と戦争

18世紀末を端緒とするイギリス産業革命以来、工業生産力は持続的に拡大している。その背景には石炭、石油に代表される鉱物資源からエネルギーが抽出され、それまで人力・蓄力といった有機物に依存した経済の制約を克服しえたことがある[1]。原動力は交通機関にも応用され、世界は貿易を通じて緊密に結びつけられることになった。19世紀以降、欧米を中心とするグローバルな経済システムが形成されたのである[2]。

現代に生きる私たちは、科学技術の進歩によって工業生産力が拡張し、その結果、所得が持続的に上昇するのを至極当然のことと思っている。しかし、産業革命が西洋で勃興した当初、工業の拡張はむしろ伝統的な安定した社会経済を破壊するものだ、という悲観的な見解が圧倒的に優勢であった[3]。古典派経済学にしても、それを批判したカール・マルクスにしても、工業が持続的な所得上昇を実現することには懐疑的であった。そのため、巨大な生産力基盤は、その製品のはけぐちとしての市場の狭隘さに直面するというのが当然視されていた[4]。国内市場が狭隘であることは、追加的な市場を海外に求める必要が出てくる。工業国同士は工業製品に高い関税をかけて自国の工業基盤を保護したので、市場は非欧米圏に求められた[5]。とくに19世紀半ばでは、巨大な人口を

有するアジアに期待されたのである。

　一方、工業に必要とされる原料はすべて天然資源と農業に依拠していた。工業内部で原料が生成できるようになるには、20世紀初頭の化学工業の本格的な発達を待つ必要があった。市場と資源、この2つを海外に求めるために工業国同士は常に熾烈な競争をせざるをえない。この市場と資源の獲得競争こそが戦争を発生させる原因である、という理解が19世紀の常識であった[6]。マルクス主義の影響を受けた人たちは、工業と市場・資源の関係をより強調した形で、経済システムそのものの矛盾点を鋭く突いた。それをもっともステレオタイプ的にまとめたのがウラジーミル・レーニンの『帝国主義』（1917年）である。工業生産力が高度に発達すればするほど、生産は大企業で行われ、同時に資本の提供者である金融機関も巨大化する。独占化された生産力と資本は、いっそう国民の購買力を狭める結果、市場はますます狭まることになる、と理解された[7]。

1.2　日本資本主義と中国侵略

　工業の発展は、不可避的に海外領土の獲得に結びつくというテーゼは、後発工業国である日本の経済研究にも影響を及ぼした。そのもっとも代表的な研究は後に戦後のアカデミズムを席巻した「講座派」の議論である。その早期的な研究者の1人である山田盛太郎は『日本資本主義分析』（1934年）において、日本経済の奇形性に起因する対外的攻撃性を強調した[8]。すなわち、日本は後進工業国として欧米に従属している。この従属した形で工業化を進めざるをえない日本は、その活路としてアジアを従属的に組み入れる必要がある[9]。講座派にとって日本の産業革命は、帝国主義化と同時並行的に進展したものである、と理解された[10]。

　山田に代表される講座派の理解、すなわち日本経済の後進性こそが日本の大陸侵攻の要因である、とする見解は海外のマルクス主義の影響を受けた研究者にも継承されている。その代表はフリーダ・アトリーである。アトリーはイギリス生まれのエコノミストで、1936年に出版した『日本の粘土の足』で、日本の中国侵略の要因はその後進的な経済構造にあることを広く欧米圏に知らしめたことで有名になった[11]。折しも1931年の満洲事変に始まる極東における

日本の中国侵略が世界的に注目されていた時であった。『日本の粘土の足』を読めば、アトリーは日本の講座派に連なる研究者たちの著述から影響を受けていたことは明らかである。彼女自身もロンドン大学で活躍した左翼的な知識人であり、すでに見た資本主義の構造的矛盾という視点から当時の日本経済を理解した。アトリーは、日本は資源がなく、農村は困窮し国内市場は狭隘であると繰り返し強調している。

『日本の粘土の足』は日本では発禁処分を受けた。しかし、実際手にとった日本の知識人も多く、なかでも大阪商業学校の教授であった名和統一は彼女から強く影響を受け、日本経済の脆弱性を貿易構造から説明した理論へと発展させた[12]。この理論は「名和三環説論」と呼ばれる。日本の貿易構造を見ると、資本財はイギリスからの輸入に頼っている。外貨獲得の目玉である生糸と茶の輸出、原料の輸入はアメリカに依存している。そのため日本が綿糸布に代表される軽工業製品の市場をアジアで拡大するということは、とりもなおさずイギリスから資本財の輸入を拡大せざるをえない。またそのためには外貨が必要になるので、ますますアメリカに輸出をしなければならない。このように名和統一は、日本経済のアジアでの拡大は欧米へのさらなる経済的従属を生み出す、と見通した。名和統一は満洲事変を以下のように憂慮している。「昭和6年9月以降日本の大陸政策の強行は実に刮目に値するものであった。だがこの数年間の経過を顧みて、それははたして英米からの制約低減にどれだけ成功したと見るべきであろうか？　貿易表は日本が大陸政策強化の準備として、重工業・軍需工業生産力拡充に焦慮すればする程、世界市場への依存、原料輸入は増大すると云う循環を示した。ここに日本経済推進の憂慮が存する」[13]。

また『日本の粘土の足』は、1937年4月に上海で中国語版が出版され、中国の政治家・知識人の間でも広く読まれた。蔣介石と宋美齢も『日本の粘土の足』を読んで深く感銘を受け、アトリーを中国に招待して直に助言を求めている[14]。アトリーの日本経済の理解は一部の誤解や資料の引用の不適切な部分があるがおおむね正確である。彼女はアメリカが積極的に日本へ経済制裁を行うべきだと主張した。そうすれば脆弱な経済の日本は、自ずと屈服せざるをえないと見通している。しかし、経済制裁は逆に日本の対英米戦争へと進展した。『日本の粘土の足』の邦訳者の1人である沢井実は、アトリーが日本の後進性

164　第3章　経済関係

を強調したあまり、日本の軍事行動の方向性を見通すことができなかった点が、彼女の限界であったのではないかと述べている。卓見といえよう[15]。

アトリーと同じ文脈と枠組みで日本の近代国家を論じたのがカナダの歴史家ハーバート・ノーマンである。1940年に出版された彼の主著『日本における近代国家の成立』はアメリカで広く読まれ、日本敗戦後のGHQによる日本経済改革の典拠の1つとされたことはつとに有名である[16]。GHQの戦後改革の当初の狙いは、日本に再び戦争を起こさせないことであった。つまり戦後改革でターゲットにされた日本の社会経済の制度や構造こそが日中戦争の要因と判断されたといえる。ノーマンそしてGHQの戦争要因理解は、日本の近代国家の総体に及ぶものである。ここでは経済の問題にだけ焦点を当てると、その基本部分は山田やアトリーと大きな違いはない。ノーマンがとくに強調したのは日本における経済資本の階層間格差である。つまり農地が地主に集中していること、そして工業生産力が一部の財閥に集中していること、これが所得格差の拡大を生み、国内市場の主要構成部分たる農民の所得が搾取され、国内市場が狭い、という理解である。GHQの改革は、農地改革、財閥解体へと進み、国内市場を基盤にした成長を目指した[17]。

このように、戦前期における戦争の経済的要因をめぐる研究は、マクロ経済構造から整理したものが多いという特徴がある。そのため、戦争に至る政策過程にまで踏み込んで、日本の中国利権について政策担当者や企業がどう見ていたのか、という実証的な研究ではなかった。むしろ資本主義による発展を悲観的に見る観点から、後進工業国である日本の中国侵略は不可避である、という論調に沿って事実が集められたものが多い。日本経済史家の石井寛治は、講座派を中心とする日本の対外侵略理解は経済の「構造的必然性」を理解すれば事足りたのではなかったか、と自戒を込めて述べている[18]。

2. 戦争要因の実証的究明

2.1 戦後から1970年代の研究潮流

戦時期までの講座派や西洋の左翼的知識人の見解は、少なくとも日本が敗戦

するまでは、学術上は主流な学説ではなかった。むしろ戦前の論調は、1930年代に日本と中国が置かれた国際環境や、第1次世界大戦を契機とする総力戦体制といった、国家の存亡存立をかけた現実的な緊張のなかに、日本の中国への進出を正当化あるいは批判していた。そのなかには、対外的な領土を放棄する「小国主義」が日本の活路であると説いた石橋湛山など、戦争への道のりこそが必然であるとは考えない多様な意見が存在していた[19]。この多様な見解は必ずしも日本や中国の国策のレベルにまで到達したわけではないし、一部の知識人や企業家の意見に過ぎなかったものもある。しかし、経済的要因によって戦争が必然であるとまでは、体系的に理解されていなかった点に留意が必要である。

　講座派のような、経済的要因から戦争の必然性が論じられた見解は、戦後から1970年代にかけて日本の学界の主流的学説の位置を占めるに至った。その理由は、日本資本主義の矛盾、あるいは日本帝国主義の崩壊を戦前から主張していたのが彼らであり、日本の敗戦はまさに彼らの見解が学術的にも正しかったことの証明とみなされたからである。また多くの知識人や大学人が直接的・間接的に戦時日本の国策への積極的な協力者であった。戦後のGHQの戦犯指名を受けるか、パージによって大学や研究機関の職を追われた人も多かった。その結果、人文社会科学におけるマルクス主義的な立場の研究者の勢力が強まった。このような時代背景によって、日本の中国侵略の経済的要因を探求する研究が隆盛を極めた。

　とはいうものの、このような方向性の研究のすべてが、マルクス主義の経済決定論や帝国主義論の枠組みでドグマ的な事実整理を行ったわけではない。なぜなら研究そのものが政府、党派とは相対的に距離を置いた形で行われたことや、研究をリードした人たちが理論よりも歴史事実の探求に重きを置いたことなどがあろう。とくに日本の戦時経済研究をリードしたのは、東京大学の原朗であり、原の研究は今日でも日本の戦時経済の通説的見解の中心部分を占めている[20]。とくに原の研究で究明されたのは、日本帝国（日本本土と植民地・占領地）のマクロ的経済構造であった。円ブロックから大東亜共栄圏に至る日本経済の物資と資金の移動を体系的に究明することで、当時の日本帝国が世界経済のなかに占めた構造的位置を鮮やかに描き出した。これによって戦時日本にお

166　第3章　経済関係

ける財政金融政策の意味、それが中国との戦争へと政治軍事が動くなかでどのように展開したのか、が解明された。その展開についての事実と評価について、節をあらためて詳しく検討しよう。

2.2 資源志向型の帝国主義

冒頭で述べたように、1930年代前半は世界恐慌が日本経済にも波及することで、農村を中心に日本経済が疲弊していた。日本の対外輸出の約半分は、アメリカ市場向けの一次産品（とくに生糸）輸出に支えられており、アメリカ経済の大打撃は、日本の一次産品輸出に深刻な事態を発生させた。これにより商品化された作物の栽培が発達していた農村地帯での経済的貧窮は目を覆うものがあった。この農村窮乏を前に、政府は何も有効な施策を行っていない、あるいは一部の大企業と共謀して私利私欲に走り、国益を省みていない、そう考えた人たちも多かったのである。また中国に進出していた日本人たちは、中国市場での競争圧力が非常に高まっており、それに対する日本政府による積極的な対応を待望する世論も形成されていた[21]。

では戦後日本で精緻化された日本経済史研究において戦争前夜の日本経済と政策はどのように評価されているのであろうか。戦前日本の対中国経済政策には大きくみると2つの方向性がある。石井寛治はこれを資源志向型と市場志向型と呼んでいる[22]。資源志向型とは、中国大陸に眠る資源を日本の資本と技術によって直接獲得することを目指すものである。その際、現地の政府や企業と協力して資源開発を共同で平和裏に進めることも不可能ではない。しかし、中国の資源の多くは沿海地域から遠くはなれた内陸部に位置しているものが多く、単に資本を投下して掘削するだけでは獲得できなかった。日本本土まで効率良く輸送するための運輸体系を整備しなければならなかった。また中国では都市型の自由労働市場の発達が不十分で、労働力の多くは農民に求める必要があった。このように中国大陸の資源を獲得するためには、領域的な経済支配をしなければ、有効に開発することは不可能である、という認識はごく普通であった。もちろん中国の近代化を待ちつつ、日中経済に有効なインフラ投資を主体的に行う政府が存在すればよいが、そのような政府の登場は民族主義的な対抗心を生み出して、逆に日本の経済進出を阻む勢力になると警戒されがちであった。

日本2　日中戦争の経済的要因をめぐる学説　167

そのため、資源志向型とは中国大陸に領土を求めること、あるいは永久的領土とはいわないまでも租借権などの獲得を通じて、排他的に日本の開発を進める体制を求める立場であった。

　その代表例が南満洲鉄道株式会社である。満鉄は資源開発と資源周囲領域の排他的支配権の行使をもつ国策会社であった。満鉄の権益をより広域的に拡大したものが、満洲事変に端を発する満洲国であった。満鉄は満洲事変を発動した関東軍にきわめて協力的で、資源の調査からその活用方法まで経済計画を立案した立役者であった。この資源志向型にあっては、1930年代の日本の活路は中国奥地で手付かずの資源を獲得することであった。その方法として満洲国の成立に至る経験を応用して、華北地域で日本に協力的な現地政権を擁立する工作と、南京に依る国民政府の勢力の排斥ということが既定路線化していった[23]。この路線を積極的に主導したのは、関東軍、支那駐屯軍を主とする中国本土の出先の陸軍の将校たちと満鉄であった。彼らの構想においては、ソ連との戦争の際に、その軍事力に対抗できるだけの工業基盤、この場合は重化学工業に提供される資源を中国で確保できるかが重要であった。このような日本帝国主義の資源志向型の方向性が日中戦争の経済的要因である、という見解は今日でも広く認められている。資源を求めたのは主に陸軍であるので、この立場は戦争の要因を日本の政治・軍事的体制に求める見解と重なりあう。

2.3　市場志向型の中国進出

　石井寛治が指摘するもう1つの方向性である市場志向型について検討しよう。市場志向型とは、日本の工業製品を中国市場で販売することで、日本経済の苦境を乗り切ろうとする立場である。その意味で、この方向性は主として財界、とくに消費財を生産する企業家たちの立場である。石井によれば、市場志向型の場合、中国の商人・消費者に日本製品を購入してもらう必要があるため、中国人に対して互恵的・平和的態度で臨むものであった。中国における反日・抗日運動の高まり、そして内戦によって中国市場が沈滞することも望ましくない。これは1980年代以降に日中の経済関係に関する実証的研究が発展するなかで注目されるようになった。石井の研究は、中国市場に利害をもつ日本の産業資本家たちの動向が検討されていて注目に値する。

168　　第3章　経済関係

1930年代における市場志向型の方向性を探る上で重要なのは、当時の日本の景気動向である。なにゆえに日本企業は海外に市場を求める必要があったのか、その背景について言及する必要があろう。日本における繊維産業を中心とする軽工業において、本格的に機械制大工場が確立されたのはおおよそ日清・日露戦争の頃であると評価されている。日露戦争の後から、日本の工場で製造された綿製品が中国市場に向けて輸出されるようになった。20世紀初年の時点では、中国における近代工業が日本の競争相手になるとは意識されていなかった。むしろ下関条約によって、中国の開港場で外国人が製造業を営むことが認められたことで、欧米資本が進出することのほうが懸念されていた。しかし、実際は欧米資本の軽工業への中国進出はそれほど大きなものではなかった。三井物産による中国市場調査など日本側の市場開拓努力により、順調に日本の綿製品の中国進出が展開したのである[24]。

　しかし順調に見えた日本の繊維産業の中国進出も、第1次世界大戦後からの中国における民族工業の発展、中国における関税率の改訂、さらには日本国内における労賃の上昇や女子・児童の深夜営業の制限など、競争条件の悪化によって転換を余儀なくされていった。それに応じて、1920年代に集中的に日本の紡績会社が中国に工場の建設を始めた。これを「在華紡」と呼ぶ。在華紡は世界的にも初めての製造業の生産拠点の集中的移転であり、20世紀後半期における日本企業の中国進出の先駆的事例とも呼べる大規模なものであった。日本綿業史で数々の業績を残している高村直助によれば、日本の対中国投資のうち在華紡が占める割合は40％前後に達していた。前述した満鉄に代表される資源志向型に属する投資が50％強と目されるのであるが、在華紡の投資規模はそれに比肩するほど大きなものであった[25]。総じて日本綿業界は繊維製品のうち相対的に技術を要して付加価値が高い部門は日本に残しつつ、中国にも直接進出することによって中国市場の相当大きな部分を確保するに至った。それは裏返すと中国市場の動向如何によって日本の製造業の中心部分が左右されることも意味したのである。

2.4　高橋財政と方向転換

　さて市場志向型の方向性を探る上で重要なのは、1920年代から日本が長い

不況に陥っていた点である。第1次世界大戦における天祐と呼ばれた好景気が終わると、日本経済はモノの値段がなかなか上がらず企業利潤の停滞に苦しむ企業が増加した。いわゆるデフレ不況と呼ばれる現象である。1990年代のバブル経済崩壊後の長期不況と類似した状態にあったといえよう[26]。このデフレ不況が10年と続いた後、日本は世界恐慌の影響を受けた。この時のデフレ不況とは都市に基盤を置く近代工業部門の慢性的な苦境であったが、世界恐慌はさらに農村に大打撃を与えた。このように1930年代初頭は、都市から農村に至るいわゆる全般的不況のなかに日本は陥っていた。これに浜口雄幸内閣による金本位制に再復帰するための緊縮財政政策が展開されたものだから、政策的にも日本経済は大きな負荷がかけられた[27]。このように1929年から1930年にかけての日本経済は都市・農村・政策の3方面で打撃を受けていたのであり、その中で諸々の苦境の打開策として中国にターゲットが絞られていく。

このような困難な時期に日本経済の舵取りを担ったのが高橋是清である。後年高橋財政と呼ばれる経済政策は、今日の安倍政権で実施されたリフレ政策と共通する点が多い。具体的には円安に為替相場を誘導しつつ、国債を大量に発行して政策的に市中にお金をたくさん流すことによって物価の上昇を促し、これによって企業の経営業績を回復させようとした。その一方で農村へは財政出動によってケインズ的な有効需要を創出させることで農村の復興を目指した。高橋財政については、その積極性と他方で軍部に妥協した限界性の両面がある。つまり、高橋財政をどう評価するかが日中戦争の経済的要因にとってきわめて重要な理由がここにある。

高橋財政については政策的成果から高橋の個人的思想に至るまで多岐にわたる豊富な研究成果があるが、その歴史的評価についておおむね以下のように整理されよう[28]。高橋財政により1931年から1934年にかけて、日本経済は確実に不況から脱却していった。円安により繊維産業に代表される軽工業の輸出が回復した。この時拡大した市場は、中国でもなくアメリカでもなかった。当時の言葉で「新市場」と呼ばれる地域で、具体的には欧米諸国の植民地であった。近くは東南アジア、遠くはアフリカから南米まで、日本の軽工業製品の進出には目を見張るものがあった。当時これは集中豪雨的輸出とも称され、世界恐慌後のブロック経済体制化を進めていた欧米工業国側に強い警戒心を抱かせた。

170 第3章 経済関係

そのため円安は政策的に意図的にされたものであるから「ダンピング輸出」であり公正さを欠くとか、近隣窮乏化政策であるなどの批判を受けた。しかし、実際は為替だけで安くなったわけではなく、1920年代までに日本企業の経営努力によって、軽工業の生産性が上昇していたことも注目される。その成果が1930年代に花開いたのである[29]。

　輸出産業の好調と同時に、1930年代には初めて日本の重工業にも好景気と呼べる状況が生み出されていた。その背景には日本政府の関税政策により欧米の資本財について高い関税が課せられ、植民地を含む国内市場が保護されたことがある。これによって「新興財閥」と呼ばれる重工業に基盤を置く企業が急成長した。この新興企業は、国内で余り気味であった遊休資本の受け皿の1つとなった。また都市部での失業率も回復していった。さらに満洲国の成立を受けて、中小資本を含む対満洲への投資が活発化したほか、先の在華紡も華北地域へと進出先を拡大した[30]。

　しかし、この高橋財政初期の景気回復は、1934年頃から限界を示し始める。以後、うまくいくかに見えた日本経済のサイクルはほころび、日中戦争直前には打開策のない状態に陥っていた。1934年になると労働市場の逼迫感が顕著になり、労働者不足と賃金の上昇が不可避となりつつあった。さらに1935年には金利が急上昇し、資金繰りに企業は悩まされるようになった。

　1920年代の日本経済は、第1次世界大戦で生まれた海外市場に合わせて過剰な生産設備を抱えていたのが、1930年代初頭にそれが解消された。しかし1930年代半ばには逆に資本、労働の要素市場における供給不足に転換したのであった[31]。

　その要因は、資金、市場、外貨の3つの側面から整理される。まず資金面からいえば、軍事・国内企業・対中国投資の3方面からの要求にすべて応えられるほど、日本経済の金融力に限界があったことである。国債消化による軍事費の拡張、民間企業の設備投資のための資金需要、そして満洲国建設のための資本輸出が短期間のうちに生まれた。もちろん国内で調達しきれない資金は、海外から調達することもできる。しかし、1930年代前半には満洲問題によって、日本が海外から資金を調達するルートには大きな制約があった[32]。次に、輸出についてもあまりに短期間のうちに欧米の勢力圏・植民地へ進出した結果、日

本製品に対するブロック措置が発動され始めた。この問題を打開するために外務省・商工省が奔走し通商会議が開催されるも、根本的な解決には至らなかった[33]。最後に、景気回復は当然ながら輸入の拡大をもたらした。その結果、日本の外貨準備が急速に減少し、国際収支の危機に直面しつつあった。そのため日本は大蔵省を主導に輸入に対する統制の法制的枠組みを整備することで、外貨の節約に努力した。この時の外貨をめぐる資金循環構造は、植民地を含む日本帝国の経済に大きな影響を及ぼしたことは、原朗の研究に詳しい[34]。その延長に戦時中の通貨問題があるのである。資金不足に直面した高橋是清は、これ以上の軍部からの予算拡大請求を拒否した。これが結果として二・二六事件の際に彼が凶弾に倒れた理由の１つになったことは有名である。

　以上見てきたように、当時日本が置かれていた経済状況からは、３つの路線が同時に進んでいて、資金面からその３つを同時に進めることは不可能な状態にあった。第１は通商関係を回復して平和的に市場を拡張する。第２は限られた国内資本を満洲・華北に投資し日本帝国全体としての工業生産力を高める。第３は軍事力の増強による高度国防国家の建設である。

　二・二六事件によって高橋が倒れると、政府の財政政策は馬場鍈一蔵相により国債発行の漸減方針が撤回され、日銀引き受けによるインフレーション化へと邁進することになった。その資金は軍事予算の拡充に用いられた。また低金利政策が強行され、満洲への資本輸出も堅持されることになった。このように日本経済史では、日本が中国との戦争へ進んだ経済的背景には、高橋財政の挫折によって、日本経済がいっそう軍事的に大陸への資本進出に頼る方向に向かったことを重視してきた。ここまでの理解と評価については、おおむね日本経済史では今日でも通説的位置を占めている。

　高橋財政の研究で近来関心が集まっているのは、都市部の景気回復が進んだのに対して、結果として農業恐慌の方は解決されないまま継続したという点である。都市部の現象面でいえば、井上寿一が指摘するように1930年代は現代へつながる都市型の文化と生活が発展した時代であった[35]。たとえば、地下鉄が整備され、百貨店が生まれ、モダンガールやエログロナンセンスに代表される現代都市社会の病理も見られた時代である。中村正則もまた「貫戦史」という概念でもって、1930年代と高度成長期の日本はつながっている点を強調し

た[36]。さらにアンドルー・ゴードンは、1920年代に始まるアメリカの大衆消費社会が世界的に共時的に広がったことを強調し、日本もまた戦後に本格化する大衆消費社会の萌芽が都市部に見られたとする[37]。こういった都市生活を享受できた人たちからすると、軍部の中国での動向は、自分たちの文化的・近代的な生活を破壊して望みもしない戦争に巻き込む迷惑な行為に映っただろう。他方で、農村の疲弊は続いており、都市への安価な労働力の提供元になっていた。1930年代初期における企業業績の回復は、農村からの低賃金労働者によって支えられていた。

　戦争に反対を唱えるだけの社会層、とくに中間層の不在が、中国侵略路線への対抗の弱さ、結果としての迎合を産んだ背景である、と石井寛治は指摘する[38]。

3.　日本帝国研究の進展——「帝国の経済遺産」

　前節で見たように、1930年代の高橋財政の破綻により、中国との互恵的な経済関係を支持する方向性は経済的にほぼ不可能な状態になっていた。ここに日本の国策が領土を中国大陸に求める方向性に流れて行った主要な経済的要因がある、と日本経済史学は総括している。このように日中戦争の日本側の経済的要因については、おおむね1980年代までの研究で解明されてきた。ここに現在の日本経済史学では「戦争の経済的要因とは何か」という問いかけが学術的にほとんど立論されない理由がある。決着済みの論点なのだ。

　そのため1980年代以降の日本帝国研究では、関心の矛先は要因よりも結果のほうに目が向けられている。つまり日中戦争が日本やアジアに残したものは何であるのか？　これをここでは「帝国の経済遺産」の問題としてまとめることにしよう。

　経済遺産をめぐる議論で日本経済史の論争になったのは、戦時体制が戦後日本の高度経済成長を生み出す原動力になった、という主張である。これは岡崎哲二の研究が著名である。1930年代から始まる戦時経済体制は、政府の手によって市場、企業のシステムに大きな改変が加えられた。かつて日本経済のシステムは、英米圏と比較すると市場での競争よりも調整と安定を重視する特徴

日本2　日中戦争の経済的要因をめぐる学説　　173

がある、と主張されたことがある。このシステムの淵源をめぐっては、広くは江戸時代に遡る日本文化に求めた人もかつてはいた。しかし、日本的といわれている経済制度のほとんどが、1930年代に日本が戦争をするために作った制度を起源としている点を岡崎はクリアに示したことで注目された[39]。

　たとえば、戦後日本の金融行政を特徴づけるものとして、銀行間の競争を制限し、倒産を回避しようとした「護送船団方式」と呼ばれる仕組みがあった。これは戦時期に軍事資金を効率的に集めるために政府が行った金融統制を起源としている。それ以前はむしろ日本の金融界は非常に競争的で銀行の倒産は珍しいことではなかった。他にも労働市場に目を向けると、高度成長期には終身雇用と呼ばれたように高校・大学を卒業した後は同じ企業で定年まで勤める雇用形態が広く見られた。しかし、戦前期の日本の離職・転職率は英米と比較しても高い水準にあった。また戦後の雇用慣行で日本的特徴と呼ばれた年功序列型賃金、企業別労働組合も、政府が戦時期に安定した軍需生産を行うために工場に適用したものであった。

　論者によって1930年代と1940年代のどちらの変化を重視するのか、といった実証的な部分での見解の不一致は見られる[40]。しかし、おおむね戦争が戦後日本の政府と市場の関係、企業同士の関係、そして企業と労働者の関係に大きな影響を及ぼしたことはほぼ通説的理解になっている。このように戦争は日本経済を破壊したことよりも、戦後につながる新たな制度の創造を促した点が強調されている。

　日本での経済遺産をめぐる研究は、当然日本が支配した地域についても検討の目が向けられるようになった。しかし、植民地支配や侵略といった歴史的背景を前に、経済遺産という問題を正面から取り扱うことに対する、研究者のためらいや批判も強くあった。何よりも支配・侵略された側の感情に対する配慮もあった。そのような学術界の雰囲気が変化したのは、アジアの国々自身が1980年代に入り経済的に発展し、彼ら自身のなかから戦争や植民地を一定程度相対化して歴史を考える余裕が生まれたことが前提にある。

　朝鮮・台湾についての植民地経済研究は1980年代以降とくに発展した領域である。日本は植民地を統治するにあたり、鉄道・港湾・電力に代表されるインフラ建設を早期的に実施した。このような物理的な資本は、もちろん純粋に

174　第3章　経済関係

経済的な理由から導入されたわけではなく、日本本国経済との一体化をはかることで、日本の領土として経済的にも強力な結びつきを構築し、日本帝国全体としての富国強兵を推進するものであった[41]。そこには常に軍事と支配という構図は存在する。しかし、上から推進された近代化によって、朝鮮・台湾は、それまでの農業を主体とした経済が顕著に変化した。工場が建設され、都市化が進み、農村部では商品作物の栽培が展開された。その結果、日本の植民地支配の期間に、朝鮮と台湾は、世界的に見ても非常に高い速度で農工転換が進展した。

　経済成長率の推計によれば、20世紀前半期は植民地のほうが日本本土よりも平均成長率の水準は高い。つまり総じて日本は植民地に対して、人口比から見て本土より高い水準で投資をしたのである[42]。日本から朝鮮・台湾への資本移動は、朝鮮銀行、台湾銀行を筆頭とする植民地中央銀行を頂点とする国策会社を通じて行われた。その資本は日本の金融市場で調達され、その出資者は政府のみならず日本の地方の名望家が多かったことが知られている[43]。地方の名望家の植民地に対する金融利害が大きいことから、彼らは戦争よりも平和的な支配を支持したことが示唆される。たとえばイギリス帝国の金融支配の研究によれば、ジェントリー層の植民地に対する経済利害によって、イギリスの対植民地政策がより平和的・融和的なものに変化していった、という指摘がある[44]。しかし、日本の場合は、地方名望家の利害が国策としてどう関わったのか、日中戦争という文脈での研究は管見の限りないようである。

　関東州と満鉄付属地の支配に始まる日本の満洲での植民地支配についても、経済遺産という観点からの研究が見られる。日本の満洲開発の初期段階では、鉄道と炭鉱の開発が行われた。経済遺産という観点から注目されているのは、満洲国成立以降の日本による重工業基地の建設である。陸軍主導で進められた鉄鋼、石炭、電力といった基幹産業は、中国大陸全体で見ると突出した生産力を誇った。その生産基盤は、人民共和国初期の経済建設に継承されている[45]。総じて、日本が残した物理的な資本は、欧米諸国がアジアに残したものに比べると相当規模も量も大きい[46]。

　近来は、人材、教育、技術といったソフト面での戦前の遺産にも注目されている。日本は朝鮮・台湾・満洲において近代工業の扶植を積極的に展開した。

ということは、工場や会社といった組織内で規律をもった労働者を必要とし
し、またその労働者を管理しつつ生産ラインを安定的に操業するためのエンジ
ニアや管理者も求められたことを意味する。無論、これら人材の一部は日本人
だけでは不足したので、現地の人々に教育と訓練を与えることで補充された[47]。
初等・中等教育の拡充は日本支配期に飛躍的に進展している。一方で高等教育
は植民地にあっては日本人の子弟が中心であり、教育格差も存在し続けた。し
かし、戦争が始まると日本人だけでは高等人材の不足が顕著になり、現地の
人々への技術伝播が進展するという側面も見られた[48]。

　日本の経済遺産についての研究は、華北・華中といった中国本土についても
進展している。そのなかでもっとも代表的な研究は、前述した在華紡の研究で
ある。在華紡は上海、青島、天津といった沿海部の開港都市に集中した。かつ
て在華紡は、日本帝国主義の中国支配の先兵であるとして、中国人労働者の搾
取、民族系の企業への競争圧迫など、中国経済に対するマイナスの要素が着目
されていた。しかし、近来は中国経済の近代化に貢献した面が注目されてい
る[49]。今日の外資系企業の中国進出での事例に見られるように、直接投資を通
じて先進国から後進国へ生産基盤が移転されると、多くの技術上のノウハウも
移転され、そこから新たな産業上の集積や模倣製造が発展することが知られて
いる。戦前の在華紡はまさに日本から中国への生産と技術の移転であった。

　日中戦争期の日本による中国の経済支配については、日本では中村隆英の堅
実な実証研究がある[50]。その研究を継承・発展させる形で、日本が中国を支配
するために導入した機構、通貨・金融制度、日系企業の進出、租界における外
国利権の扱い、さらには中華民国臨時政府や汪兆銘政権の経済統治についての
実証研究が進展している[51]。これらの研究は現段階ではあくまでも実態の解明
という点に重きがあり、満洲国研究に見られるような経済遺産という観点から
の事実整理は現在のところ抑止的である。

おわりに

　日中戦争の経済的要因をめぐる研究史を整理すると、学説的には3つに分類
することができる。①資本主義の構造的必然説。②総力戦体制下の資源志向型

説。③高橋財政の破綻による市場志向型の挫折説、である。

　①の資本主義の構造的必然説は、第1節で検討したように、マルクス主義の資本主義論を理論的枠組みとしつつ、日本国内の経済構造に中国侵略の要因を求めた。これは同時に明治以来の日本の近代国家の歩みをトータルに位置づけたもので、その形成から崩壊に至る歩みを俯瞰的に理解したものでもある。個々の事実の評価をめぐっては、現在の研究からは否定されるものも含まれる。たとえば資本輸出をそのまま帝国主義支配として理解した結果、在華紡に見られたように中国の経済成長に日本企業が貢献した点を看過していることや、戦争に至る各局面での政治経済の情勢を軽視する傾向も否めない[52]。

　しかし、近代の日本経済のマクロ的構造の解明については、今日でも意義を失わない部分が相当ある。たとえば、マクロ経済学者の吉川洋は、戦前と戦後の日本の経済成長を比較して、戦前のほうが日本の対外貿易依存度が高い、という興味深い指摘を行っている。戦後日本は、アメリカが主導した自由主義的な貿易体制の下で、輸出志向的な経済成長を遂げた、というイメージがいまだ強い。吉川の指摘は、戦前の日本経済は戦後以上に対外経済関係に依存した形で発展したことを意味する[53]。講座派、アトリー、そしてノーマンが見た戦前日本の市場と資源の対外的依存性は、戦後との対比でも事実評価として大きく間違ってはいない。彼らが見た日本の経済構造は、日中戦争の直接的な経済的要因として妥当性は欠くとしても、1930年代において日本が成しえた選択の幅を規定した、という意味で今日でも継承すべき部分がある。

　②の資源志向型説は、第1次世界大戦後の日本の政治外交、軍事的な状況、そして高度国防国家の建設に至る歩みの延長に日中戦争を展望するものである。総力戦を見据えた高度国防国家の構築は、中国大陸の資源を獲得し、その障害となる現地の政治勢力の排除を目指したもので、その主体は陸軍と満鉄であった。この説はおおむね政治史の領域で日中戦争の要因を検討した諸研究とも重なり合っている。その意味で、同説は純粋な経済的要因というよりは、むしろ軍事的要因から日中戦争を説明する立場ともいえよう。また、資源の獲得から戦争を展望する、という意味において、①の構造的必然説とも重なり合う部分が多い。

　③の市場志向型の挫折説は、①と②の立場とは一線を画すもので、1980年

代からの日本経済史研究の実証的成果を踏まえた比較的新しい観点といえる。1930年代の日本には経済的苦境を中国侵略によって解決するのではなく、貿易と投資を通じて平和的に解決する選択があった。たとえば、外務省・商工省は通商交渉を通じて日本の対外貿易の低落を防ごうと努力していたし、日本の財界のなかでも投資を通じて中国と経済提携を模索する動きがあった。このような動きが挫折に追い込まれていくのは、1934年前後から日本国内で資本不足が顕著になり、経済と軍事のどちらに資金配分の重点を置くのかという選択のなかで、結局は軍事を優先する政策に追い込まれていったからである。

　1930年代日本経済の資金的制約という観点から見ると、総じて日本は資本不足の国であって、限られた国内の資本から朝鮮、台湾、さらには満洲に投資を続けたのである。高橋是清が財政の舵取りを握っている間は、日本銀行による国債の引き受けという非常手段は抑制的に運用されていた。つまり1936年まで日本経済は、経済的な合理性に基づいて政策運営が原則的に行われていたといえる。合理性とは、日本帝国の資金的循環を見据えつつ市場的手段を通じて収支が破綻しないように政策が展開された、ということである。日本の軍事行動もその制約のなかで統御されていた。しかし、二・二六事件後に、日本は市場ではなく経済統制によって、資金制約を無理やり拡大した。経済統制は、日本の中国侵略の資金的裏付けを与えたのである。このように、市場志向型の挫折説においては、日中戦争の経済的要因は高橋財政の破綻、として理解されている。

　同説では、日中戦争への道のりのターニングポイントは1936年の二・二六事件になる。ただし、日本経済史では1931年の満洲事変にも重きを置く。なぜなら満洲事変によって日本は、アメリカからの資本調達の道が閉ざされてしまうからである。日本は日露戦争を転機に外債を発行することで、長期的な投資の資金を確保していた。とくに、満鉄は創業から第1次世界大戦までは、ロシアから継承した現物出資を除くと、実に76％以上が海外の金融市場での社債発行で資金を調達した。満洲事変によって日本の国策会社は、海外での資金の調達が難しくなり、いっそう日本の資金的制約は厳しくなった。

　1930年代に名和統一は日本経済の脆弱性を貿易構造から見出した。名和の議論を継承しつつ、日本経済史は帝国の資金制約の問題にまで目を向け、より

178　第3章　経済関係

体系的に日本帝国の経済構造を解明した。日中戦争の経済的要因は、今後も繰り返し検討されるであろうが、1930年代における日本の経済構造が日本の選択を大きく規定した、という主張は今後も意義を失うことはないであろう。

参考文献

フリーダ・アトリー、石坂昭雄・西川博史・沢井実訳『日本の粘土の足』日本経済評論社、1998年。

石井寛治『日本の産業革命——日清・日露戦争から考える』朝日新聞社、1997年。

石井寛治『帝国主義日本の対外戦略』名古屋大学出版会、2012年。

井上寿一『戦前昭和の社会 1926-1945』講談社、2011年。

林采成『戦時経済と鉄道運営——「植民地」朝鮮から「分断」韓国への歴史的経路を探る』東京大学出版会、2005年。

内田知行『黄土の大地1937〜1945——山西省占領地の社会経済史』創土社、2005年。

A・エクスタイン、石川滋監訳『中国の経済革命』東京大学出版会、1980年。

大阪朝日新聞経済部編『昭和金融恐慌秘話』朝日新聞社、1999年。

岡崎哲二・奥野正寛編『現代日本経済システムの源流』日本経済新聞社、1993年。

籠谷直人『アジア国際通商秩序と近代日本』名古屋大学出版会、2000年。

金洛年編『植民地期朝鮮の国民経済計算——1910-1945』東京大学出版会、2008年。

P・J・ケイン／A・G・ホプキンズ『ジェントルマン資本主義の帝国——危機と解体』名古屋大学出版会、1997年。

アンドルー・ゴードン『日本の200年（新版）』上・下、みすず書房、2013年。

坂本雅子『財閥と帝国主義』ミネルヴァ書房、2003年。

白木沢旭児『大恐慌期日本の通商問題』御茶の水書房、1999年。

リチャード・J・スメサースト、鎮目雅人他訳『高橋是清——日本のケインズその生涯と思想』東洋経済新報社、2010年。

ヴェルナー・ゾンバルト、金森誠也訳『戦争と資本主義』講談社、2010年。

ハジュン・チャン、横川信治監訳『はしごを外せ——蹴落とされる発展途上国』日本評論社、2009年。

高村直助『近代日本綿業と中国』東京大学出版会、1982年。

マイケル・P・トダロ／ステファン・C・スミス、森杉壽芳監訳『トダロとスミスの開発経済学（原著第10版）』ピアソン桐原、2010年。

富澤芳亜・久保亨・萩原充編著『近代中国を生きた日系企業』大阪大学出版会、2011年。

中林真幸『近代資本主義の組織——製糸業の発展における取引の統治と生産の構造』東京大学出版会、2003年。

中村隆英『戦時日本の華北経済支配』山川出版社、1983年。

中村隆英『昭和経済史』岩波書店、1986年。

中村隆英『昭和恐慌と経済政策』講談社、1994年。

中村政則『戦後史』岩波書店、2005年。

名和統一『日本紡績業と原棉問題研究』大同書院、1937年。

西川博史『日本帝国主義と綿業』ミネルヴァ書房、1987年。

E・H・ノーマン『日本における近代国家の成立』岩波書店、1993年。

野口悠紀雄『1940年体制——さらば戦時経済（増補版）』東洋経済新報社、2010年。

長谷川貴彦『産業革命』山川出版社、2012年。

原朗『日本戦時経済研究』東京大学出版会、2013年。

K・ポメランツ／S・トピック、福田邦夫・吉田敦訳『グローバル経済の誕生——貿易が作り変えたこの世界』筑摩書房、2013年。

堀和生『東アジア資本主義史論 I ——形成・構造・展開』ミネルヴァ書房、2009年。

松村高夫・解学詩・江田憲治編著『満鉄労働史の研究』日本経済評論社、2002年。

松本俊郎『「満洲国」から新中国へ——鞍山鉄鋼業からみた中国東北の再編過程1940-1954』名古屋大学出版会、2000年。

溝口敏行『アジア長期経済統計〈1〉台湾』東洋経済新報社、2008年。

光田剛『中国国民政府期の華北政治——1928〜37年』御茶の水書房、2007年。

湊照宏『近代台湾の電力産業——植民地工業化と資本市場』御茶の水書房、2011年。

柳沢遊『日本人の植民地経験——大連日本商工業者の歴史』青木書店、1999年。

山田盛太郎『日本資本主義分析——日本資本主義における再生産過程把握』岩波書店、1977年。

吉川洋『高度成長——日本を変えた六〇〇〇日』中央公論新社、2012年。

E・A・リグリィ、近藤正臣訳『エネルギーと産業革命——連続性・偶然・変化』同文館出版、1991年。

レーニン、宇高基輔訳『帝国主義』岩波書店、1956年。

---

1 E・A・リグリィ、1991年。

2 K・ポメランツ／S・トピック、2013年。

3 長谷川貴彦、2012年。

4 「リカードの罠」あるいは二重構造モデルとして定式化された開発経済学のモデルにおいても、国内市場の狭隘性とそれを補うための海外市場の重要性は今日でも広く認知されている。マイケル・P・トダロ／ステファン・C・スミス、2010年。

5 19世紀後半期、イギリスにキャッチアップしようとした後発の欧米諸国はいずれも工業製品に対して高い関税率を課した。イギリスも工業化の初期段階では保護主義を採用している。ハジュン・チャン、2009年。

6 戦争が資本主義の産物である、という理解が19世紀後半期までに欧圏では常識的見解であったことは、ゾンバルトの次の言葉が示している。「戦争と資本主義との間になんらかの関連があるに違いなかったことは、ちょっと考えただけでも、確実だと思われる。しかも、しばしば、この関連がいやというほどはっきりと確認されている」。ヴェルナー・ゾンバルト、2010年。

7 レーニン、1956年。レーニン以前に帝国主義の経済構造を理論化した研究として、過少消費と過剰貯蓄が海外領土獲得の要因として見たホブソン、そして企業独占と金融支配が19世紀後半から西欧で顕著になった点を洞察したヒルファーディングを挙げることができる。

8 山田盛太郎、1977年。

9 帝国主義は資本の輸出であるとレーニンは定義したが、日本はむしろ資本不足の国
 でありながら植民地を経営したため、「小人の帝国主義」とも揶揄された。それに対
 して講座派は、資本不足を補うために、日本はより多くの労働搾取を行った点を鋭
 くついた。明治期の繊維産業における若年女子の賃金は「インド以下」ともいわれた。
10 日本の産業革命は、通説では日清・日露戦争を経て確立したとされている。1980年
 代以降、経済成長論の視点を押し出した日本経済史研究では、日本の近代国家とし
 てのトータル的な理解は後退してしまう。しかし、講座派はむしろ経済と政治の統
 合的な解釈を目指した。この研究の今日的な到達の1つが石井寛治、1997年であろう。
11 フリーダ・アトリー、1998年。
12 名和統一、1937年。
13 名和統一、1937年、473頁。名和の整理は1930年代の日本の対外経済構造として今
 日でも広く共有されている。杉原薫、1996年は名和統一のこの叙述に対して「筆者は、
 この理解そのものは基本的に正しいと思う」と述べ、彼の見解を批判的に継承して
 いる。
14 フリーダ・アトリー、1998年所収の「訳者解説」。
15 沢井実の見解については、小堀聡から教示を受けた。
16 E・H・ノーマン、1993年。
17 中村隆英、1986年。中村はGHQの戦後改革を総評して以下のように述べている。
 「全体とすれば、経済的、社会的な平等化が進んだということだけはいっていいと思
 います。産業のなかでも巨大企業がない、いわば競争的な体質が生まれた」206頁。
18 石井寛治、2012年、4頁。
19 国際協調こそが日本の国益にかなっているという立場から、日中の経済関係を通じ
 て平和を実現しようとした試みについては、久保亨論文、2011年を参照。
20 原朗、2013年。
21 柳沢遊、1999年。
22 日本帝国主義の対外的志向性について、市場と資源を一体化せずに、両者を分けて
 それぞれの利害を早期的に検討したのも石井寛治の功績である。石井寛治、2012年。
23 光田剛、2007年。
24 高村直助、1982年。
25 高村直助、1982年。
26 1920年代の不況の諸相については、大阪朝日新聞経済部編、1999年。
27 中村隆英、1994年。
28 高橋是清の人物像に迫った研究としてリチャード・J・スメサースト、2010年がある。
 石井寛治、2012年は高橋是清を合理的な経済人として描くことに否定的である。む
 しろ彼の衝動性、優柔不断性に高橋財政が不徹底さを欠いた要因を見ている。
29 中林真幸、2003年。
30 原朗、2013年。
31 原朗、2013年。
32 アメリカでは日本企業に資金を提供することは、日本の中国侵略を手助けすること
 になる、と考えられた。とくに当時の国務長官のスティムソンが満洲問題について
 強く非難していた。
33 籠谷直人、2000年。

34 原朗、2013年。

35 井上寿一、2011年。

36 中村正則、2005年。

37 アンドルー・ゴードン、2013年。

38 石井寛治、2012年。

39 岡崎哲二・奥野正寛編、1993年。

40 1940年代を重視する立場は、野口悠紀雄、2010年。

41 堀和生、2009年。

42 溝口敏行、2008年、金洛年編、2008年。

43 湊照宏、2011年。

44 P・J・ケイン／A・G・ホプキンス、1997年。

45 松本俊郎、2000年。

46 ただし戦後、アメリカ（中国の場合ソ連）から提供された資本財の建設も大きい点は留意されるべきである。たとえば、A・エクスタイン、1980年。

47 満洲の事例については、松村高夫・解学詩・江田憲治編著、2002年。

48 朝鮮の鉄道の事例については、林采成、2005年。

49 富澤芳亜・久保亨・萩原充編著、2011年。

50 中村隆英、1983年。

51 内田知行、2005年。

52 資本輸出を帝国主義として位置づけ、経済支配の観点から事実を整理した研究は、1980年代以降にもいくつか存在する。たとえば、西川博史、1987年、坂本雅子、2003年。

53 吉川洋、2012年。

中国	# 1935年までの国際経済秩序と 日中間の経済・貿易関係

閻慶悦（山東財経大学）

松村史穂 訳

はじめに

　1931年9月、日本は満洲事変〔九・一八事変〕を起こし、中国東北地方を侵攻・占拠した[1]。その後、華北や上海などでも軍事衝突が続き、1937年7月、日本軍は盧溝橋事件を引き起こした。中国軍は奮起して抵抗し、日中戦争が全面的に勃発した。

　本論はまず、1935年までの国際経済秩序の変遷と世界恐慌、そしてその危機が日中両国におよぼした影響を分析する。次に、この期間の日中経済関係を総括的に述べる。最後に、日中経済関係と日中戦争〔抗日戦争〕勃発との関連について、筆者の考えを述べる。

　本論は主に中国語文献を利用する。考察対象の期間は20世紀初めから1935年までであるが、必要に応じてその前後も含むこととする。

183

1. 国際経済秩序と日中両国の経済への影響

1.1 国際経済秩序

　1870年代から20世紀初頭にかけて、第2次産業革命のうねりにより、西洋列強諸国の科学技術と生産力は向上した。そして工業化と工業生産能力が急速に拡大したため、その経済力と軍事力は大いに強化された。経済力の拡大によって、各国は原料産地や商品販売市場を世界規模で広範に捜索・開拓しなければならなくなり、このことが植民地政策のいっそうの推進をもたらした。同時に、資本主義は自由競争段階から独占の段階へと移行し、最終的には独占資本主義が形成された。国内では生産と資本の集中が進み、各国間の経済発展の不均衡が激化した。列強各国の経済力の優劣関係は急激に変化し、古くからの強国であるイギリスやフランスの経済発展は、相対的に緩慢になった。反対に、新興のアメリカ、ドイツの経済は飛躍的に発展し、また日本、ロシア、イタリア、オーストリア＝ハンガリー帝国も強国の仲間入りを果たした。そのためアメリカ、ドイツ、日本などの後発国家の経済力は、植民地や世界市場での占有率との釣り合いが取れなくなった。なぜなら経済力が下降傾向にあったイギリス、フランスなどの植民地は、経済力が急速に上昇するアメリカやドイツよりも多かったからである。

　こうした背景のもと、列強間の世界覇権をめぐる闘争は日ましに先鋭化し、新たな世界分割が行われざるをえない状況となった。19世紀末から20世紀初め、西洋列強は世界的規模で、租借地の掌握と勢力範囲の分割の狂騒に明け暮れた。

　この時期、資本輸出は列強が対外拡張するうえでの重要な手段となった。列強の直接投資の担い手となった多国籍企業が、すでに生まれていた。資本輸出には2種類の形式、すなわち貸付資金の輸出（間接投資）と生産資金の輸出（直接投資）がある。各国の独占資本が対外的に拡張するにつれ、激烈な競争による両者共倒れを回避するために、各国の独占資本は一時的に妥協せざるをえなくなり、一定の形式による国際同盟を結成した。こうして資本主義経済は世界的規模に拡張し、統一的な世界経済システムとなった。しかし、列強間の

世界分割をめぐる闘争が日ましに先鋭化するにつれ、戦争以外の手段でその矛盾を解決することが難しくなっていった。第1次世界大戦前、ドイツとイギリスはヨーロッパおよび世界の覇権を争奪するため、各々を盟主とする対立的な軍事同盟を形成した。これは最終的に、第1次世界大戦の勃発を引き起こした。戦争の間、各国の独占資本主義は大きな発展を遂げた。その結果、独占資本の利潤は激増し、多くの民衆の生活は租税、公債、通貨膨張などの負担によってあまねく悪化した。

　他方、広大なアジア、アフリカ、ラテンアメリカの経済はいっそう植民地化され、あいついで帝国主義国の経済的付属物となった。これらの植民地・半植民地は、帝国主義国の原料産地および商品販売市場となるだけでなく、それらの国々の投資先ともなった。他方、外国資本の侵入により、植民地・半植民地国における民族資本の形成や近代工業の成長が促された。しかし列強の種々の抑圧により、その発展は微弱で畸形的なものとなった。

　第1次世界大戦は、世界経済に甚大な影響を与えた。戦争は世界の生産力を破壊し、主な資本主義国の経済的優劣関係を大きく変えた。そのため、各国の経済発展の不均衡はいっそう激化し、深刻な矛盾と衝突を生み出した。また戦争により、植民地と帝国主義国の間の矛盾、帝国主義国内部の階級矛盾が深まり、一部の国家では革命が勃発した。

　ロシア10月革命の勝利は、既存の世界経済システムを破壊した。こののち世界には社会主義と資本主義の2つの社会経済制度が並立し、互いに争う時代へと突入した。各地の民族解放運動が増加し、植民地システムを危機に陥れた。帝国主義国間の経済発展はいっそう不均衡なものとなり、原料産地や投資先、商品販売市場や勢力範囲等をめぐって争奪が激しくなり、相互の矛盾は次第に先鋭化した。

　両大戦の戦間期、2度の大規模な経済危機が発生した。そのうち1929年から1933年の経済危機は大規模かつ長期間にわたり、世界経済史上もっとも深刻な危機であった。危機のさなか、各国の工業生産は急降下し、市況は低迷し、物価は急落した。また企業は大量に倒産し、失業者数は激増し、国内の情勢は不穏になった。国際的に見れば、経済の秩序は失われ、貿易額は急落した。各国は競ってブロック経済政策を実施し、貿易保護主義が盛んに行われた[2]。そ

中国　1935年までの国際経済秩序と日中間の経済・貿易関係　　185

して貨幣価値は下落し[3]、金本位制はあいついで廃止された[4]。危機が過ぎ去ると、各国の経済は不況期へと突入した。

各国は危機から脱するため、一連の危機予防策を実施した。1936年になって、経済はようやく復活の兆しを見せるも、好況は長く続かなかった。1937年下半期、欧米諸国では新たな経済危機が起こった。ドイツ、イタリア、日本といった国は経済の軍事化などを行ったため、この危機の衝撃は比較的軽かった。

各々の帝国主義国内部では、統治の強化、経済危機からの脱却、そして新たな世界分割のために、国民経済の軍事化を広範に実行し軍需工業を発展させた。その過程で、ドイツ、イタリア、日本などは軍国主義を進め、新たな侵略戦争を始める準備をし、最終的にはファシズムの道を歩んだ。

1.2　日中両国の国内経済

19世紀半ばから、「当時の世界情勢では、資本主義が後進地域にむかって侵略を開始した」[5]。アジア等は、西洋植民者の重要な侵略対象となった。第1次世界大戦後、イギリス、日本、アメリカなどの帝国主義国は、東アジアに対して経済的侵略、支配、略奪を行った。それらの国は、東アジア各国の対外貿易に対するコントロールを強め、投資を拡大し、金融経済の命脈を掌握しようとした。日本以外の多くの東アジア諸国は、程度の差こそあれ、帝国主義による植民地搾取、奴隷のような酷使と支配を受けた。各地の経済的植民地化はよりいっそう進み、民族資本が徐々に成長し、工業化も一定程度の発展を遂げた。

第1次世界大戦期、古くからのヨーロッパ植民主義国家は、極東を顧みる余裕がなかった。そのため日本の侵略拡張政策に隙を与え、また日本経済に大戦景気がもたらされたため、日本の独占資本は急速に膨張した。

第1次世界大戦の2年目の夏から日本の輸出は激増し、海運業が隆盛を迎えた。これにより、輸出産業や造船業、鉱業を含む基礎的工業および関連産業は、発展と繁栄のきっかけをつかんだ。各産業部門はみな急速に拡張した。第1次世界大戦を通じて、日本は明治以来の長期的な入超国から出超国へと変化し、産業構造も戦前の農業国から工業国へと変化した[6]。同時に、戦争成金が財をなし新財閥となった。独占資本はいっそうの発展を遂げ、中国との貿易額・投資額はいずれも急拡大した。

第1次世界大戦後から満洲事変前まで、日本ではあいついで3度の経済危機が発生した。危機の間、企業は倒産し、銀行は取り付け騒ぎに遭遇した。また株価は暴落し、経済は不況に陥った。1930年代初めの昭和恐慌は、日本の経済、政治、社会、対外戦略のすべてに大きな影響を与えた[7]。

　19世紀半ば以降、依然として「天朝上国」〔中華文明の中心に位置する王朝国家〕の座にあった中国は、西洋列強の侵入により多くの不平等条約に調印させられた。日清戦争以後、中国を中心とする朝貢秩序は瓦解し、東アジアにおける地位は急落した。中国が直面した情勢とは、「帝政ロシアが北方を蚕食し、イギリス・フランス両国がインドから海岸沿いに西南地方と内陸を侵略して、2大勢力による世界的な争奪をくりひろげた。アメリカは後から追いつき、ヨーロッパ植民主義の足跡をたどりながら、中国侵略の征途についた」[8]。中国の領土は完全に破壊され、国家の主権もいっそう失われ、徐々に半植民地国家へと転落した。

　久保亨は、1912-1948年の中国工業発展に関するデータと指数について、推算と修正を行った。そこから以下の諸点が明確に示された。第1次世界大戦期の生産は拡大し、その反作用として1920年代前半に生産過剰が生じた。1920年代の国民革命期には生産が低迷したが、その後回復し持続的に上昇した。世界恐慌が1930年代前半に中国に波及し、経済危機を生んだが、1935-1936年に景気は回復した。1938年以後は、戦争景気により生産の増大がもたらされた[9]。

　中国が世界恐慌期に直面した状況は、多くの西洋諸国とはまったく異なるものだった。世界的な経済危機が1929年に蔓延したとき、中国は銀本位制を実施していたために、1929-1931年の間は短期的な経済繁栄を享受した。しかし1932年以降、大多数の西洋諸国はあいついで金本位制を放棄し、固定為替相場の束縛から抜けでるとともに、拡張的な通貨政策を採用し、不況から徐々に回復へと向かった。これに対し、中国はむしろ1932年から不況に見舞われた。その原因は主に、西洋諸国が金本位制を廃止し、中国の貨幣価値が上昇したこと、またその後アメリカの銀買い付け政策により、中国の銀が国外に流出したことの2つにより、重大なデフレが発生し、中国の貿易条件を悪化させるとともに、深刻な農業危機をも引き起こしたからである[10]。1934年の銀に対する輸

中国　1935年までの国際経済秩序と日中間の経済・貿易関係　　187

出税の徴収と1935年の幣制改革により[11]、中国は拡張的な通貨政策を採用できるようになり、最終的に経済危機から脱出した[12]。

　1930年代の世界的大不況が中国経済に与えた影響は、長らく学界の注目を浴びてこなかった。大不況が中国経済に及ぼした影響は大きくない、あるいは限られたものだというのが、代表的な見解だった[13]。一方、大不況が中国経済に与えた衝撃は大きかったと考える学者もいる。たとえば城山智子は、中国経済の発展を世界的視野のなかで考察し、中国の国内政策と国際経済との関連を重視するなかで、以下のように指摘する。19世紀後半から形成された中国経済は一種の対外開放の局面にあり、世界経済の変化と密接にかかわっていた。中国が銀本位制を採っていたことや、企業が銀行からの貸付に過度に依存していたことなどは、中国経済を左右する重要な要因であった。1931 - 1935年の間、中国経済は正常に動かなかった。1935年3月までに、上海では1000以上の企業が倒産し、失業者数は50万人に達した。1935年11月、中国政府は銀本位制の離脱という幣制改革を行った。これにより、為替相場の安定と中国経済の回復がもたらされ、また中国元（法幣）はいかなる通貨ブロックとのリンケージも回避することで、中国経済の世界経済に対する開放性を維持することに成功した[14]。

　他方、管漢暉は世界的な経済危機のなかで、中国経済の状況は大多数の国よりましであったと考える。恐慌期の中国経済に対して重要な役割を果たしたのは、2つの点であった。1つは銀本位制、もう1つは競争的な銀行システムである。銀本位制を採っていたために、中国経済が低迷する過程は金本位制の西洋諸国とは異なり、西洋諸国が主に財政政策を通じて恐慌を乗りきろうとしたのとは異なっていた。また中国には特殊な銀行システムが存在したため、貨幣供給が一貫して減少せず、銀行危機があまねく発生することはなかった。これらは、中国経済が恐慌期に比較的よい状況を保てた重要な要因である[15]。

2.　日中間の経済関係

　近代日中関係史のなかで、両国の経済関係史は重要な一部分を構成している[16]。しかし、関連文献を整理するなかで筆者が発見したのは、民国期の日中

経済・貿易関係史については中国国内であまり重視されず、研究成果が相対的に少ないということである。また両国の経済・貿易関係と戦争との関連を考察したものはごくわずかで、体系的な考察もほとんど存在しない。これはおそらく以下のためであろう。①当時、中国の学界は日本に対してきわめて強い関心を持っていたものの、注目の焦点は両国の経済・貿易関係ではなかった。②史料が乏しい、または失われている。③中国の社会・政治の変化、改革開放以来の経済・社会の変化が学界の研究動向に対して影響を及ぼしている、など。

1949年以前の中国において、この時期の日中経済関係史についての研究は比較的遅くに始まった。20世紀初頭の10年間はほぼ空白だった。1915年に日本が中国に「21ヵ条要求」を提起したことにより、中国を全面的に侵略しようとする日本の野心がむき出しになった。中国人は日本の武力侵略に対する警戒を強めたが、日中経済関係と日本の経済侵略に対しての注意はおろそかだった。1915年以降、これに関係する研究成果は徐々に増加したものの、1920年代を通じて日中経済関係に関する専著はあらわれなかった。1930年代に入ると、日本による中国経済への侵略は拡大・激化し、日中経済関係についての研究も深まりを見せた。1940年代に入ると、中国の広大な国土が日本の手中に落ち、日中経済関係史の研究は大幅に制約された。しかしこの時期には日中経済関係についての著作がまだ出版されていた[17]。

中華人民共和国の成立初期、近代日中経済関係史に関する専門的な研究は、ほとんど存在しなくなった。しかし中国経済史の研究、とくに近代中国経済史と対外関係史の研究は、日中経済関係に必然的に言及しなければならなかった。したがって、日中経済関係史についての考察は、これらの研究のなかにあらわれた。そのうち日中経済関係についてもっとも多く言及したのは、厳中平『中国棉紡織史稿』（科学出版社、1955年）であろう。呉承明『帝国主義の旧中国における投資』〔『帝国主義在旧中国的投資』〕（人民出版社、1955年）にも多くの記述があり、また資料的な性格のものとしては厳中平等編『中国近代経済史統計資料選輯』（科学出版社、1955年）などがある。1950年代末から近代日中経済関係史の研究は増え、また以前とは異なる専門的研究が出現した。1966年の文化大革命の開始により、このテーマに関する論著は10年間の空白期を迎えた。

文革の終息後、近代日中経済関係史の研究は再開された。中華人民共和国成

立後から1980年代末まで、このテーマの研究は考察対象が幅広く地域的な成果は少なくなかった。しかし包括的な論著は欠如し、研究の不連続性や考察対象の偏りといった特徴が存在した[18]。1990年代以降も、この状況が大きく変わることはなかった。

　以下、筆者は二国間の経済・貿易に関連する外交交渉、条約、貿易、投資、借款などの方面から、中国国内の研究を概観する。

2.1　外交交渉および条約からみた日中経済関係

　清末における日中間の通商条約体系は、二国間の貿易関係を規範化する法的根拠であり、また近代における両国の条約体系の主軸でもあった。清末の通商条約体系は、日清修好条規、下関条約〔馬関条約〕などの政治的条約を基礎とし、具体的には通商章程、通商航海条約、通商公立文憑によって構成される。この体系は平等から不平等へ、互利互恵から片務的特恵へと変化した。したがって、この通商条約体系と密接に関連する経済貿易関係もまた、両国の均衡的な関係からどちらか片方の国がダンピングを行うものへと、急激な転換を迎えた[19]。

　第1次世界大戦中の1915年、日本は中国に対して「21ヵ条要求」を提出した。その主な内容は以下の通りである。山東の一切の権益を日本が継承する。大連・旅順の租借期限および満鉄・安奉鉄道の管理期限を99年に延長し、南満洲と東部内蒙古における日本の権益を拡充する。漢冶萍公司を日中合弁事業とする。中国は財政などの領域において日本人顧問を招聘するなど。最終的に、2条約（山東に関する条約、南満洲および東部内蒙古に関する条約）および13交換公文が締結された。そのなかには、膠州湾を商業港湾として開放することなどの内容が含まれていた。

　1916年、中国への投資を通じて安徽派を主とする親日派を育てるため、西原亀三は段祺瑞政権と8件の項目からなる西原借款を締結し、借款総額は1.45億円に達した[20]。

　1917年11月、日本とアメリカは石井・ランシング協定を締結した。そのなかでアメリカは、日本の中国における特殊権益を承認し、また両国は門戸開放と機会均等を支持するとした。

190　第3章　経済関係

1918年、アメリカは、日本、アメリカ、イギリス、フランスが新四国借款団を組織し、中国への借款を行うことを提唱した。しかし北京政府はこれに対して疑惑を抱いたため、日本と単独で、新四国借款協議と抵触する南潯鉄道延長借款および四洮鉄道借款を締結した。1918年9月24日、済南・順徳間および高密・徐州間の鉄道を日本借款により建設する文書が交換された。

パリ講和会議において（1919年1-5月）、日本の要求により山東問題がヴェルサイユ条約内に記載され、鉄道・鉱山・海底ケーブルなどの山東権益がドイツから日本に移るとされた。そのため中国代表団は条約調印を拒否した。パリ講和会議のあと、中国の反日感情は高まり、日本商品ボイコット運動が1年間つづいた。日本に対して不信感を抱いた中国政府は、日本との直接交渉のみを拒絶した。

1921年11月-1922年2月にワシントン会議が開かれ、中国に関する9ヵ国条約、海軍軍備を制限する5ヵ国条約、太平洋問題に関する4ヵ国条約が締結された。9ヵ国条約では、中国領土の保全、門戸開放、中国での商業機会の均等といった内容が含まれていた。ワシントン会議の期間、日中両国は山東懸案をめぐる条約を締結し、15年期限の国債により日本利権下の鉄道財産を受け戻すこと、また日中合弁の鉱産物などについて規約をまとめた。さらに会議期間中、中国の関税についての条約を締結し、中国が関税を引き上げることに同意した。そのほか中東鉄道問題などについて討論した。しかし中国の関税自主権を回復し、治外法権を廃止するといった問題については合意に至らなかった。

1930年5月6日、日中関税協定が正式に結ばれた。協定にもとづき、日本は中国で最恵国待遇を受け、また国民政府は関税自主権を獲得した。しかし110種の日本からの輸入商品については、一時的に不課税とされた。

満洲事変以後、日中両国の外交交渉は東北・華北問題の解決方法、両国による国交改善の調整、経済連携、文化協力などをめぐって展開した[21]。

1933年5月の塘沽停戦協定締結後、満洲事変は一応の決着は見たが、華北の形勢は依然として不安定だった。経済方面では、中国と満洲国の連絡に関して以下の協議が結ばれた。①鉄道について。日中合弁の民間会社を設立し、1934年6月から豊田・北平間を走行する列車を運営する。②郵便について。1934年12月に郵便業務について協議する。③日中双方は長城を境界として海

中国　1935年までの国際経済秩序と日中間の経済・貿易関係　191

関を設置する。

日中間の緊張関係を緩和するため、1935年から1936年の間、何度も交渉が持たれた。そのうちもっとも重要なものは1936年9月から12月にかけて、国民政府外交部長の張群と日本駐華大使の川越茂が進めた、いわゆる国交調整交渉である。交渉の過程で、経済・貿易に関する議題としては、上海・福岡間の通航、成都開埠、関税協議、経済協力などが存在した[22]。

1937年3月、日本政府は経済界の巨頭である児玉謙次を団長とする訪中経済使節団を派遣した。国民政府は使節団を丁重に扱った。張群と児玉は秘密交渉を行い、華北問題が国交調整上の最大の障害であるため、解決すべきであるという点で合意を得た。しかしこの問題については、張群が政治交渉を通じて解決すると主張したのに対し、児玉は経済的に徐々に解決していくと主張し、双方の意見は不一致を見た。日中両国の全面的な経済提携について、国民政府は当初より否定的な見解を示さず、4項の原則を明示した。①経済協力は純粋な見地から行われるべきであり、中国の法律を基準とする。②鉄道、鉱山などの建設と開発は技術的な参加を中心とし、主権を損ねない。③農業方面では生産の増大を重視するが、原料の搾取を目的としてはならない。④日中貿易問題については、中国工業の発展を助けるという見地から、日本は中国商品に対する輸入税を軽減すべきである。この4項の原則は、中国の経済的独立、完全な主権、国家統一を象徴するものであり、児玉も反対しなかった。交渉の間、日中双方の意見の不一致は、河北省東部における密貿易、関税調整、幣制改革の3つの問題について存在するという認識に達した両国は、最終的に以下の3点について妥結した。①具体的な経済提携の実務を協議する金融、紡績などの分科委員会を設立する。②中国側は棉花改良問題について、日本と協力を進める。③中国にある日本資本銀行は、幣制改革以来凍結している銀のストックを、国民政府に引き渡す。

児玉使節団の中国訪問は、日中国交を根本から調整できたわけではなく、また日中関係の悪化を変えることも、またその後の日中全面戦争の勃発を阻止することもできなかった。しかし、児玉使節団のような民間外交は、戦時期に日本経済界が中国に対して民間外交を行ううえでモデルとなる役割を果たした[23]。

192　第3章　経済関係

2.2　二国間の経済・貿易関係

　樊衛国によれば、20世紀以降の中国対外貿易は、対イギリス、対アメリカ、対日本、対東南アジアの4つの局面に分けられる。このうち前3者の貿易は支配的な地位を占め、中国の対外貿易の主軸をなした。対東南アジア貿易額の比重は大きくないが、中国工業製品の輸出という点では得がたい海外市場だった。陳争平によれば、1912‐1936年、中国の輸入品は主に直接消費財であり、輸出品は主に農産物原料、手工業製品、半製品であった。このことは、植民地的な輸出入貿易の局面が依然として存在していたことを示している[24]。

　張莉莉は比較と計量の方法を用いて、1871‐1931年の中国東北地方と日本との貿易の開始、発展、特徴を考察し、また近代日本と東北地方の社会発展が貿易に与えた影響を、包括的に検討している。日露戦争以前、東北地方と日本の貿易は初歩的な段階にあった。日露戦争後から第1次世界大戦の終結にかけて、双方の貿易は急速に発展した。第1次世界大戦終結後から満洲事変以前において、欧米諸国の商品が東北市場に再び戻ってきたこと、また世界恐慌の衝撃といった理由により、日本と東北地方の貿易は大きな影響を受けた。それは一定の発展をみたものの、不安定さを増した。この時期の東北地方の対日本貿易は、一部の期間を除き、長期的な出超を維持していた。同時に全国の対日貿易は、連年の入超だった。これは大豆と大豆製品を主とする農産物・鉱産物の輸出が、東北地方の対日輸出に大きな比重を占めたためである。双方の貿易の性質は、資本主義国家と半植民地国家の間の貿易であり、東北地方の社会経済の発展を促進する作用もあれば阻害する作用もあった[25]。

2.3　投資と借款[26]

　中華民国期、国内の外国資本は急激に拡張し変化した。それは数量上大きく増加したのみならず、投資先も内陸や農村へ浸透した。また投資先の産業分野もより広範になり、農業は徐々にその開発対象となった。投資国の国別構成は、列強の中国における勢力の消長にしたがい、清末にはイギリス、ドイツ、ロシア、フランスの4ヵ国が主体であったが、第1次世界大戦後は日本、イギリス、アメリカの3ヵ国が肩を並べた。1931年以後、日本資本は徐々にトップの地位

中国　1935年までの国際経済秩序と日中間の経済・貿易関係　　193

にのぼりつめた。民国期の外国資本の急速な拡張により、列強は中国から大量の物資と高額の利潤を獲得し、中国経済は植民地的な性質を強めた。また、中国の産業構造と地域経済構造の変化にも影響を与えた。列強は中国資本を圧迫・利用するだけでなく、中国資本の進歩を一定程度うながした[27]。

　日清戦争と日露戦争ののち、日本資本は大規模な中国進出を始めた。1896年7月、日本は清朝に日清通商航海条約の締結を迫った。これにより日本は、自らが欧米列強との条約修正により廃棄した内容を、中国に押し付けた。

　第1次世界大戦とその後の期間、日本は華北での経済勢力を拡張し、中国への投資額は急速に増大した。杜詢誠の推算によれば、1914年の日本の対中投資額は、各国による対中投資総額の22.2％を占め、イギリス（34.2％）に次ぐ第2位の地位を占めた。1931年になると、日本の対中投資額は各国投資総額の50.9％に達し、第2位のイギリス（27.7％）をはるかにしのいだ[28]。1915年5月、日本は袁世凱政府に21ヵ条要求の承認を迫り、それによって中国における多くの経済的特権を獲得した。それはたとえば、東北地方・内蒙古・山東における経済拡張、漢冶萍公司の日中合弁化、港湾および島嶼租借権の独占などを含み、それによって日本の対中国投資額は急速に増大した。1914‐1930年における直接投資の年増加率は11.15％に達し、1914‐1925年における借款と投資の年増加率は、さらに高い20.49％に達した。1920年の投資総額は4.66億米ドルとなり、1914年よりも108.21％増加した。そのうち直接投資は3.52億米ドルで、1914年よりも88.59％増加した。また各国の対中国投資総額に占める比重も23.12％に上昇し、第4位から第2位まで順位をあげた。1930年、日本の対中投資は13.86億米ドルと急増し、それにしたがって直接投資額も10.13億米ドルまで増えた。これはそれぞれ1920年よりも197.26％と187.89％増加し、外資投資総額の比重は41.83％に上昇し、その他の国家をはるかに超えるものとなった。この段階で日本の対中投資構造は直接投資を主としていたが、借款投資の増加速度は直接投資よりも速く、直接投資が投資総額に占める比重は上昇するのではなくむしろ低下した。1914年には83.3％だったのが、1920年には75.45％、1930年には73.07％へと下降した。このほか、日本は植民地の経営と原材料の略奪のために、東北地方における農林業投資を開始し、移民開墾と水利修築などの事業を展開した[29]。

このように、第1次世界大戦とその後の期間において、日本は対中投資の覇者の地位を徐々に確立し、中国に対する経済拡張計画を不断に修正して完全なものとした。そして中国への経済侵略の拠点をうちたて、その後のさらなる経済拡張の布石をうった。

　満洲事変以前、日本の経済進出は主に東北地方、上海、山東に集中し、東北地方がその最たるものだった[30]。とくに満洲事変以後、日本は東北地方において植民地化のための経済政策を進めた。東北地方は日本経済を直接構成する一部分となり、また対中国経済侵略の大本営となった。日本の東北地方に対する経済侵略政策は、日本当局が直接的に制定しただけでなく、満洲国政府〔偽満洲国傀儡政権〕も露払いとして利用された。満洲事変から1945年の日本降伏まで、日本当局と満洲国政府が制定した重要な経済政策文書は、以下の通りである。1931年12月8日、関東軍参謀本部第三課（後に特務部と改称）が制定した「満蒙開発方策案」、1932年8月に関東軍特務部が制定した「満洲経済統制根本方策案」、同年12月に満洲国政府が制定した「満洲経済建設第一期総合計画案」、1933年3月に満洲国政府が公布した「満洲国経済建設綱要」、1934年3月に日本政府が制定した「日満経済統制方策要綱」、同年6月に満洲国政府が公布した「一般企業に対する声明」、1935年6月に公布された「工業企業家に対する期待〔対工業企業家的期望〕」、1936年5月に関東軍司令部が制定した「満洲農業移民百万戸移住計画案」、同年6月に日本参謀本部が発表した「満洲国に対する期待〔対満洲国的期望〕」、同年8月に日本陸軍省が下達した「満洲開発方策綱要」、関東軍司令部が制定した「満洲国第二期経済建設要綱」、1937年5月に満洲国政府が制定した「重要産業統制法」、1940年11月に日本政府が制定した「日満支経済建設要綱」、満洲国政府が制定した「日満支経済建設連繋要綱」、1942年12月に満洲国政府が制定した「満洲国基本国策大綱」、および多くの特定法規である。これらの文書と法規が示す経済政策は以下の特徴を持つ。①日満経済一体化を目標とし、日本の中国侵略と本土経済発展の必要にこたえる。②計画的統制経済体制を実行する。③軍事工業と重工業を中心とする。④民間投資を誘導する。これらの経済方針と政策の影響により、日本の東北地方における投資は急速に増加した。投資構造は運輸業と重工業を重点とし、国策会社と特殊会社を核心とし、同時に満洲国資本を大規模に運用した[31]。

このほか、当時の背景を詳述する書籍として、庄維民・劉大可の『日本商工業資本と近代山東』は経済史の角度から、1876-1945年の70年にわたる日本商工業資本の山東における投資経営活動の歴史的過程、変化、影響を重点的に考察している。またこれらの活動とこの地域の植民地政策、社会経済との関係を追究し、そのなかの重要問題と意義についても説明している[32]。『日本によるいわゆる「合弁企業」の利用と中国侵略の歴史』は日中合弁事業について包括的に論述し、その意義と本質を考察するものだが、これは近代日中経済関係のうち研究しづらい問題をあつかった、文革以前の得難い代表作である[33]。また「抗日戦争期における国民政府の日本に対する貨幣金融戦」も、これまで研究者が考察しなかった問題を取り上げている[34]。

3. 日中経済関係と日中戦争勃発についての初歩的考察

近代以来、日中関係史の主軸は侵略と被侵略の歴史だった。日中戦争の全面勃発は、日中両国内と国際間におけるきわめて複雑な経済、政治、外交、軍事などの諸要因によって引き起こされた。

外交と戦争は政治の延長線上にあり、また政治は経済を映し出す鏡である。「一切の社会の変遷と政治的変革の究極の原因は、……関連する時代の経済学のなかから探し出すべきである」[35]。近代以来、帝国主義国による対外侵略戦争の最大の原動力は、本国の経済的利益の獲得であった。その具体的な手段として、たとえば原料産地や商品販売市場の探求と拡張、資本輸出、直接的経済略奪などがある。戦争自体もまた経済の後ろ盾を必要とし、経済力の強弱こそが戦争の勝敗を決定する重要な一因である。

3.1 国際的経済環境

近代世界史の経験を総括することにより、国家間の経済衝突に対処する一般的な方法や過程を発見しうる。①両国あるいは多国間の和平交渉。②第三者（国家あるいは国際的組織）を通じた調整。③経済戦の発動、たとえば貿易障壁の設置や貨幣金融戦の発動など。④戦争。

1935年までの国際的経済環境を観察すると、各国はみな自身の核心的利益

をめぐって縦横にかつ臨機応変に対応し、攻守の同盟を結んだ。自国への関わりさえなければ放置し、宥和主義を大いに主張した。国際連盟や９ヵ国条約の類は、基本的に見せかけにすぎなかった。日本の好戦的な軍国主義勢力〔法西斯勢力〕が、国際的要因の抑制をほとんど受けずに戦争を発動できた主な原因は、こうした国際環境にこそあった[36]。日本の中国侵略は孤立した行為では断じてなく、むしろ国際環境の変化全体の一部分であった。日本の敗戦は、中国などの国家の決死の抵抗と無関係ではないが、同時に全世界の各勢力が繰り返し勝負した結果でもあった[37]。

3.2　両国の経済力等の不均衡

　日中戦争の鍵は、双方の軍事力の大きな差のみならず、経済、社会、文化の構造など総合的な国力の差異にあった。これによって日中関係は均衡を失い、東アジアの国際的局面のひずみがもたらされた。

　日中両国が全面的に開戦したとき、日本の近代化は始まってから半世紀以上たち、基本的に近代化は完成していた。工業および軍事の重厚な基礎が築かれ、軍事化に邁進していた。当時、日本帝国主義は世界でもトップの水準の工業的基礎を有し、もっとも先進的な陸海軍の武器を大量生産し、また自己開発できる状況だった。日本は世界で最強の陸軍・海軍を擁する国の１つであり、国民皆兵の総力戦体制をうちたてた。同時に、日本政治と対外戦略を左右する重要な勢力となった軍部が、日ましに膨張した。

　一方、中国では1911−1912年の辛亥革命の勃発と中華民国の成立により、アジアで初めての共和政体が誕生し、近代国家建設を開始した[38]。ここから中国は、伝統社会から近代社会へ、君主帝政国家から近代国家へと変化した。しかし日中戦争の勃発以前、中国は依然として伝統的な農業国であり、近代工業は沿海の商業港湾などの地でまばらに出現するにとどまっていた。国内の主要地域の道路交通はいずれも完成せず、陸軍が使用する軽兵器と弾薬を自前で生産できたほかは（ただし数量は不足し品質も劣っていた）、陸軍の重兵器と海空軍の戦争設備はすべて輸入に依拠していた。そのほか国内の軍閥割拠、国共対立、国内政治の混乱により、半分近くの国土が半ば独立状態にあり、真の統一はいまだ達成されていなかった[39]。

中国　1935年までの国際経済秩序と日中間の経済・貿易関係　　197

3.3　日本の長期的国策

　日本国内では資源が欠乏し、資本は不足し、市場は狭小である。日本は工業化の過程でこれらの制約に直面し、発展の余地を開拓するため、国外に資源供給と商品販売市場を求めた。この選択は、西洋列強の発展過程とほぼ一致している。

　明治維新以後、日本は西洋列強に追随して植民地の拡張を進め、最終的には対外侵略の道を歩んだ。1894年の日清戦争開戦から日露戦争、そしてとくに第1次世界大戦期において、日本は機に乗じてドイツ租借地の山東の占拠を断行し、つづいて中国の主権をいちじるしく損なう「21ヵ条要求」を提出した。1921年に成立したワシントン体制は、第1次世界大戦後の西洋列強と東アジアとの関係、とりわけ中国との関係を調整し、日本だけが中国に対して覇をとなえようとする妄想を打ち砕いた。これにより日本は、欧米列強と協調的な外交方針を採用し、「対中国政策のうえで内政不干渉の原則を貫徹」せざるをえなくなった。しかし、協調外交というごまかしのもとで、日本は依然として中国における大陸政策を進めた。1927年の東方会議では「満蒙分離」の新政策が決定され、日本による中国征服の野心が明らかになった。最終的には満洲事変が勃発した。

　明治維新以来、明治天皇の「国威を四方に布す」を中心とする拡張主義、「脱亜入欧」を中心とする極端な民族主義、新旧財閥を中心とする独占資本主義と満蒙政策などの要因が、日本国内で長期的に混合・醸成された結果、日中戦争が全面的に勃発した。世界恐慌に直面するなかで、日本の政界、財界、軍部、そして世論に左右される国民の間で、国内の経済的・政治的危機を対外拡張に転化することについての共通認識が形成された。対外拡張を急速に行うか緩やかに行うか、穏健に行うか断固として行うかに本質的な違いはなかった[40]。

　このほか、近代日本の対外戦争が挑戦、冒険、成功を繰り返したことは、日本軍の神経を興奮させ、さらなる冒険的行動を強めさせた。この時期の日本国内の政策決定を概観すると、一部の日本軍が中国で突発的行動を起こしたあと、東京の陸軍指導部と政府がこれを追認するというかたちを繰り返している。

1　満洲事変の際に中国側が抵抗せず、その結果、東北地方を失ったことについて、蒋介石は後に以下のような認識を示した。すなわち、事変の勃発について国民政府はその責任を逃れることはできない。しかし東北地方を喪失したことについては、国民政府は責任を負うべきではない。「東北地方を取り戻すことについて、革命党が当然責を負うべきであるが、東北地方を失ったことについては、革命党は責を負うべきではない」。なぜなら「東北地方は満洲事変以前には名目上、国民政府に帰属していたが、軍事権・行政権・財政権はまったくもって独立していた」からである（秦孝儀主編『総統蒋公思想言論総集』第4巻、中央文物供応社、1984年、144頁）。張学良もまた、抵抗の放棄は蒋介石や国民政府とはかかわりがないと認識している。

2　1932年7月のオタワ協定により、イギリス帝国の範囲内では特恵関税制度が確立された。他方、フランスは関税を引き上げ、大規模な輸入割当制度を実施した。またアメリカは、1930年に保護主義的なスムート゠ホーレー関税法を実施した。ドイツは、登記マルク方式により外国為替管理を実施した。第1次世界大戦後に再建された国際金融・貿易システムは、分割と断裂の状態に置かれた。この状況のもと、1932年7月のローザンヌ会議は、1933年6月にロンドンで世界経済会議を開催し、通貨、信用貸付政策、為替相場の安定、貿易などの問題について討論することを決定した。

3　1931年にイギリス・ポンド、1933年にアメリカ・ドルの価値が下落した。

4　イギリスは1931年9月に金本位制から離脱し、その後、日本、アメリカ、フランスなどもあいついで金本位制を廃止した。こうして各国間の通貨戦争が開始された。

5　王芸生編『六十年来中国与日本』第1巻、生活・読書・新知三聯書店、1979年の「修訂導言」2頁。

6　1914年、国民総生産に占める農業生産額は45.1％、工業は44.5％だった。大戦終結後、農業生産額の割合は35.1％に減少し、工業生産は56.8％に上昇した。

7　張経緯「対20世紀30年代初期日本経済危機的再認識」『史学理論研究』2009年第2期。

8　前掲、王芸生編『六十年来中国与日本』の「修訂導言」3頁。

9　仝群旺「『世界経済体制下的民国時期経済（1912-1937）』国際学術討論会総述」『中国経済史研究』2004年第4期。

10　1929年の世界規模での経済危機が発生すると、イギリス、アメリカ、日本などは本国の危機を転嫁するために海外市場を拡大しようとした。中国は列強の共通のターゲットとされた。アメリカは銀政策により世界経済に影響を及ぼした。つまり銀をアメリカ・ドルの通貨準備として納入することにより、金とのリンケージ解消とアメリカ・ドルの切り下げを進めた。同時に本国の銀生産資本家の利益を擁護し、銀買い付け政策を推進したことにより、世界における銀価格が引き上げられた。そのため中国銀は大量に流出し、銀を通貨とする中国の金融恐慌を引き起こした。日本は侵略という方法により直接的に市場を獲得し、銀価格の上昇を利用して大量の中国銀を密輸し、中国の金融危機を悪化させた。イギリスは日本の機嫌を損ねない範囲内で、中国の幣制改革を支持した。そして中国の通貨をなるべくスターリング・ブロックに引きいれ、イギリスの中国における伝統的利益と地位を維持しようとした。1933年以後、各国は通貨切り下げによって通貨戦を開始し、商品の輸出を刺激することで本国経済の引き上げをはかった。これは、銀を本位通貨とし、任意に切り下

げできない中国経済にとって大きな打撃であり、そのため中国通貨は板挟みの状況に陥った。

11 1935年11月3日、国民政府は幣制改革の実施を宣言した。

12 戴建兵「中国近代的白銀核心型貨幣体系（1890 - 1935）」『中国社会科学』2012年第9期。

13 「1920年代の世界経済のなかで、取るに足らない存在だった中国は、むしろ全世界的なこの大不況を平穏にやり過ごしたのである」フェアバンク・フォイヤーウァーカー、〔費正清・費維愷〕編（劉敬坤等訳）『ケンブリッジ中華民国史 1912 - 1949〔剣橋中華民国史 1912 - 1949〕』下巻、中国社会科学出版社、1994年、564頁。

14 城山智子（孟凡礼・尚国敏訳）『大蕭条時期的中国——市場、国家与世界経済』江蘇人民出版社、2010年。

15 管漢暉「20世紀30年代大蕭条中的中国宏観経済」『経済研究』2007年第2期。

16 近代日中経済関係史の対象時期は、一般に、1871年の日清修好条規および通商章程の締結から、1945年の日本敗戦あるいは1949年の中華人民共和国成立までを指す。

17 陳景彦「建国前有関近代中日経済関係史研究述評」『現代日本経済』1991年第5期。

18 前掲、陳景彦「建国前有関近代中日経済関係史研究述評」。

19 邱宏霆「晩清中日商約与双辺経貿関係研究」湖南師範大学修士論文、2014年。

20 最終的に、西原借款のうち1.2億円は貸し倒れで回収不能となった。森川正則「寺内内閣期における西原亀三の対中国『援助』政策構想」『阪大法学』第50巻第5号、2001年、117 - 146頁。

21 劉維開「敵乎？友乎？——中日関係的検討」秦孝儀編『中華民国重要史料初編——対日抗戦時期：緒編』（3）中国国民党党史委員会、1981年、634 - 636頁。

22 戴雄「有関張群出任南京国民政府外交部長期間中日交渉的一組史料」『民国檔案』1988年第2期、31頁；蕭李居「中日外交談判述略（1935～1936）」『抗戦史料研究』2012年第1輯、122 - 138頁。

23 王萌「抗戦前中日国交調整的最後嘗試与失敗——1937年日本児玉経済使節団訪華研究」『史林』2014年第4期。

24 前掲、全群旺「『世界経済体制下的民国時期経済（1912 - 1937）』国際学術討論会総述」。

25 張莉莉「近代中国東北地区与日本貿易研究（1871 - 1931）」東北師範大学修士学位論文、2005年。

26 これは中国（香港・台湾を含まず）に対する列強の直接産業投資と借款を指し、貿易を含まない。

27 虞和平「外国資本与近代中国経済（1912 - 1949）」中国社会科学院近代史研究所編『近代中国与世界——第二届近代中国与世界学術討論会論文集』社会科学文献出版社、2005年。

28 杜詢誠『日本在旧中国的投資』上海社会科学出版社、1986年、7・9頁。

29 章有義編『中国近代農業史資料』第2輯、三聯書店、1957年、27頁。

30 地域別では東北地方に重点を置いた研究が主であるが、そのほか華北、台湾、海南についても研究が存在する。

31 前掲、虞和平「外国資本与近代中国経済（1912 - 1949）」。

32 庄維民・劉大可『日本工商資本与近代山東』社会科学文献出版社、2005年。

33 張雁深『日本利用所謂「合弁企業」侵華的歴史』三聯書店、1958年の「序」。

34 陳健智「抗日戦争時期国民政府対日偽的貨幣金融戦」『近代史研究』1987年第2期。

35 エンゲルス〔恩格斯〕（中共中央編訳局訳）『反デューリング論〔反杜林論〕』第3版、人民出版社、1999年、264頁。

36 当時の国際環境、中国国内情勢、各種勢力間の競争などを総合的に判断すると、満洲事変以前、国民政府と張学良が採用したのは屈辱に耐えて譲歩する不抵抗の政策であった。応戦できる実力がないならば、衝突を拡大し和平と手を切ってはならないと妄信していた。満洲事変後、国民政府はひそかに備戦に着手する一方、日本に胸襟をひらき意思疎通によって和解を達成しようとした。他方、満洲事変をなるべく国際問題として扱い、国際連盟が役割を果たすことを望んだ。しかし事実が証明するように、国際連盟等はまったく頼りにならなかった。

37 楊念群「当年日本何以不能征服中国？」http://wemedia.ifeng.com/282574491762710/wemedia.shtml

38 1912年から1945年までの30余年間、日中関係は一歩一歩戦争に向かった。その原因は近代民族国家をうちたてる時期の差にあった。孫興傑「民国中日関係──反与正」http://www.takungpao.com/mainland/content/2012-09/26/content_1169071.htm

39 前掲、孫興傑「民国中日関係──反与正」。

40 前掲、張経緯「対20世紀30年代初期日本経済危機的再認識」。

第4章
文化関係
——1910年代以降

国会にて野党の抗議を受ける幣原喜重郎外相（左端）　1930年

| 日本 | # 日中文化関係
―― 協力と離反 |

熊本史雄 (駒澤大学)

はじめに

　とかく対立や戦争が強調されがちな19世紀末から昭和戦時期までの日中関係だが、両国間の溝を埋め、友好関係を築こうとする動きも存在した。そうした外交政策の1つに、文化事業が挙げられる。とりわけ、本論で取り上げる「対支文化事業」[1]はその筆頭といえよう。第1次世界大戦後に「新外交」理念[2]が提唱されるなか、対支文化事業は、日本が中国との新たな関係を構築するための切り札として、高邁な理念を掲げて1923年に開始された[3]。

　だがこの事業は、成功裏に終わったとはいいがたい。両国間での友好関係の発展に、必ずしも寄与した訳ではなかったからである。むしろ、1930年代に至り対立を深めていく日中間にあって、対支文化事業は悪化していく両国関係を反映した政策に堕してしまった感すらある。日本が中国との「友好」を唱えて事業を推進しようとしながらも、中国側にしてみれば、「文化侵略」ではないかという疑念がそもそも根柢にあった。加えて1930年代末に、対支文化事業は占領地行政のもとに組み込まれてしまったのである。事業開始当初に高唱された理念は、むなしくも完全に打ち砕かれたのだった。

204　　第4章　文化関係

それではなぜ、協力を求めて創始されたはずの事業をめぐって、両国は離反してしまったのだろうか。本論ではこの点を明らかにすることを課題に、文化事業が抱える「友好」と「文化侵略」という両義性に着目し、日中間で揺れ動いた論理のありようを提示することに努めたい。文化というソフト・パワーに依拠した事業の起源から結末までを日本側に残る文書をもとにして描き、上述の課題を解明することが本論の目的である[4]。

1.　対支文化事業の開始と展開

1.1　第1次世界大戦とソフト・パワーへの注目

　第1次世界大戦期、日中間で留学生事業を含む文化事業構想が再び持ち上がった。この時期、日本の外交当局は、日中関係を対米関係と関連づけて考えていた。小村欣一（小村寿太郎の長男）率いる外務省政務局第一課は、大戦中に獲得した在中権益の確保を最大の課題と捉え、戦後の中国大陸経営における日米関係の重要性に着目して、覚書「支那問題ヲ中心トシテ観タル日米関係処分案」[5]（1916年10月16日付）を作成した。

　覚書の第1項には、「最モ困難ナル」懸案事項として、戦後の日米関係が想定されていた。それは、不安定な中国政局下では対中投資に消極的だったアメリカ人投資家も、「支那ノ時局ニシテ愈々拾収ノ基礎定マルカ又ハ欧州戦争ニシテ終局ニ近」づけば「必ラスヤ進テ支那ニ投資セサレハ已マサルヘク」という認識に基づいていた。そのため、小村は「日米ノ衝突」を意識した。小村はいう。現時の日米関係は、「移民問題ヨリ起ラントスル日米ノ衝突」を「我自制」によりかろうじて「避クルヲ得ヘキ」状態にあるのだと。ただし、そのような状況下であっても、「日米ノ協調」は可能だという。

　小村は、「日米ノ協調」が実現すれば、日本の脅威であった「露国ノ南下」と、華南地域を中心に発展していた「英国ノ資本活動」を「牽制」することができ、露と英に対する「障壁」にもなると考えた。さらに、「米国ノ資本」の運用次第では、「日本ノ対支経営ヲ助成シ得ル」とも考えていた。要するに、門戸開放と機会均等を掲げるアメリカを対中経済活動の場に引きずり込むこと

で、他列国の中国市場での活動を減速させアメリカと"共益"を手にすることも不可能ではない、と認識したのである。「協調」の果てに予期しうる「利益」を、小村はこのように述べたのだった。

アメリカの対中国アプローチに神経をとがらせていたのは、在中国公使の林権助も同様だった。林は、アメリカの豊富な資金力に着目し、「我ニ於テ米国ヲ抱込ミ、其豊富ナル資金ヲ利用シ、支那ニ於ケル我地歩ヲ進ムルノ手段」が得策だとして、アメリカの対中国アプローチを積極的に受け入れて対中国政策に当たるよう具申した[6]。

そうしたなか、1918年1月、アメリカ大統領ウッドロー・ウィルソン（Thomas Woodrow Wilson）が、「平和に関する14ヵ条」を発表した。そこには、民族自決の原則を適用した講和条件と並んで、戦後の国際秩序構想とそれを実現するための「新外交」理念が明示されていた。「新外交」理念には、それまで「帝国主義的協調外交」[7]の舞台にすぎなかった中国に、アメリカ流の新たな国際政治的力学を積極的に持ち込む正当性が内包されていた。

東アジア地域をめぐる国際政治の勢力図が大きく描き替えられようとする情勢を目の前に、日本は対米協調の道を模索すると同時に、対中国「提携」を活性化させる必要に迫られた。その解決策として提唱されたのが、義和団事件賠償金の還付だった。1918年3月8日、本野一郎外務大臣は林に対して、「帝国自衛ノ為及支那開発ノ為」に、還付金の使途構想を示し、後任大臣の後藤新平に引き継いだ。後藤はこれを承け、還付金を中国の経済開発策に充て、「日支両国ノ経済関係ヲ一層緊密ナラシメ」るよう林に訓令したのだった[8]。

ところが、後藤の訓令に林は反論した。同年6月5日、林は後藤へ電報を宛て、還付すること自体は「至極結構ニテ本使予テノ意見ト合致セル」と賛意を示しつつも、訓令に示された使途先が「還付ヲ条件」とした「利権獲得類似ノ措置ニ出ツルガ如キ」であると、異論を唱えたのである[9]。林は賠償金還付を、使途如何によって「美挙」との反応を中国側から得られる好機だと捉え、対華21ヵ条要求以降の冷え切った日中関係を修復する可能性を「実業教育乃至一般教育費又ハ衛生事業」に見いだしていた。林は、対中国外交政策における文化事業の有効性を指摘したのである。この林の建言が契機となって、義和団事件賠償金還付金の使途先に文化事業が選ばれることになった。1923年3月30日、

206　第4章　文化関係

対支文化事業特別会計法が公布され、同年 5 月 5 日には勅令によって外務省内に対支文化事務局[10]が設置された。その後、1924 年 2 月 6 日に「出淵・汪協定」[11]が締結され、対支文化事業は本格的に開始されることになる。

1.2 事業の開始と済南事件の勃発

在中国公使の林と政務局第一課長の小村が文化外交の一環として説いた文化事業は、日中文化提携論に基づく具体的実践であるだけでなく、在満蒙権益拡大と対米協調の両立という困難な課題の解決策でもあった。在満蒙権益拡大の前提として、日中間で良好な関係を構築することが必要であり、同時にそれは、強圧的な「借款主義」に代わる新たな提携策の開始であり、対米協調の方途にもなりえると期待された。

それだけに、事業の施行にあたっては他の外交政策と一線を画すことが重視され、以下の特徴を備えることになった。組織面では対支文化事務局を亜細亜局から独立させて設置し、人事面では文部省からの文部官僚を出向者として配置した。加えて、財源面では対支文化事業特別会計法を制定し、義和団事件賠償金の残額や山東鉄道補償金の一部などを充てた。さらに、対中国本土・対満蒙地域という既存の政策的枠組みや中国の政況に左右されない、政治や経済とは異なった、統合的な視野に立った独自のアプローチが求められた。これらはいずれも、非政治的な視点に立って事業を展開するための措置だった[12]。

とりわけ注目したいのは、事業の実施方法である。文化事業部は、「支那国ニ於テ行フヘキ教育、学芸、衛生、救恤其ノ他文化ノ助長」(「対支文化事業特別会計法」第 5 条第 1 号)を所掌した。文化事業部が事業そのものを実施するのではなく、事業の実施を各団体・学校等の第三者に任せ、みずからは事業を「助長」する、いわば黒衣に徹したのである。

こうして開始された対支文化事業だったが、すぐに転機が訪れた。1928 年 4 月、北伐を続ける国民革命軍が山東省付近にまで進撃し戦乱による禍害が予想されると、田中義一内閣は在留邦人の生命財産保護を名目に派兵し(第 2 次山東出兵)、5 月 3 日、済南にて国民革命軍と日本軍との間で武力衝突が起きることとなった。済南事件の勃発である。

済南事件直後の 5 月 13 日、中国側は、日中共同で組織・運営されていた東

日本 日中文化関係 207

方文化事業総委員会の中国委員の総辞職を通告してきた[13]。翌1929年6月に至ると、今度は日中文化事業協定そのものの廃棄を通告してきた。さらに同年12月26日には、在日中国公使の汪栄宝が対支文化事業の廃止を提議する事態にまで発展した。前年6月に北伐を完成させた国民政府は、各国に対して不平等条約撤廃を要求し始めたが、これもその一環だった。

　事業の廃止要求に対する幣原喜重郎外相の見解は、1930年7月26日付の汪公使宛書簡に示されている。幣原は、文化事業を「当面ノ政治外交上ノ見地ヨリ離脱」させて実施するとし、「政局ヨリ全然独立セル制度ヲ確立」するという方針を回答したのだった[14]。

1.3　革命外交への対応と文化事業の位置

　それでは、この時の「政局」とは、具体的にどのような事態を指していたのだろうか。そして、そこから「全然独立セル制度」を創出するために何が試みられたのだろうか。

　済南事件を受けて、事業の責任者たる文化事業部長は、黒衣に徹するという従来の方針をさらに強く意識せねばならなくなった。1929年2月、岡部長景文化事業部長が次期部長の坪上貞二に事務を引き継ぐ際、「名ヲ棄テテ実ヲ採ル地味ナル方針」に徹することが重要だと述べている。そのうえで、「事業ヲ実施スルニ当リ支那人ニ恩ヲ売リ又ハ感謝ヲ期待シ効果ノ覿面ニ挙ルヲ望ムコトハ絶対ニ之ヲ避ケサルヘカラス」[15]と助言することも、岡部は忘れなかった。義和団事件賠償金を財源とし、中国側から「文化侵略」との非難を浴びていた以上、日本は、対支文化事業を「政治外交ノ範囲外」に立って展開せねばならなかった。

　一方、北伐完成後の国民政府は、その外交政策によって新たな局面を迎えようとしていた。黄郛外交部長や後任の王正廷外交部長のもと、国民政府は、英米との間に関税自主権の回復を図り、さらには通商政策、重要産業接収策においても一定の成果を挙げつつあったのである[16]。これらの政策を通じた国民政府の圧力により、田中内閣は対英協調による対応を模索した。だが、対日協調の必要性を低下させたイギリスはそれに応じることなく、日米間における調整者としてのかつての役割をも縮小させていった。この点について重光葵は、

208　第4章　文化関係

「日本は幣原外交から田中軍閥外交に代つて茲に日英の対支政策は逆に益々乖離するに至つた」[17]と指摘している。日英米の協調が機能しなくなるなか、田中内閣は対中国外交において苦境に立たされることになった[18]。

1930年11月25日、中国政府は日本に対して漢口租界の返還を要求してきた（いわゆる革命外交）。同様の革命外交は他の列国に対しても行われ、翌12月17日には英・米・仏など6ヵ国に翌年2月末までに治外法権を撤廃するよう期限付きで要求し、列国も中国の攻勢に対し交渉を開始する方針を示すに至っていた。この年、中国では中原大戦（国民政府軍と反蔣介石を掲げる連合軍との内乱）が国民政府軍の勝利で10月に終結し、北伐完成後の国民党による国内統一が順調に進んでいた。谷正之が亜細亜局長に就任した1930年10月は、国民政府による革命外交が展開されようとする矢先のことであった。

局長就任後の谷がまず取り組んだのは、革命外交への対処であった。その方針が良く表れているのが、1931年1月15日付で谷が作成した覚書「対支方針ニ関スル件」[19]である。注目すべきは、「穏健分子」を支持することにより、「破壊分子」を押さえて国権回復運動と反日運動それぞれの緩和を目指す、という点である。谷の見るところ、国民政府は、債務整理問題の解決を梃子に中国の対外信用を回復させ近代化を図ろうとする蔣介石や宋子文らの「穏健分子」と、国権回復運動を強硬に押し進める胡漢民を中心とした「破壊分子」に二分されていた。谷は「穏健分子」を援助し、債務整理問題の解決に列国が共同で当たることで中国との関係改善を図る方針を選択した。日英米間の協調システムが作動しない状況下、個別の問題を入口に、「穏健分子」との折衝を各国と共同で試みることで新たな関係構築を図らねばならない事態に、日本の対中国外交は立ち至っていたのである。谷の方針は、前局長の有田八郎から「大体論トシテ」[20]賛意を得ることになった。谷と有田は、日中関係が新たな段階に入ったと認識したのである。さらに、同覚書は、大使館参事官臨時代理公使として上海に赴いていた重光に宛てられた[21]。

その重光は、中国側による日中文化事業協定の廃棄要請に応じる必要はない、と考えていた。同問題について幣原が汪に回答の書簡（前述）を宛てた3日後の1930年7月29日、重光は「応スヘキ筋合ニ非ル」として幣原に意見書を具申した。重光は「文化事業自体ノ為メ、両国間ニ不愉快ナル空気ヲ醸成スルカ

如キ現象ヲ呈シ、延イテハ一般国交上ニモ不利ナル影響ヲ招来スヘキコト」を恐れたのだった[22]。

1930年7月といえば、中国による満鉄包囲網に日本が苦しんでいた時期である。いわゆる「山本―張密約協約」は張作霖が爆殺されたことなどにより実現しておらず、満洲では東三省の易幟（子の張学良が旧来の国旗五色旗を青天白日旗にかけかえて、国民政府の支配に服したこと）以後、国権回復運動の一環として鉄道自営熱が昂揚していた。前年の7月2日には、オランダからの借款による葫蘆島海港築造工事が復興し、12月には、国民政府は東北交通委員会暫行組織条例を公布した。これに基づき、同委員会は東北鉄道網計画縁起を立案した。張作霖政権時代からの満鉄包囲網計画がいよいよ実現しつつあったといえる。重光は、文化事業協定の廃棄問題がこじれ、日本の満蒙特殊権益がさらなる危機にさらされることを「必スシモ杞憂ト云ヒ得サル」として深刻に受け止め、是が非でも避けねばならないと考えていた。中国側による協定廃棄要求を革命外交の一環と見る重光にしてみれば、協定廃棄問題を早急に解決し、文化事業の「恒久性ヲ保障」しながら、中国民族に受け入れられるかたちで事業を展開する必要があったのである。

その意味で、対支文化事業を「政治外交ノ範囲外」に立って実施するために、「政局ヨリ全然独立セル制度」を確立しなければならないとした前述の幣原の指摘は、たしかに正しかった。文化事業部は、革命外交に沸き立つ中国を前に、「当面ノ政治外交上ノ見地ヨリ離脱」した事業を実施するための確かな制度の創出を要求されたのである。しかし、こうした状況に対し文化事業部が創出したのは、新たな制度ではなく、新たな理念だった。

1.4 「精神的帝国主義」の提唱

1931年5月、外務省文化事業部は、「文化事業部ノ拡張的改組ニ関スル趣意書」[23]（以下、「趣意書」と略記）と題する一篇の文書を作成した。全7項目から成り、表紙を含め計39頁に及ぶ。「趣意書」の要点は、表題に「拡張的改組」とあるように、「外務省官制中改正案」と「外務省分課規程中改正案」である。しかしその特徴は、官制改正と分課規程改正の妥当性を説明するために書かれた、事業推進上の新たな理念の提唱にあった。

第6項の冒頭には、「所謂帝国主義、侵略主義ノ時代ハ今ヤ終焉ニ近ツキツツアリ」という認識に立ち、新たな理念として従来の「物理的帝国主義」「腕力的帝国主義」に代わる、「精神的帝国主義」が掲げられた。さらには、日本が受容した国際平和主義は、「自団体ニ対立スル他団体ヲ予想セサル点ニ於テ、斯ノ如キ外交方針ハ民族ノ心理ニ徹底スルコト難ク」、よって時に「独我主義的」だったと、反省を迫っていた。

　注目すべきは、「精神的帝国主義」と「超越的国際主義」なる概念とを「融合」しようとした点である。「趣意書」では、「超越的国際主義」を「国際聯盟等ノ根本精神」だと説明している。「国際聯盟等ノ根本精神」とは、ウィルソン主義に基づいた、国際社会における各国同士の相互承認の精神である。たしかに戦間期の外務省内には、「従来誤解セラレタル我カ国情ヲ真実ニ理解セシムルノ一助トシ又進ミテ東西文化ノ融合ヲ期ス」[24]ことに主眼を置き、連盟を介した文化活動に努めてきた、という自負があった。30年代初頭の文化事業部は、「対外政策上ヨリ善用シテ東洋思想ヲ世界ニ理解セシ」[25]め、自国の国際的地位を文化的総体として高める必要性に、再び着目したのだった。

　さらに、「民族ノ心理」をふまえた「全人類的基礎ノ上ニ組織発展セラレヘキ対外文化事業」の重要性が説かれていた。それゆえ、「精神的帝国主義」は、対華21ヵ条要求に象徴される、腕力で奪い取る従来の「物理的帝国主義」「腕力的帝国主義」に代わり、「文化立国策」[26]を推進するための事業実施方針として唱えられることになったのである。これは、中国民族に「精神」の同意を求める一方で、反植民地・反帝国主義の感情を融和しようという、対英米協調外交と対中国外交の間隙を1つにする試みでもあった。

　こうして「精神的帝国主義」は、単に対支文化事業を施行する理念としてだけでなく、日本外交が「国際協調主義」「国際平和主義」をいま一度正しく学び直し、それを実践するための重要な理念と位置づけられた。要するに「精神的帝国主義」は、満洲事変を目前に控えた日本が対外的な侵略や膨張を追求するために唱えた、いわゆる帝国主義の論理ではなく、文化的総体としての日本の価値を説明し、その成功を通じて日本の国際社会における地位向上を目指して提唱された理念と評価すべきである。「精神的帝国主義」は、文化事業を支える新たなイデオロギーであったと同時に、革命外交への回答でもあった。

その一方で、「精神的帝国主義」の理念が歪められかねない事態も進行していた。「趣意書」作成直後に、文化事業部内でもう１つ別の理念が模索され始めていたからである。同部は、「文化事業部ノ拡張的改組ニ依ル文化事務局設置案並同理由書（一般会計所属新規経費要求書）」[27]なる調書を作成し、対支文化事業の目的を「主要ナル」と「従タル」に二分し、同事業を「帝国外交ノ前衛」と位置づけたのだった。「主要ナル目的」には、「帝国外交ノ前衛」としての対外文化事業と「高等政策」と「経済政策」とを鼎立させ、「日本文化ヲ世界ニ発揚」し「日本民族ノ全人類的意義」を世界に「高調理解」させることが掲げられた。同時に、「従タル目的」として、文化事業を「対支」に限らず一般化し、「支那ヲ植民地扱スルモノナルカ故ニ不可ナリトノ批評ヲ沈黙」させることが提唱された。これは、中国側からの「文化侵略」批判をカムフラージュするための方便であったといえる。この方針は、以下の第４節で明らかにするように、陸軍が主導する「北支新事業」に積極的に関わることによって、よりいっそう顕著となってくる。

2. 国際社会のなかの日本と中国

2.1 国際連盟知的協力委員会と中国

かたや中国は、国際社会での自国の立場を上昇させようと、創設間もない国際連盟へ積極的に働きかけていた。とりわけ、国際連盟知的協力委員会（以後、ICIC と略す）への対応は、第１次世界大戦後における中国の連盟外交を特徴づけるものだった[28]。

国際連盟理事会の非常任理事国入りを目指していた中華民国北京政府は、度重なる落選によって戦略の練り直しを迫られていた。そこで狙いを定めたのが、ICIC へ中国委員を送り込むことだった。北京政府は、非常任理事国の地理的分配を求めてかつて掲げていた「分州主義」を、それまでの単なる地理的な意味合いから文化的なそれへと拡大し、非西洋諸国の文化的独自性を強調して、東洋文化（＝中国の立場）の重要性を訴えたのである。

この取り組みは、文化相対主義的な観点からなされたものだっただけに、他

212　　第４章　文化関係

の非西洋諸国の文化的独自性の主張に与する結果を招くなど、当初は奏功しなかった。同じ非西洋国でありながら、幕末以来ヨーロッパ文明を積極的に受容・獲得してきた歴史を有する日本は、東西文明調和論に立っていた。それは、文化相対主義の論理への賛意を示しつつも、一方で他のアジア諸国に対する日本の文化的優越性の自負を喚起させるという、ある種の二重性を基層に秘めるものだった[29]。

とはいえ、北京政府のこの取り組みは無駄ではなかった。北伐完成後、南京国民政府がこれを引き継いだのである。1930年5月には ICIC の中国委員が誕生し、1931年には ICIC による具体的な協力事業である「国連教育考察団」の中国への派遣も始まった。1934年の第16回 ICIC 会議では、中国との協力拡大に関する決議が採択された。これは、ICIC の活動理念の変化を表してもいた。要は、各民族文化の固有性と特殊性、さらには互いの差異を相互に認め合うという承認主義が、次第に定着してきたのである。1920年代初頭に見られた、西洋文明という普遍文化への指向性は、すでに影を潜めていた。

2.2 国際文化振興会の創設

中華民国国民政府が1930年代以降 ICIC 内で自国文化への支持を取り付けていったのとは対照的に、日本は1931年の満洲事変勃発以来、国際社会における立場を悪化させつつあった。連盟総会が下した「中日紛争に関する国際連盟特別総会報告書」に対する票決結果（1933年2月24日、賛成：42、反対：1、棄権：1）は、国際社会が中国大陸での日本の行為に不信感を募らせている様を如実に反映していた。

連盟脱退が目前に迫るなか、日本の国際的立場を政治的な側面からではなく文化的な側面から高めようとする声が挙がったのは、まさにこのときだった。文化事業部を国際文化事務局へと発展させるべきという議論が持ち上がったのである。1933年2月、第64帝国議会衆議院建議委員会第四分科会にて、衆議院議員の中村嘉寿が「対支文化事業部ノ金ヲ有効ニ使フト致シマスナラバ、国際文化事業局ト云フヤウナモノヲ拵ヘテ、一般各国ニ向ツテノ文化外交ヲ行フコトガ最モ適当」[30]と述べて、「国際文化事務局」の設置を求めている。中村によるこの提言は、パブリック・ディプロマシーとしての文化外交を展開し、

日本の立場を国際社会に向けて説明する重要性に鑑みたものだった。

こうした動向を受け、1934年4月11日、財団法人・国際文化振興会が認可され、18日には東京會舘で発会式が行われた。「国際間文化の交換特に日本及び東方文化の海外宣揚を図り世界文化の進展及び人類福祉の増進に貢献する」(「寄付行為」第4条)という目的を掲げた同会は、文化事業部第三課によって管轄され、指導監督を受けることとなった。ただし、その活動目的は、日中戦争勃発後、果たされることなく転回していった[31]。「国際」なる理念もまた、「興亜」という時代の波に大きくのみ込まれることになるのである。

2.3　対満文化事業の開始

1932年3月1日、遼寧、吉林、黒竜江、さらに熱河を加えた東北4省を版図とする満洲国が、清朝廃帝溥儀を執政として建国された。建国宣言を受け、同月12日には犬養毅内閣が「満蒙問題処理要綱」を閣議決定した。同決定は、「漸次独立国家タルノ実質的要件ヲ具備スル様誘導シ将来国際的承認ノ機運ヲ促進スルコトニ努ムル」よう指示した各国大使宛の訓令[32]に反映されることとなった。

文化事業部はこれを受け、同年6月10日に「満洲国カ支那国ヨリ分離シテ一国家ヲ形成シタル事実ニ由リ文化事業部ノ事業ハ自然対支・対満両事業ニ分離セサルヘカラサルニ至リタリ」[33]と、「対支」のみならず「対満」を含む事業の拡大構想を、満洲国建国直後に打ち出したのである。文化事業部は、①満蒙文化の研究、②満洲国立文化研究院、図書館および博物館の設立援助、③人材育成、の3点を事業の柱として掲げた。

研究者たちの反応も素早かった。1932年4月4日、内藤虎次郎ほか6名が、満洲国文化研究所設置に関する建議案を外務省へ提出した。建議案には、満洲国建国が「満蒙ノ事態」の一大変革を来すものと認識したうえで、「東洋文化ヲ保存スル」ことが「新事態」へ対処する際の最重要事項だと記されていた[34]。中国本土とは異なる歴史を持つ、満洲地域および同民族の特殊性と固有性を掲げることによって、従来の対支文化事業の枠に収まらない研究の必要性と正当性を唱えたのである。

では、①満蒙文化の研究、②満洲国立文化研究院、図書館および博物館の設

214　第4章　文化関係

立援助、③人材育成、という文化事業部が打ち出した3点の構想は、その後どのように実施されたのだろうか。以下では、とくに重要と思われる①と②について概観しておこう。

満蒙文化の研究は、研究助成の申請を審査するための諮問機関として新たに設けられた対満文化事業審査委員会（岡部長景委員長）のもとで決定された。1933年4月1日に開催された同委員会第一回会合において、10件の研究題目と予算として第1・2年度に各3万5000円、第3年度に4万円が計上されることが決定された。

満洲国立文化研究院は、1933年9月1日、満洲の地で日満文化協会として発足した。文化事業部の主導のもとで設立された、満洲国の文化政策を担うことを目的とする団体だった。「日満文化協会章程」によれば、同協会は、「日満学界ノ協力ニ依リ、東方ノ文化ヲ保存並振興スルコトヲ目的」とし、総裁には満洲国執政を戴き、役員には会長1名、副会長2名、評議員若干名、理事若干名、主事2名が置かれるとされた。会員は「東方ノ文化ヲ研究スル篤学者」と「本会ノ事業ヲ翼賛スル各界ノ名士」で構成されるものとされ、同会の経費は日満両国から支出するとされた。これをもって協会は、各団体の文化事業活動を補助・助成することになった。

1933年10月17日より3日間かけて開催された日満文化協会第1回総会では、本部を新京に支部を東京と京都に開設することが決定されたほか、実施事業として、国立博物館の開館、『大清歴朝実録』の復刻、明清内閣大庫古档案の整理、熱河離宮および寺廟の修繕、遼の東陵壁画および高句麗時代壁画の撮影と出版が決定された[35]。日満文化協会による補助・助成事業は、「我カ東方ノ文化ヲ内外ニ宣揚セントスル日満ノ学者、及ヒ新興満州国当局ノ人類文化ニ対スル熱意ヲ示サントスルモノ」[36]という同協会関係者の発言にあるように、「東方ノ文化ヲ内外ニ宣揚」することを主眼に置いたものだった。済南事件と満洲国建国を経て、「東方ノ文化ヲ内外ニ宣揚」する重要性は、文化事業部をはじめ事業関係者たちにおいてさらに強く認識されるに至ったのである。

日本　日中文化関係　215

3. 日中戦争の勃発と文化事業のゆくえ

3.1 華北分離工作の進展と「北支新事態」

1933年5月末の塘沽停戦協定成立により日中関係が改善に向かうなか、関東軍、北支那駐屯軍（天津軍）、満鉄は華北進出の機会をうかがっていた。1935年6月、梅津美治郎天津軍司令官と何応欽軍事委員会北平分会代理委員長との間に、いわゆる「梅津・何応欽協定」が結ばれた。同協定は、北支那駐屯軍が停戦区域を長城線以南から北支那・天津地区に拡大することを図って結ばれたもので、その内容は、国民党の中央軍、排日機関、于学忠とその軍隊（第51軍）を全て河北省から駆逐し、同省の重要ポストから反日人物を一掃するという厳しいものだった。同月、さらに「土肥原・秦徳純協定」が締結された。これは、奉天特務機関長の土肥原賢二が秦徳純との間で結んだ協定で、内蒙チャハル省から宋哲元軍（第29軍）を駆逐するとともに、チャハル省を追われた宋哲元を、「梅津・何応欽協定」により中国軍不在となっていた河北省に移駐させるとした。この2つの協定成立により、関東軍と北支那駐屯軍は、華北5省（河北、チャハル、綏遠、山東、山西の各省）の分離工作を始めることになった。「第二の満洲国化」を目指したのである。

華北への経済進出も積極化した。1933年3月、満鉄は子会社の興中公司を設立し、対華北経済工作実施における重責を担わせた。また1936年1月の「第一次北支処理要項」に続き、同年8月には、「対支実行策」と「第二次北支処理要項」が決定された。後者は、民間資本の自由進出を原則とし、北支那駐屯軍の意向も容れて、国防資源の開発と交通電力策に「特殊資本」をもって当たるとしていた。当時、華北に期待された国防資源とは、鉄鋼、コークス用炭、塩、棉花、石炭液化、羊毛などであり、炭鉱の獲得にも積極的に乗り出した。この間、イギリスは中国の幣制改革を断行し、2つの産業連盟使節団を日本、満洲、中国へ派遣した。経済面からの実質的な満洲国承認問題を含む政治外交調整の要素を盛り込み、対日協調メッセージを日本に向けて発したのである。ところが、関東軍はこれに強行に反対し、外務省も通商局内で対英協調を模索したものの、結局これを活かせなかった。イギリスからの協調策に応じられな

かったのである。

　陸軍主導の華北分離工作が進展するという時局に対し、外務省は対支文化事業をどのように位置づけたのだろうか。1936年、文化事業部は、華北分離工作下での新規事業の目的として「経済開発、資源開発、本邦近代科学ノ紹介」を挙げ、「北支ニ於ケル資源開発ヲ計リ我カ経済界トノ連携ヲ緊密ニシ本邦ノ経済的欲求ニ応給シ得ル状態ニ調整シ置クコト」[37]を第一義とした。続く後段では、文化事業の本来の目的であるはずの「本邦近代科学ノ紹介」が「日支経済提携ニ依リテ齎ス実益ヲ現実ニ開示」することに次ぐ、二義的な位置に格下げされていた。また、新規事業の必要経費は、対支文化事業特別会計の為替差増金100万円から充てるとされた。文化事業は占領地政策の一部に編入されつつあった。

　1937年7月7日に盧溝橋事件が勃発すると、状況はさらに大きく変転する。当初、局地的な紛争で収まるかに思われた日中両軍の軍事衝突は、やがて両国の全面戦争へと発展していった。中国での戦線が拡大するなか、日本外務省は新たな時局に対応することを迫られた。それは、文化事業担当者においても同じだった。文化事業部第一課の事務官だった別府節彌は、新たに生じた時局を「北支新事態」と捉え、1937年10月5日付で「北支新事態ニ対応スヘキ事業ニ関シ」[38]という覚書をまとめている。別府は、①東方文化事業総委員会の解散と東方文化研究所の北京設置、北支文化協会の新設、②上海委員会の消滅、③北支文化協会の人事、④北支における農事改良事業の推進、を主張した。

　その覚書の冒頭で、別府は「「支那人ノ為ニスル」ト云フ従来ノ文化事業「イデオロギー」ヲ清算セル点ニ於テ本官ノ賛成スルトコロトナル」と記していた。これは、文化事業を「政治外交ノ範囲外」に置いて展開する方針の否定だった。この急進的な案は、文化事業部内である程度共有されていたとみて良いだろう。なぜなら、同覚書の欄外に、文化事業部長である岡田兼一が閲了の花押を据えていたからである。

　翌11月になると、別府は右の見解を具体化させていった。別府は、①の案をさらに進めて、中国との学術交流を目的とした従来型の文化事業ではなく、中国そのものを研究し調査する「支那研究大機関ノ設置」を訴えるに至った。それは、「陸海軍人モ堂々参加」可能な「支那ニ関スル凡ユル部門」の研究機

日本　日中文化関係　217

関であり、「既存官民ノ研究機関ノ統制聯絡」機能を持つ、官民挙げての国策研究調査機関であった[39]。これら事業を主管する文化事業部は、それらを統制する機関として位置づけられた。

3.2　興亜院設置問題と外務省

1938年1月11日における御前会議決定「支那事変処理根本方針」に基づき、日本政府は5日後にいわゆる第1次近衛声明を発表し、さらに、3日後の19日には、企画院第三委員会[40]幹事会が非公式ながら内閣に「東亜事務局（仮称）案」[41]（1938年1月13日付）を提議した。これにより、対支院設置問題が持ち上がり、対支文化事業は見直しを迫られることになった。「対支」という仮称が示すように、対支院設置問題が持ち上がった当初は、アジア全域を視野に入れた「興亜」の発想を胚胎することなく、単に行き詰まった対中国政策の打開が念頭に置かれていた。対支院設置問題のこうした性格は、当該期日本の対中国外交の動向と深く関わっていた。なぜなら、前年の船津工作やトラウトマン和平工作に代表される対中国和平工作がことごとく頓挫・失敗する状況下で、日本の外交当局は、事変処理とともに日中両国の関係正常化を焦眉の課題としていたからである。

対支院設置問題は、「東亜事務局（仮称）案」が内閣に提議された後、対案として提出された外務省案や、さらにそれに対立する法制局の見解の提出等を経た末、同年4月24日の「対支院官制（案）」で一旦は結実したかに見えた。しかし、6月29日、板垣征四郎陸相より五相会議に提出された「対支国策総合機関設置ニ関スル陸軍ノ要望　第一案」[42]（以下、「陸軍案」と略記）によって、事態は再び紛糾の様相を呈することとなる。「陸軍案」は、その方針において、事変解決のために「対支国策総合機関」としての「対支局」（仮称）設置を緊急課題とし、「中央機関」と「現地機関」からなる「設置要領」を掲げた。

「陸軍案」は、同年1月11日御前会議決定の「支那事変処理要項」および同月16日の第1次近衛声明を念頭に置いていた。そのため、「陸軍案」は「事変ノ直接解決」に集中したものとなり、文化事業を取り入れた対中国政策の歴史を十分に酌んではいなかった。「対支局」所掌事項の第5項目に掲げられた文化事業は、「経済ニ関スル」事務の補助として位置づけられたのである。さら

218　　第4章　文化関係

に「陸軍案」は、対支院を「内閣総理大臣ノ管理ニ属ス」として、「各庁対支行政」の統一保持により「対支国策ヲ具現スル」機関と規定した。中国政策の主管を外務省から切り離し、陸軍自らが掌握しようと企図したのである。

　法制局長官だった船田中も、「陸軍案」の方針に理解を示した。船田は、「法制局ヨリ進ンテ要綱ノ内容ニ立入リテ彼レ是レ容喙スヘキ地位ニアラス」としながらも、中国を「英米ト同一視スヘキ外国」ではなく「植民地的外国」、さらには「属国」とみなす認識を示した（以下、「船田見解」と略記）[43]。それは、中国を日本に包摂されるべき存在、いわば日本の一地域と規定するものであり、「陸軍案」の見解と通底する内容だった。

　それゆえ外務省の「対支外交ノ権限」は、外交儀礼や条約締結の手続きだけを管轄する「純外交」に限定され、実質的な外交は不要とされた。対支院を内閣のもとへ設置しようと試みる「船田見解」は、同院を外交機関たる外務省の外局として設置しようとする外務省見解と、以後対立することとなる。

3.3　外務省と陸軍省の対立

「船田見解」は、外務省の存在意義を揺るがすものだった。対支院が対中国政策の立案・実行機関となってしまっては、外務省は外交機能を失い対中国政策に関与できなくなってしまうからである。外務省に「船田見解」を受け入れる余地がなかったことは、この時期、外務省内で作成された多くの意見書からうかがえる。注目すべきは、対支文化事業をあくまで「政治外交ノ範囲外」に留め置こうとした点である。たとえば、外務省調査部長の米沢菊二は、「陸軍案」を「時局処理ノ為ノ挙国一致態勢ヲ強調スル国民一般ノ常識ニ便乗」したものに過ぎず、中国を「外国ト見サル建前」に立っていると批判した[44]。

　東亜局長の石射猪太郎による「陸軍案」批判は、さらに痛烈だった。石射は「陸軍案」を「実質ハ東亜省案」とみなしていた。とくに、「「支那ヲ植民地視スル」イデオロギーノ上ニ立テラレ居ル」点を厳しく指弾した。「支那ヲ植民地視スル」ことは、陸軍による外交への容喙を許し、二重外交という事態を招きかねない。在外公館を設置し大使を交換する外交関係が日中間に成立している以上、あくまで中国を独立国とみなし、国際通念の遵守と「相手ノ独立国家タル人格」を尊重するよう、石射は主張した[45]。石射にとって「陸軍案」は、

「外交一元化ヲ制度ノ上ニ於テマデ乱スモノ」であり、第1次近衛声明を盾に大陸で軍事作戦を繰り返す陸軍をさらに増長させる口実になりかねないものだった。このように興亜院設置問題は、外交一元化をめぐる対立のみならず、対中国外交を対英米外交並みに位置づけるか否かという、日本外交の基本に関わる問題を惹起させ、やがて対支文化事業を政治的に実施すべきか非政治的に実施すべきか、という対立に発展していった。

興亜院設置問題が持ち上がって以降、陸軍に対抗するための議論を外務省内で主導したのは、実は文化事業部だった。かつて別府事務官が提唱し岡田部長（当時）も認めた「支那大機関ノ設置」構想は、このときすっかり影を潜めていた。陸軍との積極的な提携を目指す路線は、この頃には文化事業部内で修正・否定されたと考えられる。文化事業部は、対支文化事業を「一ノ外交」と規定しつつ「国策ヲ標榜」する「政策的」施行を「事変下ノ一変態現象」だと非難することで「陸軍案」へ対抗し、「余リニ政策的」な陸軍による同事業の「国策」化を阻止しようと試みた[46]。

それだけでは不十分だと考えた文化事業部は、「日支関係ノ改善」は「人類ノ理想」であると説いて、これを事業展開上の新たな理念として据えた。この普遍主義的な理念の標榜は、しかし裏を返せば、文化事業が包含する同化的側面への着目を意味していた。文化事業部では、中国民族を同化していくことこそが、文化事業の内包する「妙味」を獲得し、事業の「目的ヲ達成」する唯一の方策だという見解が持ち上がってきたのである。文化事業部第二課長の宮崎申郎は、「日支人ノ精神的融合」を文化事業の目的に据えるよう提言していた[47]。対中国外交政策への関与をめぐって陸軍と対立を続けた外務省、なかんずく文化事業部が行き着いたのは、対支文化事業を同化政策として位置づけることだった。

3.4　文化外交理念の破綻

興亜院設置問題は、宇垣一成が外務大臣の職を辞し、「陸軍案」が反映されるかたちで決着した。だが、外務省案と「陸軍案」の溝は、その後も埋まることはなかった。両者の懸隔の大きさは、陸軍省軍務課起案の通牒案「陸支普電三四二　対支時局処理機関設置ニ伴フ外相更迭ノ件」に顕著である。そこには、

「陸海軍ノ主張ハ既ニ一般ノ常識化セル状態」なので、「御前会議決定ノ根本方針ニ反スル意見ヲ抱懐スルモノハ何人タリトモ閣内ニ止マリ得サルコトヲ証明スルモノ」と、宇垣の辞任を切って捨てる記述が認められていた[48]。

　陸軍側にしてみれば、外務省による「陸軍案」批判、すなわち「時局ノ処理ノ為ノ挙国一致態勢ヲ強調スル国民一般ノ常識ニ便乗」したものという見解は、理解しがたいものであった。両者は、ともに「支那事変処理根本方針」に依拠し事変収拾を第一義としながらも、中国認識の違いによってこのような懸隔を生じさせたのである。換言すれば、これは、日中間に外交が存在するか否かをめぐる見解の相違であった。この相違が、事変収拾の方策をめぐって両者間に対抗関係を生み出し、対支文化事業を「政策的」に施行するか否かという対立をもたらした。陸軍は、第1次近衛声明を盾に中国の独立国たる立場を否定することで日中外交の不在を説き、大陸で軍事作戦による事変処理を展開し続けた。これに対し、外務省は、石射の見解に代表されるとおり中国を外国として位置づけ、外交による事変収拾にあたろうとした。外交一元化は、外務省が自説を唱える際の論拠だった。

　両者の懸隔は、そのまま興亜院構想の相違となって競合した。ただし、「陸軍案」が船田の見解と論旨を一にしたことは、対立していた外務省見解の敗北を半ば決定づけるものだった。というのは、外務省案が仮に法制局に回付されても、法令審査機関である法制局の長官が「陸軍案」と見解を同じくしていては、「陸軍案」へ軍配が上がるのは自明の理だったからである。「興亜院官制」は、いわば「陸軍案」の具現化であり、「英米等ト同一視スヘキ外国」たる立場を否定し、中国を「第二ノ満州国」さらには日本の属国と位置づけるものであった。

　紆余曲折を経て設置された興亜院は、陸軍、海軍関係者が本院の枢要なポストを占めていた。院内に設置された政策立案・決定に関わる各種委員会や会議においても、外務省が関与する余地は、ほとんど残されていなかった。

　第1次世界大戦後、外務省により「新外交」理念の具現として開始された対支文化事業は、15年以上にわたって展開されてきたものの、陸軍による介入を受け、「政治外交ノ範囲外」に立つという非政治的な立場からの実施方針が揺らぐと、それを修正・調整しえないままに変質を迫られたのである。そこに

日本　日中文化関係　　221

は、ウィルソン主義に触発された事業初発時の高邁な理念も、「精神的帝国主義」によって日本外交の隘路を切り開こうとしたある種の誠意も、むろん残されてはいなかった。

おわりに

1. 「ソフト・パワー」としての文化

　1918年1月、アメリカ大統領ウィルソンが唱えた「平和に関する14ヵ条」に接した外務省政務局第一課長の小村欣一は、大戦後の対中国外交を「新外交」理念に合致したものへと導く必要性を認識した。「支那ニ対スル武断侵略的政策」を放棄し「文化共益ノ根本方針」を確立するという明確なビジョンが、彼によって提示されたのである。小村は、大戦後における中国への列国の態度が「日本ヲ制シテ支那ヲ国際的ニ平等化セントスルモノ」[49]になると予測し、大戦後に日本が直面する問題を見通していた。

　果たして小村が予測したとおり、新四国借款団が結成（1920年10月）され、ついでワシントン会議において9ヵ国条約が調印される（1922年2月）など、大戦後、列国による中国市場の共同管理がアメリカを中心に試みられることとなった。アメリカによる「新外交」が中国を舞台として展開され始めたのである。日本の「支那ニ対スル武断侵略的政策」が通用する時代はすでに終了しており、対中国外交を「文化共益ノ根本方針」へ転換するよう促した点で、小村の見通しは正しかったと評価される。在満蒙権益拡大を対米協調の枠組みのなかで実現するという、原理的に矛盾するはずの問題を両立させる取り組みとして、対中国政策のあり方が模索されることになった。大戦間期日本外交の焦点はまさにこの点にあり、「新外交」理念の受容も、同様の文脈で行われたのである。

　だが、ウィルソン主義に触発されて創出された対支文化事業は、ソフト・パワーならではの効果を上げるよう期待されたものの、所期の目的を果たすことなく失敗に帰した。

2. 「友好」と「文化侵略」

　失敗の原因は、いったい何処にあったのだろうか。従来の通説は、前述（注
13）のとおり、済南事件後における日本側の対応にそれを求めてきた。日中
「共同」事業から日本「単独」事業へ転換したことが、その理由だという。だ
が、本当にそうだろうか。

　1923年、「友好」の実現を目的に、対支文化事業は開始された。その意味で、
「新外交」呼応策としての文化事業は、たしかに存在したのである。ところが、
済南事件を契機として東京と京都に設置された東方文化学院は、日本「単独」
の事業であり、従来の文化事業からの大きな転換だった。その意味では、通説
もあながち間違いではない。

　ただしそれは、対支文化事業が失敗に帰した理由の本質ではない。対支文化
事業が行き詰まった根元的な理由は、文化というソフト・パワーに依拠した外
交政策に胚胎する、「友好」と「文化侵略」の両義性を、当該期の外務省とり
わけ対支文化事務局（のち文化事業部）が自覚しなかったからである。いわば、
外交当局の無自覚が招いた失敗であった。

　失敗に至る第1の転機は、1930年に国民政府が開始した「革命外交」への
日本側対応に求められる。幣原喜重郎外相は、「政局ヨリ全然独立セル制度ヲ
確立」すると汪栄宝公使に伝え、「革命外交」に沸き立つ中国民意への対応を
図ろうとした。だがその後、新たな制度は創出されなかった。代わって創出さ
れたのは、「精神的帝国主義」という新たな理念だった。たしかに、「精神的帝
国主義」なる理念は、対支文化事業を施行する理念としてだけでなく、日本外
交が「国際協調主義」「国際平和主義」をいま一度正しく学び直し、それを実
践するための重要な理念だった。つまりは、満洲事変を直前に控えた戦前期日
本の、ある種の誠意ですらあったと評価できる。だが、理念の力だけで文化事
業の両義性をコントロールできるほど、当時の東アジア情勢は日本外交にとっ
て生易しくはなかった。

　中華民国国民政府が「革命外交」を始動した5年後の1935年、日本は華北
分離工作を開始した。そのとき、文化事業部は「精神的帝国主義」の理念をあ
っさりと捨て、「資源開発ヲ計リ……本邦ノ経済的欲求ニ応給シ得ル状態ニ調

整」することを事業の目的に据えたのである。この対応が、第2の転機だった。「革命外交」への対応策としての制度を整備してこなかった以上、本来の目的であった「友好」を見失い、ある種の誠意ともいいうる理念を放棄してしまったとき、文化事業に胚胎するもう1つの側面、すなわち「文化侵略」を呼び覚ましてしまったのである。以後、対支文化事業は、陸軍が主導する占領政策の一環に編入され、変質していった。興亜院設置問題が持ち上がった際にこそ、外務省（とりわけ東亜局や文化事業部）は陸軍に対抗して、対支文化事業を「政治外交ノ範囲外」から実施するよう主張したが、遅きに失した。事業をかつての姿に立て直すことは、不可能だった。

3. 文化と国家のはざまで

しかしこのことは、国家の政策資源として文化を位置づけるならば、十分に起こりうる問題である。国家からどんなに自律的で、どんなにコントロール可能な領域に政策資源を留め置いていると、事業主体者（本論の場合は外務省）が認識したとしても、それが国策の枠内にある限り、その政策資源は、何かを切っ掛けとして容易に国益追求の手段へ転化・転落してしまうのである。本論で明らかにしてきた対支文化事業のたどった道は、そのことを如実に示している。その意味では、日中「友好」を掲げて創始されたはずの対支文化事業が1930年代半ば以降に「文化侵略」の側面を強めていった原因は、政策資源として文化を設定した1920年代初頭に、すなわち事業創出期に宿っていたともいえる。

問題は、当時の外務省がこの点に無自覚だったことである。陸軍が主導する華北分離工作に引きずられていった存在として外務省を捉えれば、"外務省＝被害者"という像が結ばれるかも知れない。しかし、外務省を"被害者"の一言で片づけるのは、歴史の解釈として正鵠を射ているとはいいがたい。

さらなる重要な要因に、文化事業の基盤であった対中国政策の、脆弱性と流動性が挙げられる。対支文化事業を開始する際、外務省は、アメリカによる対中国政策への対抗策としての意味合いを盛り込んだ。ワシントン体制下で中国市場の取り込みをアメリカと競い合う立場にあった日本は、対中国政策を対米政策に従属もしくは拘束させる必要があった。それゆえ、対支文化事業に求め

られた指向性、すなわち中国との「友好」は、日中両国以外の因子であるアメリカの政策行動によって揺るがされかねない性質のものだった。そうした構造的な問題——脆弱性と流動性を抱えていたこと——に、外務省は無自覚だった。この点をもっと自覚していたならば、「政局ヨリ全然独立セル制度ヲ確立」すべきだとした幣原外相の提言を重く受け止め、その実現に邁進したであろう。だが実際は、そうはならなかった。

　1930年代半ばに文化事業を揺るがす因子として日本陸軍——これはアメリカに代わる攪乱因子の登場であり、皮肉にも日本国内からもたらされたものだった——が新たに登場した際、「政局ヨリ全然独立セル制度」を整えていなかった外務省は、それに十全に対抗することができなかった。そればかりか外務省は、一時的とはいえ陸軍の占領地政策に対支文化事業を編入しようとさえした。その意味で、外務省は単なる"被害者"ではない。対支文化事業を2段階にわたって後退させてしまう構造的欠陥を放置し、その後、それを補う有効な手立てを外務省が施さなかったことが事業の失敗の本質であり、日中両国が最終的に離反していく結果を招いたのである。

　ただし、中国側にも原因がない訳ではない。1930年に開始された「革命外交」が日本を追いつめた面も否めないからである。中国の外交政策は、時として急進的性格を帯びることがある。似たケースとして、これに先立つ5年前の1925年に開催された、北京関税特別会議での中国の行動が挙げられる。会議の劈頭、時の北京政府は、関税自主権の即時回復を主張した。これに対し、日本側全権は十分の用意があると声明したが、他方で不平等条約の締結を強いられた同じ経験のある日本としては、法制・体制を地道に整備し、その積み重ねによって欧米諸国から徐々に理解と信頼を得ることに成功し、正当な手続きを経て治外法権の撤廃や関税自主権の回復を達成したという自負があった。日本外交当局のなかには、そうした地道な努力や正当な手続きを放棄して、一方的に国際条約を無視・蹂躙する中国の行動を理解しがたいとする見解もあったのである。急進的という意味では、「革命外交」も同様だった。急進的だったことに加え、硬直的で一方的な国民政府の対応は、条約遵守主義の幣原外相にとって受け入れがたいものだった。幣原率いる外務省は窮地に追い込まれ、対中国外交の柔軟性を次第に失っていく原因ともなった。

日本　日中文化関係　225

要するに、日本外務省が文化外交に胚胎する両義性・脆弱性・流動性を十分に自覚せず、それらを制御するに足る制度を確立できずにいた矢先に、中華民国国民政府の「革命外交」に直面することとなり、両国の外交が硬直化するなかで、対支文化事業の「文化侵略」の側面が前面に押し出されていった、と結論づけられるのである。

　文化交流を脱国家的に推進していくことの重要性と難しさは、反日世論が唱えられる中国とそれへの対応に苦慮する日本という昨今の日中関係に鑑みても、決して70‐100年前の史実として片づけられる話ではない。現代の私たちに通じる教訓でもある。

1　東方文化事業とも称されたが、本論では、事業開始時の呼称である「対支文化事業」を使用する。「対支」なる文言に事業の性格が宿っているといえるし、その点を議論することが重要だと考えるからである。なお煩雑を避けるため、後出の「対満文化事業」とともに、本論ではカギ括弧を省略して記述する。頻出する2つの史料集と記録については、次のように省略する。『日本外交文書』については『日外文』とし、続けて年、冊、巻を略記した。たとえば大正7年第2冊下巻は、大正7‐2‐下と記される。外務省外交史料館所蔵記録（外務省記録）については、初出以外、分類番号と巻数のみを記し、簿冊名を略記した。

2　以下の6点にまとめられる。秘密外交の廃止、海洋の自由、経済障壁の除去、軍備縮小、植民地住民と当該政府双方の利害関係の公平な調整、政治的独立と領土保全を相互に保障する国際連盟の設立。

3　1918年12月8日開催の臨時外交調査委員会で披瀝された牧野伸顕の意見書（外務省政務局第一課長の小村欣一が原案作成）は、日本における「新外交」理念の受容を示す好例である。詳細は拙著『大戦間期の対中国文化外交──外務省記録にみる政策決定過程』吉川弘文館、2013年、序章を参照いただきたい。

4　よって本論は、対支文化事業の施策内容を詳述するものではない。同事業の詳細は、阿部洋『「対支文化事業」の研究──戦前期日中教育文化交流の展開と挫折』汲古書院、2004年を参照。

5　1916年10月16日付、政務局第一課作成「支那問題ヲ中心トシテ観タル日米関係処分案」、外務省記録3.4.1.21「対支那経済関係日米提携雑件」所収。

6　1916年8月31日発在中国林公使より石井菊次郎外務大臣宛電報第777号、外務省記録1.7.1.11「支那改革借款一件」第31巻所収。同文書は、『日外文』大正5‐2、318文書として収録。

7　この点については、入江昭『日本の外交』中公新書、1966年を参照。

8　1918年5月29日発後藤より林宛電報第369号、『日外文』大正7‐2‐下、771文書。

9　林より後藤宛電報第781号、『日外文』大正7‐2‐下、786文書。

10 対支文化事務局は、1923年5月5日勅令第209号「対支文化事務局官制」により設置。同局は、「外務大臣ノ管理ニ属シ」（第1条）、「局長ハ外務省亜細亜局長ヲ以テ之ニ充ツ」（第3条）とされた。

11 1923年末から1924年初旬にかけて数度にわたり行われた協議の結果、出淵勝次亜細亜局長と在日汪栄宝中国公使との間で締結された協定。詳細は、阿部、前掲書を参照。

12 1927年6月に実施された、亜細亜局からの文化事業部の再独立も、この点と深く関わっている。詳細は前掲拙著、第2章、第3章を参照いただきたい。

13 これを機に日本は日中「共同」事業を諦め、日本「単独」事業へ転換したので（東方文化学院の設置）、対支文化事業は失敗に帰した、というのが従来の通説である（阿部、前掲書、492頁を参照）。

14 1930年7月26日付幣原外務大臣より汪栄宝公使宛書簡（外務省記録 H.2.2.0.1-2「日支共同委員会関係一件　団匪賠償金返還　汪−出淵協定廃止日支委員非公式会見」所収）。

15 1929年2月「岡部前部長ヨリ坪上文化事業部長ヘノ事務引継内容」、外務省記録 H.0.0.0.1 第1巻所収。

16 服部龍二『幣原喜重郎と二十世紀日本──外交と民主主義』有斐閣、2006年、218-226頁。

17 伊藤隆、渡邊行男編『重光葵手記』中央公論社、1986年、25頁。

18 服部、前掲書、226頁。

19 1931年1月15日付谷正之亜細亜局長より重光宛送付覚書「対支方針ニ関スル件」、外務省記録 A.1.1.0.10「帝国ノ対支外交政策関係一件」第3巻所収。

20 前掲の覚書「対支方針ニ関スル件」に付された谷より重光宛半公信の表紙。なお、当該ファイル中の、重光から谷宛書簡（新年の挨拶状）には、「難局の打開進路の開拓ニ〔引用者注：亜細亜局と〕一心同体の覚悟ヲ以て進むへきこと」とあり、重光と当該期亜細亜局間の強い結びつきをうかがわせる。

21 「昭和六年一月二十日香港ニ赴任ノ途次上海ニ立寄ルヘキ桑折〔引用者注：鉄次郎〕副領事ニ託送済」という、谷による欄外への書き込みから推察すると、重光は同月末頃にこの意見書に接したと思われる。

22 1930年7月29日付重光葵代理公使より幣原喜重郎外相宛上申書「対支文化事業ニ関スル件」、外務省記録 H.4.3.0.2「東亜同文書院関係雑件」第3巻所収。

23 1931年5月、外務省文化事業部作成「文化事業部ノ拡張的改組ニ関スル趣意書」、外務省記録 H.0.0.0.1 第2巻所収。

24 1926年「国際文化交換国内委員会設置ニ関スル件」、外務省記録 B.9.1.1.0.1-3「学芸協力国内委員会関係」所収。

25 同上。

26 前掲「文化事業部ノ拡張的改組ニ関スル趣意書」29頁。

27 1931年6月、文化事業部作成「文化事業部ノ拡張的改組ニ依ル文化事務局設置案並同理由書（一般会計所属新規経費要求書）」、外務省記録 H.0.0.0.1 第2巻所収。

28 中国の ICIC への働きかけについては、齋川貴嗣「国際連盟知的協力国際委員会と中国──戦間期国際文化交流における認識の転回」『早稲田政治公法研究』第85号、2007年を参照。

29 酒井哲哉『近代日本の国際秩序論』岩波書店、2007年、202-203頁。

30 中村嘉寿ほか2名提出「国際文化事務局開設ニ関スル建議案」、外務省記録 H.0.0.0.1 第2巻所収。

31 国際文化振興会の前史・設立・展開の各過程については、芝崎厚士『近代日本と国際文化交流——国際文化振興会の創設と展開』有信堂高文社、1999年を参照。

32 1932年3月15日発芳沢謙吉外務大臣より在米国出淵勝次大使、在ジュネーブ連盟事務局他宛電報合第798号、『日外文』満州事変2-2、258文書。

33 1932年6月10日付、文化事業部作成「対満文化事業ニ関スル件」、外務省記録 H.1.4.0.2「東方文化事業調査委員会関係雑件」第3巻所収。

34 1932年4月4日付、内藤虎次郎、浜田耕作、矢野仁一、羽田亨、小川琢治、狩野直喜、石橋五郎「建議案」、外務省記録 H.3.3.0.1「対満文化審査会委員会関係雑件」第3巻所収。

35 外務省文化事業部『昭和十一年度　執務報告』104-106頁。

36 満日文化協会編『満日文化協会紀要』1940年。

37 外務省文化事業部『昭和十一年度　執務報告』115頁。

38 1937年10月5日付、別府節彌事務官作成「北支新事態ニ対応スヘキ事業ニ関シ」、外務省記録 H.0.0.0.1第2巻所収。

39 1937年11月18日付、文化事業部第一課別府節彌事務官作成「対支文化事業ノ今後ノ動向ニ関シ」、外務省記録 H.0.0.0.1第2巻所収。

40 1937年10月26日閣議決定「第三委員会規則」により、企画院内に設置された機関（石川準吉『国家総動員史』資料編第八、国家総動員史刊行会、1979年、289頁）。古川隆久は、興亜院設置により企画院第三委員会が廃止されたことから、同院を同委員会の「発展的解消」と評している（『昭和戦中期の総合国策機関』吉川弘文館、1992年）。

41 本案を含め、後述する外務省案、法制局の見解の詳細については割愛する。これら各案の詳細については、馬場明『日中関係と外政機構の研究——大正・昭和期』原書房、1983年を参照。

42 「陸軍案」、外務省記録 A.1.0.0.31「対支中央機関設置問題一件（興亜院設置）」所収。

43 米沢菊二が船田の見解を要約した昭和13年9月22日付文書。外務省記録 A.1.1.0.31所収。

44 1938年9月7日付、米沢菊二作成「対支時局処理機関設置ニ関スル陸軍案ニ付テ（米沢）」、外務省記録 A.1.1.0.31所収。本意見書は、1937年9月7日の省内幹部会協議後に外務大臣に提出された。

45 1938年9月8日幹部会にて協議の後大臣に説明した「対支時局処理案ニ関スル意見（石射）」、外務省記録 A.1.1.0.31所収。

46 1938年9月23日付、文化事業部米内山庸夫事務官作成「対支文化事業ニ関スル件」、外務省記録 H.7.2.0.48所収。

47 1938年10月24日付、宮崎申郎文化事業部第二課長作成「対支文化事業ノ対支院移管ニ関スル私見」外務省記録 H.7.2.0.4-8「参考資料関係雑件　興亜院関係」所収。

48 「陸支受普大日記」1938年第9号、防衛庁防衛研究所図書室に蔵。

49 1918年11月30日付、小村欣一作成「講和会議ノ大勢カ日本ノ将来ニ及ホス影響及之ニ処スルノ方策」、外務省記録 1.1.2.77「支那政見雑纂」第3巻所収。

228　第4章　文化関係

中国 | # 文化協力と敵対の「契機」
——中国人の眼から見た「東方文化事業」

徐志民 (中国社会科学院近代史研究所)

杉谷幸太 訳

はじめに

「東方文化事業」〔日本では「対支文化事業」〕とは、1923年3月に日本の帝国議会で議決された「対支文化事業特別会計法案」に基づき、義和団事件賠償金〔原文：「庚子賠款」。日本では団匪賠償金ともいう〕の返還を旨として実施された、北京人文科学研究所や上海自然科学研究所の設立、日中文化交流や中国人学生の日本留学への資金援助などの文化事業を指す。これらの事業は、後には日中両国政府の協議と公文交換〔1924-1925年〕が行われ、日中双方の委員によって組織された東方文化事業総委員会の責任の下で実施された[1]。この「東方文化事業」は、日本の学術界では、従来より近代日中文化交流史上の重要な出来事として注目されており、山根幸夫が日本における研究の成果を1996年に網羅的に紹介しているほか[2]、21世紀に入ってからも、阿部洋、山根幸雄、熊本史雄らが「東方文化事業」の歴史的展開について包括的な研究を発表している[3]。これに対して中国では、近代日中文化交流史、あるいは義和団事件賠償金についての研究のなかで「東方文化事業」に触れた例はあったものの[4]、その具体的な事業内容、たとえば上海自然科学研究所、北京人文科学研究所、東

方文化事業総委員会の活動などが注目されるようになったのは、21世紀以降のことである[5]。また両国の研究の重要な相違点として、日本側の研究が「東方文化事業」について比較的プラスの評価を下すのに対し、中国側は全体として、東方文化事業を日本の対中文化侵略と見なすという点が挙げられる[6]。

　日本による義和団事件賠償金の返還と対支文化事業〔原文：対華文化事業、以下同〕の実施は、賠償金返還という国際的な潮流に対処したという面の他に、中国人の反日感情を緩和し、「日中親善」感情を醸成するという日本側の内在的な必要性にも起因するものだった。また、客観的に見るならば、当時中国の各界にも、日本政府の賠償金放棄に対する期待がたしかに存在していた。しかし、「東方文化事業」が実際に動き出すにつれて、当初の期待は、次第に事業に対する疑惑、警戒、批判、さらには反対や抵抗へと変わっていった。ではなぜ、日中の文化「協力」の契機ともなりえたはずの「東方文化事業」は、急速に文化的対立の象徴的存在へと変わっていったのだろうか。日本政府は、中国人の反日感情を緩和し、「日中親善」を促進するという「東方文化事業」の政策目標を達成できず、中国各界もまた、賠償金を全額放棄させ、「東方文化事業」の主導権を握るという目的を達することができなかった。つまり結果的に見て、「東方文化事業」は一種のゼロサム・ゲーム、あるいは〔双方ともに得るところのない〕マイナスサム・ゲームになったのである。そこで本論では、1920年代から1930年代初頭にかけて中国政府、文化教育界、日本留学生それぞれが「東方文化事業」に対する態度をどのように変化させたか、その原因について整理し[7]、中国各界の「東方文化事業」に対する態度の諸側面を、実態に即して捉え直してみたい。そこから、当時の文化交流と国際政治の錯綜した歴史を鑑として、今日の国際的な文化交流のあり方についても、何らかの教訓や示唆を得ることができるだろう。

1. 中国政府——感謝から抗議へ

　巨額の義和団事件賠償金は、清末から民国初期の中国政府にとってきわめて大きな〔財政上の〕負担であった。そのため中国政府は、支払い条件の緩和や一時停止、賠償金の放棄や返還を求めて重点的な外交努力を行ってきた。1908

年には、駐米公使・梁誠による交渉の結果、アメリカが賠償金返還を決定した[8]。その後、第1次世界大戦が勃発すると、イギリス、フランス、ロシア〔三国協商〕が中国の参戦を要求し、日本もまた「対支利権を横領する外交布置を完成」〔引用符は原文、出典不明〕させた後、中国に対して、対独断交と対独参戦を強く主張した。当時の段祺瑞政府は、1917年2月15日、日本に賠償金の繰り延べを提案し、日本政府から「考慮する」「原則的に異議はない」「できる限り他国にも中国の希望に沿うよう働きかける」などの反応を得た。その結果、11月30日、協商国側の各国の駐華公使は中国政府に対し、義和団事件賠償金の12月1日から5年間の支払い延期を通達した[9]。アメリカの賠償金返還と協商国側の繰り延べ同意によって、中国政府と社会各界は、列強の賠償金放棄に「希望の光」を見出したのである。

このののち日本政府は、「対華21ヵ条要求」[1]以来の中国人の反日感情を緩和すべく、アメリカに倣って賠償金の返還と学術振興事業の実施を決定した。すなわち1918年2月24日、林権助駐華公使は、外務大臣・本野一郎に書簡を送り、「アメリカ留学生は親米だが、日本留学生は反日」という現象に鑑みて、日本政府もアメリカに倣って「賠償金の減免あるいはその他の方法により」日本留学生の教育状況を改善し、対支文化事業への投資を強化するよう建議した[10]。日本の各界も政府に対して、中国人の反日感情悪化に歯止めをかけるべく、対支文化教育事業を発展させるよう要求した[11]。これらの提言を受けて、1918年5月、前月に外相に着任したばかりの後藤新平——彼は「文装的武備」[2]論でも知られていた——が、林権助（駐華公使）宛私信のなかで日本政府の賠償金返還の意向を通知し、その結果日本から西原亀三が派遣されて、曹汝霖との間に事前の折衝がもたれたようである[12]。林は6月、後藤外相に上申書を返電し、返還した賠償金は文化教育もしくは公衆衛生、福祉などの事業に優先的に用いるよう建議した[13]。さらに9月21日、後藤外相は中国駐日公使の章宗祥に非公式のメモランダムを手渡し、日本が「適当な時期に義和団事件賠償金の請求権を放棄するとの内意を有し、その方法については更に考慮して決定する（適当ノ時機ニ於テ義和団事件賠償金ノ請求権ヲ抛棄スルノ内意ヲ有ス其ノ辦法ニ至リテハ更ニ考慮ヲ盡クシ決定セントス）」との意向を示した[14]。

中国政府はこの後藤外相の提案を歓迎し、日本政府に感謝の意を表す書簡を

送るとともに[15]、日本の賠償金返還の真意を疑う国際社会に対して、外交部〔日本の外務省に相当〕自ら進んでその疑念を打ち消した。たとえば当時、ロイター通信は、日本政府が賠償金返還の条件として、パリ講和会議〔の中国代表団〕に日本人を外交顧問として招聘すること、鉱土と綿花の自由な輸出を認めることなどを求めたという伝聞について触れており、また中国国内の一部の英字新聞も、日本の賠償金返還は「偽りの」行為だと非難していた。9月28日、日本政府がこれらの報道について中国外交部に確認を求めたところ、外交部は「これらの点は、日本の指摘を待つまでもなく改められるべき」と述べ、その反応はきわめて迅速であった[16]。ここにも日本の賠償金返還に対する中国政府の感謝の念が見て取れる。その後、日本〔帝国〕議会と外務省は、賠償金返還の方法や使途について具体的な検討に入っており[17]、中国外交部も日本に対して、速やかに賠償金返還を実施するよう働きかけている。

　1923年3月30日、日本は法律第36号「対支文化事業特別会計法」を公布し〔原文はすべて「会計法案」であるが、既に法律として可決・公布されている場合は「会計法」と訳した。以下同〕、対支文化事業の開始に向けて、正式に賠償金の返還を決定した。この特別会計法において規定された主な内容は以下のとおりである。第1に、対支文化事業特別会計の資金は、日本の返還した義和団事件賠償金、山東鉄道返還に対する外債支払金、山東礦山公司および青島における公有財産と製塩業に対する補償金を充てること〔第2～4条〕。第2に、対支文化事業特別会計の業務の範囲を「一　支那国ニ於テ行フベキ教育、学芸、衛生救恤其ノ他文化ノ助長ニ関スル事業　二　帝国ニ在留スル支那国人民ニ対シテ行フベキ前号ニ掲クル事業ト同種ノ事業　三　帝国ニ於テ行フベキ支那国ノ学術研究ニ関スル事業」に限る〔第5条〕。第3に、対支文化事業特別会計資金について、毎年の支出限度額を250万円と定め、日本政府は毎年の歳入と歳出を議会に報告し、決算と予算について議会の承認を得た後、大蔵省から支出される〔第7条以下〕、などである[18]。これらの条文は、後に「日中文化協定」と「東方文化事業」に関する「法理」的根拠と呼ばれたが、それは同時に、中国各界が「東方文化事業」に対する態度を硬化させ、日本は賠償金を事実上返還していないと批判するようになった主たる原因でもあった。

　北洋政府〔原文ママ。段祺瑞ら北洋系の軍閥によって北京に置かれた当時の中央

政府。国民党が南京においた国民政府と区別するため〕は、日本が単独で賠償金の使途を決めることのないよう、江西省教育庁庁長で参議院議員の朱念祖、教育部参事の陳延齢らを2度にわたって日本に派遣した。その第1回目は〔会計法公布後の〕1923年春で、来日した朱念祖、陳延齢らは賠償金返還と対支文化事業に関する日本社会の態度について調査するとともに、日本社会に向けて、賠償金の使途に関する中国各界の意見や要望を伝えた[19]。次いで同年12月、北洋政府は再び朱念祖、陳延齢らを日本に派遣し、駐日公使・汪栄宝とともに日本側との交渉に当たらせた。ここで日中双方は、1923年末と1924年初の2度にわたって会談し、2月6日、汪栄宝と外務省アジア局長の出淵勝次の間で「対支文化事業に関する非公式協議会の覚書」が調印された。これが「出淵・汪協定」もしくは「日中文化協定」〔原文は"汪・出淵協定"および"中日文化協定"。以下すべて日本での慣例に従って表記する〕である。その主たる内容は、日本側が中国の有識者の意見を尊重すること、北京に図書館と人文科学研究所を、上海に自然科学研究所を設立すること、将来において賠償金基金に余剰が生じた場合、適当な場所に博物館を、済南に医科大学と付設病院を、広州に医科学校と附属病院をそれぞれ設立すること、などであった。さらに上記の事業を実施するため、20名前後の委員からなる評議委員会を設置すること、委員は日中同数で、これと別に主席は中国人が務めること、中国政府は北京に設立される博物館と人文科学研究所に「無償で土地を提供すること」などが盛り込まれた[20]。

　次いで日中両国は、「日中文化協定」を実施に移すための具体的協議に入った。まず1924年12月20日、外務省「対支文化事業局」が中国人にも受け入れやすい「文化事業部」に改称され[21]、日中双方が日中文化事業委員会の成立準備に入った。次いで1925年2月、外務省事務官の朝岡健が訪中し、芳沢謙吉駐華公使とともに中国政府と委員会設立の交渉を行った。しかし、彼らの傲慢な態度は中国教育界の反発を招き、北洋政府の教育部と外交部は、日中文化事業委員会の設立に対して消極的な態度を見せた。その後、日本政府側による「説得」と北洋政府法制院院長の姚震の斡旋とによって、4月23日、日中双方は初歩的な合意に達し、5月4日、中国外交部総長の沈瑞麟と芳沢謙吉の間に、正式に文書の交換が行われた。これが「芳沢・沈交換公文」である[22]。この交

中国　文化協力と敵対の「契機」　233

換公文によって、〔先の「日中文化協定」にも提示されていた〕日中双方の委員からなる日中文化事業総委員会を組織すること、中国側委員が委員長を務めること、総委員会の下には上海分会、北京分会を置くことなどが改めて確認された。ただ実際には、このうち北京分会のほうは組織されなかった。これは、北京の人文科学研究所の土地使用権の問題が未解決であったこと、また〔総委員会も北京に置かれたため〕屋上屋を架す愚を避けて、総委員会がその事務を代理したためである[23]。

1925年10月、日中文化事業総委員会は、北京・北海公園の静心斎において第1回総会を開き、主として当該年度の経費の管轄と、総委員会の章程について議論を行った。日本側委員は「建築設備、研究経費は帝国議会の承認が必要であり」総委員会の管轄にはできないと主張し、「列席した審議員の胡敦復、鄭貞文、王式通らが異議を唱えて争ったものの、最終的な結論は出なかった」[24]。また総委員会章程についても、委員長の柯劭忞が議案として提起したものの、日本側委員の入沢達吉が、既に時間が遅いこと、その夜のうちに大河内正敏、山崎直方ら他の委員とともに帰国せねばならないことを理由に、討論を経ないまま閉会を宣言してしまった。このため1926年6月、東亜同文会理事の大内暢三が北京に赴いて中国側委員と意見交換を行い、7月の臨時会議において、会の名称を「東方文化事業総委員会」と正式に定め、「東方文化事業総委員会章程」を採択した。この臨時会議で、総委員会が「義和団事件賠償金によって行われる文化事業を計画、決定および管理する」[25]ことが言明されたが、総委員会は「対支文化事業特別会計法」及び関連の法律に抵触してはならず[26]、とりわけ「東方文化事業」の経費は必ず日本帝国議会の承認を得なければならなかったため、東方文化事業総委員会は実際には何の権限も持たないに等しかった。北洋政府はこの点について度々抗議し、これでは日本と「共同の文化事業」を行う必然性がないなどと[27]、「東方文化事業」に対する不満と失望を表明した。しかし北洋政府は、その抗議が「日本側には通じることはないと知りながら、決然と拒絶する勇気もなかった」[28]のである。

1926年10月、東方文化事業総委員会は東京の帝国学士院会館で第2回総会を開催した。この総会では、中国側委員の鄭貞文が「(一)賠償金の全額を速やかに中国に返還すること、(二)賠償金による文化事業は、実施場所が中国

234　第4章　文化関係

か日本かを問わず、一律に総会が管理すること、(三) 研究費の増額」などを要求した[29]。その結果、「賠償金の返還問題は全く決着が見えなくなり」[30]「日本側は様々な手段を用いて北京政府を翻弄する」〔引用符原文、出典不明〕こととなった。そこで中国側委員は、意を曲げて「図書館、研究所は中国側の利益を中心とし、その他の問題については再び争論しない」ことで妥協を図った。その後、1927年の上海分会においても、中国側委員は上海自然科学研究所の設立より先に、欧米および日本に研究生を留学させて研究者を養成するよう主張した。しかし日本側は、実際の研究は日本の各大学に委託してでも、まず研究活動の実態を持たせるよう主張し、中国の経済や国家安全保障に関わる調査研究テーマを中国側委員の反対を押し切って「強行採決」したのである。そのため中国側委員は「もはや我慢の限界として退席し、相携えて辞職した」。なかでも、教育部参事、すなわち事実上の政府代表であった秦汾が、胡敦復とともに辞職を新聞に公表したことは、「北京政府でさえ同意できない」[31]ことを明白に示す結果となった。

　1927年10月、東方文化事業総委員会は、北京・王府井大街の甜水井事務所において、臨時総会および第3回総会を開催し、12月18日を以て事務所を王府井大街の東廠胡同に移すこと、同月20日には北京人文科学研究所を開設することを決めた[32]。ところが、日本政府と軍部はこの「文化協力」を無視し、〔1926年から進行しつつあった国民党の〕北伐を阻止するため〔第1次〕山東出兵を行い、さらに1928年5月3日には〔第2次山東出兵の結果〕「済南事件」[3]を引き起こしたのである。義憤にかられた東方文化事業総委員会の中国側委員は、「5月13日に会議を開き、全員一致で委員会脱退を声明した」[33]。彼らは、義和団事件賠償金の全額返還と文化事業の自主管理を求める中国各界の声に応え、武力侵略を行いながら「日中親善」と「文化協力」を唱える日本側の虚偽を拒絶したのである。

　なお当時、中国国民党は、日本政府と北洋政府の「協力」による「東方文化事業」にいっそう否定的であり、「東方文化事業委員会は日本政府の外部付属機関であり、義和団事件賠償金を対中文化侵略に用いるもの」だと認識していた。北伐軍による上海占領後、国民党上海市党部は、東方文化事業総委員会とその設立根拠である「日中文化協定」について、以下のような声明を発した。

すなわち「中日文化協定は人民の利益を代表する国民党政府によって結ばれたものではなく、かつ学術教育団体の多数が反対しており、存在価値がない。またその中国側委員も、みな腐敗が著しい「研究系」[4]の学者たちであり、彼らは帝国主義と結託し、軍閥に頼って各国の返還した賠償金を反動的教育に充てているため、国人の不満を招いている。以上の点について、我々国民政府の勢力が急速に北進しつつある今日、日本政府には再考すべき必要ありと信ずる。もし日本政府が、学術教育団体の多数意見を尊重し、当該委員会の活動を中止して別途正当な方策を採ることができなければ、必ずや巨大な反日運動が生じるであろう」と[34]。このように、中国国民党は「日中文化協定」そのものを認めず、東方文化事業総委員会の活動にも反対の立場であった。

〔1927年4月に南京で成立、翌年全中国を統一した蔣介石の〕南京国民政府は、「革命外交」の旗を掲げ、日本に対しては義和団事件賠償金の完全返還と「日中文化協定」の廃止を要求した。1929年10月23日、教育部部長の蔣夢麟は、中国駐日公使館に「日中文化協定」の締結の過程とその具体的内容について調べるよう指示し[35]、この協定は日本の対中文化侵略の道具であるとして、日本留学生に対して外務省文化事業部からの学費補助を停止するよう訓令するとともに、中央政府に対しても協定廃止のための対日交渉を行うよう求めた[36]。同年12月26日、外交部は駐日公使の汪栄宝に再度の対日交渉を命じ、翌1930年1月29日、汪栄宝は外務省を訪れて「日中文化協定」廃止の意向を伝えた。その後、1年にわたる交渉が続けられたが、日本側は「既定の方針は変更することなく、運用上の事項のみ検討する」との態度を変えなかった[37]。ようやく1931年1月9日、この問題の「解決方法を模索する」ため、日中双方3名の代表によって意見交換を行う合意がなされたが[38]、代表の選定と任命が終わったのは8月であり、その翌月には満洲事変〔九・一八事変〕が勃発した[39]。これ以降、「東方文化事業」は事実上、日本が単独で行う対支文化事業となり〔傍点訳者〕、また満洲国の成立後には「対満文化事業」も設置されるなど、あからさまな対中文化侵略の様相を呈するようになったのである。

　以上見てきたように、財政難を抱えた北洋政府は、日本の義和団事件賠償金返還に期待を抱き、1918年に後藤外相が賠償放棄を表明するや、この絵に描いた餅のような発言に繰り返し謝意を表明した。これは日中の文化「協力」と

236　第4章　文化関係

「親善」の得難い契機であるかに思われたが、遺憾なことに「対支文化事業特別会計法」の公布、「日中文化協定」の締結、「東方文化事業」の実施へと進むにつれ、中国各界は、日本のいう賠償金返還とは実際にはただの空手形にすぎず、賠償金の最終的な使用権は依然として日本政府が掌握していることに気づかされたのである。「東方文化事業」は、日中の文化「協力」を建前とした対中文化侵略にすぎず、東方文化事業総委員会にはそもそも計画、決定、管理の権限がなかった。このため「日中文化協定」締結の責任者である汪栄宝も、後には国民政府の命を受けて、協定廃止と賠償金全額返還を求める対日交渉を行ったのである。しかし、その要求を日本政府が拒絶したことにより、中国の文教界は反対の声をますます強める結果となった。こうして日中の文化事業は、形式的な「協力」から、政府から民間に至る全面的な「対立」へと転化していったのである。

2. 文化界と教育界──協力と反対と

各国の義和団事件賠償金返還事務が次第に形を整え始めた1922年以降、それまで対外的な賠償金放棄の要求に重点を置いてきた中国各界は、次第に対内的な賠償金の使用権の争奪へと移っていった。その結果、1923年から1925年にかけて、賠償金を文教事業に用いるか実業に用いるかの論争が生じた[40]。文化教育界は、政府がしばしば教育経費を流用してきた実情を踏まえ、各国が返還した賠償金はそのすべてを教育事業に充当し、他の目的に「流用してはならないこと」、かつ「政治、外交、宗教などの関係を離れて、学者による共同管理とすること」を主張した。他方で、呉佩孚や孫伝芳ら軍閥の巨頭、孫科、王正廷、張謇ら政界の実力者たちは、返還後の賠償金はまず道路建設や実業振興に用い、そこから得られる利益によって教育基金を将来にわたって安定させるべきと主張した[41]。この賠償金使用権の争いは、実際には北洋政府および各地方政府が、財政難のために教育経費を流用してきた現実を反映したものであった。

1923年3月、日本帝国議会が「対支文化事業特別会計法案」を議決すると、中国各界、とりわけ文化教育界は、日本がこれまでのやり方を改めて、返還し

中国　文化協力と敵対の「契機」　237

た賠償金を中国政府の管理に委ねるか、もしくは日中同数からなる委員会を設けて、中国の文教事業を資金援助するよう希望した。そして当時、北京、済南、南京、漢口および広東、雲南など各地の文化教育界の人々から、東方文化を発揚し、各地に図書館、博物館、研究所を設立し、大学を拡充し、日本留学生に学費補給を行うなどの提案が次々に寄せられた[42]。1923年10月、賠償金返還後初の日中交換教授として来日した前中華医学会会長の伍連徳博士は、学術交流を行うとともに、返還後の賠償金を対中文化事業に充てるという中国側の学者の意見を紹介し、「中日文化関係促進案」を配布した。この「促進案」は、北京に図書館を、広州に医科大学と附属病院を、済南に博物館を、上海もしくは南京に実験医科学研究所を設立すること、さらに「日中同数の委員によって組織される理事会を中国に置き、これと別に1名の中国人が理事会長を務める」ことで日中間の各種の誤解を取り除くべきである、といった内容であった[43]。

　総じていえば、この時点では、中国の文教界は日本の賠償金返還と文教事業への援助に対して「なお歓迎の意を有しており」[44]、協力的な態度で「東方文化事業」に対する提案を行っていた。たとえば、北京大学は臨時に委員会を組織して賠償金問題を研究し、また教育部も湯中〔教育部次長〕[5]を日本に派遣して賠償金返還事務に当たらせた。「対支文化事業」という名称についても、北京大学学長の蔣夢麟は「東方学術事業」案を[45]、駐日公使の汪栄宝は、日中共同で東方文化を発揚するという事業の精神を表す「東方文化事業」案を提示した[46]。さらに1924年4月11日、北京師範大学の初代学長となった范源濂は、日本の服部宇之吉文学博士を招いた席で、「対支文化事業部」が日本の外務省内に置かれており、その経費予算も日本の議会承認が必要であることは「政治を超越している」とは言い難いと批判し、日中文化事業が「その精神と形式のいずれにおいても政治を超越すべきだ」と訴えた[47]。この范源濂の意見も〔批判というよりは〕日中文化事業に対する彼の期待を反映したものといえる。6月11日に北京で開かれた「東方文化学舎」の成立式典でも、王正廷、朱念祖らが、東方文化を欧米に普及させることが東方各民族の共同の責務であるとする祝辞を述べた[48]。つまり彼らも、東方文化の発揚者を自任していたのである。このように、日本の賠償金返還と対支文化事業の展開を契機として、東方文化

の称揚が一時の潮流となったかに思われた。

　しかし当時、日本の賠償金返還と対支文化事業について、その誠意を疑い、警告を発する人々も存在した。たとえば1924年5月、朱経農は日本の賠償金返還と対支文化事業について、「見せかけの返還であり、見せかけの協力である」と述べ、王雲五ら42人と連名で意見書を発表して、「対支文化事業」は「中国文化事業協進会」と名を正し、中国人のための事業であることを明示すること、学術の独立性を担保すること、政治・外交に携わる人間が参加しないこと、日中両国の学者によって組織され、中国人を理事長とする理事会を設けること、などを提案した。また北京、上海、広州に図書館や研究所を設立する場合にも、日本が中国文化を代理することを避けるため、所長、館長、研究員はすべて中国人とし、日本人は顧問の立場で招聘すべきであるとした。さらに朱経農らは、意見書の末尾において以下のような警告を発した。すなわち、もし日本が誠実に対処すれば、「ただ日中両国の友誼をいっそう深めるのみならず、世界永久平和の礎もまた定まるであろう。だがいやしくも、対支文化の名を借りて文化侵略の実を挙げ、口では賠償金返還や親善をいいながら、いつまでも賠償金を返還せず、善意も見せないならば、中国は貧しいとはいえ、どうして形を変えた同文書院[6]を有り難がるだろうか。このように手管を弄して失敗し、親善を欲して却って疎遠になるとすれば、結局は中国の信を失うばかりか、欧米の物笑いとなるであろう。日本のために、我々はこの方法を取るべきでないと愚考する」と[49]。しかしこの意見書にしても、決して日中共同の文化事業それ自体に反対したわけではなく、日中が誠実に協力し、平等互恵の関係となることを希望した善意の警告であった。

　だが、さらに多くの人々は、日本政府が賠償金を実質的にコントロールし、かつ中国政府に対して「東方文化事業」のために無償で土地の提供を求めたことから、日本の賠償金返還の誠意を疑っていた。そして、対支文化事業は中国の主権を侵犯しており、文化侵略の野心を隠しているとする反対・抵抗運動を起こしたのである。たとえば1923年4月27日、中国科学社、中国地質学会、北京師範大学など11の組織は日本の対支文化事業に反対し、日本政府に「反省」を要求する連名の宣言を発した[50]。また、中国文化教育界は、政府に対して対日再交渉と「日中文化協定」の破棄を繰り返し要請した[51]。こうした「日

中国　文化協力と敵対の「契機」　239

中文化協定」反対の声にも拘らず、1925年5月4日、沈瑞麟と芳沢謙吉の間に「日中文化協定」についての交換公文が成立し、日中文化事業総委員会の活動は「対支文化事業特別会計法」に抵触してはならないと規定されたのである[52]。このように公然と文化事業の主権を「譲渡」する行為に対して、中国社会では強烈な不満と反対の声が起こった[53]。

　「東方文化事業」に対する中国社会の抵抗と反対の声は、主として以下の3つに大別できる。第1は、中国の主権を侵犯し、国家の安全を脅かすという批判である。1926年12月21日、江蘇省教育会は、東方文化事業総委員会の活動が日本の法律に抵触してはならないこと、その最終決定権を日本の外務省文化事業部が握っていることなどについて、日本の内政を中国内地に及ぼすもので、「対華21ヵ条要求」第5号第2項の「翻案」であり、警戒と憂慮に堪えない、との反対宣言を出した。その内容は以下のとおりである。

　　全国教育会同人諸君。各国の賠償金返還が話題となって以来、日本は賠償金を利用して、我国において各種の文化事業を展開してきた。親善の美名を借り、また国際知識の幼稚な我国の一部の人々を欺き、ついに〔民国〕14年〔すなわち1924年〕、中日協定が正式に取り交わされ、北京において東方文化事業総委員会が組織されるに至ったのである。この中日協定において最も注意すべき箇所は、総委員会は日本の法令に抵触しない範囲において計画・決定・管理の三権を有する、その将来の計画は日本帝国議会の協力を得て初めて効力を持つ、日本外務省の文化事業部が最終決定権を有する、等の語である。これらの規定はすべて、当該事業が日本の政治支配を超えるものでないことを意味している。日本の21ヵ条要求の第5条第2項には、日本が中国内地に所有する医院、教堂および学堂に対して土地所有権を許可すべし、等の語が見られるが、東方文化事業総委員会の現在のやり方は、日本の内政の一部を我国の領土に及ぼすものであり、事実上、21ヵ条要求の第5条第2項と同等の意味を持つといえる。（……）今次の東方文化事業上海委員会の会議でも、我国の委員は全く容喙の余地なく、定められた研究テーマも、すべて我国の経済の命脈に関わるものである。これが文化侵略と経済侵略の併進計画であることは、もはや誰の目にも明

らかであろう[54]。

　また中国科学社は専門的な観点から、東方文化事業総委員会上海分会が設定した研究テーマの隠れた狙いを詳細に分析している。すなわち、「『天産無機化合物の相律的研究』の如きは、実際には我国の鉄鉱資源の探索である。『揚子江魚類の生物学的研究』は、我国の河川の水産資源の調査である。〔中国産〕発酵菌の研究は、我国の酒造・醸造業およびその他有機化学工業についての考査である。以上はすべて我国の資源および経済の命脈であるが、日本の学者が国境を越えて、我々に代わって研究しようというのである。これは我々を感激させるとともに、その意図について不安を抱かせもする。その他、地磁気および地球の重力中心、流行病などの研究テーマなどは、いずれも全国内地への調査旅行を必須とする。異国の人間に対して、我国の奥地を踏査する自由を与える調査テーマは、たとえ善意に基づくものであれ、独立国家にとって許容できるものではない。最近の日本および上海での東方文化事業会議の経過、また以前に北京政府が結んだ中日文化協定に鑑みて、我が社の同人は、中日文化協定が事実上の日本政府による文化侵略・経済侵略の道具であると考え、一致してこれを否認するものである」[55]。このように中国科学社は、「日中文化協定」が「主権を失い、国家を辱め」、日本の文化侵略、さらには経済侵略の道具になっているとして、その廃止を強く呼びかけた。

　第2に、本心から賠償金返還を行わず、文化の名のもとに実質上の侵略を行っているという批判である。中国の文教界には、日本が誠意をもって賠償金返還と学術振興を行うのではなく、ただ「東方文化事業」の美名で耳目を欺き、「外交侵略」の実を挙げようとしているとの認識が広がっていた。たとえばある人は、「日本は様々な手段を用いてお茶を濁し、何々文化事業委員会なるものを設立した。その名称も、最初は『対支』、しばらくすると『支日』『中日』、最後には『東方』と変わったが、実際には、外務省内の対支文化事務局の1付属機関に過ぎない。つまり、『日本対支文化侵略会社』の1支店なのだ。彼らは日本帝国政府─外務省─対支文化事務局─東方文化事業総委員会、という、ひとつながりの関係組織である。このような委員会が行う事業とは、日本の内政、日本の外交に他ならない。文化事業の名を借りて耳目を惑わし、日本の内

中国　文化協力と敵対の「契機」　　241

政を中国の領土にまで延長するのであるから、我国の人々の反対するのも当然である」といい、「このような外交的性質の『文化事業』に対しては、我々は賠償金問題に関して『まず主権を確保し、その後に用途を議論する』という原則に基づいて反対すべきである」と述べた。さらに、中国の団体が東方文化事業を主宰することは「最低限の要求」であり、日本がもし「東方文化事業の名で天下の人々の耳目を蔽うのであれば、中国人はどれほど愚かであっても、必ずや徹底的に反対するだろう」と主張したのである[56]。

　第3に、賠償金の完全返還を、日中協力の条件とする意見である。1927年1月11日、中華教育改進社、中国科学社など4団体が、日本の賠償金返還問題は「不幸にして野心ある外交家〔原文ママ。後藤新平のことか？〕に利用され、中国侵略の資本となっている。彼は外務省の傘下に対支文化事務局を設立し、中国の国境内部に彼の行政権を延伸して、文化教育の租界、植民地を開こうとしている」として、5ヵ条からなる闘争宣言を発した。その闘争方法とは、①本〔宣言に加わった〕団体の成員は、日本が正式に義和団事件賠償金を返還する以前には、東方文化委員会に加入し、その委員となることを得ず。②本団体の成員は、日本が正式に義和団事件賠償金を返還する以前には、当該賠償金を用いて行われる一切の活動に参与することを得ず。③本団体の機関および個人は、日本が正式に義和団事件賠償金を返還する以前には、日本が当該賠償金を用いて中国に派遣した団体、調査団およびその他の任を帯びた個人を招待することを得ず。④本団体の機関および個人は、日本が正式に義和団事件賠償金を返還する以前には、当該賠償金から補助を受け、あるいはそのような活動に従事することを得ず。⑤本団体は、全国の他団体と合同し、衆知を結集して、日本が賠償金を用いて中国における文化侵略を行うことを防止し、日本の覚悟と反省を促す、というものであった[57]。以上の5ヵ条は、非暴力・非協力の方法で、日本に賠償金の完全な返還を要求したものといえる。

　中国の文化教育界の「東方文化事業」に対する抵抗と反対は、実際には「ほとんど効果はなく、日本側はそれまでのやり方を改めなかった」[58]。そのため、「東方文化事業」の枠組を前提として、そのなかで日中の文化「協力」の道を探った人もいた。たとえばある人は、〔1926年7月の臨時総会における〕「東方文化事業総委員会章程」の採択後、これは「日本にとってはもとより成功という

べきだが、若干の権限を委員会に譲渡した点を公平な目で見れば、その利害得失は実質上、日本と中国で五分五分である。今後、我国委員が様々な点に留意し、また我国の人々が積極的に監督すれば、弊害と不利を減少させることも不可能とはいえない」と述べ、中国側委員と中国人が「東方文化事業」を監督することに期待を寄せた[59]。また〔仏教徒の立場から興味深い提案を行った〕胡瑞霖は、〔東方文化という言葉について〕「東方とは中日両国を指す言葉だが、文化とは科学のことを指している。この〔科学的な〕文化は、確かに中国にとって必要であるが、一般的にいえば、西欧から直接取り入れればよいのであり、何も日本から転売してもらう必要はない。西欧文化とは侵略的文化であり、自ら取り入れれば〔自らの〕利となるが、人に与えれば〔自らには〕害となるからである。過去に照らしても、そういう例が甚だ多い。したがって、日本がこの〔科学〕文化を中国に進んで与え、親善を求めるといっても、誰も信用しないし、中国の教育界は、文化という名を文字通りには受け取らず、国権の保全をスローガンにして反対するのだ」と述べ、それならば「日中両国は共に仏教を興し」「世界仏教図書館を設立して」「欧米に仏教を布教するべき」であり、「既に決定した文化事業、たとえば図書館や研究所はそのまま実施するが、使途が未定の部分は仏法のために用いるべきであり、それによって世界の平和を祈念し、中日の親善の達成を希求するのだ」と提唱した[60]。ただ、この訴えはあまりに理想主義的、宗教的であり、社会の関心を引くことはなかった。

　それに対して、一部の知識人による「東方文化事業」への高い評価や、『順天時報』『盛京時報』など日系新聞による「東方文化事業」の宣伝は、いっそう衆目を惑わすものであった。1925年1月8日、『順天時報』は程光銘の「日本の対支文化事業の真相および私の考え〔日本対支文化事業之真相及我見〕」を掲載し、日本の賠償金返還はたしかにアメリカより遅かったが、「アメリカは当初その半額を返還したのに対し、日本は全額返還しており、かつその文化事業の計画は、フランスやイギリスに比していっそう公平無私で」「完美」であり、それが列強の「反感」を招いているが、「学術研究には本来国境の制約はない」と主張した。さらに同紙は、4月4日の社説においても「知識に古今中外の区別はなく、学問にも欧米日華の区分はない。なぜまた文化侵略などという言い方がありえよう」という主張を繰り返した。4月下旬には『盛京時報』

中国　文化協力と敵対の「契機」　243

が「文化侵略説」に対する反論を掲載し、「文化侵略の説を唱える者」は、少数の例外的な「被害妄想狂」、あるいは反日を飯の種にしている者であって、彼らは「必ずしも真に愛国的ではなく」、「今日文化侵略説が唱えられる背景は、実は軍閥を後ろ盾に〔した一部の人間が〕暗に煽動を行った結果であり、内政の腐敗に対する中国人の注意を逸らそうとするのだ」と批判した[61]。しかし客観的に見れば、文化は往々にして政治の道具にされてきたのであり、各国が自国の優良な文化伝統を保護して国民の愛国心を育てようとしてきた原因もそこにあるといえる。したがって結果的に見れば、文化に国境なしとするこうした論調は、文化の政治性を故意に無視し、「東方文化事業」のお先棒を担ぐものであった。

　日本政府が賠償金と「東方文化事業」を強力にコントロールしていたため、日系新聞がどれほど「東方文化事業」を宣伝しようとも、中国の文化教育界の人々は、その協力や成果を実感することはできなかった。それどころか、「東方文化事業」の実態は、却って彼らに一種の屈辱感や危機感を抱かせたのである。たとえば、中国経済の命脈や国家の安全保障を脅かす研究テーマを採択したことに対して、中国側の一部委員が憤激して辞任したことは、その１つの明証である。また、日本が文化「協力」の期間中、３次にわたる山東出兵を行い、済南事件を引き起こしたことは、中国文教界の「東方文化事業」に対する僅かばかりの幻想さえ打ち砕いた。そのため文教界は、理性的な方法によって「東方文化事業」に反対・抵抗する闘争を繰り広げたのである。その手法は、第１に文化教育団体が単独もしくは連名で反対宣言を行う、第２に非協力を旨とする抵抗方針を公布する、第３に「東方文化事業」を批判する文章を発表し、民衆を呼びさます、などであった。彼らの闘争は、日本政府に対して直接に譲歩を迫る力はなかったといえる。しかし、日本側が意図した中国民衆の反日感情の緩和と「日中親善」の促進という政策目標を水泡に帰せしめ、また北洋政府、国民政府に「東方文化事業」に対する態度を改めさせただけでなく、中国人留学生の「東方文化事業」に対する認識にも影響を与えたのである。

3. 日本留学生——知と行の乖離

日本に留学中の中国人学生は当初、日本の賠償金返還と学費補助に高い期待を寄せていた。その理由は以下の2点である。すなわち第1に、第1次世界大戦後の日本の物価騰貴や、中国側の財政逼迫により留学経費の送金が途絶えたことで、多くの留学生が生活上の困窮に陥っていた[62]。第2に、帝国議会が1918年、中国人留学生の待遇改善に関する議案を2件議決した後[63]、日本の有力政治家から、中国人留学生の待遇改善を求める意見が繰り返し提出されていたことである。たとえば1922年3月、荒川五郎、山本条太郎は、それぞれ賛同する議員をまとめて「義和団賠償金還付ニ関スル建議」および「対支文化事業ニ関スル建議案」を議会に提出し、日本政府が賠償金を返還して、留学生の学費を補助するよう呼びかけた[64]。また同年8月9日、上海総領事の船津辰一郎も、内田康哉外相に手紙を送り、義和団事件賠償金を留日学生の教育経費に充てるよう建議した[65]。これらの建議は、中国人留学生に楽観的な期待を抱かせ、1923年初に帝国議会が「対支文化事業特別会計法案」を議決するとの知らせを聞いた中国人留学生たちは、大いに興奮して「日本が中国から得た賠償金2千万元を基金として、その年利を中国人留学生の費用とするならば（……）中日間のすべての誤解は解け、中国における排日運動も必ずや消滅する」と考えたのである[66]。

だが、「対支文化事業特別会計法」が公布されると、中国人留学生の当初の期待は批判に変わり、さらには拒絶の態度を見せるようになった。彼らは、この法律が中国政府との協議を経ずに日本単独で定められた経緯を批判し、救恤金、医院補助費などは文化事業には属さないこと、賠償金を日本が中国に設立した学校に支給することは日本の文化侵略の野心の現れであるなどと指摘した[67]。1923年6月26日、中国留日学生総会は、日本の賠償金返還による学費補助を受けないと宣言し[68]、7月にも一部の留学生が「中華民国留日学生による排日問題に関する宣言」を散布した。そこには日本の対支文化事業について、「中日友好」の看板を掲げて〔恩を売っておいて〕「反日者」を忘恩の徒と責め立てているが、実際にはまったく中国人の利益を考慮しておらず、ただ日本の対中侵略の「前駆あるいは付属事業」にすぎない、中元節の贈り物と引き換え

に家産や田地を奪うような日本政府の行為は、「何と奇妙な現象であろうか」「このような恩恵や友好は、我々には受け入れがたい」[69]などと書かれていた。彼らは、対支文化事業には、第1に中国人とりわけ日本留学生の反日の口を塞ぐこと、第2に文化侵略の実施、日本の対中侵略・拡張政策を補完するという2つの目的があるとして、これに強く反対したのである。

　なお、中国人留学生に対する学費補助は、当初から日本の対支文化事業の主目的の1つであったが、1924年2月6日の「日中文化協定」には盛り込まれなかった。それは、経済的困窮から内部対立を引き起こしていた留学生を刺激することを避けたためである。それに代わって1924年3月8日、北洋政府の教育部が、当時の日中双方の共通認識に基づき[70]、「日本対支文化事業留学生学費補助分配辦法」を頒布した。そこには、①学費を補助する留学生の総数を320名とし、〔中国〕各省の衆院議員定員および賠償金負担額に応じて、省ごとに定員を割り当てる。②日本留学生は毎月70円〔日本円〕の学費補助を受ける。③定員は、官費・私費留学生に同数割り当てる。④在籍する学校ごとに、受給人数を順に決定する。すなわち第1に、指定された43の官立大学、次に3校の私立大学、その次に33の官立専門学校および官立高等学校、第4に5校の私立専門学校、私立大学の専門部および選科[7]、第5に一高から八高までの国立高等学校および一部の県立高等学校、第6に早稲田大学、慶應義塾大学、明治大学の予科、第7に東京高等工業学校、第一高等学校特別予科、最後に早稲田大学、慶應義塾大学、明治大学の専門部とする、などと定められていた[71]。

　この「分配辦法」が頒布されると、当初は日本の対支文化事業の学費補助に反対していた留学生たちの運動は立ち消えになり、今度は補助枠を奪い合う内輪もめが生じた。早稲田大学、明治大学などに在籍する私費留学生は、官費留学生が学費補助を受けるのは二重の補助に当たるとして、官費留学生に手厚い分配方法を見直すよう強く要求した。それに対して、東京高等師範学校など公立学校を中心とする官費留学生も、対支文化事業補助金を受ける権利を主張して、分配方法の見直しに反対した[72]。このように、官費留学生と私費留学生は学費補助問題をめぐって相互批判を繰り返し、留学生界は1年余りにわたって混乱状態に陥ったのである[73]。そのなかで一部の留学生が中国駐日公使館や留学生監督処に押しかけたため、駐日公使が一時帰国し、監督処の人員も難を避

246　　第4章　文化関係

けたり辞職したりする騒ぎとなった。こうした事態を受けて、北洋政府教育部は、やむなく「日本対支文化事業留学生学費補助分配辦法」に部分的な修正を行った[74]が、さらに留学生のなかには、外務省や文部省など日本の関連機関に直訴する者さえいたのである[75]。

また、日本の各校は、対支文化事業の学費補助を受けた留学生に対し、「日本政府の深厚なる恩典を忘れず、日中親善に尽力する」などの内容を含む「誓約書」へのサインを求めたが、これが留学生界に再び波乱を呼びおこした。ここで東京商科大学〔一橋大学の前身〕の誓約書を例に取ると、学生の姓名、学年、出生年月、学長宛の直筆のサイン（日時と姓名）のほか、誓約内容として、「私儀今般日本政府ノ御成案ニ係ル対支文化事業ノートシテ支那留学生給費実施大綱ニ基キ大正十三年十月ヨリ毎月金七拾円宛学費補給ヲ受ケ候段感謝ニ堪ヘス候就テハ専心勉学卒業ノ上ハ右御主旨ヲ体シ奮励以テ御恩眷ニ奉答センコトヲ誓約仕候也（私はこのたび日本政府の対支文化事業関連法の１つとして、中国留学生給費実施大綱に基づき、大正13年10月より毎月学費補助70元を受給しており感謝に堪えません。つきましては、学業に励み、卒業後はその主旨を体して、大恩に報いるべく努力いたします）」などと記されていた[76]。他校の誓約書もこれとほぼ同内容であり、留学生側は「誓約書が大同小異なのは、日本政府の意を受けているため」で「このような侮辱を、なおも文化事業と称するのか」などと非難した[77]。しかし一部の留学生が「誓約書」にサインし始めると、批判的な学生たちも、次第に日本側の圧力に屈していったのである。

日本政府の誓約書提出要求は、留学生を含めた中国人全体を憂慮させた。たとえばある文章は、「日本留学生のうち、賠償金から学費補助を受ける人数は少なくないが、我国政府がこの問題を根本的に解決できていないため、分配や詮衡〔学生選抜〕の権利を〔外務省〕対支文化事業部に握られ、我国の学生が異国の政府の鼻息を窺う立場に置かれている」と述べ、留学生が学費補助を受けるため日本政府に屈従せざるをえないことに憤激と憂慮を表し、この問題に対して上、中、下の３策を提示した。上策とは「我国外交当局が日本の駐華公使と交渉し、覚書を提示して、賠償金の全額返還を要求し、賠償金各項の所有と管理については、アメリカの方式に倣って組織された理事会の管轄とする。それ以前の交換公文や協定は一律に廃止する」。中策とは「この方法〔上策〕

がもし一時的に目的を達せざる場合、〔文化事業総委員会を〕改組して学識と手腕をもつ者を委員に選抜するとともに、引き続き賠償金返還と対支文化事業部の廃止を求めて積極的に交渉を続ける」。下策とは「この状況を傍観し、或いは中国側から一方的に廃止などの空言を弄することで、事実上日本人の自由な行動を放任する」というものだが、これでは様々な問題が避けられない、という[78]。この文章は、中国政府に対して上策を採るよう促しながら、日本にも賠償金の全額返還、「日中文化協定」の廃止、専門の理事会が留学生の学費補助に責任を持つアメリカ式の返還方法などを求めたものといえる。

しかし日本政府は、国民政府による賠償金全額返還と「日中文化協定」廃止の要求を拒絶した。それは賠償金による学費補助事務をコントロールし、中国人留学生を買収して支配下に置くためであった。たとえば、ある中国の新聞に掲載された「留日賠償金学生の反日はますます激しくなる——日本当局の圧迫と軽蔑、陰険な意図を受け入れられず」と題する記事は、外務省文化事業部が審査と称して各校の給費学生の思想信条、活動、資格、成績などを詳細に調査し、もともと駐日留学生監督処に属していた学生選抜の権限を奪っていること、補助金受給に際して「親日」を条件とし、これに反した場合直ちに補助を取り消すと訓示していること、などを暴露している[79]。〔また別の新聞でも〕日本政府の目的は「中日文化事業を口実として、文化侵略の走狗を買収することであり、数年来、日本は中国人留学生のなかの不逞の輩を選んで、言行優良などを理由に選抜学生とし、毎月50から240円の補助金を支給し（……）彼らを侵略の道具として利用し、我国の訪日留学生の一部を帝国主義の走狗に育てようと企んでいる」と指摘していた[80]。1931年6月5日の『新京日報』の「東京通訊」欄でも、「日本政府が選抜の名義を利用し、我国の留学生を買収しようとしており、現に日本の文化事業部から各学校に対して、目下留日学生若干名を募集中、毎月30円から50円までの生活補助を行う、云々という通知がなされている」ことを批判している[81]。こうした中国の報道からも、日本政府が文化事業補助費を用いて留学生を買収していた状況が見て取れるであろう。

賠償金問題と「東方文化事業」に対する日本留学生の認識は、中国各界といっそう一致していたが、留学生という立場に関わる際立った特徴もあった。1つには、彼らの関心が主として対支文化事業のうち学費補助の問題に向けられ

248　第4章　文化関係

ていたこと、第2に、彼らは日本の賠償金返還と学費補助について、大きく態度を変化させたことである。すなわち、帝国議会が1923年3月に「対支文化事業特別会計法案」を議決する以前には、中国人留学生は賠償金返還による学費補助に対して楽観的な期待を抱いていた。それが法案成立後には、大いに不満を抱き、文化侵略の野心の表れだとして拒絶の態度を示した。しかし1924年3月8日に北洋政府教育部が「日本対支文化事業留学生学費補助分配辦法」を頒布すると、留学生は補助の枠をめぐって内紛を起こし、学費補助を受けるため屈辱的な「誓約書」にサインしさえしたのである。したがって第3に、賠償金返還問題と「東方文化事業」をめぐって、彼らの認識と実践とは大きく乖離していた。留学生たちは、日本が「東方文化事業」の名のもとに彼らを買収し、中国侵略に奉仕させる狙いをはっきりと認識していながら、現実には自ら進んで「釣り針にかかり」、あまつさえ学費補助の枠をめぐって激しく争ったのである。

　なぜ、日本留学生の間で、このような矛盾する現象が生じたのだろうか。その原因は、留学生活上の困難と、〔中国側の〕留学経費の不足にあった。そのため彼らは、日本政府の選抜と学費補助を受け入れるしかなかったのである。1930年7月20日、国民政府教育部は中国人留学生に対し、対支文化事業からの学費補助を受けないよう訓令した[82]。それに対して、留学生たちは1931年1月20日、盧福保、何憂、崔紫峰らを代表として帰国させ、「近日の金価暴騰に際し、生活費も高い日本で、中途帰国する道は選べず、さりとて生活を維持することも難しい」とその苦境を訴えた。彼らは、「政府が補助金の受給を禁じたのは、対日外交上の一手段であろうが、自分たちの学業は一時の外交関係によって中断することはできない。また賠償金による学費補助は、留学生全体には行き渡っていないとはいえ、現在でも成績優秀で学費補助を望む留学生は少なくない。多数の学生の学業を犠牲にして、外交上非協力の態度を示すやり方は、決して損益が釣り合うものではない」とその主張の正当性を訴えた。さらに彼らは、22日には〔国民政府のある〕南京に向かい、「文化協定の廃止後は、政府は取り戻した賠償金の一部を留日学生の学費補助に用いること、文化協定が未だ廃止されず、かつ補助金受給を停止するのであれば、その間は政府が困窮した学生を救済し、彼らの退学や流亡を防ぐこと」などを求める計画であっ

た[83]。しかし遺憾なことに、国民政府は彼らに援助を行わなかったばかりか、厳しい態度で留学生の願いを退けたのである[84]。結局、一部の留学生は国民政府教育部の訓令を無視し、自ら進んで、あるいはやむにやまれず、賠償金からの学費補助を受給した[85]。彼らは愛国の情を持ちながら、生活の必要に迫られて、現実的な選択を行わざるをえなかったのである。

結　論

　総体的に見ると、中国政府、文化教育界、日本留学生の3者は、「東方文化事業」に対して当初は期待を抱き、また「協力」を試みながら、次第に懐疑、失望、抵抗そして反対へと転じていった。その転換は、日本に対する賠償金の全額返還の要求と、「東方文化事業」の主導権をめぐる争いに見てとることができる。この争いは中国側の敗北に終わったが、結果として中国では、日本の賠償金返還の誠意を疑い、「東方文化事業」が文化侵略の野心を隠しているとする反対世論が全国に広がったのである。中国各界が「東方文化事業」に対する態度を変えた最大の原因は、日本政府が西欧列強に対しては「協調外交」を行いながら、中国に対しては武力による威嚇と軍事侵略を止めなかったことにある。日中が「協力」して「東方文化事業」を展開していた時期、日本政府と軍部は「東方会議」[8]を開催し、「満蒙政策」を推進し、〔国民党の〕北伐を妨害して3次にわたる山東出兵を行い、済南事件を引き起こした。このように一歩一歩と進められる侵略拡張政策が、もともと脆弱だった日中関係をいっそう緊張させたのである。〔前述した、仏教徒の立場から東方文化事業に期待した〕胡瑞霖も、「中国教育界の人士は、これまでの日中関係に鑑みて、およそ日中の協力事業は必ず中国側に不利な結果を招くばかりであった。それゆえ全国教育聯合会および中華教育改進社など数団体が、連名で日中文化協定に反対し、委員辞職を要請する挙に出たのである」と述べていた[86]。このように、日本の対中外交戦略としての「東方文化事業」は、中国人の反日感情を緩和できなかったばかりか、日中関係の悪化に伴って文化的対立を深め、最後には日本の中国侵略の文化的「手先」となったのである[87]。この「東方文化事業」の事例からは、平等互恵と平和共存の国際関係が基盤となって、初めて国際的な文化交

流・文化協力が可能であること、逆に下心を隠した文化「協力」は、結局は文化対立に陥り、国際関係悪化の推進剤と凝固剤となって、困難かつ永続的な負の影響をもたらすことを見てとることができるのである。

1 山根幸夫『東方文化事業の歴史——昭和前期における日中文化交流』汲古書院、2005年。

2 山根幸夫ほか編『近代日中関係史研究入門』研文出版、1996年。

3 阿部洋『「対支文化事業」の研究——戦前期日中教育文化交流の展開と挫折』汲古書院、2004年、山根『東方文化事業の歴史——昭和前期における日中文化交流』、熊本史雄『大戦間期の対中国文化外交——外務省記録にみる政策決定過程』吉川弘文館、2013年。

4 具体的には、第1に近代日中教育交流史の研究のなかで、日本の賠償金返還による留学生の学費補助に触れたものがあり、代表例として舒新城『近代中国留学史』（商務院書館、1927年）が一章を割いて「日本の対支文化事業と日本留学」を論じている。第2に、義和団事件賠償金に関する研究の多くが、日本の賠償金返還と対支文化事業に触れている。たとえば王樹槐『庚子賠款』（中研院近代史研究所、1974年）など。第3に、近代日中文化交流史に関する研究のなかで、「東方文化事業」に言及するものがあり、王古魯編『最近日人研究中国学術之一斑』（日本研究会、1936年）の第4章「利用庚子賠款等款所辦的文化事業」が一例である。黄福慶『近代日本在華文化及社会事業之研究』（中研院近代史研究所、1983年）も、「日本庚子賠款的処理政策」の章を設けて、日本の返還した賠償金の運用状況について紹介している。

5 近年、上海自然科学研究所が、若手研究者の関心を集めるテーマとなっている。ここでその代表的な成果を挙げておく。梁波・翟文豹「日本在中国的植民科研機構——上海自然科学研究所」（『中国科技史料』2002年第3期）、孫建春「上海自然科学研究所及其出版的刊物」（『科技情報開発与経済』2006年第13期）、李強「関於歴史争議人物余云岫的史料補充——兼述民国和日偽時期“上海自然科学研究所”」（『中医文献雑誌』2009年第3期）、李嘉冬「上海自然科学研究所設立の経緯：日本の東方文化事業をめぐって」（『立命館経済学』第57巻第5、6号合併号、2009年3月）、李嘉冬「新城新蔵と日本の東方文化事業：上海自然科学研究所長時代の活動を中心に」（『京都大学大学文書館研究紀要』第8号、2009年2月）、李嘉冬「近代上海日僑社会的特殊群体——関於上海自然科学研究所科研人員的研究」（『管理観察』2015年第20期）などがある。また、上海日本近代科学図書館についての研究成果としては、石嘉「抗戦時期日本在上海的文化侵略——以上海日本近代科学図書館為例」（『江蘇社会科学』2015年第1期）。北京人文科学研究所に関する研究成果としては、主なものに孫穎、徐氷“北京人文科学研究所”籌建始末——20世紀上半叶日本対華文化侵略之典型一例」（『求是学刊』2007年第5期）が、日本の返還賠償金による留学生補助については、徐志民「日本政府的庚子賠款補給中国留日学生政策述評」（『抗日戦争研究』2012年第3期）、孫穎「20世紀上半叶中日文化関係的一箇片断——“東方文化事業”留学生

中国　文化協力と敵対の「契機」　　251

学費補給制度考略」(『貴州民族学院学報』2006年第2期)がある。東方文化事業総委員会とその活動については、孫穎「二十世紀上半叶日本的"対支文化事業"研究」(東北師範大学2008年博士論文)および孫穎、徐氷「"東方文化事業委員会"活動研究」(『寧夏社会科学』2014年第2期)がある。

6 李嘉冬「日本的東方文化事業之発端研究」、王建朗・欒景河主編『近代中国：政治与外交』下巻、社会科学文献出版社、2010年、659 - 660頁。

7 中国政府、文化界、日本留学生を対象とした理由は、「東方文化事業」が日中両国政府の交わした「日中文化協定」「芳沢・沈交換公文」によって始まったように、中国政府の協力なくしてありえなかったこと、その主な内容が日中の文化教育に関する事業、とりわけ日中の文化教育界人士と中国人留学生への資金援助であったことによる。なお、ある学者の統計によれば、日本の返還した賠償金のうち「完全に中国人のために用いられたのは、中国人留学生への学費補助と、中国の学者・学生の訪日費用であるが、両者を合計すると610万元であり、これを日本から中国への実質的な返還とすれば、それは賠償金全体の19％に満たなかった」。つまり、その他はすべて「流用」と見なせるという。王樹槐『庚子賠款』537頁を参照。なお、筆者は本論において、対象時期を満洲事変以前に限定している。なぜならそれ以後、「東方文化事業」は日本側が単独で行う「対支文化事業」に変質しており、事実上日中の文化「協力」の可能性を探るという意義を失っているためである。

8 程新国『庚款留学百年』中国出版集団・東方出版公司、2005年、9頁。

9 王樹槐『庚子賠款』240 - 243頁。

10 阿部洋「戦前日本の『対支文化事業』と中国人留学生——学費補給問題を中心に」、国立教育研究所『国立教育研究所紀要第121集：戦前日本のアジアへの教育関与』1992年3月、166頁。

11 『1. 第四十四議会／4 支那共和国留学生ニ関スル質問主意書（及び答弁書）』『第四十四議会／7 支那留学生ニ対スル建議案提出ノ件』『帝国議会関係雑纂／質問答弁』第七巻、外務省外交史料館所蔵、アジア歴史資料センター・レファレンスコード：B03041441400、B03041441700

12 阿部洋『「対支文化事業」の研究——戦前期日中教育文化交流の展開と挫折』181頁。

13 熊本史雄「第一次大戦期における外務省の対中政策——"経済提携"から"文化提携"への転換」『史境』第45号、2002年9月、10 - 11頁。

14 「対支文化事業ノ沿革及現状（第五十議会用）　大正十三年十二月調」『帝国議会関係雑纂／説明資料／対支文化事業』第二巻、外務省外交史料館所蔵、アジア歴史資料センター・レファレンスコード：B03041496600

15 外務省編纂『日本外交文書』（大正十二年第二冊）、統計印刷工業株式会社、1979年、433頁。

16 王樹槐『庚子賠款』485 - 486頁。

17 阿部洋『「対支文化事業」の研究——戦前期日中教育文化交流の展開と挫折』185 - 187頁。

18 「義和団事件賠償金還付ニ関スル建議案」『東方文化事業部関係会計雑件』第1巻、外務省外交史料館所蔵、アジア歴史資料センター・レファレンスコード：B05015062700

19 朱念祖、陳延齢『退款問題之日人輿論』鮮明社、1923年。

20 王樹槐『庚子賠款』489 - 490頁。

21 阿部洋『「対支文化事業」の研究——戦前期日中教育文化交流の展開と挫折』204頁。

22 黄福慶『近代日本在華文化及社会事業之研究』143 - 145頁。

23 王古魯編『最近日人研究中国学術之一斑』189頁。

24 「中日文化事業已告停頓——我国委員向政府報告経過」『晨報』1925年10月19日。

25 王古魯編『最近日人研究中国学術之一斑』179頁。

26 「1　第一回総会　大正十四年十月　分割2」『総委員会総会関係　第一巻』外務省外交史料館所蔵、アジア歴史資料センター・レファレンスコード：B05015165800

27 外務省外交史料館『東方文化事業総委員会記録』1929年8月、124 - 125頁。

28 「七零八落之東方文化事業」『教育雑誌』第19巻第2号、1927年、2頁。

29 「所謂"東方文化事業"之失敗与反抗」『教育雑誌』第19巻第1号、1927年、1頁。

30 力「挙国反対的外交性質的"東方文化事業"」『新教育評論』第3巻第1期、1926年、3頁。

31 「所謂"東方文化事業"之失敗与反抗」3頁。

32 阿部洋『「対支文化事業」の研究——戦前期日中教育文化交流の展開と挫折』304 - 307頁。

33 「東方文化事業総委員会中国委員退出」『中華図書館協会会報』第3巻第6期、1928年、19頁。

34 「所謂"東方文化事業"之失敗与反抗」2頁。

35 「補給留学生規模ニ関シ江参事官来省　昭和四年十一月」『補給留学生規模関係雑件』外務省外交史料館所蔵、アジア歴史資料センター・レファレンスコード：B05015411100

36 「教育部請廃止日本対華文化事業協定及換文」（1929年11月16日）、中華民国外交問題研究会編『国民政府北伐後中日外交関係』中華民国外交問題研究会1964年編印、12 - 16頁。

37 1930年6月18日、汪栄宝は日本の外相・幣原喜重郎に「日本退還庚款協定草案」を提示し、以下の建議を行った。1、1922年12月以後〔即ち、既払い分〕の義和団事件賠償金については全額を中国に返還し、中国側で文化教育事業に用いる。これは日本側も約束していることである。2、中国政府は日本が返還した義和団事件賠償金を管理するため、独立した日中団匪賠償金委員会を組織し、若干名の日本人委員を任命する。3、日本の返還した義和団事件賠償金の三分の二は、営利目的の建設事業に用い、その収益を文化教育事業に充てる。残りの三分の一は、直接文化教育事業に用いる。4、本年度の日本留学生の学費補助の金額および年限については、前年度までと同様とする。それ以後については、分配および欠員選選について、留日学生監督処が主管し、従来の選抜制度を廃止する。以上の「草案」は、国民政府が「日中文化協定」が廃止されない状況下で、日本が返還する賠償金についての支配権と管理権を強く要求したものであった。阿部洋「戦前日本の『対支文化事業』と中国人留学生——学費補給問題を中心に」、175頁を参照。

38 王樹槐『庚子賠款』、510 - 511頁。

39 阿部洋『「対支文化事業」の研究——戦前期日中教育文化交流の展開と挫折』490 - 491頁。

40 「団匪賠償金の使途　呉佩孚氏の鉄道敷設主張に教育界は何処までも反対」『大阪毎

日新聞』1924年8月19日。

41　王樹槐『庚子賠款』345-358頁。

42　阿部洋『「対支文化事業」の研究——戦前期日中教育文化交流の展開と挫折』259-260頁。

43　李嘉冬「日本的東方文化事業之発端研究」、王建朗、欒景河主編『近代中国：政治与外交』下巻、669-670頁。

44　王樹槐『庚子賠款』491頁。

45　「北京大学対於日本以庚子賠款在中国挙辦学術事業意見書」『北京大学日刊』第1455号、1924年4月26日。

46　阿部洋『「対支文化事業」の研究——戦前期日中教育文化交流の展開と挫折』223頁。

47　「日本対支文化事業的第二幕」『東方雑誌』第21巻第9期、1924年5月、8-9頁。

48　王樹槐『庚子賠款』492頁。

49　王樹槐『庚子賠款』491-492頁。

50　「学術団体対日本文化事業的宣言」『東方雑誌』第21巻第11期、1924年6月、146-147頁。

51　阿部洋『「対支文化事業」の研究——戦前期日中教育文化交流の展開と挫折』251-254頁。

52　「1　第一回総会　大正十四年十月　分割2」『総委員会総会関係　第一巻』外務省外交史料館所蔵、アジア歴史資料センター・レファレンスコード：B05015165800

53　たとえば、1925年6月3日、教育界の19団体が連名で、「中日文化協定」廃止要請の宣言を行った。1926年6月、中華教育改進社は、日本の対支文化事業が中国の主権を侵害していると非難し、政府に対日交渉を求めた。同年8月11日、国立9大学の教職員の合同代表、中華教育改進社、私立5大学の合同代表が会議を開き、日本が完全に義和団事件賠償金を返還するまでは、中国における文化事業の実施を認めない、政府には「日中文化協定」廃止を要求する、東方文化事業総委員会の中国側委員は態度を明らかにすべきであり、そのようにしない場合には、個別に警告を発し、場合によっては厳しく対処する、という内容の声明を発した。以上、王樹槐『庚子賠款』493頁、501-502頁を参照。

54　「本会否認東方文化事業委員会宣言（二十一日）」『江蘇教育界月報』1926年12月、5頁。

55　「所謂"東方文化事業"之失敗与反抗」3頁。〔訳者注：上海自然科学研究所が設定した研究テーマについては、山根幸夫「上海自然科学研究所について——対華文化事業の一考察」を参照して訳出した。〕

56　力「挙国反対的外交性質的"東方文化事業"」2頁、3-4頁。

57　「七零八落之東方文化事業」1-2頁。

58　王樹槐『庚子賠款』509頁。

59　「秘密解決之東方文化事業：中国委員事事譲日方独断、此後事業進行仍持秘密主義」『四川教育公報』第8期、1926年、162頁。

60　胡瑞霖「論東方文化事業告当局」『東方文化』1927年第3期、12-13頁。

61　王樹槐『庚子賠款』507-509頁。

62　孫安石「『経費は遊学の母なり』——清末～一九三〇年代の中国留学生の留学経費と生活調査について」大里浩秋、孫安石編『中国人日本留学史研究の現段階』御茶ノ

水書房、2002年、183 - 184頁。

63　実藤恵秀『中国人日本留学史』くろしお出版、1981年増補版、121頁。

64　「義和団事件賠償金還付ニ関スル建議案」『東方文化事業部関係会計雑件』第1巻、外務省外交史料館所蔵、アジア歴史資料センター・レファレンスコード：B05015062700

65　上海総領事船津辰一郎致外務大臣内田康哉「留日学生経費問題に関する件」1922年8月9日、外務省外交史料館、請求番号：3-10-5-17-2、第3冊。

66　王樹槐『庚子賠款』497頁。

67　阿部洋『「対支文化事業」の研究──戦前期日中教育文化交流の展開と挫折』227 - 228頁。

68　実藤恵秀『中国人日本留学史』124頁。

69　「中華民国留日学生関於排日問題的宣言」1923年7月、実藤恵秀『中国人日本留学史』125 - 126頁より転載。

70　「日本対支文化事業及其糾葛」『東方雑誌』第21巻第6期、1924年3月、阿部洋『「対支文化事業」の研究──戦前期日中教育文化交流の展開と挫折』238 - 239頁、335 - 336頁。

71　陳学恂・田正平編『中国近代教育史資料彙編・留学教育』上海教育出版社、1991年、409 - 414頁。

72　阿部洋『「対支文化事業」の研究──戦前期日中教育文化交流の展開と挫折』339頁。

73　「留日学生総会の紛擾」『在本邦留学生関係雑件』外務省外交史料館、請求番号：H-5-0-0-1、第2冊。

74　「文化事業部補助留学生費修正弁法案　大正十五年十二月」『国民政府ノ外国留学ニ対スル諸調査関係雑件』外務省外交史料館、アジア歴史資料センター、レファレンスコード：B05016089800

75　孫安石「『経費は遊学の母なり』──清末～一九三〇年代の中国留学生の留学経費と生活調査について」大里浩秋、孫安石編『中国人日本留学史研究の現段階』191頁。

76　阿部洋『「対支文化事業」の研究──戦前期日中教育文化交流の展開と挫折』346 - 347頁。

77　阿部洋「戦前日本の『対支文化事業』と中国人留学生──学費補給問題を中心に」、前掲書、181 - 182頁。

78　「中日文化事業与外交関係」『時事新報』1929年11月23日。

79　「留日庚款生　仇日愈益厲害──因日当局圧迫軽視、用心険悪無可忍受」『新聞報』1930年7月24日。〔阿部洋、前掲書、598頁参照〕

80　「文化事業費支給拒絶令」『支那時報』第13巻第3号、昭和5年9月、「時事要覧（文化教育）」。

81　「日政府之無頼行径──既無誠意廃止日中文化協定、復思利用庚款収買留日学生」『新京日報』1931年6月5日、「東京通訊」。〔阿部洋、前掲書、603頁参照〕

82　「教育部訓令」『日華学報』第17号、1930年10月1日、62頁。

83　「留日学生代表昨招待新聞界　代表盧福保、何憂、崔紫峰為序補庚款向政府請願」『時事新報』1931年1月21日。

84　阿部洋『「対支文化事業」の研究──戦前期日中教育文化交流の展開と挫折』600 - 601頁。

85 日華学会学報部『中華民国・満洲国留日学生名簿』第12版、1938年、18頁。

86 胡瑞霖「論東方文化事業告当局」『東方文化』1927年第3期、11頁。

87 阿部洋『「対支文化事業」の研究——戦前期日中教育文化交流の展開と挫折』665 - 934頁。

訳者注

〔1〕「対華（対支）21ヵ条要求」は、第1次世界大戦中の1915年、日本政府が中国政府に対して行った、山東のドイツ権益継承問題を中心とする要求。全5号21項目。

〔2〕「文装的武備」論とは、植民地政策において、直接的な武力（＝「武装的武備」）だけでなく、その補足手段として文化教育などの設備を重視する考え。後に満鉄総裁となる後藤新平が提唱した。

〔3〕済南事件とは、1926年に北伐を開始した国民党軍と、1927年5月に居留民保護のために山東に出兵した日本軍との間で生じた武力衝突。この事件で日本軍は済南を占領した。

〔4〕「研究系」とは、1916年に北京で成立した「憲法研究会」に集った知識人グループ。梁啓超を中心として、主に『晨報』などに論説を発表し、政治的には改良主義を唱えたため、革命を掲げる国民党とは対立した。日本では専著として原正人『近代中国の知識人とメディア、権力——研究系の行動と思想　1912 - 1929』（研文出版、2012年）がある

〔5〕湯中は、後に東方文化事業総委員会にも中国側委員（肩書は交通部参事）として加わっている。

〔6〕東亜同文書院は、1901（明治34）年、東亜同文会によって上海に設立された日本人のための高等教育機関。商務科を中心とし、日中交流に携わる人材の育成を目指した。

〔7〕専門部とは、第2次世界大戦前の日本の旧制大学に付属機関として設置されていた教育組織。選科とは、本科に準じ、本科の科目の一部のみを学ぶ課程。戦前の大学では、本科の欠員を補う形で募集された。

〔8〕東方会議とは、戦前の日本が対中・満蒙政策を決定するために開いた会議のこと。主なものは、1921年（原敬内閣）と1927年（田中義一内閣）の2回で、ここでは時期的に後者を指すと思われる。1926年に蔣介石・国民党軍の北伐が始まると、1927年4月に成立した田中義一内閣は、山東省に権益保護のため軍を派遣（第1次山東出兵）、その後6月から7月にかけて東方会議を開催して、内戦で日本の権益が脅かされれば断固たる措置を取るとの方針を定めた。なお、満蒙地域については中国内地と切り離して日本がその治安に責任を持つとする、いわゆる「満蒙分離政策」もこのとき定められている。本文にも述べるとおり、日本はこの東方会議の後にも、翌1927年5月に北伐干渉、居留民保護のため再度山東に軍を派遣し（第2次山東出兵）、国民党軍との間に武力衝突を起こして済南を占領した（済南事件）。

第5章
全面戦争化
―― 国内要因

盧溝橋の新聞記事　1942年

| 日本 | 両国の政策決定メカニズムの変化と
全面戦争化の原因 |

光田剛 (成蹊大学)

はじめに

　満洲事変から日中戦争全面化までの時期、日中両国の政策決定メカニズムは
それぞれ大きく変化した。

　中国側については、国民党一党支配（以党治国）体制のもとで、1931年まで
「反蔣運動」の理論的支柱だった汪精衛（汪兆銘）が蔣介石と妥協して「合作」
の関係に入り、いま1人の反蔣運動の主導者であった胡漢民の動きを汪精衛と
蔣介石が抑制して、中央政府は相対的な安定状態に入った。この時期は、行政
院長汪精衛が外交部長を兼任し、唐有壬外交部次長とともに柔軟な対日外交を
展開した。これは、共産党軍事勢力の排除を第1目標とする蔣介石の政策とも
一致するものであった。1935年11月、汪精衛が狙撃事件で重傷を負い、蔣介
石が本職を軍事委員会委員長のまま行政院長を兼任して、行政の主導権を握っ
た。蔣介石は張群を外交部長とし、外交にも蔣介石の意向がより強く反映する
こととなった。

　日本側については、1932年の五・一五事件で政党が首班を出すことがなく
なり、政党による政策決定の主導権が低下した。かわって、軍、とくに陸軍軍

部の発言力は増大したが、陸軍指導部内部にも常に中国政策をめぐる対立が残り、一枚岩の確乎とした「陸軍の大陸政策」があったわけでもなかった。満洲事変、永田鉄山斬殺事件、二・二六事件などの事件を画期として陸軍の指導部が交替すると、その方針も大きく揺れた。

このような政策決定メカニズムの変化が日中関係にどのような影響を与えたかを、以下で見ていくことにする。

1. 満洲事変までの両国の政策決定（-1931年9月）

1.1 中　国

1928年6月、北伐軍が北京に入城し、北京政府の首班（安国軍大元帥）であった張作霖が爆殺されたことにより、国民党が中国の統一勢力となることが事実上決まった。安国軍政府は「聯省自治」の形式をとっており、張作霖爆殺の時点では東北三省は「聯省自治」の下にとどまる可能性もあった。中国・日本の朝野とも、張作霖の後継者がだれに決まるのか、その後継者が中国統一の問題についてどのような選択を下すのかに注目した。結局、張作霖の長男の張学良が、競争者の楊宇霆らを排除して主導権を握り、日本からの働きかけをかわしつつ、1928年の12月に東北易幟によって国民党中央政府の支配を受け入れる姿勢を明らかにした。もっとも、この時点では、張学良は国民党中央政府の東北への実質的な政治権力の行使、とくに人事への介入を行わせない姿勢も同時に示していた。

これは、陝西・河南・山東など黄河流域を押さえる馮玉祥、北京・天津を含む山西・河北と内モンゴルのチャハル・綏遠を押さえる閻錫山などについても同様であった。

この状況で、南京国民政府では、中央軍の最高指導者であり、実質的にも黄埔軍官学校の校長として中央軍に大きな権威を持つ蔣介石が、国民政府主席・行政院長・陸海空軍総司令を兼任し、中央政府と中央軍の主導権を掌握した。

蔣介石はまた、国民党常務委員の序列第1位も保持していた。当時の国民党は、「総理」孫文不在のまま集団指導体制がとられていた。蔣介石の党員とし

ての序列が第1位であることは国民党内で無視できない権威であった。

　しかし、蔣介石の国民党に対する指導力には大きな限界があった。蔣介石は、国民党の指導部の一員としては比較的新参で、孫文と同世代の老革命家や孫文の古参の弟子ほどの権威を国民党内に持っていなかった。国民党内には、孫文の高弟で孫文の国民党への「遺嘱」を執筆した汪精衛、初期の国民政府で重要な役割を果たした胡漢民をはじめ、「西山会議派」（謝持ら）や孫文の子である孫科のグループ（「太子党」）、旧アナーキストのグループ（李石曽、張継ら）など、さまざまな権威ある幹部党員がいて、これらは蔣介石の主導権を必ずしも承認していなかったのである。さらに、馮玉祥、閻錫山、李宗仁・白崇禧、唐生智など、黄埔軍官学校卒業生とは異なる系列の地方軍指導者も、蔣介石の主導権を十分に承認していなかった。国民党中央はなお中央政治会議による集団指導体制をとっており、地方軍指導者はこの中央政治会議の分会として設置された各地の政治分会に自派の軍人・政治家・知識人などを送り込んで掌握することで、それぞれ数省にまたがる政治・軍事支配を正当化していた[1]。

　蔣介石は、これらの対立する地方軍勢力を内戦によって解体するとともに、切り崩し工作や分断工作を通じて屈服させて行った。しかし、1929年に入ると、蔣介石の指導力強化を「軍人独裁」として強く批判する汪精衛が反蔣介石派のイデオローグとして中心的役割を担い始め、1930年には、これまで反蔣介石の態度表明に慎重だった閻錫山が反蔣の立場を明確にする。汪精衛ー西山会議派ー閻錫山ー馮玉祥ー李宗仁・白崇禧の反蔣派によって、北平（北京）に国民党中央執行・監察委員会拡大会議が設立され、その決議をもとに北平国民政府が樹立され、この年の9月にかけて南京政府と北平政府の間に中原大戦と呼ばれる大規模な内戦が展開された。

　この対立では、蔣介石は、国民党指導部内部では胡漢民グループと旧アナーキストのグループの支持をつなぎ止めており、また、蔣介石の中央軍は、将兵数の面では互角ないし劣勢であったが、装備と財源、練度の面では優れており、数ヵ月にわたって北平政府軍の攻勢をしのぎ、形勢を優位にしつつあった。1930年9月になって、これまで長城線以南の内戦への介入の動きを示さなかった東北軍が、最高指導者張学良の指揮のもとに北平に進軍して拡大会議と北平政府は崩壊し、内戦は南京側の勝利に終わった。

閻錫山はその中核的な軍事力を温存したが出国を余儀なくされた。馮玉祥は北京政府以来擁してきた軍をほとんど失った。馮玉祥系の石友三、韓復榘、炳勲、宋哲元、方振武などは、庇護者を失って、中央軍または東北軍の周辺の「雑牌軍」として存続しなければならなくなった。蔣介石は、張学良に、閻錫山系や馮玉祥系の諸軍の処置を委ねるのと引き替えに、張学良を陸海空軍副司令（副総司令）に任命し、華北諸省の支配を任せた。

　だが、蔣介石側の払った勝利の代償も少なくなかった。この勝利を得るために、最後まで北京政府を支え続け、1930年に入ってもなお中央の政治・軍事面での介入を受けつけない東北軍の支援を得たことは、これまで蔣介石との連携を保ってきた胡漢民との関係を悪化させることにつながった。また、蔣介石が、太原に移転した北京政府側の勢力を解散させるために、北平側の主張であった「約法制定」を受け入れたことも胡漢民との関係を悪くした。胡漢民は国民党一党支配の時期に約法制定は不要であるという主張であり、実際には約法制定を利用して蔣介石が独裁権力を固めることを警戒していた。

　1931年2月、蔣介石は胡漢民を軟禁し、「訓政時期約法」制定のための国民会議の招集へと踏み出した。だが、この強硬姿勢はかえって反蔣介石派を勢いづかせ、5月には広州に国民党中央執行・監察委員会非常会議が成立し、その決議によって広州に新たに国民政府が樹立されることになって、再び中国の中央政府は2つに分裂した。両政府は、その支配領域の中間に、中国共産党の主導するソビエト政府支配地域（ソビエト区）をはさんで対峙することになった。広州政府は、胡漢民派ほかの国民党元老グループを広東省・広西省・福建省などの地方軍勢力が支えるという構造で、中原大戦当時の北京政府よりは弱体であった。しかし、これに合わせて、山西省には閻錫山が復帰して山西省主席の地位にあった商震を排除し、旧馮玉祥系の石友三は広州政府支持の軍事行動を起こすなど華北情勢も不安定化していた。

　その時期に、東北では万宝山事件が起こり、しかも華北・東北の広大な地域を統括する立場にあった張学良は体調を崩して入院して指導者不在の状況にあった。東北軍は、その内部に、張作霖と同世代で東北に十分な地盤を持っている張作相・臧式毅などの「旧派」と、比較的若かったり新しく他の軍から東北軍に投じてきたりして東北に十分な地盤を持たず、華北に新たに地盤を築きつ

つあった新派との対立があり、張学良の存在がその両者の対立を調停し、さらに張学良が東北軍と蒋介石とをつないでいるという状況であったため、張学良の不在は東北軍のみならず東北・華北の政治の統合喪失をもたらしていた。

蒋介石は、広州政府との対立を抱えると同時に、ソビエト区に対する囲勦戦も展開しており、さらに1931年8月には長江の大洪水にも対処しなければならない状況で、華北・東北では政治的にも軍事的にも積極的な行動が行いうる状況ではなかった。

満洲事変が起こされたのはこのようなタイミングであった。

1.2 日 本

日本では、1918年の原敬内閣成立以来、政党内閣の慣行が成立し、1924年の第2次護憲運動以後は、衆議院の多数党の総裁が首相を担当し、失政によって内閣が総辞職した場合には第2党党首が組閣するという「憲政の常道」の制度が成立していた。

しかし、それは、天皇の大命降下によって首相が任命されるという制度をはずれるものではなく、衆議院の選挙結果によって首相の地位が移動するものではなかった（むしろ、少数党から任命された首相が総選挙を行い、多数党になるのである）。また、外務大臣や軍部大臣は外務官僚や軍人から選ばれることが多く、内閣を完全に政党のコントロール下に置くことができていたわけでもなかった。とくに軍部大臣については、この時期、軍部大臣現役武官制は廃止されていたものの、現役から選出しないにしてもなお予備役・後備役の大将・中将から選ばなければならず、陸海軍の意思に大きく反した人選はできない状況にあった。さらに、衆議院および内閣の権限自体が限定的で、貴族院や枢密院の存在が「衆議院に基礎を置く内閣」を掣肘しうる権限を握っていた。1920年代に政党内閣が主導権を握れたのは原敬の手腕によるところが大きく、軍や貴族院の内部に政党への協力勢力を獲得し、少なくとも政党内閣の政策に干渉することを謙抑する傾向を勝ちえていたからである。

しかしこの過程で、原敬の残した政友会には親陸軍的な勢力が成立し、ついに陸軍出身の田中義一が政友会総裁の地位を握り、1927年には首相に就任することとなった。これに対して、原敬内閣の時期に弱小野党であった憲政会──

民政党は軍とは距離を置いていた[2]。

1926-1928年の中国国民革命軍の北伐はこのような政党内閣の下での大陸政策の分断を表面化させる契機となった。

民政党は満蒙を国民党政権が統一することを容認し、国民党政権との交渉によって満蒙権益を保全する構想を抱いていた。これに対して田中義一ら政友会主流は、長城線以南の国民党による統一は容認するが、満蒙では張作霖の勢力保全を目指し、張作霖系勢力による日本の満蒙権益擁護を目指していた。さらに森恪らの政友会強硬派は、張作霖系勢力を排除し、より親日的な政権を樹立する構想を抱いていた。

だが、国民党政権に対してもっとも妥協的な幣原外交も満蒙権益自体を放棄することは考えていなかった。幣原は基本的に中国の内戦に軍事干渉することには反対だったが、1925年11月の郭松齢事件の際には陸軍との調整が不調に終わり、出兵を容認している[3]。他方、森恪らも満蒙を中国から独立させることは考えていなかった[4]。すなわち、満蒙権益を放棄することも、満蒙を中国から独立させることも、どちらも考えていなかったのである。

1928年の張作霖爆殺事件は、田中義一内閣の満蒙構想を危うくするものであった上に、その処理の失敗が田中内閣の命取りになった。この過程で、田中義一は陸軍からの信頼を失い、その後、田中義一の率いてきた長州閥は、宇垣一成の下に再編されることになる。

だが、この長州閥ー宇垣派の陸軍支配に対抗する中堅将校らのグループが勢力を拡大しつつあった。これらは田中内閣が倒れる少し前の1929年5月に一夕会に集結する。永田鉄山、岡村寧次、小畑敏四郎、東条英機のほか、張作霖爆殺事件の首謀者河本大作、後に満洲事変の謀略の中心人物となる石原莞爾・板垣征四郎、岡村とともに関東軍を代表して華北当局と交渉する鈴木貞一、根本博ら、華北に対する謀略で活発に活動する土肥原賢二もこの一夕会に参加していた。後に皇道派を形成する荒木貞夫、真崎甚三郎らもこのグループに属していた。この一夕会派は、メンバーそれぞれに考えの異なるところはあったが、ソ連との対決を意識し、そのために満蒙を領有すべきであるという考えを持っていた点では一致していた。この点で一夕会は、政党内閣が構想してきた大陸政策の幅を逸脱する構想を持っていたわけである。

田中の後継者となった宇垣派は、田中政友会内閣が倒れた後の浜口雄幸内閣・第2次若槻礼次郎内閣とは協調を維持し（宇垣の朝鮮総督への転出後は南次郎陸相）、その大陸政策を支持する立場をとった。だが、宇垣派（南次郎陸相を含む）の大陸政策は、国民政府および張学良政権との話し合いによる権益保持を図る幣原外相指導下の外務省の政策とは当初から距離があった。加えて、陸軍省では課長クラスに一夕会員が入り、その主導下で、満蒙領有に向けて満洲で軍事行動を起こす計画が進められていたのである。その計画を、宇垣派に属する南陸相以下の陸軍首脳部も知っており、満洲で何らかの軍事行動を起こすことは、陸軍首脳部も容認していたと見られる。ただし、1931年9月の段階で行動を起こすことは、陸軍首脳部にとっても、まして第2次若槻内閣にとっても予想していない事態であった。

　明治憲法の制度は、種々の天皇大権を握る天皇の下で、各機関が強い独立性を持つ分権的なものであった。内閣は事実上、外交・軍・財政を含むさまざまな機関の統合者の役割を果たしていたけれども、各大臣が天皇を単独輔弼するという建前から、閣内不一致の場合には内閣総辞職せざるをえなかった。統帥権は独立しており、陸軍参謀本部・海軍軍令部は内閣の指揮を受けなかった。さらに、台湾軍・朝鮮軍・関東軍などの外地の軍隊は天皇直属で、統帥部からも独立していた。このように、独立機関の集合体であったことが柔軟性にもつながったが、それは、各機関が別々の志向を持って動き、それを調整する意志を持たない場合には機能不全を起こす危険と隣り合わせであった。このような明治憲法体制を機能させていたのは、1910年代半ばまでは元老の協調関係であったし、1910年代末からは政党がその調整の場を提供していた。しかし、ワシントン体制の安定、日本に脅威を与えない弱体なロシア（ソ連）、満蒙権益の安定、安定した経済関係という条件が崩れたとき、政党が同じように調整機能を発揮し続けるという保障はどこにもなかったのである。

2. 満洲事変下での体制変容（1931年9月-1935年5月）

2.1 中 国

　満洲事変（九・一八事変）によって一時的に蔣介石政権の指導力は強化された。広州政府は、満洲事変の「国難」のもとで蔣介石政権との内戦を続けることはできず、事実上、南京政権主導での統一を受け入れなければならなかったからである。だが、蔣介石政権が日本軍の撤兵実現に失敗すると、広州派は、広州派自体の内部分裂を含みつつも攻勢に出て、蔣介石政権を倒すにいたる。だが、その広州派も厳しい環境下で新しい政権を担う実力は持たず、各政治勢力がどのように妥協できるかの模索が続く。東北・華北情勢もそのような模索のなかに置かれることになり、日本の、東北南部から北部へ、さらに熱河へ、長城線以南への拡大に有効に対処することができなかった。

　満洲事変後、蔣介石は積極的抵抗をせず、国際連盟に提訴することで日本軍の撤兵を実現することを目指した。このような判断の背景には、広州政府との緊張、ソビエト区に対する囲勦戦争、長江大水害への対処などで中央軍を北上させる余裕を持たなかったことに加えて、関東軍の出兵は一時的なものであって、その目的を達成すれば満鉄附属地への撤兵の可能性があると判断したこと、日本の中央政府が関東軍の行動を抑制しうると判断したこと、国際連盟がその日本政府の行動を後押しすると期待したことなどが挙げられる。少なくとも、蔣介石はこの時点で、関東軍が東北全域を日本の領有下に置くという計画に基づいて動いているとは判断していなかった。

　したがって、1931年10月、国際連盟が定めた撤兵期限を日本が遵守しなかったことは、蔣介石の立場を一転して困難なものにした。蔣介石はその後も国際連盟やアメリカ合衆国への働きかけを続けるが、短期的解決が可能であるという期待は失っていた。加えて、蔣介石にとって不利だったのは、国内世論が蔣介石・張学良の「不抵抗」にきわめて厳しかったことである。日本との直接交渉は、蔣介石自身も積極的ではなかった上に、国内世論の動向からも容認される状況ではなかった。

　この状況に乗じたのが広州派であった。広州派は、激しい反政府運動とも連

動しつつ蔣介石を追い詰め、ついに1931年12月に蔣介石をすべての職からの辞任に追いやった。張学良は蔣介石を総司令とする下での陸海空軍副司令であったから、張学良も辞任せざるをえず、満洲事変当時の中央一華北の政治・軍事上の最高指導者がともに不在となった。

　ところが、蔣介石政権打倒の目標ではともかくも一致していた広州派も、内部は分裂状態であった[5]。胡漢民は蔣介石による軟禁から解放されると香港に移住して蔣介石後の政府に加わろうとせず、汪精衛も蔣介石後の政府に協力しようとしなかった。国民政府主席の権限を名目的なものにして、広州派から元老の林森がその地位に就いたものの、国民政府主席にかわって実質的に政府首班の任を遂行する行政院長には、さほど有力なバックグラウンドを持たない孫科が就任した。外交部長には広州政府から陳友仁が就任した。陳友仁は、満洲事変前に東北での緊張が高まる時期に訪日し、幣原外相に協商構想を提起した人物であるが、基盤の弱い孫科政権では世論の動向にしたがって対日強硬政策を打ち出さざるをえなかった。しかも、この孫科政権を支持する軍事的基盤は弱体な上に、首都である南京周辺に地盤を持っていなかった。

　孫科政権の成立に合わせるかのように、関東軍は張学良系の遼寧省政府が臨時の所在地としていた錦州を攻略した。張学良はここでも戦わずに撤退することを選び、その責任をめぐって中央政府と張学良が互いを非難し合った。しかし、華北の政治・軍事は依然として張学良と東北軍に委ねる以外に方法がなく、張学良を北平綏靖公署主任・北平政務委員会首席委員に任じている。孫科政権成立後も広州にとどまっていた胡漢民支持のグループに対しても、広州の非常会議・国民政府を事実上そのまま存置した国民党西南執行部と西南政務委員会の設置を認めざるをえなかった。

　孫科政権が孤立する一方で、一貫して反蔣介石のイデオローグであり続けた汪精衛は蔣介石と妥協し、汪精衛一蔣介石の合作政権の成立が実現する。この協議も1932年の第1次上海事変の勃発へとつながる緊張の高まりのなかで進められていた。汪精衛一蔣介石合作政権は、汪精衛が行政院長を担当し、蔣介石は、新設（形式的には北伐期の制度の復活）された軍事委員会委員長として軍事を担当した。外交部長は汪精衛の兼任で、外交部次長には日本に対して妥協的な唐有壬が就任した。蔣介石は、日常的な党・政府の運営からは締め出され、

266　第5章　全面戦争化——国内要因

軍事に専念することとされたが、外交を含む重要事項の決定は事実上、蒋介石を欠いては行うことができないだけの影響力を保持し続けた。また、行政院副院長は、蒋介石の妻の兄（歳下の義兄）にあたる宋子文であったし、軍政部長も何応欽が担当し、汪精衛のリーダーシップが政府内に行き渡る状況ではなかった。

　汪精衛は「一面抵抗、一面交渉（談判）」を掲げて第1次上海事変の解決を目指し、その停戦に成功すると、次は東北問題の解決に向けて、7月、張学良を訪問した。このときの詳細な状況には不明な点も多い。おそらく、汪精衛は、張学良に対して対日強硬政策を要求し、「一面抵抗、一面交渉」をモデルとした解決を目指そうとしたのであろうが、東北軍の勢力温存を第一とする張学良はこれを拒否したのであろう。汪精衛は、南京に戻った後に張学良に対して「刺し違え通電」を発し、辞任を要求した[6]。蒋介石は、汪精衛を慰留すると同時に、張学良を辞任させて朱培徳または何応欽を北平に派遣し、東北の軍事を掌握することを考えた。しかし、これに対して、旧馮玉祥系の宋哲元が筆頭となって張学良辞任に反対を表明したため、蒋介石は、張学良を軍事委員会北平分会の委員長代理（委員長は蒋介石の兼任）とせざるをえず、事実上の張学良の留任で決着させなければならなかった。政争に敗れた汪精衛は、行政院長の職にとどまったまま休職して外遊する。なお、この華北の政変の過程で、于学忠（東北軍）が河北省主席に、宋哲元がチャハル省主席に就任している。

　この後、張学良とは比較的関係が良好な行政院副院長の宋子文が行政院長代理となったことで、華北情勢は相対的に安定する。1933年1月に山海関事件が勃発し、関東軍の熱河侵攻の危機が迫ったときにも、宋子文は張学良に、抗戦に対する財政支援と引き替えに一部の中央軍の北上を認めさせている。今回は、張学良も軍事的抵抗を回避することはできない情勢となった。

　しかし、2月、熱河での戦いが始まると、熱河省主席湯玉麟は主力を温存して熱河を関東軍に明け渡してしまった。この湯玉麟の行動に張学良がどのように関係していたのかは明らかでない（張学良の回想は後からのものであり十分に信頼できない）が、財政的支援も得た上での不抵抗は世論の容認するところではなく、3月、張学良は辞任し、外遊する。

　これと入れ替わりに帰国して行政院長の職に復帰したのが汪精衛である。華

北では湯玉麟は敗走したが、長城線では、東北軍や、宋哲元など非東北系ながら張学良を支持してきた軍が日本に対する抵抗を1ヵ月にわたり続けた。だが、3月末になると長城線の守備は次々に突破され、日本軍が長城線以南に侵入する。

　汪精衛と蔣介石は、蔣介石と同じく浙江省出身で、しかし国民党に対しては一定の距離を保ち、日本にも留学経験があり、1924年に馮玉祥が北京でクーデターを起こしたときに臨時国務総理を担当した黄郛を北平に送り、日本との交渉を担当させることとした。蔣介石には近く、しかし南京・広州の国民党と一体ではなく、この地域の地方軍に一定の影響力を持つ馮玉祥に近いという点で、華北の軍指導者には受け入れられやすい人物と判断したのである（なお軍事委員会北平分会委員長代理の後任は何応欽）。汪精衛は、「一面抵抗、一面交渉」の方針により、抵抗の実績を背景に交渉を有利に進めようとしたのである。蔣介石も、ソビエト区を放置して日本に対する抵抗を持続するのは得策でないと判断していた。黄郛の交渉相手となったのは、一夕会系の「支那通」である岡村寧次や根本博であった（後に鈴木貞一も関係する）。1933年5月末にこの両者の交渉で塘沽停戦協定が締結され、満洲事変はひとまず決着する。ただし、長城線以南の日本軍や対日協力軍（「偽軍」）をどう処理するかなどの問題を先送りしていた上、中国側が満洲国の存在を認めないために「関東軍と華北軍の停戦」という形式をとらざるをえず、この協定自体が、満洲国の存在を認めさせたい関東軍とそれを認めない姿勢を崩さない国民政府との争いの具となり、黄郛がその板挟みとなって苦しむ結果となった。それにしても黄郛は、汪精衛－蔣介石合作政権と歩調を合わせて、関東軍との停戦状態を2年間にわたって保持することに成功する。

　なお、対日外交に関しては、外交部長の汪精衛が単独で（また汪精衛－唐有壬の協議で）決めることは多くなく、重要な案件については、囲剿戦争の前線で指揮を執っていた蔣介石のもとに赴いて、ときには黄郛を交えて協議することが多かった。関東軍占領地域（つまり満洲国）との郵便のやり取りについて取り決める通郵交渉（1934年8-12月）には、汪精衛の腹心である高宗武も参加しているが、黄郛と高宗武の関係は必ずしも円滑ではなかった。この時期、日本は汪精衛の親日外交に期待を持ち、それが日中戦争全面化後の汪精衛工作

への伏線にもなるのであるが、汪精衛が外交に振るうことのできるリーダーシップは汪精衛－蔣介石合作政権の時期から限られていたと見るべきではないだろうか。最大の軍事力を持ち、それぞれ姻戚関係を結んだ孔祥熙・宋子文を通じて国民政府にも影響力を持ちうる蔣介石を日常的な党・政府の運営からはずした政府の運営は十分に安定的とはいえなかった。国民党政権は、「以党治国」と称してはいたものの、党の指導力はそれほど強いものではなかった。

2.2　日　本

　満洲事変は日本の政策決定の変化にも大きな影響を与えた。

　事変当初、第2次若槻内閣は事変の拡大を阻止する方向で一応の一致を見ることができた[7]。幣原外相は事前に情報をつかんでおり、満洲事変の推進者を擁護しようとした南陸相を牽制した。これを受けて、関東軍の満鉄附属地への撤兵および新政権樹立工作への関与禁止も、南陸相と金谷範三参謀総長の協調によって繰り返し命令されている。しかし、永田鉄山、岡村寧次、東条英機ら陸軍省・参謀本部などの課長クラスを担当する一夕会員は頻繁に会合を開き、1931年9月30日には「満洲事変解決に関する方針」で満蒙独立政権の樹立（したがってそれまで撤兵しない方針）を決めていた。宇垣派に属する南陸相・金谷参謀総長とも、当初から満洲での軍事行動がありえると想定していたこともあり、10月8日には「時局処理法案」を策定し、新政権樹立を容認する。ここに至って、第2次若槻内閣も陸軍の方針を追認せざるをえない状況となった。陸軍の総意として提示された「時局処理法案」を拒否すれば、南陸相の辞任を招き、陸軍が後任陸相を出さないばあい（満洲事変の戦闘が継続している状況下で予備役・後備役の陸相は非現実的）、内閣は総辞職するしかなく、内閣および外務省に選択の余地はほとんどなかった。それでも10月以後、第2次若槻内閣は、関東軍の北満（東北北部）や錦州への軍事的進出には強硬に抑制する姿勢で臨んでいる。幣原は、中国との直接交渉を主張し、直接交渉で「大綱協定」が成立した後に撤兵するという方針であった。また、東北と華北の中間の「緩衝地帯」となり、遼寧省政府（臧式毅主席）の移転先であった錦州の中立化を構想し、この中立を英米仏が保障するという案も立てていた[8]。ところが11月27日、アメリカ合衆国のヘンリー・スティムソン国務長官が、日本は関東

軍に錦州に進撃せず撤兵するよう命じたと談話で語った。日本国内では統帥部が独立に行使する統帥にかかわる事項であり、これを漏らしたのは幣原だった[9]。この事件で幣原外交は大打撃を受ける。12月、第2次若槻内閣は安達謙蔵内相の「協力内閣運動」をめぐる閣内不一致で総辞職し、かわって犬養毅に大命が降下して、犬養政友会内閣が成立する。中国で蔣介石政権が倒れたのとほぼ同時期のできごとだった[10]。

犬養内閣の成立とともに、陸軍では、陸軍大臣が荒木貞夫、閑院宮載仁親王が参謀総長に就任し、実質的に参謀総長の役割を担う参謀次長には真崎甚三郎が就任した。部課長も一夕会員またはそれに近い立場の軍人が占め、宇垣派をはじめとする政党政治に協調的な軍指導者は排除された。

政友会は、田中義一を総裁にしていたことからもうかがえるように、民政党に較べて親軍的な政党であり、宇垣派主導の陸軍であれば協調の可能性はあり得た。しかし、南陸相辞任に伴う陸軍の人事の変動で、陸軍が政党政治や国際協調に理解を示さない体制へと変容したことで、両者の協調関係は最初から不安定なものとなっていた。五・一五事件は一見すると、軍人が親軍政党の指導者を暗殺するという奇妙な事件であったが、民政党とは異なるもののなお国際協調を志向する犬養政友会内閣と、満洲国承認を求める陸軍軍部とでは妥協の余地は少なかったのである。

従来の「憲政の常道」によれば、失政による内閣総辞職では衆議院の第2党の総裁に、そうでなければ引き続き第1党の総裁に大命降下があるべきであった。だが、事実上次の首相を決める立場にあった元老西園寺公望は、とくに陸軍からの政党政治への忌避感の強さを考慮し、政党政治と協調関係にあった海軍軍人の斎藤実を次の首班に指名することとなる。政党政治家への大命降下に固執すれば陸軍が陸相を出さない可能性があり、そうなるよりは、政党政治に協調的だった海軍軍人を首相にあてることにしたのである。続く岡田啓介首相の選定も同様の方針によるものであった。犬養内閣下での総選挙で衆議院では与党政友会が圧倒的多数を獲得しており（高橋是清による経済政策の転換への期待といわれる[11]）、政党もなお無視しえない影響力を持ち続けていた。

ただし、内田康哉・広田弘毅と続いた外相は、幣原のように強い信念を貫くパーソナリティーの持ち主ではなかった[12]。1933年9月に斎藤内閣で外相に就

270　第5章　全面戦争化——国内要因

任した広田は、軍の抵抗が強くない政策では中国との友好政策を推進し、1935年の大使交換まで実現したが、かえってそれが軍部の反発を招くことになり、「広田三原則」では軍の意見を入れざるをえなくなった。広田は、中国の汪精衛行政院長兼外交部長―唐有壬外交次長のラインと協力して対中国関係を安定させようとしたが、汪精衛―唐有壬ラインの弱体さに加えて、広田が軍部との妥協を重ねたことで、その日中親善政策は実を結ぶことはなかった[13]。

3. 華北分離工作以後（1935年5月‐1937年7月）

3.1 中 国

　前年後半の高宗武との対立もあり、黄郛は華北を離れていた。中央から派遣された華北の長官として残ったのは軍事委員会北平分会委員長代理の何応欽であったが、黄郛と異なり、何応欽は張学良系（宋哲元など東北系以外も含む）の軍人とは従来から関係が薄く、しかも、政治・外交問題を処理する権限も与えられていなかった。

　このような状態で日本による華北分離工作・内蒙工作が開始される。何応欽は、梅津・何応欽協定によって（中華民国は「協定」の存在を認めておらず、中国政府による一方的措置と位置づけている）、国民党地方組織の撤退、河北省政府主席于学忠の罷免、中央軍と東北軍の河北省撤退を実行する。一方で、土肥原・秦徳純協定で、チャハル省に地盤を築いていた宋哲元がチャハル省を追われた。そのタイミングで、関東軍との連絡のもとに起こされた軍事クーデター未遂事件である豊台兵変が発生し、その鎮圧を名目に宋哲元が北平と河北省へと進出する[14]。

　関東軍・天津軍は宋哲元に親日政権樹立の期待を持っていた。宋哲元は旧馮玉祥系である。北京政府時代の馮玉祥は、強烈な反日的言動を示すとともに、じつは日本との関係も深い軍指導者であった。しかも、宋哲元は非蔣介石系であり、蔣介石によって淘汰される可能性を恐れていた。このような事情から、関東軍・天津軍などは、宋哲元が中央政府の支配から自立した華北の独立政権の担い手になることを期待したのであった。

日本軍からの期待は中国中央政府からの警戒につながった。また、華北分離工作は、中国世論のナショナリズムをかき立てることになった。「中華民族は1つだ」という議論が勢いを増した。前年ごろから、主敵をソ連から日本へと切り替えることを示唆し始めていた蔣介石は、日本と中国で相互に公使を大使に昇格するなどの親善ムードに応じ、『敵か友か』を発表して日本の反応と中国世論の反応を探るとともに、軍に対しては明確に日本との戦争に備えることを訴え始める。ただし、この時点での蔣介石は、囲剿戦争の展開に関して楽観的な見通しを持っていたと推定され、紅軍の「長征」によってその推定を覆されると、日本に対して強硬な姿勢を表明することには慎重になる。

　他方の汪精衛は、華北分離工作の展開の下で政権担当の意欲を失い、一時、辞意を示して行政院長を休職し、慰留を受けて復職したものの、11月、銃撃を受けて重傷を負い、最終的に辞任する。外交部次長だった唐有壬も12月に暗殺されるが、この時点ではすでに外交部次長を辞職していた[15]。行政院長の後任には、本職を軍事委員会委員長としたまま蔣介石が就任し、外交部長には蔣介石派の張群が就任する。行政全般と外交の主導権を蔣介石が握ったことになり、蔣介石はようやく政治・軍の両組織の最高指導者に返り咲いたのである。

　一方の華北分離工作は、関東軍・天津軍などの日本側は香河自治運動などの工作を通じて揺さぶりをかけたものの、宋哲元は態度決定を先送りした。1935年11月、日本側は殷汝耕工作を通じて、塘沽停戦協定で定められた非武装地帯（当時なお「戦区」と通称された）に冀東防共自治委員会を成立させた。蔣介石が新たに主導権を握って間もない中国中央政府は、これに危機感を抱き、何応欽の再派遣によって華北の事態を収拾しようとした。この際、何応欽の再派遣が受け入れられない場合には、宋哲元を華北の指導者にすることが合意されていた。宋哲元は何応欽の再派遣を受け入れず、結果的に宋哲元を冀察政務委員会委員長と認めて、宋哲元とその一派（秦徳純、蕭振瀛、張自忠など）による北平・河北省一帯（チャハル省は長城以南）の統括を認めたのである。

　日本側は、宋哲元政権の成立を、非蔣介石系による自治政権と捉えて、冀東防共自治委員会との合流を促した。しかし宋哲元は、蔣介石中央政府からの自立は目指しても、対日協力に踏み込むことには慎重であった。1936年、日本側は冀東防共自治委員会と冀察政務委員会の合流をひとまず断念して、冀東側

を冀東防共自治政府と改称するとともに、「自治」の範囲を華北五省（河北、チャハル、山西、綏遠、山東）に拡大した「特政会」への冀察・冀東両政権の発展的解消を工作しようとした。その指導者には、段祺瑞・呉佩孚などの北京政府期の大物軍人政治家をあてることが構想されていた[16]。しかし、宋哲元は消極的であった上に、北京政府期の指導的人物も当時は地元社会でも過去の人物と認識されており、さらに当人たちも日本の傀儡となることが明らかな職に就くことには消極的だった。まもなく、日本本国の政治的変化によって、特政会構想は立ち消えとなり、代わって華北への経済提携の動きが活発となる。

　華北経済提携は、それが領土的侵略を伴わないならば、宋哲元にとっても歓迎すべき政策であった。しかし、蔣介石は1936年中には抗日戦争勃発を視野に入れてソ連への接近を図っており、1936年12月の西安事変以後、ソ連との関係修復と国共合作へと踏み出していた。日本との対決姿勢を強める蔣介石政権の下では、対日経済提携の実現は困難であった。1937年には宋哲元軍と日本軍の小規模な衝突が発生するようになり、ついに7月7日の盧溝橋事件に至る。

　宋哲元や、やはり旧馮玉祥系で山東省主席を担当し続けた韓復榘などは、中国中央政府と日本と（さらに共産党勢力と）のバランスのもとに自立性を維持しようと試みた地方軍事勢力である。1936年9月には両広事変の結果として李宗仁・白崇禧など従来胡漢民支持でまとまっていた西南政権（国民党西南執行部、西南政務委員会、軍事委員会西南分会）が解消され、西安事変では東北軍が張学良を失って瓦解するなか、宋哲元・韓復榘の自立性の確保は困難なものになっていた。日本との実質的な隣接地帯であることを利用した自立性の確保も、蔣介石政権による対日対決姿勢が明らかなものになると、その基盤を失うことになる。

　逆に、西南政権を消滅させ、東北軍の自立性を奪った蔣介石は、日本に対する強硬姿勢を表に出すことができるようになった。また、西北地方の囲勦戦争を通じて、地元のムスリム系軍事勢力とも提携関係を深めた。残ったのは共産党軍事勢力であった。西安事変の危機を脱した後、交渉を通じて共産党軍事勢力を無力化できるという見通しを持っていたと思われる。

日本　両国の政策決定メカニズムの変化と全面戦争化の原因　　273

3.2 日 本

華北分離工作は、単なる出先の暴走による工作ではなく、統制派と呼ばれる一夕会グループの主流の構想によるものであった。

なお、華北分離工作開始後の1935年8月に暗殺される、永田鉄山の華北分離工作への関与については、積極的に推進したとする説と、抑制しようとしたという説がある。これに関連して、永田鉄山の政党政治に対する態度も、親和的だったという説と、政党政治には敵対的だったという説がある。これは、永田の最晩年に永田とともに陸軍をリードした林銑十郎をどう捉えるかにも関係する。後の林内閣が佐藤外交を採用したことを考えても、林―永田ラインが陸軍強硬派一辺倒だったとは考えられず、永田が華北分離工作推進論の先導者だったとは考えにくい。

内部の派閥対立を超えて、陸軍の主な関心はソ連に向けられていた。ソ連との対決には、満洲国だけでは足りず、長城以南の資源の動員も必要だと構想されていた。少なくとも、河北省・山西省など華北の資源は動員できる体制にしたいとしていた。他方で、永田らは、国民党による統一は中国国民に支持されておらず、日本が信望ある人物を擁立しさえすれば、華北の住民の支持を集めることは容易であると判断していたのである。

加えて、1936年が近づくと、アメリカ合衆国を主要敵と考える海軍の強硬化も目立つようになった。1936年には海軍軍縮条約切れを迎え、陸海軍とも、従来の比率での海軍軍縮条約再締結には否定的であった。その場合、米英が日本の対米英同一比率を受け入れることはまず考えられないので、無条約状態を迎えることになる。当時から海軍は日米の工業力格差を認識しており、対米開戦でアメリカに一撃を加えるのであれば、条約による制約がはずれた後の早い時点が望ましいと考えていた。

冀東防共自治委員会（のち政府）と冀察政務委員会の成立はその時期に重なっていたのである（なお永田鉄山は統制派対皇道派の対立により前述のように1935年8月に斬殺されている）。

1936年2月、二・二六事件が勃発し、石原莞爾が参謀本部の作戦課長（第一課長）として陸軍立て直しのリーダーシップを握る。満洲事変の謀略を推進し

た石原は、この時期には中国不介入へと持論を変えていた。極東ソ連軍の増強により、日中戦争を戦うだけの余力を日本は持たないと考えたことと、中国の統一が実を挙げつつあるという判断からとされる。したがって、石原の構想でも、対中国親善の一方で満洲国は堅持することになっており（対ソ戦争を考えるのであればなおさら満洲国は重要である）、石原の方針が貫徹していたとしても中国との和解は限度があったと見られる。

　1937年、陸軍の強い意向によって（宇垣内閣を阻止して）林銑十郎内閣が成立すると、広田弘毅外相に代わって、より国際協調色の強い佐藤尚武が外相に就任する。石原主導下の陸軍との関係によるものであった。もとより石原莞爾が、日米最終戦争を視野に入れ、その前に起こりうる日ソ戦争の可能性を前提とした、軍事的な情勢判断に依存した協調論であったのに対して、佐藤外交はより理念的な国際協調論であったから、根本的な世界観が大きく相違していたことは否めない。だが、この両者の意向が一致したことで、中国外交では経済提携のアプローチが優先され、宋哲元が華北経済提携に希望を抱くことにもつながった。

　だが、林銑十郎内閣は解散総選挙に失敗して退陣し、第1次近衛文麿内閣の登場となる。近衛も、また外相に復活した広田も、とりたてて好戦的な人物ではなかったが、信念に沿って行動するよりも無難な選択を重視する政治家であった。近衛―広田は盧溝橋事件の早期解決に失敗し、日中戦争を全面化させてしまうことになる。

おわりに

　満洲事変から盧溝橋事件に至る時期は、中国では蔣介石体制の確立が進んでいた。

　1928年の東北易幟当時、蔣介石は、中央政府と中央軍には大きな指導力を持っていたものの、国民党組織への影響力は限られており、蔣介石の指導に服さない地方軍も多く残存していた。その地方軍を撃破し、また無力化し、最後には共産党にも蔣介石を指導者として承認させて、1937年には軍事的に優位な日本とも持久戦を戦える権威を備えていた。他方で、国民政府は「以党治

国」（国民党一党支配）の建前であったから、蔣介石が国民党に対して権威に欠ける状況はその指導力確立には障害となった。だが、1931年までの内戦で、国民党の反蔣派をある程度まで無力化し、1932年以後は、汪精衛派を「合作」パートナーとして迎えると同時に胡漢民支持派を西南政権へと「隔離」して、反蔣派国民党の指導者を無力化・無害化した。1935年に汪精衛が遭難し、1936年に胡漢民が死去することで、国民党内の反蔣派はいっそう権威を失った。「孫文の弟子」を頂点とする集団としての国民党は終焉し、第2次世界大戦後へと続いていく蔣介石派の国民党がここで成立する（その「蔣介石派」も一枚岩でなかったことが、戦後の蔣介石政権の崩壊につながり、国民党がほぼ「一枚岩の蔣介石派」にまとまるのは台湾に移ってからになるが）。

　蔣介石は、満洲事変によって日本勢力との事実上の境界地帯となった華北に対しても、柔軟な手法でその掌握を図った。満洲事変当時は張学良の勢力を温存し、宋哲元など、東北系以外の出身の軍事勢力も張学良に統率させた。この張学良系勢力は、1933年、張学良が辞任せざるをえなくなった後も一定のまとまりを維持する。一方で、張学良を辞任させた蔣介石は、蔣介石自身にも、政府に復帰した汪精衛にも、日本にも、旧馮玉祥系にも受け入れうる人物として黄郛を抜擢し、華北を代表して関東軍（満洲国）と交渉する立場に置いた。その黄郛が華北を投げ出し、華北分離工作で中央軍と東北系が華北から撤退を余儀なくされて、旧馮玉祥系の宋哲元が大きな勢力となると、蔣介石は、何応欽の（再）派遣か宋哲元に地方の統括を委ねるかの両様の解決策を保持し、結局、宋哲元に統括を委ねることになる。しかし、その宋哲元の権力も、蔣介石の対日態度如何にかかっており、宋哲元の、蔣介石からも日本からも自立した自治政権の維持という目標は達することができなかった。

　蔣介石は、早い段階から対日戦争を持久戦で戦うことを構想していたとされ、少なくとも1935年には軍内部にその構想を明確に示している。これに対して汪精衛は、一定程度の民族的抵抗を示せばあとは交渉で平和的な関係を築くことは可能だという理想を持ち続けた。だが、汪精衛は行政院長・外交部長として十分なリーダーシップを発揮できず、結果的に見れば、蔣介石の権威確立までの「時間稼ぎ」として対日宥和外交を担当したことになった。

　これに対して日本側では、政党による政策の統合が機能しなくなり、政策の

276　第5章　全面戦争化──国内要因

統一性が失われていくなか、陸軍の大陸政策が次第に突出するようになった。もともと日本の政治体制は、天皇大権主義のもとで分権的であり、立法部も執行（行政）部も軍も内部がまちまちに分かれ、それを調整する公式の機関は存在しなかった。政党内閣期には、政党が調整役としてこれをまとめていたのである。しかし政党内閣は、ワシントン体制の安定、日本の脅威にならないロシア・ソ連、満蒙権益の存続などの条件下（さらに「最後の元老」西園寺公望の意向）で存立しえていたものであり、その条件が変わったことに十分に対応できなかった。1930年代半ばには、ソ連を当面の主敵とする陸軍に加えて、アメリカを主敵と考え、「1936年の危機」に焦る海軍も対外強硬政策に接近した。首相・外相は比較的国際協調主義に近い人物から選ばれていたが（もっとも軍寄りの林首相のもとで外相にはこの時期としてはもっとも対外協調的な佐藤が選ばれたことは皮肉であるが）、軍部に抗して政策を貫くだけの積極性を持つ人物ではなく、日中全面戦争への道を止めることができなかった。

　中国側では蔣介石へのリーダーシップの集中が対日戦争を可能にし、日本側では政府内の統合を実現する機能が作用しにくくなったことが対中関係の悪化を阻止できない原因になったと、とりあえずまとめることができるのではないだろうか。

1　家近亮子『蔣介石と南京国民政府』慶應義塾大学出版会、2002年、140 - 141頁。

2　坂野潤治『日本近代史』ちくま新書、2012年、344 - 346頁。

3　服部龍二『幣原喜重郎と二十世紀の日本：外交と民主主義』有斐閣、2006年、93 - 94頁。

4　服部、前掲書、136頁。

5　陳紅民、光田剛訳「矛盾の連合体」松浦正孝編著『昭和アジア主義の実像』ミネルヴァ書房、2007年、80 - 82頁。

6　汪精衛の「一面抵抗、一面交渉」については、土屋光芳『汪精衛と蔣汪合作政権』人間の科学新社、2004年、250 - 252頁、「刺し違え通電」については、同書、263 - 269頁。また、蔣介石の「安内攘外」政策についての整理は、家近、前掲書、167 - 170頁。

7　浜口雄幸の遭難を受けて首相にカムバックした若槻には浜口ほどのリーダーシップはとれなかったようである。服部、前掲書、291頁。

8　服部、前掲書、167頁。

9　極秘の談話としてグルー駐日大使に伝えた内容が、日本における「統帥権の独立」

が十分に理解されないまま発表されたもので、スティムソンは幣原外交を支援する目的だったと思われるが、まったく裏目に出たのである。井上寿一「政党政治の再編と外交の修復」（井上寿一編『日本の外交』第一巻、岩波書店、2013年）189‐190頁、服部龍二『広田弘毅』中公新書、2008年、169‐172頁。

10 犬養と、中国で新政権を担うことになる孫科は旧知の関係で、犬養は萱野長知を孫科のもとに派遣したが、関係調整には成功しなかった。

11 坂野、前掲書、387頁。ただし、井上寿一は満洲事変も選挙の争点であったとする。井上、前掲書、190頁。

12 この時期の内田は「焦土外交」で知られるが、この発言は森恪の挑発に乗った結果であり、必ずしも内田の本意とはいえない。広田弘毅伝記刊行会（編）『広田弘毅』同会刊、1966年、105頁。

13 服部、2008年前掲書、93‐95頁。広田弘毅伝記刊行会、前掲書、152‐153頁。

14 軍令部作成の「北支に於ける反満抗日策動に基く日支軍の交渉」『現代史資料8』みすず書房、1964年、60‐64頁。

15 須磨弥吉郎「唐有壬之死」『現代史資料8』109‐115頁。

16 8月7日の5相会議を経て、8月11日に「第2次北支処理要綱」が決定された。これ以前より外務省は冀東政権の解消を考えており、陸軍との交渉に備えて「特政会」構想を固めていったようである。広田弘毅伝記刊行会、前掲書、220‐227頁。

| 中国 | 日中戦争の全面勃発の原因について

臧運祜 (北京大学)

矢久保典良 訳

はじめに

　盧溝橋事件〔七・七事変〕が1937年7月7日に勃発した後、日本は全面的な戦争（「全面侵華戦争」）へと向かい、対して中国は全面的な抗戦（「全面抗戦」）を開始した。この日中間の全面戦争は、実に8年にわたった。戦後70年来、日中戦争史に関する諸問題は、日中間の歴史問題の焦点となり、日中両国の学界で重視されてきた。本論は、日中戦争が全面的に勃発した原因とその問題について、両国の学界がどのように認識し、筆者がそれらに対してどのような見解をもっているのかを述べていく。

1.　日中戦争の定義に関する問題

　1937年7月7日の盧溝橋事件から1945年8月15日の日本の投降まで、抗日戦争は8年もの長期間にわたり、中国では、戦時期から戦後に至る相当な長期間において、「8年抗戦」と呼んできた。しかし、1980年代以降、中国のある学者が「15年日中戦争史」（1931‐1945年）という表現を提示し[1]、中国抗戦史

279

に関する著作を生み出してきた[2]。最近の十数年でいえば、とくに2005年と2015年の抗戦勝利60周年記念、70周年記念において「14年抗戦史」が定説となった。と同時に、盧溝橋事件を境にして、中国の抗戦史をそれまでの「局部抗戦」の時期とそれ以後の「全面抗戦」の時期に分けるようになった[3]。しかしながら相当数の中国の学者は、依然として「8年抗戦史」を堅持している[4]。筆者は「14年抗戦史」に同意し[5]、本論では全面戦争（「全面抗戦」）という表現を用いるが、それは1937年の盧溝橋事件以降を指すものとして使用する。

　日本の日中戦争史に関する研究は、哲学者の鶴見俊輔が1956年に「15年戦争」（1931‐1945年）という表現を提示してから少なくとも1980年代までは、「15年戦争史」と表現することが多かった。つまり、日中戦争とは、満洲事変、日中戦争、太平洋戦争と順に続く連続した3つの歴史段階だ、と定義されたのである。ただし、日本の一部の学者はこの学説に異議を申し立てており、満洲事変と日中戦争との必然的な連続性について疑義を呈している[6]。

　以上が日中両国の学界の研究状況である。このような両国の研究状況から導き出される共通の見解に基づいて、日中両国の学者は、2006年から2010年にかけて共同歴史研究を行い、1931年から1945年の日中関係史を「戦争の年代」と定義して、3章に分けて論じた。「満洲事変から盧溝橋事件まで」「日本の全面侵華戦争と中国の全面抗日戦争」「日中戦争と太平洋戦争」という3つの歴史的段階である[7]。この日中共同歴史研究の成果は、両国の学界が日中戦争史に関して重要な共通認識を示したことを意味している。その学術的な影響と意義は、すでに明らかであろう。

　このように整理すると、中国の「14年抗日戦争史」であれ、日本の「15年戦争史」であれ、日中戦争を8年間に限定しないことは両国の学界の1つの共通認識となっている。つまり、満洲事変から盧溝橋事件までの日中関係も戦争の時期だった、ということである。盧溝橋事件以降を全面戦争とするならば、この時期は局部戦争とみなせる、ということである。

　私たちは、全面戦争が盧溝橋事件後に勃発した原因を探るにあたり、このような共通の認識を土台としなければならない。その上で、その「遠因」を探るならば、それは本共同研究が掲げた課題に即して検討することであり、その「近因」は本論で検討していく。

2. 満洲事変勃発の原因

満洲事変は、日本の関東軍が発動した中国の東北地方を侵略し占領するという重大な歴史的事件である。中国の学界においても多くの学者が、満洲事変は第2次世界大戦の発端あるいは極東における戦争の発端だ、と認識している[8]。日本の学界における「15年戦争史」は、満洲事変を一連の戦争の発端とし、日中戦争の第1段階としている。

筆者は、満洲事変が勃発した原因について、以下のように考えている。すなわち、近代の日中関係の展開という大局[9]と日本の大陸政策の変遷[10]という大状況に加えて、日本の東北地域への侵略と拡張がやがて満蒙政策へと変化していった[11]——まさにそのような「遠因」と「近因」が重要である、と[12]。

2.1 「遠因」——中国の学界が探求すべき幾つかの問題

第1は、日清戦争から日露戦争までの日本による遼東地域における拡張と南満洲での権益の形成についてである。

1894年の日清戦争の勃発後、日本の陸軍は海軍の援助の下で、中国の遼東半島を侵略し占領した。1895年4月に締結した下関条約は、中国が遼東半島を日本に割譲するとした。しかし、ロシア、ドイツ、フランスなどの三国干渉によって、日本は中国側に費用を支払わせて、遼東半島を返還した。

1904年に日露戦争が勃発すると、中国の遼東半島が両国の陸軍の主たる戦場となった。ロシアは、敗戦後の1905年9月に締結したポーツマス条約において、旅順・大連の租借地、南満洲鉄道およびそれに附属する権益を無償で日本に譲渡するとした。日本は、条約締結直後に清朝政府とすぐさま交渉し、日露戦争において「局外中立」だった中国に対して、同年12月に条約の締結を強要して、上述の日露間での譲渡に同意させた。

戦後の日本は、旅順・大連の租借地を関東州と改称し、旅順に関東都督府を設置して、大連に南満洲鉄道株式会社を設立した。さらに日本は、1907年7月にロシアと密約を締結して、南満洲と北満洲の境界線を画定した。ここから日本は、南満洲を権益の地域とみなして、大陸政策の基盤を形成していった。

中国 日中戦争の全面勃発の原因について 281

第2は、1912年（民国初年）の日中間の満蒙問題に関する交渉についてである。

　1912年の清朝皇帝の退位によって、中華民国政府（北京政府）が成立した。以後、日本軍は満蒙独立運動を画策し、7月にはロシアとの間で3度目の密約を締結した。その密約は、中国の内モンゴル地域を分けて日露の勢力範囲とし、日本は東モンゴルを勢力範囲とした。その後、中国で第二革命[1]が勃発し、袁世凱の北京政府が国際社会の承認を得ると、日本はその機会に乗じて「満蒙五鉄道覚書」を1913年10月5日に北京政府と締結し、翌日にそれを北京政府に承認させた。さらに、それから数日後の10月10日に袁世凱が大総統に正式に就任すると、日本は、清朝政府および北京政府（中華民国が成立した直後の臨時政府時期も含む）との間で結ばれたあらゆる条約の有効性を認めさせた。日本は、こうして南満洲から東モンゴルを加えた、いわゆる「満蒙権益」を形成していった。

　第1次世界大戦が1914年にヨーロッパで勃発すると、日本は積極的に参戦し、中国の山東に出兵して占領した。直後の1915年1月18日、袁世凱の北京政府に対して21ヵ条の要求を提出し、全7条から成る第2号（条）は、日本の満蒙権益の拡大を目論むものだった。日本は北京政府との協議を経て、第5号の各条項の要求を基本的に撤回したが、最後通牒というやり方で、北京政府に「南満洲及東部内蒙古に関する条約」を含む条約と交換公文を5月25日に締結させた。日本の対華21ヵ条要求とそれによって締結された条約と交換公文〔「民四条約」〕は、日本の満蒙権益を確立させたばかりか、その権益をさらに拡大させることになったのである。

　その後日本は、袁世凱が帝政へと回帰しようとした隙をついて、内閣と軍部を中心にして2度の満蒙独立運動を画策し、鄭家屯事件[2]を企てた。と同時に、ロシアとの間で4度目の密約を締結した。

　1918年9月24日、日本政府と北京政府は、満蒙の4鉄道に関する覚書に合意した。さらに9月28日、北京政府と満蒙の4鉄道に関する2000万円の借款契約にも合意し、それを西原借款の一部とした。日本は1919年4月12日に関東都督府を関東庁へと改め、その元陸軍部をもとに、旅順で関東軍を編成した。

　第3は、1920年代初期の中国国民外交運動の展開についてである。

1918年11月、第1次世界大戦が終結した。パリ講和会議が1919年1月に開催されると、同年5月に中国国内で反日愛国の五・四運動が発生し、中国の代表団はパリ講和条約の締結を拒否した。1920年7月、親日の安徽派が敗れると、直隷派が北京政府を運営した。アメリカは、1921年11月にワシントン会議を開催して、1922年2月に中国と9ヵ国条約を締結し、中国は山東権益を回収した。

　北京政府が派遣した代表団はこれらの国際会議において、日本の対華21ヵ条の要求と「民四条約」を廃棄せよと要求したが、日本の抵抗に遭って実現できなかった。そのため中国では、五・四運動以降国民外交運動が高揚し、不平等条約の撤廃、とりわけ日本の対華21ヵ条の要求を撤廃することを目標とした。

　北京の国会（参議院）は1922年11月1日、対華21ヵ条の要求に関する協約の交換公文を無効だと宣言した。さらに1923年1月19日、この宣言を忠実に履行するように北京政府に求めた。こうして北京政府は、同年3月10日に日本の外務省と駐華公使に対して、「民四条約」の取り消しを通知し、期限満了となった旅順・大連の租借地を返還するように要求した。しかし日本政府は、当該条約の廃棄を拒否し、旅順・大連の返還交渉も拒否した。そのため、中国の東北の人々は旅順・大連の回収を求める国民外交運動を展開し、北京政府も1925年から同様の姿勢をみせ始め、日本を含む各国との不平等条約を何とかして改正しようとした。

　第4は、1920年代前半の日本と奉天派との関係が変化したことについてである。

　第1次世界大戦後、とりわけワシントン会議後に極東における国際政治が変化し、新たな展開が生まれた。と同時に、中国情勢も劇的に変化していった。日本は、これらの新たな状況に対し、独自の対外政策を展開するようになり、その対華政策も調整するようになった。

　1918年9月、張作霖が北京政府によって東三省巡閲使に任命されると、張作霖は奉天派のリーダーとして東北地域をコントロールするようになり、「関内」〔山海関以西、かつ嘉峪関以東のこと〕にも入り込むようになった。日本の原内閣は、ワシントン会議前の1921年5月に第1次東方会議を開催し、奉天派の張作霖を利用して満蒙政策を強化しようとした。日本と奉天派の利益は

中国　日中戦争の全面勃発の原因について　　283

「図らずも一致」し、その関係はここから正式に始まった。

　1922年4月、第1次奉直戦争〔奉天派と直隷派による戦争〕が勃発すると、日本は奉天派が北京に入ることに対して慎重な姿勢を示したが、奉天派が敗走して「東三省」〔遼寧、吉林、黒竜江の三省を指す〕の自治を宣言すると、日本はこれを支持した。日本は1924年1月、張作霖を支援してその地位の強化を企てた。同年9月3日には、満鉄が奉天派との間で洮昂線〔洮南・昂昂渓間の鉄道〕の建設に同意した。

　第2次奉直戦争が1924年9月に勃発すると、日本政府は幣原外交の不干渉政策を採用したが、日本の軍部は奉天派を支持し続け、同戦争の勝者となった奉天派の北京への入城を支持し、北京政府の運営をバックアップした。たとえば、北京政府は、1925年10月24日に日本との間で吉敦線〔吉林・敦化間の鉄道〕の建設に合意している。また、1925年末に郭松齢の部隊が奉天派に対して反旗を翻すと、加藤高明内閣は張作霖を援助するために派兵し、その目論みを失敗させた。

2.2 「近因」——中国の学界が注目し続ける諸問題

　第1は、田中義一内閣の東方会議での政策決定と張作霖爆殺事件の発生についてである。

　1926年、中国の南方では、奉天派などの一掃をめざす、いわゆる北伐と称される国民革命運動が展開され、その革命勢力は1927年初頭には長江流域にまで及んだ。当時の奉天派は、日本との関係を徐々に緊張させ、その統治能力を弱体化させていた。しかし、日本にしても国民革命は自らの対華政策が重大な挑戦にさらされていることを意味した。

　1927年4月20日、積極的な大陸政策を推し進める田中内閣が発足し、田中自らが外相を兼任した。田中内閣は、同年5月27日に山東出兵を決定し、6月27日から7月7日には東京で第2次東方会議を開催して、「対支政策綱領」で満蒙を中国本土から分離するとの方針を示した。満蒙分離政策はこの会議で明記され、その後に「田中上奏文」[3]が作成されたとされるなど、日本の対華政策は重大な変化の局面を迎えていた。田中首相は、満蒙鉄路計画で自らの対華政策を実施し、同年10月には、満鉄社長の山本丈太郎と張作霖との間で「満

蒙新五鉄道」に関する協約を結んだ。

この頃、のちに北京政府にかわって中華民国の正式な中央政府となる国民政府は、北伐を継続していた。そのため田中内閣は、1928年5月に山東出兵を決行し、この過程で済南事件を引き起こした。日本は5月18日、南北に分かれていた北京政府と国民政府の両政府に対してメモランダムを発し、内政干渉する可能性を排除しなかった。北伐軍が北京、天津に近づくと、張作霖は6月3日に「関内」から脱出して、彼を乗せた専用列車が4日早朝に皇姑屯駅付近を通過した。その時、日本の関東軍の高級参謀は張作霖の専用列車を爆破し、彼を殺害した。

この張作霖爆殺事件は、日本と奉天派との関係が終結したことを意味し、戦後の東京裁判でも、日本が対外戦争へと向かった起点だと評価された。張作霖の後を継いだ張学良は、東北に戻って政治の実権を握り、日本との協力を拒否して、1928年12月末に国民政府に帰順した。こうして国民政府は中国全土の統一を果たし、かたや田中内閣は1929年7月2日に瓦解した。日本の満蒙分離政策は、挫折と失敗に終わった。

第2は、1929年以後の世界経済の危機とその下での日本の満蒙権益をめぐる言動についてである。

1929年10月、世界規模の恐慌がアメリカから始まり、1933年に終息した。この経済危機は1930年3月には日本にも襲いかかり、そのピークを1931年に迎えた。資本主義諸国の経済危機は日に日に深刻化し、それぞれの国内において社会矛盾や階級矛盾を激化させた。日本においても深刻な政治危機を招いた。

日本の政府や軍部、さらには社会で台頭し始めたファシストの右翼勢力は、みな危機を脱出する道を探し始めた。そして、自分たちの権益を中国の満蒙へと拡大し、満蒙を分離して占領せよ、という主張で一致した。そのため、1930年後半から、日本の国内は徐々に「満蒙の危機」を声高に主張するようになった。1931年、民政党の衆議院議員松岡洋右は、国会の演説中に、政府の努力が足りないことを攻撃し、第1次満蒙生命線論を提起した。同年3月、関東軍高級参謀の板垣征四郎も満蒙問題に関する演説を行い、その内容は国内に広く知られるところとなった。ファシスト勢力の大川周明も国内の至るところで自説を展開し、外務省情報部長の白鳥敏夫も中国が旅順・大連の租借地あるいは

満鉄を武力で回収しようとしていると新聞紙上で吹聴した。日本の多くのメディアはこうして情報操作され、「満蒙の危機」を宣伝することで、その危機を訴えたい勢力に加担していった。

第3は、日本の軍部の東北侵略と占領に関する計画性や陰謀、たとえば万宝山事件や中村事件についてである。

東方会議に先立つ1927年6月6日、関東軍司令部は「対満蒙政策に関する意見」を策定し、満蒙政策を貫徹させるためには、必要に応じて武力もやむをえないと主張した。1929年、中ソ間で中東路事件[4] が発生すると、板垣征四郎および石原莞爾ら関東軍参謀は北満洲への旅行を企画し、極秘に「東三省」を調査、ここで石原は満蒙を武力で占領することを構想した。同年7月、関東軍参謀部は、東北を侵略し占領する方針を固めた。これは、石原莞爾が進めた「満蒙に於ける占領地統治に関する研究」と題された計画書のことを指している。この計画書は1930年9月に完成し、そのなかで、1‐2年以内に東北を占領すると記されていた。

1930年9月、日本の軍部の下級将校らがファシスト団体である桜会を秘密裏に組織し、国内の改造と対外膨張を主張し始めた。日本の参謀本部は、1931年4月に「昭和6年度情勢判断」をまとめ、満蒙問題を段階的に解決する方針を示した。同年6月には、軍部の5課長会議が参謀本部の建川美次の尽力によって「満洲問題解決方策の大綱」を策定し、満洲問題を1年前後で解決するとした。さらにこの指令は、7月に関東軍参謀長にも秘密裏に伝達された。このような動きと並行して、関東軍参謀の板垣征四郎および石原莞爾も、同年5月から奉天特務機関長の花谷正と具体的な行動計画を策定し始めた。それによれば、6月と9月下旬に柳条湖で満鉄を爆破し、東北地域を予定どおり占領するとした。こうしたことから、満洲事変が勃発した翌日の9月19日、日本駐奉天総領事の林久治郎は、幣原外相宛の電報において、「この事件は軍部の計画性のある行為に属すものである」と記した。

以上のように、日本では「満蒙の危機」が叫ばれ、満洲事変へと至ったのであるが、この前後に日本は、万宝山事件と中村事件を引き起こした。

1931年の3月から4月にかけて、日本の長春領事館は、日本側と取引をしていた中国商人（「奸商」）郝永徳を唆し、長春の万宝山付近に土地を借り、の

286　第5章　全面戦争化——国内要因

ちに朝鮮人に不当にまた貸しして耕作栽培させた。そのため、当地の中朝両国民の間にトラブルを引き起こした。そこで日本領事館の警察が7月2日に万宝山村に入り、一般の人々の住居を占拠したり、中国の農民を射殺もしくは逮捕したりするなどした。これが万宝山事件である。日本は、事件後に中国当局に対して過度な要求を突きつけ、朝鮮においては反華・排華のうねりを引き起こした。

　さらに、日本の軍部と関東軍は、万宝山事件以外にも、もう1つ事件を画策した。1931年6月初頭、参謀本部所属の陸軍歩兵大尉中村震太郎の一行4人が変装し、軍事諜報活動に従事していた。ところが、彼らは中国の東北屯墾軍に拘留され、処刑されてしまった。日本の軍部はこれを中村事件と呼び、それを口実にして同年8月から〔日本での〕宣伝活動を強化して、満蒙を武力で侵略し占領するための世論を盛り上げていった。

　要するに、万宝山事件と中村事件は、事実上、満洲事変の前奏だったわけである。中国の国民政府と東北当局は日本と交渉を進めたが、満洲事変が勃発したため、その交渉は何の成果も挙げられなかった。

　第4は、中国国内の政局の混乱と国民政府の「反動」政策についてである。

　国民政府は1928年末に中国の統一を基本的に完成したが、国内の政局は混乱し続けたままだった。1929年の蔣桂戦争[5]および蔣馮戦争[6]の後、1930年には中原大戦が勃発した。これは、蔣介石と馮玉祥と閻錫山との間で繰り広げられた、中国国民党内部の大規模な戦争だった。東北の張学良は、同年9月18日、東北軍を率いて「関内」に入り、蔣介石を支援して、中原大戦の終結に貢献した。張学良は翌年5月、石友三の華北での反乱を鎮圧するために、東北軍を率いて再び「関内」に入った。しかし、この2度にわたる東北軍の「関内」への移動は、東北における軍事的防衛力の低下を招いてしまった。

　また、中国共産党へと視線を移すと、当時の共産党は土地革命を進めようとしており、国内政治の混乱（軍閥の混乱）という機会に乗じて、1930年にさらなる発展の機会をうかがっていた。事実、紅軍は一時期30万人にも達した。ところが蔣介石は反共政策を遂行し、ソビエト区に対して大規模な掃討戦を何度も発動した。さらに、共産党が支持基盤として期待していた農民や労働者たちへと視線を移すと、長江の中下流域に位置する各省は、1930年夏の暴雨に

よって、100年に1度ともいわれる大水害に見舞われ、湖南・湖北・江西・安徽・江蘇の各省および南京や上海といった大都市ではおびただしい数の溺死者と餓死者を出した。

こうした中国の国内情勢が、日本に隙を与え、満洲事変を引き起こすことになった。

3. 満洲事変以後の日中関係とその変化

満洲事変後の日中関係について、日本のある学者は小康状態[13]もしくは安定した状態だと呼んでいる[14]。これに対して中国の学者は、異なる見解を提示している[15]。筆者は、この時期の日中関係について冒頭で述べたとおり、総合的な見地から局部戦争の時期と認識しており、そのような認識の下で議論を行う必要があると考えている。日中戦争と呼ばれる〔14年間の〕時期は、戦争が勃発している時期もあれば、その合間の時期もある。しかし、満洲事変以降の合間の時期でさえ、「華北事変」〔華北分離工作〕のような局部での衝突もあった。また綏遠事件は、事実上の戦争状態に等しかった。したがって、この時期の日中関係は局部戦争の、いわゆる准戦争状態だと認められる[16]。

満洲事変から盧溝橋事件に至る日中関係の変化については、以下の諸点を注意深く検討しなければならない。

第1は、1933年1月から5月の時期、すなわち山海関事件[(7)]から塘沽協定までの時期である。日本の学界においては、大多数の研究者がこの時期を満洲事変の終息期だとみなしており、中国でも同様の見解をもっている学者がいる[17]。筆者は、この一時期が満洲事変を終結させた意義をもっていることについては否定しないが、この時期に日本軍が熱河から万里の長城にかけて展開していた一連の華北における謀略、および塘沽協定のその後の効用についてはしっかりと分析を加え、日本が華北での権益拡張の動きをみせていたことを研究しなければならないと考えている。これは、中国の学界における一般的な見方でもある[18]。日本で15年戦争史を唱える著名な専門家である江口圭一も、塘沽協定を満洲事変の終着点とみなしてはいるが、それと同時に、「塘沽停戦協定は出先軍を先頭とする侵略の継続・拡大——華北分離工作の足場を形成し」

たとも指摘している[19]。

　第2は、1933年6月から1934年12月までの時期である。この時期は、日中両国の間で軍事衝突や戦闘はなく、「親善」へと向かった時期だった。日本の学者は、このような戦争がなかった状態へと導いた主な要因を広田外相の協調外交に求めている。これに対して筆者は、日中双方が相互に影響を及ぼし合っていたことももう少し考慮に入れるべきだと考えている。とりわけ、中国政府による「安内は必ず攘外に先んずる」（安内攘外）という国策の下で展開された対日妥協の外交を考慮しなければならない。言い換えれば、広田外相の協調外交、有吉明大使の水鳥外交といった緊張緩和を促した外交作用を決して否定はしないが、しかし同時に、日中関係に一時的に出現した安定化の局面は、蒋介石を首班とする国民政府が「安内攘外」政策の下で対日政策を展開し、汪精衛・唐有壬・黄郛といった親日派による妥協外交が展開されていたことも見逃してはならないと考える。中国の学界も、これまで長期間にわたってこのような中国側の要因を見落としてきたが、近年の台湾における公文書の公開と〔それを掲載した資料集の〕刊行、さらには、それらに基づいて公表された研究成果によって、これらの中国側の要因も相当程度に解明されてきた[20]。

　以上のような認識をもとに、筆者は以下のことを指摘しておきたい。日中関係が1930年代半ばに安定化したのは、日本側のみの一方的な願望によるものではなく、もし中国側からの〔日本と〕歩調を合わせるかのような自発的な行動がなければ、それは「水月鏡花」（目で見ることはできるが、手に取ることはできない）の幻想に終わっただろう、ということである。さらに、今後もし中国側の史料を用いて詳細に研究を行えば、この時期に日中間の親善ムードが高まり、その実現への期待も高まっていたことを発見できるだろうが、実はそれらは〔日本側ではなく〕中国側からの願望でもあり、日本側はただ駐華公使館を大使館に昇格させることを望んでいたに過ぎず、つまり日本側は形式的な協調を望んでいたに過ぎない、ということがわかるだろう[21]。

　第3は、このような安定した状態が失われていった原因についてである。日本の学者は、安定化が挫折した点に注目し、その喪失の原因について中国側の要因を重視している[22]。これに対して筆者は、1930年代半ばの日本の対華政策の変化に注目してみたい。

日本政府は、1933年初頭から中国侵略の新たな段階に入った。日本政府は、同年9月の広田弘毅外相の就任を契機として、新しい国際情勢の変化に対応しながら、翌月の「外交方針」およびその一部としての「対支方策」を策定した。これは、1年前の8月27日の閣議決定に基づくものであった。また、外務・陸軍・海軍の3省は、1934年4月の天羽声明後に具体的な政策を協議し続け、同年12月7日に「対支政策に関する件」を決定した。この文書はさきの「対支方策」をさらに具体化させ、間もなく始まるであろう華北政策を導くようなものだった。それ故に、この文書は満洲事変後の日本の対華政策の基本文書だとみなせる。

「華北事変」が1935年に高まると、外務・陸軍・海軍の3省は、同年10月4日に「対支政策に関する外陸海三相間諒解」およびその付属文書を決定した。また、広田三原則は、国民政府が提案した三原則に言葉を補いながら説明し、日本政府の1年前からの政策の継続性を示した。こうして、これらの政策は次から次へと遂行され、ついに日本が「華北事変」を引き起こすことになった[23]。1935年4月8日、日本の駐華公使有吉明は駐華領事会議を開催し、その席上、駐天津総領事の川越茂（1936年4月に駐華大使に昇進）が次のように率直に認めた。すなわち、「1年来の対華交渉は、ほぼ華北問題に集中した。本総領事館は、華北区域内にあるため、その重要な交渉にしばしば関与した。……しかし、そのすべての交渉方針および処理の仕方は、まず外務省および軍部が批准するものであり、総領事館はただそれらを受け入れて、共同して交渉をおこなう責任を負うだけだった」と[24]。日本政府ならびに軍部が共同して決定するというやり方は、満洲事変後も依然として続いていたわけである。だからこそ、いわゆる「華北事変」の責任、ひいては日中関係の安定が損なわれた原因などはすでにはっきりとしている、といえるだろう。

　こうして日本軍（支那駐屯軍、関東軍）は1935年に華北および内蒙古において様々な紛糾を引き起こした（「華北工作」「内蒙古工作」）。中国ではこれらを「華北事変」と呼んでおり、「華北事変」が日中を大戦へと向かわせる主な原因となった。だからこそ、この「華北事変」については深く検討し続けなければならないのである。

「華北事変」は1935年末に最高潮に達し、塘沽協定以来の日中関係の安定し

た局面に終止符を打ったのみならず、日中関係を一触即発の緊張した状態へと変化させ、全面戦争がいつ起きてもおかしくない状態となった。日本は、二・二六事件後に急速にファシズムの道へと傾斜していき、広田内閣は、華北分離を中心とする対華政策を全面的に押し出した。軍部も「昭和12年度対支作戦計画」を制定し〔て、緊張を高めていっ〕た。一方の中国は、国民党5全大会以後、対日政策を新たに確立し、「最後の分かれ目」が到来する前に全面的な抗戦へと備えるようになった。

　こうした経緯からすれば、「華北事変」は満洲事変から盧溝橋事件までの接続点であるのみならず、日本における15年戦争史の1つのメルクマールでもある、といえる[25]。

　第4は、1936年から1937年7月までの、いわゆる日中が全面戦争へと向かう前夜の時期である。この時期の日本には、全面戦争へと向かう計画性があったのだろうか。この問題は、満洲事変から盧溝橋事件までを連続して捉えるのかどうかという問題とも関連し、いわば盧溝橋事件が必然的にもたらされたのかどうかを考えることにもなる。筆者は、ここで次の2つの面から検討しなければならないと考えている。

3.1　日本の対華政策の全面的な確立と再確立の過程

　参謀本部は、1936年1月9日に「北支自治運動の推移」を発表し、それまでの華北工作を総括して、華北に対する政策目標を明確化した。陸軍省は同月13日、支那駐屯軍司令官に対して「第1次北支処理要綱」を示し、華北の5つの省に対して自治を行うとした。さらに陸軍省は、同月17日に中国に滞在する官僚に対して、外務省や海軍関係者もこれには反対していない、と通知した。この「第1次北支処理要綱」に基づく華北政策は、正式に日本の国策となったのである。

　二・二六事件後の3月9日、それまで外相を務めていた広田が組閣すると、前駐華大使の有田八郎が4月2日に外相に就任した。軍部大臣現役武官制の復活によって軍部の国策への関与が増していくなかで、広田内閣は対華政策を全面的に確立していった。

　まず、8月7日の5相会議で「国策の基準」を策定し、日本の「帝国が東亜

中国　日中戦争の全面勃発の原因について　291

大陸での地位を確保し、同時に南方海洋に拡張し発展する」という根本的な国策を定めた。その直後に開かれた4相会議では「帝国外交方針」を策定し、日本の対外政策を決定して、そのなかで対華政策については、1年前〔1935年〕の10月4日の政策を継承するとした。さらに広田内閣の各省は、8月11日に「対支実行策」を策定して、「第2次北支処理要綱」をまとめた。これらの一連の文書は実行に移され、このことが日本の対華政策が全面的に確立されたことを立証している。

　ところが1936年末になると、日本の対華政策は明らかに挫折し、失敗を迎えた。それは綏遠事件が勃発し、西安事変が平和的に解決されたからである。こうして広田内閣は、1937年1月23日に総辞職した。代わって林銑十郎内閣が同年2月2日に発足し、佐藤尚武が3月3日に外相に就任すると、対華政策は調整された。外務・大蔵・陸軍・海軍の4大臣は、4月16日に共同して「対支実行策」と「北支指導方策」を策定し、華北を分離して民衆を統治するような政治を取り止めて、経済面および文化面からの工作を強化することで華北の民衆を統治しようとした。しかし、こうした佐藤外交は、対華政策における単なる調整にしか過ぎず、前内閣の方針を根本的に変更できたわけではなかった。この佐藤外交は、5月31日の林内閣の総辞職によって挫折することになった。

　続いて、近衛内閣が6月4日に成立すると、広田弘毅が再び外相に就任した。近衛首相は同月12日に、対華政策に関して「広田内閣時代の三原則をよしとする」と表明した。内閣書記官長風見章も、その直後に「広田内閣時代に決定した『対支実行策』および『第2次北支処理要綱』（1936年8月11日）を採用しなければならない」と表明した。広田外相は、同月20日に駐華大使川越茂に与えた訓令で、「佐藤外交の後退した色彩を修正せよ」と指示を出した。近衛内閣の対華政策は、佐藤外交を否定して、1936年8月の広田内閣の対華政策へと回帰していったのである。

　以上が全面戦争前夜の情景である。日本の対華政策とは、「否定の否定」の過程だった。それ故に、盧溝橋事件へと至る日本の全面戦争の必然性はもはや明らかであろう。だからこそ広田弘毅は、東京裁判で裁かれたのである。

3.2 日本軍の対華作戦に関する計画性

参謀本部は1936年8月に「昭和12年度対支作戦計画」を策定し、次のように規定した。すなわち、華北においては8個師団を展開して、北平〔北京〕や天津などの主要地域を占領し、華北の5省で作戦を遂行する。華中においては5個師団を展開して、その一部を上海に進攻させ、さらにその一部を杭州湾に上陸させ、この2つの師団が南京方面の作戦にあたる。華南においては師団を1つ展開して、広州一帯の地域を占領する、と。軍令部もこの計画に同調して、海軍は陸軍が中国の主要地域を占領することに協力しなければならないとした。

陸軍はこのような方針に基づいて、1936年9月からの対華作戦において14個師団を展開しようとした。しかし、14個師団という兵力は、前年度までの9個師団を大幅に上回るものだった（華北では5個師団から8個師団に増強した）。軍令部も、「昭和11年度帝国海軍作戦計画」を1935年9月3日に策定していたが、改めて「昭和12年度帝国海軍作戦計画」を1936年9月3日に定めて、海軍が華北や長江流域、江南方面において作戦を展開することを明記した。さらに支那駐屯軍も、参謀本部の計画に基づいて、同年9月15日に「昭和11年度北支那占領地統治計画書」を策定し、同月23日に陸軍省に報告して、華北を占領し統治するとの計画を示した。

たしかに、参謀本部や軍令部が策定した1937年度の対華作戦計画は、定例の年度計画に属する性質のものだった。だが、その計画の内容や実行に移される時期が実際の全面戦争と結びつけることができるような性質のものだったとすれば、これらの作戦計画は、実際の対華政策の展開と関連性をもっている。たとえ支那駐屯軍の計画書が、1933年9月の参謀本部の文書や1934年3月の支那駐屯軍の計画に起因していたとしても、おそらく日本政府の同時期の華北分離政策、そのための支那駐屯軍の増強や盧溝橋事件以後の日本軍による華北の植民地統治の必然性との関連性を切り離すことは難しいだろう。

4. 両国の政策決定メカニズムの変化

日中両国の関係は、局部戦争から全面戦争に向かいつつあった。そのため、

中国　日中戦争の全面勃発の原因について　　293

両国ともにこのような状態に対応する必要性に迫られた。したがって、日中両国の政策決定メカニズムにも一定の変化が生じることになった。

4.1　中　国

4.1.1　中央政府レベル

（1）満洲事変後、国民政府を指導する核心的な政策決定機構である中国国民党中央執行委員会政治会議（以下、中政会）は、対日政策とその方針を決定した。さらに、中政会は特殊外交委員会を設置して、戴季陶を会長、宋子文を副会長、顧維鈞を委員に起用して対日工作を取り仕切ると同時に、当委員会の決議を張学良に転送して意見を求めるようになった。特殊外交委員会は、1931年9月30日から1932年1月2日の間、国連で欧米諸国を対象に工作を展開し、日本とは直接交渉しないとの方針を堅持しながら、最大限に各国に対して働きかけを行った。当委員会は、一致団結して日本の侵略を制止し、日本に撤兵を促した。こうして中国は、様々な外交工作を展開したことで国際的な同情と支持を勝ち取ることができ、日本は国際的に日に日に孤立していくことになった。しかしながら特殊外交委員会は、外交手段を運用するための基礎的な力を欠いていたため、その努力を最終的には無にしてしまった[26]。

（2）満洲事変後の国民党と国民政府の内部には変化が生じた。1931年12月15日、蔣介石が下野すると、南京・上海・広東の有力者が南京で国民党4期1中全会を開催し、孫科を首班とする国民政府が成立した。しかしこの孫科内閣は、内政と外交において何一つ方策を実施できず、孫科は1932年1月24日に辞職した。蔣介石は再び南京に戻り、この国民政府は同月28日に汪精衛を行政院長に任命した。ここから蔣介石が軍事に責任を負い、汪精衛が政治に責任を負うという体制が始まり、両者が国民党内の協調体制を構築していった。汪精衛は、しばらくの間外交部長も兼任し、唐有壬を常務次長に抜擢した。蔣汪の両者が協力した国民政府は、1930年代半ばまで対日外交を取り仕切った。

（3）ところが汪精衛は、1935年11月1日に南京で狙撃された。国民党は同年

294　第5章　全面戦争化──国内要因

11月9日に国民党5全大会を開催して、対日抗戦の方針を新たに準備することにした。国民党5期1中全会の閉幕後、蔣介石が行政院長を、張群が外交部長に就いた。また、西安事変後の1937年3月には、王寵恵が新たに外交部長に任命された。

　国民党5期2中全会は、対日抗戦を準備するために1936年7月13日に「国防会議組織条例」を可決し、国民政府は国防会議を新設して国防方針および国防に関する重要事項を検討する仕組みを整えた。国民政府は、同月14日に当時の軍事委員会委員長兼行政院長だった蔣介石を国防会議の責任者とした。さらに中政会は、1937年3月に国民党5期3中全会の主席団の提案に基づいて国防委員会を新設し、全国の国防を担う最高の決定機関とした。国防委員会の委員長および副委員長には、中政会の委員長および副委員長をそれぞれ充てた[27]。

4.1.2　華北地区について

（1）国民政府は、満洲事変後の1931年12月15日に北平政務委員会を設置し、張学良が常務委員として、その政治を担うようになった。また張学良は、軍事委員会が設置した北平分会の委員長にも抜擢された。こうして北平政務委員会は、河北・チャハル（察哈爾）・熱河の3省および北平・天津の2都市を管轄するようになった。

（2）熱河省が1933年3月に陥落すると、張学良は同年3月11日に辞職を表明し、その辞職を認めた国民政府は3月12日に軍政部長の何応欽を派遣、軍事委員会北平分会委員長の職権を代行させた。さらに国民政府は、5月4日に行政院駐平政務整理委員会を設置し、その委員長に黄郛を任命した。その管轄範囲は、河北・山東・山西・チャハル・綏遠の5省および北平・青島の2都市（天津は河北省に含める）に及んだ。

（3）「華北事変」が1935年に発生し拡大すると、黄郛は病気を理由にして辞職し、何応欽も華北を離れた。同年8月29日、国民政府は行政院駐平政務整理委員会を廃止し、11月に軍事委員会北平分会も廃止した。代わって何応欽を

中国　日中戦争の全面勃発の原因について　　295

行政院駐平辦事処の長官に任命し、宋哲元を冀察綏靖公署の主任に起用した。再び華北に戻った何応欽は、国民政府の決定に従って、12月11日に冀察政務委員会を設立し、その委員長を宋哲元とした。何応欽は、同月15日に南京に戻り、長官の職を辞した。こうして冀察政務委員会が同年18日に北平で成立し、盧溝橋事件が勃発するまでの間、重要な窓口となった。

　内モンゴルにおいても、当時の特殊な情勢に対応するために、新たな組織が設置された。国民政府は、1934年4月23日に蒙政会を設置した。ただしこの組織は、徳王によってコントロールされ、内モンゴルの「自治」を実施するための組織でもあった。

4.2　日　本

4.2.1　中央政府について

（1）満洲事変後の1932年5月15日、犬養毅首相が襲撃され、近代日本における政党内閣は終焉した。日本のファシスト勢力が台頭し、軍部の政治への関与も増したことから、軍人内閣が登場するようになった。1932年5月26日には海軍大将の斎藤実が組閣し、1934年7月8日には海軍大将の岡田啓介が組閣し、1937年2月2日には元陸軍大臣の林銑十郎大将が組閣した。

　1936年、二・二六事件の後、前外相の広田弘毅が組閣した。枢密院は、同年5月13日に陸軍省と海軍省の大臣および次官を必ず現役将官にするように改革した。いわゆる軍部大臣現役武官制の復活は、軍部が政治に関与する有力な武器となった（1913年の規定では、退役将官も次官を担当することができた）。なお、近衛文麿が1937年6月4日に組閣すると、前首相だった広田弘毅は再び外相となった。

（2）犬養内閣は、満洲事変後の満蒙問題に集中するため、1932年2月17日に対満蒙実行策案審議委員会の設置を決定した。斎藤内閣もこの対満蒙実行策案審議委員会を継承し、さらなる必要性に鑑みて、1932年9月30日に日満産業統制委員会を設置し、11月18日には対満金融審議委員会を新設した。この両委員会は、満洲国の経済（産業、金融）を専ら処理する政策決定機構もつくる

ことにした。さらに、日本は満洲の各機構の調整を進め、岡田内閣は1934年9月14日に「対満関係機構の調整に関する件」を閣議決定し、内閣に対満事務局を新たに設置した。こうして満洲を扱う国策機関を整理・統合し、中央機関と現地機関との連繋を緊密にした。日本政府は、同年12月26日に勅令第347号として「対満事務局官制」を公布・施行し、対満事務局を内閣総理大臣の所管とすることを決定した。

（3）広田内閣は「華北事変」後の華北問題を処理するため、犬養内閣時代の経験をもとに、1935年6月19日に「時局委員会設立要綱」を策定し、外務・大蔵・陸軍・海軍の4省で秘密機構を新設し、華北問題に共同で対処する仕組みをつくった。

4.2.2　華北地区について

（1）支那駐屯軍は、1933年初頭に山海関事件を引き起こし、関東軍も熱河から万里の長城にかけての地域に対する侵入を策動し、河北省の東北部にある24の県域を占領した。同年5月31日の塘沽協定に基づいて、これらの占領地域を冀東非武装地帯と呼ぶようになった。つまり、これらの地域には中国の軍隊が駐留することができず、現地の保安隊が治安の維持にあたることになった。こうして関東軍が影響力を伸ばした冀東地域は日本の〔アヘンなどの〕密輸基地へと変質し、さらに、関東軍は1935年11月25日に殷汝耕を責任者とする冀東政権（「冀東偽政権」）を成立させた。

（2）支那駐屯軍は、1935年の「華北事変」において、中国に対して梅津・何応欽協定を締結するように迫った。1936年1月、日本政府は「第1次北支処理要綱」を決定し、関東軍と支那駐屯軍の中国における任務を区分して、万里の長城より南の地域を支那駐屯軍の勢力範囲とした。同年4月17日、広田内閣は駐屯軍の増強を決定し、その司令官は天皇から直接任命されると同時に、兵力を3倍に増やして輪番制を改正した。こうした支那駐屯軍（天津軍）の増強は、日本の華北政策の展開には都合の良いものであった。

中国　日中戦争の全面勃発の原因について　297

（3）関東軍は、満洲事変後も内モンゴル地域に侵入し続けた。チャハルの東部地域で李守信らの「偽軍」を育成し、土肥原賢治と李徳純の協定によって同地域を非武装地帯とした。また、徳王を利用しながら内蒙古の「自治」運動を展開し、蒙古軍政府〔「偽蒙古軍政府」〕を組織した。

　以上が、盧溝橋事件以前における日中両国の政策決定システムの変化である。このような変化が、日本の満蒙および華北への侵略という局部戦争を招き、中国の対日妥協とその後の全面抗戦という態勢を整えていったのである。

1　王維礼『中日戦争15年及其他』中央文献出版社、2000年。
2　胡徳坤『中日戦争史』武漢大学出版社、1988年。軍事科学院軍事歴史研究部『中国抗日戦争史』軍事科学出版社、1991‐1994年。中共中央党史研究室第一研究部編『中華民族抗日戦争史（1931‐1945）』中共党史出版社、1995年。張憲文編『中国抗日史（1931‐1945）』南京大学出版社、2001年。何理『中国人民抗日戦争史』上海人民出版社、2005年。
3　中国抗日戦争史編写組『中国抗日戦争史』人民出版社、2011年。中国抗日戦争史簡明読本編写組『中国抗日戦争史簡明読本』人民出版社、2015年。なお、台湾では、呉相湘『第二次中日戦争史』上下（総合月刊社、1973年）が出版された後、呂芳上編『中国抗日戦争史新編』全6巻（国史館、2015年）が1931年の満洲事変から論を展開している。
4　劉大年・白介夫編『中国復興枢紐──抗日戦争的八年』北京出版社、1997年。張振鵾「抗日戦争──八年還是十四年？」『抗日戦争研究』2006年第1期。王檜林「論"十五年中日戦争"与"八年抗戦"」『抗日戦争研究』2009年第1期。曽景忠「中国抗日戦争開端問題再検討」『社会科学戦線』2010年第4期。なお、章百家の「八年抗戦」説はさらに明瞭である（http://dangshi.people.com.cn/GB/173577/12620573.html）。
5　臧運祜「中日戦争可以避免嗎？──兼論"従九一八到七七"的連続性問題」『抗日戦争研究』2011年第2期。
6　日本における研究状況については、戸部良一「日中戦争をめぐる研究動向」『軍事史学』第46巻第1号、2010年6月。庄司潤一郎「日本における戦争呼称に関する問題の一考察」『防衛研究所紀要』第13巻第3号、2011年3月。安井三吉「関於十五年戦争的所謂"穏定期"──走進"日中共同歴史研究"」、戸部良一「穏定日中戦争的可能性──従塘沽停戦協定到盧溝橋事件」『抗日戦争研究』2011年第2期を参照。
7　歩平、北岡伸一主編『中日共同歴史研究報告』近代史巻「第二部戦争的時代」社会科学文献出版社、2014年、81‐320頁。
8　中国における関連研究については、趙文亮『二戦研究在中国』武漢大学出版社、2006年、76‐94頁を参照。

9 中国における戦前の近代日中関係に関する研究については、王芸生編著『六十年来中国与日本』天津・大公報社出版部、1932‐1934年版をお薦めしたい。これは1871年からの60年間の日中関係を詳述し、なかでも満洲事変を歴史の鏡とみなしている（臧運祜「王芸生対於"近代中日関係史"敵研究及其他――以"六十年来中国与日本"為中心」王建朗、欒景河主編『近代中国：政治与外交』社会科学文献出版社、2010年、687‐710頁。戦後の日中関係史については、中国社会科学院近代研究所『日本侵華七十年史』中国社会科学出版社、1992年を参照。

10 中国における近代日本の大陸政策については、沈予著『日本大陸政策史（1868‐1945)』社会科学文献出版社、2005年を参照。

11 中国における関連研究については、薛子奇、劉淑梅、李延齢『近代日本"満蒙政策"演変史』吉林人民出版社、2001年を参照。

12 蔣廷黻氏は満洲事変一周年記念の際に執筆した文章のなかで、「現在までずっと満洲事変の遠因と近因について、私たちにはまだ多くの問題が存在している」と指摘している（蔣廷黻「九一八的責任問題」『独立評論』第18号、1932年9月）。

13 衛藤瀋吉「日本政府対中国軍事行動的虚実」『近代中国与世界』国際学術討論会論文、北京、1990年8‐9月。

14 戸部「穏定日中戦争的可能性――従塘沽停戦協定到盧溝橋事件」。

15 張振鵾「従九一八、一二八到七七、八一三」『抗日戦争研究』1992年第2期。

16 中国での日中関係における「准戦争状態」に関する研究は、李広民『准戦争状態研究』社会科学文献出版社、2003年を参照。

17 易顕石等『"九．一八"事変史』遼寧人民出版社、1981年も満洲事変の終わりを1933年5月31日の塘沽協定の締結に置いている。

18 中国社会科学院近代史研究所編『日本侵華七〇年史』中国社会科学出版社、1992年「第12章第1節」。中国史学会等編『中国近代史資料叢刊之十三・抗日戦争』四川大学出版社、1997年、第一巻「七七之前」。中央檔案館等合編『日本帝国主義侵華檔案資料選編・華北事変』中華書局、2000年。秦孝儀主編『中華民国重要史料初編――対日抗戦時期』緒編（一）中国国民党中央委員会党史委員会、1981年。

19 江口圭一『十五年戦争小史　新版』青木書店、1991年、74頁。

20 劉維開『国難期間応変図存問題之研究：従九一八到七七』国史館、1995年。許育銘『汪兆銘与国民政府――1931至1936年対日問題下的政治運動』国史館、1999年。周美華『中国抗日政策的形成――従九一八到七七』国史館、2000年。李君山『全面抗戦前夕的中日関係』文津出版、2010年。彭敦文『国民政府対日政策及其変化――従九一八事変到七七事変』社会科学文献出版社、2007年。

21 臧運祜「蔣介石与中日三原則談判」『民国檔案』2010年第4期。

22 戸部良一「日中関係安定化の機会喪失（一九三三～一九三七）をめぐって――最近の研究動向から」『国学院雑誌』第97巻第4号、1996年4月。

23 臧運祜「七事変以前的日本対華政策及其演変」『抗日戦争研究』2007年第2期。

24 『日帝国主義侵華之陰謀――日本駐華領事会議録』全国各界救国連合会印行、1937年、71‐72頁。また杜春和、耿来金整理『1935年日本駐華総領事会議記録』中国社会科学院近代史研究所近代史研究編輯部『近代史資料』総86号、中国社会科学出版社、1994年、158頁。

25 中国では「華北事変」と呼ぶのに対して、日本の学界では戦前から戦後まで一貫し

中国　日中戦争の全面勃発の原因について　　299

て「華北工作」と呼称してきた。最近、日本のある学者は「華北事変」として研究した（内田尚孝『華北事変の研究——塘沽停戦協定と華北危機下の日中関係一九三三～一九三五年』汲古書院、2006年）。

26 劉貴福「九一八事変後特殊外交委員会的対日外交謀画」『抗日戦争研究』2002年第2期。

27 「国民党政府国防会議等四機構組織史料」『民国檔案』1985年第1期。

訳者注

〔1〕 袁世凱の政権運営に反発した南方の各省が、1913年7月に独立を宣言して袁世凱を討伐しようとしたことを指す。これは2ヵ月ほどで鎮圧され、孫文は日本へ亡命することになった。

〔2〕 1916年8月、遼寧省（当時は奉天省）鄭家屯で、日本人商人と中国人との間のいざこざをきっかけに、日本軍の駐留部隊と奉天派の軍隊の衝突にまで発展した事件。日本側はこの事件を口実に鄭家屯を占領した。

〔3〕 1927年に出回った田中義一内閣が天皇に上奏して、中国への侵略を露骨に表したとされる文書。これが本物であるという確証はないが、当時から真偽をめぐる様々な憶測がなされた。

〔4〕 中国とソ連の共同管理であった中東鉄道（中東鉄路）を中国が回収しようとしたことによって、中ソ間で発生した軍事衝突。中国側の敗北で終わった。

〔5〕 1929年3月以降に引き起こされた蔣介石と李宗仁・白崇禧ら広西派との国民政府内部での主導権争いによる軍事衝突。広西派は敗北し、李宗仁・白崇禧らは香港へ敗走した。

〔6〕 1929年、蔣桂戦争の終結後に引き起こされた蔣介石と馮玉祥との主導権争いによる軍事衝突。この結果、馮玉祥は敗北し下野した。

〔7〕 1933年1月、山海関で起きた日中両軍の軍事衝突。日本軍は山海関を占領し、北京方面へと向かうルートを確保した。関東軍はこの事件を熱河侵攻への好機と捉えた。

第6章
全面戦争化
——国際要因

日独伊三国同盟の調印（ベルリン）1940年

日本	# 満洲事変・日中戦争と国際関係
	── ドイツとの関係を中心に

田嶋信雄 (成城大学)

はじめに

　本論では、満洲事変・日中戦争と国際環境に関する1つの見取り図を描こうと試みる。

　改めていうまでもなく、満洲事変・日中戦争をめぐる国際関係は、そこに参加するアクターがきわめて多元的であり、また対象時期も前史を合わせれば1920年代から1945年までの4半世紀に及びうる。さらに、こうした多面的・長期的な性格を反映して、いままで国際学界において蓄積されていた研究成果にも汗牛充棟ただならぬものがある。広範な研究対象と研究蓄積を、限られたスペースで満遍なくトレースすることは不可能に近い。そこで本論では、以下のように問題と視角を限定したうえで、この課題にアプローチすることとしたい。

　第1は、満洲事変・日中戦争をめぐる東アジアの国際関係を、主としてドイツとの関連で考察することである。両事変の勃発により、日本および中国をめぐる国際関係は激動期に入ったが、しかし大きく見れば満洲事変以降、日本が国際的に孤立し、ソ連を含めた欧米列国がこれを非難するという基本的な構図

に変化はなかったといってよい。こうしたなかで、ドイツは中立ないし親中国的な立場から日本の侵略を容認し支持する立場へとドラスティックに外交政策を転換し、イタリアもほぼこれに倣った。したがって、ドイツの政治的動向およびそれに対する他の列強の外交的対応に注目することにより、満洲事変・日中戦争をめぐる国際関係の変動が明瞭に析出されると考えられる。

　第2に、以上のような分析視角の限定に加え、分析対象の時期についても、1920年代半ばから1938年6月までに限定することとしたい。1920年代半ばにおいて中国国民党とドイツの接近が始まり、中独関係は1930年代半ばにその頂点を迎えるが、1938年初頭、ドイツにおいてヒトラー（Adolf Hitler）、リッベントロップ（Joachim von Ribbentrop）らを中心とする親日勢力が最終的に外交政策・軍事政策の指導権を握り、同年6月、ドイツは事実上中華民国国民政府との国交断絶に踏み切ることになるからである。

1. 1920年代のドイツと中国

　第1次世界大戦の終戦処理を話し合うパリ講和会議の過程で、敗戦国ドイツの山東半島利権が日本に譲渡されることが明らかとなり、中国ではそれに反対する運動（五・四運動）が展開されることとなった。中国北京政府はパリ講和会議の結果としてのヴェルサイユ条約の調印を拒否し、法的にはドイツとの戦争状態が継続した。中国では、1919年8月に議会で対独停戦が決議され、9月15日には大総統令が発布されて戦争状態が停止した。しかしながら、戦争終結にともなう法的な問題は残り、条約の形で処理する必要があった。1920年7月にはボルヒ（Herbert von Borch）の率いる代表団が中国に到着し、翌21年5月20日に中独条約が成立した。この条約は、欧米列強が中国と締結した初の平等条約であり、中国における親独感情を醸成するところ大であった。

　その後、第1次世界大戦後のアジア・太平洋地域における国際秩序の形成をめぐり、1921年11月から翌22年2月にかけてワシントン会議が開催され、中国北京政府の代表も参加したが、その過程で山東半島の旧ドイツ領権益は日本から中国に返還されることになった。しかし「中国をめぐる9ヵ国条約」においては、中国の主権尊重と領土保全が確認されたものの、列強の治外法権が維

持され、中国の関税自主権が認められないなど、中国にとっては不本意な結果
となった[1]。

　他方孫文率いる広東政府は、北京政府が締結した中独条約を承認しないとの
法的立場を維持したが、他方で孫文は1921年9月、自ら広州駐在ドイツ副領
事ヴァーグナー（Wilhelm Wagner）と秘かに接触したほか、同じころ側近の朱
和中をドイツに派遣し、前中国駐在公使・前外務長官ヒンツェ（Paul von
Hintze）、陸軍総司令官ゼークト（Hans von Seeckt）、大企業家シュティンネス
（Hugo Stinnes）らと接触させ、中独ソ3国の政治的・軍事的提携の可能性を追
求した。さらに23年には同じく側近の鄧家彦をドイツに派遣し、外務省東亜
局長クニッピング（Hubert Knipping）と交渉させ、軍事的・政治的協力につい
ては拒否されたものの、ドイツと広東政府の経済的協力については合意を引き
出した[2]。

　このような対独交渉と、同時に進められた対ソ交渉を背景に、孫文は蒋介石
をソ連に派遣した。1923年11月26日、蒋介石はモスクワのコミンテルン執行
委員会で以下のように中独ソ3国の連合を求めたが、そこには孫文の意向が強
く反映していたと思われる[3]。

　　ワシントン会議で英米仏日の4大資本主義国は東アジアを搾取する意図
　を明示した。資本主義列強は中国の軍閥を道具として用い、中国における
　地位を強固にし、有効な搾取を行おうとしている。国民党はロシア、ドイ
　ツ（もちろん革命成功後のドイツ）および中国（革命成功後の中国）の同盟
　を提案する。国民党は、全世界で資本主義の影響力と戦うため、この偉大
　な3国の同盟を提案する。ドイツ人民の学問的知識、中国の革命的成果、
　ロシアの同志の革命精神とロシアの農業生産をもってすれば、我々は容易
　に世界革命を成功に導くことが出来る。我々は全世界で資本主義システム
　を廃絶することが出来る。コミンテルンの同志はドイツ革命を支援して可
　及的速やかに勝利に導くべきである、というのが我々の考えである。同時
　に我々は、コミンテルンが、東アジア、とりわけ中国革命に特別の関心を
　寄せるよう期待する。

304　第6章　全面戦争化──国際要因

孫文の死後、1926年7月、蔣介石は北京政府打倒の軍事行動＝「北伐」を開始するが、1927年4月に上海クーデターを発動し、国共合作と「連ソ」政策は破綻した。それにともないソ連軍事顧問団が帰国したため、蔣介石は代わりにドイツから軍事顧問を招聘することに決した。1927年、バウアー（Max Bauer）が中国を訪問し、翌年に退役軍人を中心としたドイツ軍事顧問団が中国で組織されることとなったのである。

　バウアー自身は翌1929年4月に武漢で天然痘に罹患し、5月に上海で客死するが、その後ミュンヒェン一揆（1923年11月）にも参加したヒトラーの旧友クリーベル（Hermann Kriebel）が一時ピンチヒッター役を務め、30年2月、元ドイツ国防省軍務局長ヴェッツェル（Georg Wetzell）が跡を継いだ。ヴェッツェルは同年の中原大戦で前線指揮に参加したほか、33年3月の対日抗戦＝「長城抗戦」にも北京にあって作戦指導に参画した。在華ドイツ軍事顧問団の仮想敵は、当初は「軍閥」および紅軍であったが、のちには日本との本格的な戦争に備えることとなった[4]。

2. 満洲事変から日中戦争へ

　1933年1月30日、ヒトラーが首相の座に着き、ナチズム政権が成立した。この前後、東アジアでは同年1月3日に関東軍が万里の長城の要衝山海関を占領し、同月22日に日本の陸軍省当局者は国際連盟脱退をも辞さないとの姿勢を示していた。2月23日、関東軍は熱河省への侵攻を開始し、3月27日、日本は国際連盟の対日勧告決議案採択に抗議して国際連盟からの脱退を正式に通告した。

　ヒトラー政権は2月24日の国際連盟総会でリットン報告書とスティムソン（Henry L. Stimson）の不承認主義の採択に賛成しており、必ずしも東アジアにおける日本の侵略行動を支持していた訳ではなかった。たしかにドイツは約半年後の1933年10月14日、国際連盟およびジュネーブ軍縮会議からの脱退を宣言したが、これはヨーロッパでの同権を求める外交戦術から発したもので、東アジアの国際情勢とは無関係な行動であり、日本の脱退に追随するという意味を持つものではなかった[5]。

ナチズム政権成立の政治的衝撃が東アジアに波及する過程は、むしろ緩慢かつ間接的であった。しかもそれはナチス・ドイツの親日路線の開始ではなく、逆説的にも、むしろその親中政策の強化として進行した。ヴァイマール共和国時代に独ソ秘密軍事協力関係を推進していたドイツ国防軍は[6]、ナチズム政権成立によりソビエト赤軍との協力関係をやむなく断念せざるをえず、その代償として、中国との軍事上の連携に活路を求めたからである。ドイツ国防軍は1934年5月に「ドイツ国防軍の父」ゼークトを南京国民政府に送り込み、既存の在華ドイツ軍事顧問団を強化するとともに、「経済の独裁者」とも呼ばれたシャハト（Hjalmar Schacht）経済大臣兼ライヒスバンク総裁と協力し、ドイツと国民政府の国防経済面での提携を推進したのである[7]。

　こうしたナチス・ドイツの親中政策は、1936年4月、中独条約の成立となって結実した[8]。ドイツはこの条約で1億ライヒスマルク（以下RM）のクレジットを南京国民政府に与え、ドイツからの大量の武器購入を可能にするとともに、中国からタングステン等軍事的に重要なレアメタルを輸入し、自国の再軍備に活用していったのである。ナチス・ドイツが世界各国に輸出した武器総量のうち、1936年には47％（2374万RM）が、1937年には37％（8280万RM）が中国に送られた。他方中国は1936年6月に国防経済機関＝資源委員会のもとで「重工業建設3ヵ年計画」を開始し、対日戦争を意識した本格的な国防建設に乗り出していく。中独軍事経済協力は、中国の対日抗戦力形成の重要な一翼を担った[9]。

　一方、国際連盟およびジュネーブ海軍軍縮会議からのドイツの脱退は、ドイツの海軍軍拡に対する脅威感をイギリスに与えた。翌1934年3月、イギリスの防衛諮問委員会はナチス・ドイツをイギリス帝国の長期的な仮想敵とし、その帰結として、日本とは友好関係を維持する必要があるとの報告書をまとめた。委員会のメンバーの1人であった財務次官フィッシャー（Sir Warren Fisher）は、ドイツを念頭に置きつつ、「我が国はヨーロッパ最強の海軍国および日本と同時に戦うことはできない」と述べていた[10]。ヨーロッパにおけるドイツの脅威を前にして、イギリスは日本に対し宥和的にならざるをえなかったのである。

　ナチス・ドイツは1935年3月に再軍備宣言を行い、ヴェルサイユ条約の一方的な破棄に乗り出した。それにつづく英独海軍協定の締結（1935年6月）は、

306　第6章　全面戦争化──国際要因

ドイツの対イギリス海軍比35％を規定し、イギリスはドイツによるヴェルサイユ条約違反を事実上追認した。しかもこの協定は、対独戦争の場合、イギリスは海軍の少なくとも35％をヨーロッパに貼り付けなければならないことを意味していた。つまり、たとえ日本がワシントン海軍軍縮条約（主力艦比対米英6割）を遵守すると仮定した場合でも、イギリスの東アジアでの海軍力が著しく脆弱化することは明らかであった。

　こうしたナチス・ドイツの行動は、日本の東アジアでの行動およびイタリアのエチオピアでの行動（1935年10月エチオピア侵略戦争の全面化）とともに、コミンテルンに戦術転換をうながした。1935年7月から8月にかけて開催された第7回大会でコミンテルンは、日独伊およびポーランドを名指しで「ファシズム国家」と非難するとともに、社会民主主義勢力を主要打撃目標とした従来の「社会ファシズム論」を転換し、自由主義勢力・社会民主主義勢力を含めた各国の反ファシズム勢力の統一戦線を目指す「人民戦線」戦術を採択した。この路線はフランスおよびスペインで人民戦線政府の樹立を促進し、さらに中国でも有名な「八一宣言」を生み出したが、スターリン（Joseph Stalin）は外交的にも蔣介石を支持する態度をとり、毛沢東率いる中国共産党にもコミンテルンを通じて蔣介石への敵対を改めるよう働きかけた[11]。

　ドイツのラインラント進駐とその再武装化（1936年3月）は、ヨーロッパ国際関係に大きな政治的衝撃を与えた。イギリスはフランスがドイツへの武力対抗を行わない代償としてフランスの安全保障へのコミットメントを宣言したが、それはフランスと同盟関係にあったチェコスロバキアの対ドイツ安全保障へのコミットメントをも潜在的には意味した。つまり、イギリスはドイツのラインラント進駐を機にいっそうヨーロッパ国際関係に関与せざるをえなくなったのである[12]。

　一方ドイツでは、総統ヒトラーがこのようなイギリスの対ヨーロッパ政策・対東アジア政策の動向を注意深く追跡しつつ、対英政策を含めたドイツの世界戦略全体を密かに修正し始めていた。

　1936年6月、恩賜休暇から帰任したベルリン駐在日本大使武者小路公共がヒトラーと会談したが、このときヒトラーは「イギリスでも共産主義という世界的脅威に対する認識が拡大している」と主張した。すなわちヒトラーはここ

で、イギリス（およびイタリア）と同盟を結んでソビエト共産主義と対抗するという『我が闘争』（出版は上巻1925年、下巻は1926年）以来の長年の夢が実現可能であることを再確認していたのである[13]。ヒトラーはまだイギリスに期待していた。しかしながら、このヒトラーのイギリス像を転換する事態が1936年7月に発生した。スペイン内戦の勃発である。この内戦に対しヒトラーは、ムソリーニ（Benito Mussolini）率いるファシスト・イタリアとともに反乱派＝フランコ派に軍事援助を与え、マドリードの人民戦線政府の打倒を目指したが、イギリスは結局フランコ派を支持せず、「不干渉政策」を維持するにとどまった。ヒトラーの当初の期待とは異なり、イギリスは反共産主義の闘争に加わらないことが明らかとなったのである[14]。

　これに対するヒトラーの失望は大きく、それに続く外交政策上の転換もドラスティックであった。内戦勃発約1ヵ月後の1936年8月下旬、ヒトラーは「4ヵ年計画覚書」を自ら執筆し、「ドイツとイタリア以外では、ただ日本のみがボリシェヴィズムという世界的脅威に対抗する国家と見なしうる」と断定した[15]。すなわち「独英伊の三国で連合してソ連に対抗する」という路線からイギリスが脱落し、代わりに日本がヒトラーの外交政策上の「プログラム」に初めて有機的な構成要素として登場したのである。ドイツの学界用語を用いれば、「イギリスとの連携（mit England）」路線から「イギリス除外（ohne England）」路線へ、さらに「日本との連携（mit Japan）」路線への転換であった。

　こうしたヨーロッパ国際関係の変動とドイツ外交の転換は、ただちに東アジア国際関係に反映することとなった。「4ヵ年計画覚書」執筆からわずか3ヵ月後の1936年11月25日、日独防共協定が調印され、ドイツは東アジアにおいて親日路線への第一歩を踏み出したのである。イタリア外相チャーノ（Galeazzo Ciano）のベルリン訪問（1936年10月）と合わせ、ここに日独伊枢軸が形成されたのである。

　しかも日独防共協定の成立は、単に東アジアで孤立していた日本が新たな友好国を得たことを意味しただけではない。ドイツ軍事顧問団に支援され、ドイツから大量の武器を購入しつつあった国民政府は、日独防共協定の成立により、国防建設上重大な不安定要因を抱えることとなったのである[16]。

308　第6章　全面戦争化——国際要因

3. 日中戦争の勃発から事実上の中独断交へ

1937年7月7日、北京（当時は北平）近郊の盧溝橋において日中両軍の発砲事件が発生し、のちに日中全面戦争へと発展していった。このとき、イギリスおよびアメリカの中国に対する軍事的支援はなきに等しく[17]、中国ではアメリカ人航空教官たちが勤務を拒否する有様であった。それどころか、当時の日本軍は戦争遂行のための石油をほぼ全面的にアメリカに依存していたのである。しかしながら、「ソ連は中国のこの時期ほとんど唯一の援助国であった」（楊奎松）かというと、必ずしもそうではなかった[18]。

フランスは8月9日に訪欧中の孔祥熙との間で2億フランの借款協定を締結し、孔祥熙はそれに基づき民間企業で武器を買い集めた。ハイフォンでは50台のトラックで広西への輸送ルートを組織する会社が設立された。中国政府はフランスの銀行グループとの間でランソンから南寧を経て最終的には漢口へと至る鉄道建設の契約を締結した。さらに、仏印当局と広西省軍当局との間で合意が成立し、フランスは軍事顧問を広西に派遣して兵員の軍事訓練を行うことになった[19]。

さらになによりも、国民政府軍側では、ドイツ軍事顧問団が積極的に戦争指導に参加していた。ドイツ軍事顧問団は戦争勃発前から、「もし日中戦争が勃発すれば、中国軍とともに戦争に赴く」との方針を採っていたのである。また、フランスからドイツに移動した孔祥熙は、8月12日にブロムベルク（Werner von Blomberg）国防大臣と会談し、その際ブロムベルクは国民政府の対日抗戦を全面的に支援する姿勢を示した。さらに「親中派」ゲーリング（Hermann Göring）は、半官的武器貿易会社HAPROを管轄する「4ヵ年計画担当大臣」として、中国に対する武器輸出の継続に尽力した。8月13日に勃発した上海事変は、あたかも「第2次日独戦争」のごとき様相を呈した[20]。

1937年8月21日、中ソ不可侵条約が調印され、ソ連の中国支援の姿勢が法的に確認された。ソ連は、1938年3月に中ソ間で借款条約が締結される以前から中国に対する実質的な援助を開始した。38年から39年の間にソ連は、英米仏3国合計の7850万ドルをはるかに超える2億5000万ドルの借款を中国に与えた。しかもソ連の援助は、900機以上の航空機、20個師団分の装備、数百

人の軍事顧問、パイロットなど3000人の専門家を含む圧倒的なものであった[21]。しかしながらこの大量の援助はもちろん「善意」や「反ファシズムの兄弟的連帯」のごとき理念に基づくものではなく、ヨーロッパでドイツの脅威に直面するソ連が日ソ戦争を極度に恐れ、日本の侵略の矛先を中国に貼り付けておくための冷徹で「非センチメンタル」（W. カービー）な打算に基づくものであった[22]。蔣介石はスターリンに何度も対日戦争への参戦を求めたが、スターリンは一貫して参戦回避の態度を貫いたのである[23]。

　この間、日中紛争を討議するため、9ヵ国条約参加国の会議の開催がブリュッセルで予定された。しかしドイツがこの会議への参加を拒否したうえ、地中海ではスペイン内戦をめぐりイギリスとドイツ・イタリア間の緊張が継続していた。国籍不明の海賊潜水艦（実はイタリア海軍の潜水艦）が8月上旬からスペイン共和国側に入港する船舶を無差別に攻撃し、ソ連の船舶のみならず、イギリスのタンカーや駆逐艦までが被害を受ける始末となった[24]。こうした状況を前にしてイギリスは東アジアへの十分な艦隊派遣は困難であると判断した。日中戦争への介入はドイツおよびイタリアのヨーロッパにおける行動を引き起こしかねないため、イギリスは日本と政治的・外交的に衝突する可能性のある中国支援を行うことができなかったのである[25]。

　アメリカ合衆国大統領ローズベルト（Franklin D. Roosevelt）は、1937年10月5日にシカゴでいわゆる「隔離演説」を行ったが、それはもともと日本に対する制裁までをも意図したものではなかったし[26]、アメリカ世論に根強い孤立主義を覆すにも至っていなかった。第1次世界大戦におけるヨーロッパへの介入から生じたアメリカ国民のトラウマは癒えてはいなかった。こうした世論を背景に持つアメリカ外交の消極性は、1937年12月12日に起こったパナイ号撃沈事件によっても基本的には揺らぐことはなかったのである[27]。

　1937年11月5日、ヒトラーは、第2次世界大戦の勃発へと至る国際政治において決定的な重要性を有する演説を行った。すなわちヒトラーはこの日、陸海軍および外務省首脳（国防大臣ブロムベルク、陸軍総司令官フリッチュ Werner von Fritsch、海軍総司令官レーダー Erich Raeder、空軍総司令官ゲーリング、外務大臣ノイラート Constantin Freiherr von Neurath）を前に、当面する自らの戦争計画を初めて明らかにしたのである。ヒトラーはその演説の中で「チェコスロバキ

310　　第6章　全面戦争化──国際要因

アと、同時にオーストリアを打倒することが、我々の第1の目標でなければならない」と明言した。しかもその際ヒトラーは、イギリスの出方について、つぎのような見通しを述べていた。イギリス帝国は現在アイルランドやインドや東アジアや地中海でさまざまな困難を抱えている。また、チェコスロバキアを支援して軍事介入すれば、イギリスはふたたび長期的なヨーロッパ戦争に巻き込まれることを覚悟せざるをえない。したがって「イギリスは対独戦争に参加しないだろう」[28]。こうしてヒトラーは、日中戦争の動向などを念頭に置きつつ、先の「イギリス除外」（ohne England）路線を徹底し、ヨーロッパでの膨張の第一歩を踏み出したのである。

　以上のようなヒトラーの外交・戦争政策を反イギリスの日独伊枢軸同盟構想へ導こうとしたのが駐英大使リッベントロップであった。かれは1938年1月2日、ヒトラー宛ての覚書を起草し、情勢判断を展開したのち、「結論」としてつぎのように述べたのである。「①対外的には我が同盟国の利益を擁護しつつも、さらにイギリスとの和解努力を継続すること。②静かに、しかしねばり強くイギリスに対抗する同盟配置を形成すること、すなわち実質的にはイタリア・日本との友好関係を強化すること」[29]。これはすなわち枢軸の反英同盟化（gegen England）の提案であった。以後ドイツ外交は、ヒトラーの「イギリス除外」路線とリッベントロップの反英路線の間を揺れ動きつつ推進されることになる。

　ヒトラーは1938年2月、前年11月5日の外交・戦争計画に反対したブロムベルク、フリッチュをスキャンダラスな形で失脚させ（「ブロムベルク゠フリッチュ危機」）、ノイラートに代えてリッベントロップを外相に任命した。こうして一種クーデター的な手法により対外膨張を可能にする国内政治体制を固めたのち、3月11日、ヒトラーはオーストリアに最後通牒を突きつけ、同国の併合を実現したのである[30]。

　この渦中の3月7日、イギリス下院で首相チェンバレン（Arthur Neville Chamberlain）は、海外でのイギリス権益の損失は問題ではなく、「イギリス本土の防衛こそが死活的である」と主張した。当時イギリスはフランスから英仏蘭三国（可能ならば加えて米）による植民地防衛同盟構想を提案されていたが、このチェンバレンの発言は、アジアでのフランスとの軍事協力を拒否するもの

日本　満洲事変・日中戦争と国際関係　311

であった[31]。他方、フランス領インドシナ当局は逆に、日中戦争の仏印への波及を可及的に阻止する立場から、日本による海南島占領阻止のための協力について中国第四戦区（広西）参謀副長余漢謀と話し合い、1938年4月にはランソンから南寧を経由して四川へ向かう鉄道建設について合意した[32]。

　ナチス・ドイツの次の侵略目標はもちろんチェコスロバキアであった。1938年5月21日、チェコスロバキアはドイツに対して総動員態勢を構築し、ヨーロッパの国際情勢は一挙に緊張した（「五月（週末）危機」）。ドイツは戦争準備の不足のため一旦後退したが、その屈辱の中でヒトラーは5月30日に「緑作戦」指令を発し、10月1日までにチェコスロバキアを軍事的に解体する準備を行うよう決定を下した[33]。

　こうした一連の危機の過程で、ベルリンでは、イギリスおよびフランスを抑止するために日本との了解に達する必要性が高まり、そのためドイツは1938年前半、日本に対し一連の政治的譲歩を行った。第1に、同年2月20日、ヒトラーは国会で「満洲国」を承認する意志を表明した。第2に、ヒトラーとリッベントロップの圧力に屈した「親中派」ゲーリングは、4月5日、「4ヵ年計画担当大臣」として対中国武器輸出の全面的な禁止にやむなく同意した[34]。第3にドイツは、在華軍事顧問団の引き揚げを強行し、第4に、ついには駐華大使トラウトマン（Oskar Trautmann）の召還をも決定するにいたった（6月24日）。ここにナチス・ドイツと国民政府は事実上国交を断絶する結果となり、国民政府は、抗日戦争の重要なバックボーンの1つであるナチス・ドイツの支援を失うこととなった。

おわりに

　広東政府を率いる孫文は、1925年3月の死に至るまで、ソ連との連携とともに、ドイツとの連携をさまざまなルートで模索した。1923年11月26日のコミンテルン執行委員会における蔣介石の「中独ソ三国提携」演説は、孫文および中国国民党の親ソ・親独路線の表明であった。

　孫文の親独路線は、その死後、蔣介石によって継承された。1927年4月12日の反共クーデターとソ連軍事顧問団の引き揚げ後、蔣介石が中国軍の建設の

312　　第6章　全面戦争化──国際要因

ため依拠したのはドイツの軍事顧問団であった。1928年6月に国民革命軍が北京に入城し、中国の一応の統一が完了したが、その後も残存する各軍閥や国民党内反蒋介石派との戦闘のため、蒋介石はドイツ軍事顧問団の支援を必要とした。さらに、関東軍を相手とした「長城抗戦」においても、ドイツ軍事顧問団の作戦指導が介在したのである。ドイツ軍事顧問団をドイツ本国で支援していたのは、もちろんドイツ国防省であった。

このような軍事上の緊密な中独友好関係は、ヒトラー政権においても維持され、むしろ強化された。ドイツ国防省はヴァイマール共和制の下でソビエト赤軍との友好協力に活路を見出していたが、ヒトラー政権成立後、独ソ秘密軍事協力関係は破綻し、ドイツ国防軍はその活力を維持するため、中国との軍事協力関係の強化に乗り出したのである。ドイツ軍事顧問団は蒋介石政権の「囲剿戦」を支援し、中国共産党を「長征」と呼ばれる軍事的潰走に追い込むと、その後は対日戦争の準備に取り掛かった。さらにドイツ国防省は、経済大臣兼ライヒスバンク総裁シャハトの協力を得て中独条約を締結し、大量の借款の供与を通じて国民政府に対する大量の武器供与に乗り出した。

他方でヒトラーは、こうした親中派＝ドイツ国防省やシャハトの東アジア政策とはまったく別のところでヨーロッパにおける拡張政策を推進し、イギリスやフランスとの政治的・軍事的対立を引き起こした。イギリスは英独海軍協定により対独譲歩を迫られ、ドイツのラインラント進駐はイギリスのヨーロッパへのコミットメントを不可避とした。イギリスは、東アジアにおいて日本と政治的に対抗する余裕を失ったのである。

1936年7月のスペイン内戦の勃発は、イギリスをさらにヨーロッパに釘付けにしたが、他方でこの内戦はドイツ外交のドラスティックな転換を促した。ヒトラーはイギリスとの同盟形成を断念し、対ソ戦争遂行の新しいパートナーとして東アジアの日本に目を向けた。1936年11月、親日派＝リッベントロップにより日独防共協定が調印されたのである。

1937年7月7日に勃発した日中戦争は、こうしたドイツの東アジアにおける「二股政策」の矛盾を露わにした。しかしながら、このような状況に終止符を打ったのは、やはりヒトラーのヨーロッパにおける侵略政策であった。1938年3月のオーストリア併合に続き、チェコスロバキア解体を目指したヒトラー

日本　満洲事変・日中戦争と国際関係　313

は、英仏と対抗するため、日本との軍事同盟を必要としたのである。「満洲国」承認、対中国武器輸出停止、在華ドイツ軍事顧問団の撤退、駐華大使トラウトマンの召還など、1938年春の一連の一方的な措置により、ナチス・ドイツは国民政府との長年にわたる友好関係を放棄し、日本の中国侵略を容認する政策へとドラスティックにその立場を変えたのであった。

---

1 以上については、田嶋信雄「ドイツの外交政策と東アジア　一八九〇ー一九四五──重畳する二国間関係」田嶋信雄・工藤章編『ドイツと東アジア　一八九〇ー一九四五』東京大学出版会、2017年、31‑89頁を参照。

2 以上については、田嶋信雄「孫文の『中独ソ三国連合』構想と日本　一九一七ー一九二四年──「連ソ」路線および「大アジア主義」再考」服部龍二・土田哲夫・後藤春美編『戦間期の東アジア国際政治』中央大学出版部、2007年、2‑52頁を参照。

3 中共中央党史研究室第一研究部訳『連共（布）、共産国際与中国国民革命運動（1920‑1925）』1、北京図書館出版社、1997年、332‑333頁。蔣介石はのちにコミンテルンでの挨拶の一部を『蔣介石秘録』で引用しているが、この「中独ソ連合構想」にはもちろん一言も触れていない。『蔣介石秘録』6「共産党の台頭」サンケイ新聞社、1975年、58頁。なお蔣介石はこの会合の開催日を「11月25日」としている。

4 田嶋信雄「ドイツの外交政策と東アジア　一八九〇ー一九四五──重畳する二国間関係」60‑62頁。

5 ドイツの「満洲事変」への対応については、Gabriele Ratenhof, *Das Deutsche Reich und die internationale Krise um die Mandschurei 1931-1933*, Frankfurt/M.: Peter Lang, 1984.

6 邦語文献では、ややデータは旧いが、鹿毛達雄「独ソ軍事協力関係（一九一九ー一九三三）」『史学雑誌』第74編第6号（1965年）、1‑42頁を参照。

7 田嶋信雄『ナチス・ドイツと中国国民政府　一九三三ー一九三七』東京大学出版会、2013年。

8 Kreditzusatzvertrag zu dem zwischen der chinesischen Regierung und Hans Klein abgeschlossenen Warenaustausch-Vertrag vom 23. August 1934, *Akten zur Deutschen Auswärtigen Politik 1918-1945* (hereafter cited as *ADAP*), Serie C, Bd. V, S. 382-383;「中徳信用借款合同」中国第二歴史檔案館編『中徳外交密檔　一九二七ー一九四七』、桂林 広西師範大学出版社 1994年、329‑330頁。

9 田嶋信雄『ナチス・ドイツと中国国民政府　一九三三ー一九三七』。

10 Wm Roger Louis, "The Road to Singapore: British Imperialism in the Far East, 1932-1942", in: Wolfgang Mommsen and Lothar Kettenacker (eds.), *The Fascist Challenge and the Policy of Appeasement*, London: George Allen & Unwin, 1983, pp. 359-360.

11 李玉貞「抗日戦争期の蔣介石とスターリン」西村成雄・石島紀之・田嶋信雄編『国際関係のなかの日中戦争』慶應義塾大学出版会、2011年（以下『国際関係のなかの日中戦争』と略）。

12 Brian Bond, "The Continental Commitment in British Strategy in the 1930s", Wolfgang

Mommsen and Lothar Kettenacker (eds.), *The Fascist Challenge and the Policy of Appeasement*, London: George Allen & Unwin, 1983, pp. 197-208.

13　Aufzeichnung Meissners vom 9. Juni 1936, *ADAP*, Serie C, Bd. 5, S. 561-562.

14　田嶋信雄「スペイン内戦とドイツの軍事介入」スペイン史学会編『スペイン内戦と国際政治』彩流社、1990年。

15　Aufzeichnung ohne Unterschrift, *ADAP*, Serie C, Bd. 5, S. 793-801.

16　日独防共協定の成立過程について詳しくは、田嶋信雄「親日路線と親中路線の暗闘」工藤章・田嶋信雄編『日独関係史 一八九〇－一九四五』第2巻「枢軸形成の多元的力学」東京大学出版会、2008年。田嶋信雄『日本陸軍の対ソ謀略――日独防共協定とユーラシア政策』吉川弘文館、2017年を参照。

17　アメリカ合衆国の対応について、高光佳絵『アメリカと戦間期の東アジア』青弓社、2008年、とくに162頁以下を参照。

18　Ｎ・Ｌ・ママーエヴァ「日中戦争期のソ連、アメリカ合衆国と国共『統一戦線』」、楊奎松「抗戦期間における中国共産党とコミンテルン」、いずれも『国際関係のなかの日中戦争』所収。

19　Marianne Bastid-Bruguière, "French deluded quest for allies on the Far Eastern front, 1931-1940", submitted to the Chongqing Conference on "Foreign relations during the Sino-Japanese War", Chongqing, 6-9 September 2009, p.16 (Hereafter cited as Bastid-Bruguière, Chongqing Paper); 楊維真「ベトナム問題をめぐる中仏交渉　1945‐1946年」『国際関係のなかの日中戦争』所収。

20　田嶋信雄「日中戦争と日独中ソ関係」『国際関係のなかの日中戦争』所収。

21　Ｎ・Ｌ・ママーエヴァ「日中戦争期のソ連、アメリカ合衆国と国共『統一戦線』」。ソ連の対中国支援全般については、ややデータは古いが、参照、駒村哲「中ソ不可侵条約とソ連の対中国軍事援助」『一橋論叢』第101巻第1号（1989年）。

22　"Limited Partners: China's Relationships with Germany, the Soviet Union, and the United States, 1928-1944", presented to the Chongqing Conference on "Foreign relations during the Sino-Japanese War", Chongqing, 6-9 September 2009, pp. 9-14.

23　李玉貞「抗日戦争期の蔣介石とスターリン」『国際関係のなかの日中戦争』所収。

24　佐々木雄太『三〇年代イギリス外交戦略』名古屋大学出版会、1987年、135－150頁。

25　益田実「極東におけるイギリスの宥和外交」（二・完）、『法学論叢』京都大学、第130巻第4号、1992年、75－77頁。

26　高光佳絵『アメリカと戦間期の東アジア』青弓社、2008年、164頁。

27　パナイ号事件について、笠原十九司『日中全面戦争と海軍 パナイ号事件の真相』青木書店、1997年を参照。

28　Aufzeichnung Hoßbachs vom 10. November 1937, *ADAP*, Serie D, Bd. I, S. 25-32.

29　Ribbentrops „Notiz für den Führer" vom 2. Januar 1938, *ADAP*, Serie C, Bd. I, S. 132-137.

30　田嶋信雄翻訳・解説「ドイツのオーストリア併合（1938年3月）」歴史学研究会（編）『世界史史料』第10巻「ふたつの世界大戦」岩波書店、2006年。

31　Bastid-Bruguière, Chongqing Paper, p. 21.

32　Bastid-Bruguière, Chongqing Paper, pp. 23-24.

33　„Weisung für Fall Grün" vom 30. Mai 1938, *ADAP*, Serie C, Bd. II, S. 281-285.

34 „Schnellbrief" Görings vom 5. April 1938, Bundesarchiv Lichterfelde, R901, 106417.

|中国| # 日中全面戦争へ至った国際的要因

于鉄軍 (北京大学)／李卓 (北京大学)

河野正 訳

はじめに

1931年、満洲事変が勃発し、日中間の対立は徐々に局地的な戦闘へと発展した。そして、最終的には盧溝橋事件が発生し、全面戦争が開始された。国内外の学界は、この時期の歴史について、すでに多くの研究成果を蓄積してきた[1]。これらの研究の多くは、日中関係や日中両国の国内政治および両国の軍事戦略などを分析してきたが、国際的な要因についても優れた分析を行ってきた[2]。本論は、満洲事変の勃発からトラウトマン和平工作の失敗（1938年初め）までの時期を対象とし、この間の日中両国を取り巻いた国際的要因について整理する。そして、幾つかの問題に対して再考を試みることで、日中両国が全面戦争へと向かった国際的要因について理解を深めていきたい。

具体的にいえば、本論は、1931年から1938年にかけての、①日中間の緊張の高まり、②その一時的な緩和、③日中間の対立の激化、④その最終的な破綻という4つの段階において、当時の東アジア国際秩序（具体的には東アジアにおけるワシントン体制を指す）がどのように変化し、米英独ソの4大国がどのように対応したのか、そして、それらの変化が日中関係にどのような影響を

与えたのかを重点的に考察する。

〔これら4つの段階のうち〕第1段階とは、1931年の満洲事変勃発からその事後処理までの時期である。満洲事変は、1919年のパリ講和会議とその後のヨーロッパ大陸を中心とする国際体制のなかで、相対的に周縁で起こった日中間の衝突が、国際情勢の中心的な話題へと変化したことを意味した。また、その事後処理も、東アジアの国際秩序と各大国の極東政策に大きな影響を与え、日中両国の内政と外交に変化をもたらした。本論はこの点に関して、以下の幾つかの問題に注目する。①満洲事変の国際的要因。満洲事変は、世界的なワシントン体制崩壊の、東アジアにおける一局面とみなすべきである。②満洲事変に対する国際連盟の処理、日中両国の国際的な支援を獲得する動き、各大国の極東政策の修正とそれが東アジア国際秩序および日中関係に与えた衝撃と影響。

第2段階とは、1933年の塘沽停戦協定から、広田三原則[1]が定められた1935年10月以降の、いわゆる日中間の交渉が困難に陥った時期である。この2年半という時期は、これまで日中関係が比較的に安定していた時期と考えられてきた。この時期には、日中両国、とりわけ中国が現状維持を試み、両国が関係を繰り返し調整してきたが、対立を促す要素も多かった。たとえば、天羽声明の発表、それにともなう国際社会と中国国内からの日本に対する不満の増大、梅津・何応欽協定および土肥原・秦徳純協定後の日中間の広田三原則をめぐる外交交渉の失敗が、新たな動揺を招いた。この時期に関係を安定化できなかったことが、日中両国が全面戦争へと向かったことに重大な影響を及ぼしたとする研究もある。

たとえ〔全面戦争に至る〕ドミノ倒しが第1段階から始まっていたのだとしても、この第2段階でもまだ挽回の余地はあった。しかし、日中両国、とりわけ日本の国内および軍内の様々な要因によって、この局面は改善できなかった。この時期に関する本論の主な関心は、①広田弘毅と重光葵によって担われた外交[3]とその指導下で発せられた天羽声明の国際的な位置づけ、②日中双方が1935年に関係改善を試みようとした国際的な要因、③同時期の日中両国の関係と日中両国以外の大国が日中関係に与えた影響についてである。

第3段階は、1935年末の「冀東防共自治政府」[2]成立から1937年7月の盧溝橋事件発生までである。華北分離工作の進展、とりわけ「冀東防共自治政

府」の成立にともない、華北での日中の対立は急速に高まった。中国からすれば、この時期は「華北の危急」が日増しに「華北の危機」へと変容し、華北で好ましくない事件が相次いで発生した時期である。この時期を扱った従来の研究は、日本国内の政治的・軍事的な情勢の激化（とくに陸軍内の変化）に注目する傾向にあった。これは「激動の昭和史」がこの頃に加速し、二・二六事件前後に日本の国内で政治的な動揺が生じていたことと関係している[4]。

　国際的要因についていえば、ソ連という要素が増大したことが、この時期の大きな特徴だった。これを1930年代の極東で国際関係が転換したことを意味すると理解する研究もある[5]。つまり、ソ連が対日・対中関係を調整し、中国〔国民政府〕と中ソ不可侵条約の交渉を正式に始めたことが、日中の対立の激化に大きな影響を及ぼしたということである。本論はこの点について、以下のことに注目したい。①各大国の「華北の危機」への対応と、危機が高まった国際的な要因、とりわけ国際的な干渉が失敗して効果をもたなかった原因について。②ソ連という要素が極東の国際関係において拡大した事実とその意味について。

　第4段階は、盧溝橋事件の発生から第2次上海事変を経て1938年初めのトラウトマン和平工作に至るまでの時期である。この時期を独立して扱うのは、以下の2つの理由による。

　第1に、トラウトマン和平工作が、事実上日中間の最後の和平工作だったからである。もちろん、厳密にいえば、その後も宇垣一成と孔祥熙による交渉や、汪精衛が逃亡する直前に行われた〔日中間の和平工作である〕桐工作などがあったが、今日から振り返ってみれば、蔣介石が積極的に関与し本腰の和平交渉が行われていたという意味からすれば、やはりトラウトマン和平工作が最後の試みだった。日中両国が平和的に衝突を解決できる可能性は、その後大きく低下したのである。

　第2に、日中の全面戦争は明確な分岐点を設定できるものではなく、徐々にそのような局面へと向かったためである。蔣介石が盧山で声明を発表して〔徹底抗戦を呼びかけた〕のは1937年7月17日のことだが、これは国内外に対する政治的な宣言でしかない。軍事的な側面からいえば、国民党中央委員会常務委員会は、8月12日になってようやく戦時状態に入ったことを秘密裡に決定し、

その直後に第2次上海事変が勃発したのである。また、国際関係の視点から見れば、中国は、9月12日になってようやく華北の危機的な事態を国連に訴え、その後の11月26日にソ連に対日参戦を求めつつ、他方で、蔣介石は南京陥落直前の12月7日に東京の駐日ドイツ大使ディルクセンに対して和平交渉の再開を要求している。日本は、〔このように事態が推移するなかで〕1937年9月に「北支事変」という呼称を「支那事変」に改めた。つまり、こういうことである。軍事的に見れば、第2次上海事変の最中（8月15日）に編制された「上海派遣軍」は、当初日本の居留民を保護しただけであり、〔そうした状況から徐々に全面戦争へと推移していったのは〕第1次近衛声明——平和的な解決の道を閉ざした原因と考えられている——が公布された1938年1月16日のことだ、ということである（第1次近衛声明は、1月11日の御前会議で決定され、同月15日に政府によって正式決定された）。

　以上のように考えると、日中双方が何をもって全面戦争以外に道がない、すなわち講和の道もなければ密約によって局地戦に限定するという道もないと考えるようになったのかを顧みる時、〔トラウトマン和平工作が失敗に終わった〕1938年の初頭は重要なポイントだったことが分かる。本論は、上述してきたこれら4つの時期に区分して、それぞれの時期に日中両国がどのように全面戦争へと向かっていったのかについて、国際的な要因を視野に入れながら分析する。ここでいう国際的要因には、盧溝橋事件後の各国の対応や国際連盟の作用を含む。

1.「命取り」となった満洲
——満洲事変の国際的要因と事後処理およびその影響：1931-1933年

1.1　満洲事変の国際的要因

　1930年代初頭の中国東北、さらには中国そのものが、東アジアの歴史的変動の一局面を形成していた。その変動の1つが、ワシントン体制が徐々に衰退したことである。関東軍や、彼らが保護した東北における日本の権益は、日清戦争を契機に生じた。そして、その権益は日露戦争で拡大し、その後の日英同

盟や石井・ランシング協定、1925年の日ソ基本条約などを通じて国際的に認められていった。日本は、列強と交渉を繰り返すことで、自らの権益を〔国際社会で〕承認させたのである。これは、1920年代の国際体制という観点から見直すと、ワシントン体制が衰退したことを意味する。

　そもそも日本の満蒙権益は、ワシントン体制による門戸開放と矛盾するものだった。そのため、日本は既得権益を守るために、列強各国と妥協せざるをえなかった。しかも、日本は国際協調を守るために、日本国内で立案された外交政策の面でも妥協しなければならなくなった。〔中国〕東北の現状は、このような様々な妥協の上に成り立っていたのである。

　この当時、中国は統一されておらず、国家建設の最中だった。それと比較すると東北は、特殊権益をもつ日本の軍事勢力や経済的利益を重視する列強各国、そして東北の張作霖・張学良政権などの間で均衡を保っていた。しかし、このような均衡も、もともと脆弱だったワシントン体制が1920年代にさらに弱体化したために、維持できなくなった。と同時に、満洲事変を招来することになった幾つかの要因が、この時期に発生していた[6]。

　その１つは、ワシントン体制に対する日本側の不満を解消できなかったことである。その原因は、ワシントン会議の９ヵ国条約——門戸開放、（形式的な）中国の主権の保持、日英米３ヵ国による中国との協調などを謳った——が中国に深く関与していたことだった。これは、日英米３ヵ国が中国との間で支配・従属の関係を結ぶことで日本の中国属国化の動きを封じ込めようとするものだった[7]。しかしながら日本は、すでに第１次世界大戦という絶好の機会をとらえて21ヵ条要求を中国に突きつけており、日本の大陸政策が拡大へと向かうのは明らかだった。そのため、ワシントン体制が確立しても、在華権益を維持したいという日本の方針は不変だった。こうして日本の中国に対する強硬外交は継続し、それが田中義一内閣でさらに強まり、結果的に、日本はワシントン体制に挑戦することになったのである。

　また日本は、1920年代は基本的に協調外交をとってきたものの、それを中国で実践することは難しかった。たとえば、日本は中国の国民革命の最中に、他の列強各国と足並みを揃えることなく独自の判断で異なる地方勢力を支持したため、列強各国と多くの摩擦を生んだ。さらに、中国の関税自主権の回復と

いう点からしても日本は英米と比較して遅れをとったため、幣原喜重郎による協調外交（幣原外交）は日本国内でも多くの批判にさらされた。加えて、ワシントン体制に対する日本の不満も高まっていたことから、日本と列強との衝突は避けられなくなった。

第2に、1920年代の中国は国内の統一と国家建設を加速させており、そのため日本は中国のみならず、ワシントン体制下の他の大国とも対立を激化させていった。国民政府は、国民革命期に北伐を実行して中央政府としての地位を固めると、中国国内の民族主義の影響を受けて、〔不平等条約の撤廃を目ざす〕「革命外交」を展開した。革命外交の主要な対象は、1920年代半ば以降、イギリスから日本へと変わり、「革命外交」は日本の在華権益に対する挑戦という意味合いを持つようになった[8]。

この歴史的な流れは、民間に限ったことではなく政治エリートの間でも見られたものだった。とりわけ、〔日本の第2次山東出兵時に〕済南事件が発生すると、蔣介石は日本に対して「雪辱」するという気持ちを表すようになった。また、〔その際に重要だったことは〕日英が同調しなかったことだった。たとえば、〔1927年に北伐軍と列強が衝突した〕南京事件後に列強各国が協調して対中制裁と武力干渉を行ったこと、イギリスが山東出兵問題で日本に対する協力を拒否したこと、英米が中国と関税自主権について交渉する際に、日本を切り離して条約を締結したこと、などである[9]。こうした意味からすれば、ワシントン体制は、その目的を中国の統一の維持としていたにもかかわらず、実際にはそれを達成できず、中国における列強各国の対立を激化させたのだった。

第3に、東北で排日の勢いが増し、同地域の鉄道をめぐる利害関係が国際化し、東北における門戸開放をめぐる情勢がますます複雑になったことである。たとえば、張作霖と日本は、鉄道をめぐる交渉を先延ばししたことなどによって関係が悪化し、張作霖爆殺事件を誘発した。その後も、張学良と日本の関係は悪化した。張学良は山本・張協約[3]を破棄しただけでなく、1928年に蔣介石率いる国民政府に帰順し、「革命外交」を展開していた中央政府に東北の外交権を譲渡した。さらに、英米の資本も東北にますます流入した。とりわけアメリカは、東北の鉄道権益に関心を示した。かつて〔アメリカの鉄道王〕ハリマンは日露戦争後に南満洲鉄道の共同経営を申し入れ、それは日本によって破

322　第6章　全面戦争化──国際要因

棄されたが、アメリカはその後1920年代にも、日本の「二線二港」計画、いわゆる西満洲鉄道計画に一貫して反対し続けた[10]。このため、1920年代の東北では、日本人居民と日本企業は脅威にさらされていた。

第4に、ワシントン体制の外部にいた大国が積極的に介入するようになった。たとえば、1920年代半ば以降、ソ連とドイツが中国での影響力を回復し始めた。注目すべきことは、これら新興勢力の大国が、主に軍事面で影響力を発揮したことである。ソ連は国民政府（広州）の北伐を積極的に支持したが、その後の国共対立では影響力を大幅に低下させていった[11]。さらに、1929年の中ソ紛争で武力を行使したため、中ソ関係はますます冷え込んだ。しかし、こうした情勢下にあっても、ソ連は日本の在満権益にとっても脅威となり始めたため、関東軍はソ連に対する認識を改めた。これも、満洲事変に直接的な影響を与えた。

他方で、ドイツと中華民国の関係も大きく進展した。〔北伐完了と国民政府（南京）の成立で〕1920年代半ばからの国内の混乱に終止符を打った国民政府は、外国からの援助を広く獲得するために、帝国主義国家でも革命国家でもないドイツとの協力を模索した[12]。中国のドイツへの接近は、蔣介石がドイツの民族性やナチズムのイデオロギーに親近感を抱いていたこと、ドイツ人の軍事顧問団が南京に派遣され、その顧問団が武器貿易を主導していたことも背景にあった。これをワシントン体制という点から見れば、ソ連とドイツは完全に体制外の勢力だったため、ワシントン体制の制約を受けることはなく、体制内の大国とのつながりも弱かった。こうしてワシントン体制はますます脆弱になった。

総じていえば、ワシントン体制は、1920年代末にはすでに多くの点でほころびをみせ始めていた。これは、日本がワシントン体制に当初から不満を抱いていただけでなく、中国で統一と国家建設が進み、東北で保たれていた微妙な均衡が複雑化し、さらにはソ連とドイツが影響力を及ぼし始めたことが関係していた。このように考えると、たとえ幣原外交がもう少し続いていたとしても、それが依拠したワシントン体制そのものが脆弱化していたことから、列強各国の対立が満洲事変勃発直前に中国で激しくなることに変わりはなかっただろう。日中関係の悪化を防ぐ国際体制はすでに力を失っており、日本の利益がもっとも集中していた、つまり日中関係においてもっとも重要だった東北で、万が一何か好ましくない事件が発生したならば、その事態を抑えることはもはや難し

く、結果は非常に深刻なものとならざるをえなかったのである。

1.2 満洲事変の勃発、善後処置、その影響

　従来の研究では、満洲事変は、日本陸軍の中枢と密接な関係にあった在満日本軍によって引き起こされた、と説明されてきた。ここで強調されてきたポイントは、昭和期の軍内に石原莞爾や板垣征四郎といった長州の山県有朋系統以外の新たな勢力が現れ、彼らの策略によって事変が勃発した、ということである[13]。つまり、満洲事変は日本国内あるいは軍内の要因によるものだ、と説明されてきたわけである。

　しかし、この国際的背景についても再考しなければならない。つまり、上述した日本国内の幣原外交に対する不満、そして、日本の満蒙権益に対する中国ナショナリズムの高揚とソ連の〔東北における〕台頭という2つの脅威に対する日本側の認識が、石原や板垣らで構成されるグループのイデオロギー化と組織化を促し、その動員力を強化した、ということである[14]。

　国際的要因については、この他にも注目すべき点が2つある。まず、総力戦という概念が第1次世界大戦後に日本に伝わり、経済ブロックを構築することで、ソ連をはじめとする欧米の強大な工業力に対抗できるという発想が生まれた。これは、石原たちが満洲事変を起こす必要性があると考えた理由の1つとなった[15]。もう1つは、軍関係者が国際的な経済危機を背景に、満蒙を征服する必要を強く感じるようになったことである。こうしてみると、在満日本軍の策略の背景には、総力戦や経済危機といった国際的な要因への軍の対応が存在していたことが分かる。

　日本が1933年3月27日に国際連盟を脱退すると、国際連盟が主導してきた満洲事変の善後処置は失敗に終わった。〔実は日本の国際連盟脱退までの道のりを振り返ると〕国際連盟が行ってきた調停作業は、関東軍の軍事行動と呼応したものであ〔り、善後処置が成功しなかったのも必然だ〕った。まず、日本軍が1931年10月8日に錦州を爆撃すると、国際連盟理事会は10月24日に、期限を定めた日本軍の撤退案を提出した。また、日本軍が11月19日にチチハルを占領すると、国際連盟は12月10日にリットン調査団を派遣した。翌1932年1月3日、日本軍が錦州を占領すると、アメリカのヘンリー・スティムソン国務長

324　　第6章　全面戦争化——国際要因

官は直後にスティムソン・ドクトリンを発表した。さらに、日本が9月15日に日満議定書に調印すると、リットン調査団の報告書が10月2日に公表された。さらにもう1つ付け加えておくならば、日本軍が1933年2月に熱河に進攻すると、国際連盟は2月24日に日本に対して勧告案を発表した。日本はこの勧告の受け入れを拒否し、国際連盟を脱退したのだった。

　近年の研究は、日本の国際連盟脱退の歴史に関して、いっそう以下の点に重点を置いている。第1に、1932年10月のリットン調査団が満洲の自治問題を解決していたならば、中国も勧告を受け入れざるをえなかっただろうし、日本にとっては有利だっただろう、ということである。つまり、なぜ日本はイギリスなど多くの国々から支持を得られたにもかかわらず勧告を拒否し、最終的に国際連盟を脱退したのかを解明する、ということである。従来の研究は、陸軍や世論、そして内田康哉外相がすでに妥協によって解決するという柔軟性を失っていたため、また〔国際連盟総会の首席全権だった〕松岡洋右の過激な性格のため、さらには関東軍による偶発的な挑発などのためにそうなったと解釈しているが、まだ通説とはなっていない[16]。

　第2に、日本の国際連盟の脱退は、実は国際協調派の外交官によって主導されたものだった、との指摘がある。それによれば、国際協調派の外交官らは、満洲事変が拡大することで国際連盟やアメリカから経済制裁を受けることを恐れていた。そのため、満洲事変を国際連盟の審議対象から外し、国際連盟の外部で欧米各国との関係の修復を図ろうとしたというのである。このように指摘する研究者は、実際の国際連盟脱退後の状況がこの外交戦略と完全に一致していることを強調している[17]。

　以上のように、現在研究者の間でも、松岡洋右の役割と当時の日本の外交のあり方については認識が異なっている。

　関係各国も満洲事変の勃発を受けて、極東政策を相次いで修正した。アメリカは事変当初、スティムソンが9月24日に日中両国へ送った口上書に基づいて、中立の立場を採った。しかし、日本軍が錦州を爆撃すると、国際連盟との協力を強化しながら、日本に対して強硬な態度をとり始めた。日本が錦州を占領してからは、スティムソンが「不承認主義」[4]を正式に発表した[18]。イギリスは、アメリカとは協力せずに日本を支援しようとした。このような行動は、ワシン

中国　日中全面戦争へ至った国際的要因　　325

トン会議における9ヵ国条約を否定するものであり、東北を犠牲にすることで、日本の妥協を引き出そうとするものだった[19]。ソ連は、むしろ満洲事変には介入せず、日ソ関係を改善することで既得権益を守ろうと考え、「日ソ中立条約」の早期調印を望んだ[20]。つまり、日本と利害関係がある国々のうち、アメリカ以外の国は非常に限定的な対応にとどまったのである。こうして国際連盟の調停も失敗に帰したことで、外交ルートを通じて日中間の衝突を解決しようとした国民政府の外交努力も失敗したのだった。

この時期の国際関係を考えるには、第1次上海事変と、その後の英米による政策の調整が重要なポイントになってくる。当時、英米をはじめとする諸外国の利権は上海に集中しており、そのため、上海事変によって日中の対立をめぐる国際環境は変化した。〔具体的にいえば、上海事変の〕当初、英米は協力して日本に反対する可能性があった。事実アメリカは、〔イギリスに対して〕東北の問題を合わせて解決するように迫った。

しかし、イギリスは最後には〔日本に〕譲歩し、アメリカの要求を拒否した。そして、国際連盟に対して、東北と上海の問題を切り分けて解決せよとの日本の要求に同意するよう迫り、さらには、日本に有利な上海停戦協定の調印を積極的に推し進めた。とはいえイギリスは、国際連盟においてリットン調査団の報告書の可決にも積極的にかかわった。つまりイギリスは、〔日本に譲歩しながらも〕東北が完全に日本の統治下に入ることを望んだわけではなく、東北が門戸開放を続けることを望んだのである。イギリスのこのような対応は、中国をめぐる日英の衝突と妥協という2つの側面を表している[21]。

1933年4月、関東軍は万里の長城を越えて南下し、北平（北京）・天津に迫った。中国は改めて他国に干渉を求めたが、英米仏は日本への制裁を拒否した。ソ連は、中国との関係を回復しながらも、満洲国に対する鉄道売却交渉を開始した。〔満洲国を相手に交渉を行ったことから〕このようなソ連の行動も、満洲国の合法性を承認した行為の1つだとみなしえる[22]。こうして、大国間の協調によって満洲事変をめぐる日中の衝突を調停しようという試みは頓挫した。

この問題は、国際秩序という観点から見ると次のようになる。英米や国際連盟そしてソ連は、満洲事変に対して〔もともとは〕ワシントン体制の下での、いわば大国間の協調によって日本の行動を制約しようとしたのだが、そのよう

326　　第6章　全面戦争化――国際要因

な大国間の協調が失敗したことから、ワシントン体制は大きな打撃を受けた。結果として、日本は国際連盟を脱退し、ワシントン体制で各国の行動に制約を加えて各国の利害衝突を調整することも困難になった。東アジアの国際秩序は、こうして日に日に不安定になった。

他方で、英米ソ3ヵ国は、満洲事変から塘沽協定まで、複数回にわたって日本に譲歩することで日本を抑止し、東北をめぐる情勢を安定化させようとした。しかし日本が手を緩めることはなく、各国の利益に損害を与え続けたことから、ワシントン体制下での大国間の協調はますます実現し難くなった。このような状況は、入江昭が指摘したとおり、「国際協調は満州事変が始まったときには、すでに崩壊の兆しを見せていたのである。世界恐慌が経済面に与えたのと同じ作用を、満州事変は政治面でなした」[23]ということだった。この意味では、満洲事変それ自体がワシントン体制の弱体化の結果であると同時に、満洲事変がワシントン体制の完全な崩壊を招く要因ともなった、ということである。

満洲事変とその処理は、日中両国の国内政治や、既存の東アジア国際秩序にも影響を与えた。

まず日本の国内政治を見れば、国際協調という外交路線が満洲事変のために説得力を失う結果となった。日本国内の政党政治と憲法秩序は力を失い、陸軍は拡張主義の国策に対して影響力を行使したことから、ワシントン体制はますます脅威にさらされた。他方、中国では、満洲事変によって国内の権力構造が一変した。そして、日本の脅威に対抗するため、各国からの戦略的かつ経済的な支援を受けなければならず、他国と友好な関係を築くためにも、不平等条約を撤廃するという外交路線を中断することにした[24]。

ここで、日中関係について具体的に見てみよう。中国は、満洲事変後の各国の反応と国際連盟の反応を受けて、自らが孤立無援であり、また全面抗戦の準備が不十分だと実感した。このため、蔣介石は「一面抵抗、一面交渉」という対日政策を採用し、抗日の姿勢を緩め、日本との対立を一時的に緩和することを目ざした[25]。当時の日本は、〔満洲事変による〕成果を獲得はしていたが、国際連盟脱退後の孤立した状態を何とかして改善したいと考えていた。こうしたことが、満洲事変から塘沽協定までの列強各国による日中の衝突回避に向けた調停作業と合わさって、当時の日中関係に一時的な安定をもたらした、といい

うる。

2. 限定的な緩和——塘沽停戦協定から広田三原則まで：1933 – 1935年

2.1 広田・重光外交と天羽声明の国際的な位置づけ

1933年9月、広田弘毅は外務大臣に就任し、外務次官である重光葵は対中外交の重責を担うことになった。重光の方針は、抗日の姿勢を緩めた国民政府と協力して日中関係を安定化させながらも、中国における日本の影響力を拡大しようとするものだった。〔このような方針の背景には〕満洲事変以降、東アジアで孤立した日本の立場がある。つまり、広田・重光外交の目的は、中国が他国との関係改善に向かわないようにして、日本のさらなる孤立を防ぐことであり、日中関係の修復はこのための手段でしかなかった。こうした背景の下で、日本は、「欧米各国の中国への関与を妨害し、欧米列強を駆逐し、各国の権益を犠牲にして中国を取り込んで日本との協力を勝ち取る」という方針を採用するほかなかった[26]。

1934年、外務省情報部の天羽英二が発した「天羽声明」は、広田外交の方針を具体的に表したものだった。ここで直接〔批判的に〕言及されているのは、1933年の米中棉麦借款[5]だった。中国はアメリカに対して、〔1933年5月31日の〕塘沽停戦協定の調印〔によって満洲事変が停戦状態になる〕以前から、華北における日中の衝突を調停するように依頼していた。たとえば、〔当時中国の財政部長だった〕宋子文は、アメリカを訪問した際に、「欧米と連合して日本に抵抗する」ことを主張した。これに対してアメリカは、イギリスが無関心だったこともあり、実際には何も行動を起こさなかったが、ローズベルトはたえず中国を自らの外交視野に入れており、ここに経済的な要因も加わったことから、最終的にアメリカは中国に対して借款を行い、財政面で中国を強く支持することを決めたのだった。この後、国際連盟、フランス、イタリア、ドイツも中国に対して技術面と経済面において支援を開始した。こうして、欧米各国と国民政府は関係を急速に発展させたのだった。

日本がこのような状況下で天羽声明を発したということは、国民政府を率い

328   第6章　全面戦争化——国際要因

る中国国民党内の親英・親米派——つまり日本を排除して欧米各国との協調を目ざす勢力——と英米をはじめとする列強各国に対して日本が直接の警告を行った、ということを意味した。当時、この声明は日本によるアジア版「モンロー主義」と捉えられ、各国の議論の的となった。広田はその後に説明を行い、満洲以外の中国本土が引き続き9ヵ国条約の制約下にある、つまり門戸開放の原則を維持すると表明した。同時に日本は、満洲でも門戸開放政策を継続することで、列強各国の日本に対する疑いを晴らそうとした[27]。

　こうしてみると、米中棉麦借款から天羽声明に至る時期の、〔大雑把に捉えれば〕広田・重光の下での外交攻防は、日本のワシントン体制に対するさらなる攻撃でもあった。日本は中国問題に対して主導的な立場を採りたい、という政治的意図のあらわれでもあった。だからこそ、アメリカは積極的に介入したのであり、そのことが日本に対する国際社会の不信感をあらわすものだった。〔アメリカの介入以外にも〕同時期に行われていた日英相互不可侵条約の交渉も不調に終わり、広田・重光の外交はその目的を達成できなかった[28]。日本は、東アジアの国際秩序のなかで孤立状態を打破できなかったばかりか、天羽声明によって孤立した状況をさらに深めてしまったのである。

2.2　日中関係の再度の緊張とその国際的要因：1935年

　広田・重光外交が苦境に陥った後、現地の日本軍は中国での活動を活発化させた。中国もそれに対応し、日中関係は再び緊張した状態に陥った。しかし日本軍は、中央レベルでも現地レベルでも全面衝突に至る政治決断と軍事的準備を整えられないでいた。最終的には、華北の駐屯軍と関東軍がそれぞれ主導して、1935年6月から7月にかけて梅津・何応欽協定、土肥原・秦徳純協定が成立した。日本はこうして国民党の中央勢力を河北・チャハル両地域から追い出すという目的を達成し、その後の「華北自治運動」と内蒙古工作に対する政治環境を整えていった。国民政府も日本も関係改善を目ざして、日中双方で起草した三原則をめぐって交渉も重ねたが、同年10月7日、日本は華北情勢の変化などを受けて、陸軍の要求に基づく広田三原則を提出し、中国との交渉を打ち切った。こうして日中関係を安定化させようとした試みは、基本的に失敗した[29]。

梅津・何応欽協定、土肥原・秦徳純協定、日中関係の三原則の交渉については、すでに多くの研究があるため、ここではそれらの詳細には触れず、この時期の日中両国が行ったその他の活動について重点的に考えることにしたい。なぜなら、1935年の日中関係が急速に悪化したのはこれらの活動と関係していたからである。

第1に、中国の幣制改革をめぐる国際交渉がある。国際的な経済危機とアメリカの銀政策の影響によって、1933年以降中国の銀流出は深刻化し、中国の財政安定と国民経済の発展にとって大きな脅威となった。中国は、アメリカに対して銀政策の変更を要求し、イギリスに対しては借款を要求した。これに対してイギリスは、自国の利益と国際経済の変化に対応するために幣制改革を支持するようになり、中国への貸し付けを行った。その後アメリカも中国と銀協定の交渉を開始し、1935年11月、銀の売り渡しに関する協議を行った。

中国の幣制改革をめぐる国際交渉の場においても、日本という要素が常に重要な作用を及ぼしていたことは注目に値する。イギリスから〔財政顧問として〕派遣されたリース・ロスは、当初、日中両国に「借款の引き換えに満洲国を承認する」ことを提案したが、中国はこの提案を拒否した。そのためイギリスは、危険を冒してまで中国に単独で貸し付けを行うべきかどうか慎重に判断することになった。もちろん中国は、幣制改革を断固としてやり抜くと表明し、もしポンドの貸し付けがなければ、ポンドを幣制改革の基礎にできないとして、イギリスに強く迫った。

こうして中国は、イギリスからの支援を勝ち取り、幣制改革案を1935年11月に提出した。日本はすぐさま声明を発し、イギリスに対する不満を露わにした。同時期、アメリカは中国の「法幣」がポンド経済に取り込まれることを恐れ、銀の買い付けに関する交渉の開始に同意した。中米間の話し合いも最終的に合意に至り、中国の幣制改革は、英米両国の支持を得て順調に行われた[30]。

対して、同時期の日本はどのような対応を見せたのか。国際連盟から脱退した後の日本は、国際的な孤立を打破するために「反共国際協定」を積極的に締結しようとした。日本は、ドイツや中欧・東欧各国との関係を強化し、イギリスとも関係の強化を目ざした[31]。しかしこの試みは、ヨーロッパの国際関係が複雑化したために、期待したほどの成果をあげられなかった。当時、中国と欧

米諸国との関係は、1933年から1934年にかけての時期と同じように深まりを見せていたが、それと対照的だったのが日本と英米の関係であり、日本は東アジアのなかでますます孤立していった。ただし中国も、財政と戦略の両面において〔欧米各国からの〕支持を得たとはいえ、それでも日本を抑え込むことはできなかった。

これは別の角度から見れば、英米をはじめとするワシントン体制内の大国は、1933年から1935年の日中関係において、その役割を縮小させ、実際の介入の度合いも減退させたということである。〔当然に〕ワシントン体制内の〔他の〕大国も存在感を失っていき、このような状況がさらに明確になると、様々なマイナスの現象が現れ始めた。その1つは、ワシントン体制の脆弱化によって東アジアが事実上の「無秩序」状態に陥り、体制への挑戦を抑止する国際的な力が低下し、衝突が発生する可能性が高まったことである。これは同時に、ワシントン体制の外部にいた大国が力を発揮しうる空間を拡大させた、ということでもある。体制内の国家も、自衛という点で、また外部からの支援という点からしても、体制外部の国家との関係を強化せざるをえなくなった。

2.3　日中とワシントン体制外諸国との関係：1933-1935年

ここで扱うべき内容は、田嶋信雄が詳細に分析している。そのため、ここでは上述の論点に関する事実のみを重点的に補足しておきたい。

まず、この時期は、中独関係が急速に発展した時期だった。その象徴的な事例が、ハンス・フォン・ゼークトの訪中と軍事顧問への就任、クルップの中国における武器工場建設計画、鉱物資源と武器を扱うHAPRO（「合歩楼公司」）の成立、粤漢線をはじめとする鉄道建設だった。こうして中国は、ドイツの助けを借りて国防建設を行った。現在使用可能な史料からすると、各大国は中独関係の進展に対して、日本の顔色をうかがうこともあったが、基本的にはある種放任の態度を採っていた。

他方でドイツはこの時期、フェルディナンド・ハイエを中心とする使節団を介して「満洲国」政府と接触していた。これは何らかの成果を得られたわけではなかったが、ドイツは日中独の三角関係にあって、「満洲国」承認という選択肢を排除していなかったわけである。またドイツは、対中外交と対日外交の

中国　日中全面戦争へ至った国際的要因　331

人員や内容を意図的に重複しないようにした。これは、ドイツが日中独の三角関係において比較的に超越的な地位を維持し、常に自らにとってもっとも有利な選択をできるようにしたからだった（ドイツがそのように考えたのは、主にドイツが直面していたヨーロッパ情勢に起因する）。

　この時期、中ソ関係は、紆余曲折のなかで少しずつ改善し始めた。ソ連は、1933年に中国に対して相互不可侵条約締結を呼びかけた。しかし、この頃の中ソ間には連合抗日の合意がまだなかった。また、同条約の意義は中国から見れば限定的であり、そもそも中国の国民政府はその他の大国との関係強化に向けて動き出していた。そのため、この条約の交渉は成果を得られたわけではなかった。さらにソ連は、中東鉄道の価値が下落したことにより、自らが管理していた鉄道部門を1934年に「満洲国」に売却したため、中国からの反発を買った。〔このように当初の中ソ関係は決して良好だとは評価できないが〕日中間の対立が激化し、ドイツでナチズムの脅威が徐々に高まるなかで、ソ連は極東における安全を確実なものにしたいと考えるようになり、中ソ両国は1935年後半から急速に接近し始めた[32]。

　このようにワシントン体制の外部にいたソ連とドイツは、極東の安全保障や日中間の衝突に介入するようになった。このことが持つ国際的な意味は、複雑だった。なぜなら、ワシントン体制が東アジアにおいて崩壊し、権力に空白地帯が生まれると、ソ連とドイツはそれらの一部を埋め始めた。しかも、ワシントン体制の精神、すなわち大国間の協調によって中国問題などの国際問題を処理し、中国の門戸開放を確保するという精神は、ソ連とドイツの介入によってますます弱まっていった。これは、天秤に分銅が置かれることなく、バランスが消え去ったに等しい。ソ連とドイツが東アジアで影響力を回復したとしても、東アジアにおける国際秩序の崩壊はもはや止められず、日本も中国で有利な立場を採ろうとする野心を自制できなくなった。

　さらに、日中の衝突との関連で中ソ・中独関係について少し補足しておきたい。劣勢に立たされた中国は、ソ連とドイツから直接の支持を取り付けることも可能だったが、ソ連とドイツはいずれも東アジアにおいて自己中心的な立場を採った。ソ連は単に利益を拡大したいだけであり、ドイツは常に自らの利益のためだけに外交を調整した。つまり、後の歴史が証明しているように、ソ連

とドイツは中国にとって頼りになる盟友ではなかった。

3.　風雲急を告げる——「華北の危機」から盧溝橋事件へ：1935‐1937年

3.1　深刻化する「華北の危機」と国際干渉の欠如

　盧溝橋事件以前の華北情勢は、一連の危機によってすでに一触即発の状態にあった。梅津・何応欽協定、土肥原・秦徳純協定が締結された後、「華北自治運動」が現地の日本軍によって支援され、1935年11月25日には、殷汝耕による「冀東防共自治委員会」が成立した。これに対して中国は、強く反発した。たとえば、同時期に開催された国民党第5回全国大会で、蔣介石は対外活動に関する報告を行った際に、日本に対して強硬な姿勢を示した。1936年1月9日、日本陸軍参謀本部は「華北自治運動の変化」を発表し、同月13日、陸軍省は天津駐屯軍に対して「北支処理要綱」に関する指示を出し、外務省の同意も取り付けた。こうして華北分離工作は国策化されたのだった。同年9月から11月には、川越茂・張群会談[6]が開催されたが、日中両国は見解の相違によってほとんど成果を挙げられず、関係改善の機会をまたしても逃した。同年11月には、〔内蒙古の徳王の軍隊と国民党軍が衝突した〕綏遠事件が発生し、日本海軍の陸戦隊が青島に上陸すると、あらゆる局面がすべて悪化していった。そのため、林銑十郎内閣——短命に終わることにはなかったが——の佐藤尚武外相は、1937年前半に華北「自治」の方針を否定しようとした。

　また、佐藤外相は、国民政府に反共協定と軍事同盟に参加するように要求してきた従来の外交方針を取り下げ、かわって〔日中間の〕経済活動を強化しようとした。しかしこれらの試みも、関東軍による強い異論や内地の軍隊による「対支一撃論」によって、成果を得られなかった。その後、中国は1937年6月4日に成立した近衛内閣の第2次広田外交に期待したが、日本は国民政府が受け入れることのできない広田三原則にこだわり続けた。こうして盧溝橋事件発生以前に、日中両国の外交ルートによる関係改善の試みは、いずれも失敗に終わったのだった。

　それでは、華北の危機に対して各大国はどのように対応したのだろうか。ア

メリカは、比較的積極的に関与した。1935年12月5日、ハル国務長官は「冀東防共自治委員会」に対して「華北自治運動」についての声明を発した。同日、イギリスの外相サミュエル・ホーアもこの声明と連動して、華北問題に関する講話を発表した。だからこそある学者は、日中両国はこうした事態を尋常なものではないと感じ、英米両国が日中の衝突に積極的に介入してくるだろうと考えるようになった、と指摘している。

事実アメリカは、中国の金融と財政に対して支援を強化した。アメリカは中国と銀の売り渡しに関する2度目の協議を行い、それを1936年5月に成立させた。その後は西安事変の仲介にも積極的に関与し、1937年前半には、中国に対する借款と銀の売り渡しをさらに強化した[33]。

他方でイギリスは、アメリカとは異なる方針を採った。イギリスはヨーロッパが緊迫した状況下にあったため、アメリカとは違って、中国問題については日本と妥協することを望んだ。〔当然に〕日本は、イギリスに対して、中国における日本の独占的地位を承認させようと、イギリスとの交渉を求めた。つまり日英両国は、それぞれの目的を達成するために、1936年7月から翌年7月までの、盧溝橋事件発生までの1年間に話し合いを行っていた[34]。

ドイツは、この時期にも中国との関係を強化した。HAPRO協議の正式な調印、〔経済相〕ヒャルマル・シャハトが促進した中独貿易の発展、国際資源委員会の3年計画による中独協力、ドイツの中国軍事力の近代化に対する援助などがそうである。しかし、ドイツも〔1936年3月の〕ラインラント進駐によって国際社会で孤立し、防共協定を結ぶために、日本との政治関係を積極的に強化し始めた[35]。

総じていえば、日中間の華北をめぐる危機は激化する一方だったが、主要な大国は、それぞれの思惑によって、日中間の衝突を単独で調停しようとはしなかった。イギリスは、在華権益を守るために日本との妥協を望み、ドイツは、経済的には中国を利用しつつ、政治的には日本を利用した。アメリカは、中立主義のために経済面から中国を支持できただけで、単独で調停を行えなかった。大国にはそれぞれに思うところがあったため、大国による協調など上手くいくはずがなかった。

3.2 極東でのソ連の影響力の急速な高まりとその意味

コミンテルン第7回大会は、ナチス・ドイツの脅威が高まり続けるなか、1935年7月から8月に開かれた。その後ソ連は、中国での国共両党の連合抗日を促進するなど、対外政策を調整し始めた。中国もソ連と協力して、日本に抵抗できる道がないのかを探り始めていた。要するに当時の状況は、かつてソ連との関係修復を図った時期（1932年12月）とは異なっていたのである。中国は、ソ連が日本に付くことを回避するだけでなく、ソ連と協調して日本を抑え込む必要があった。だからこそ中国は、対ソ外交を強化しようとしたのだった。しかし、日本はこの動きに呼応して、1935年以降、中ソの接近を妨害するようになった。たとえば日本は、中国に対して反ソ反共を促し続けた。これに対して中国は、日本の要求をソ連に伝えることで、中ソ関係の強化がなぜ緊急性をもっているのかをソ連に説明した。もちろん当時の中国は、日本とも引き続き交渉を行っており、日本に対しては、ソ連の反応を伝えることで日本の対中政策を改善させようとした。

最終的に、ソ連は対中政策の調整を急いだ。1936年11月25日に日独防共協定が締結され、その後に中国で西安事変が発生すると、ソ連は中国の国共合作を後押しした。さらにソ連は、中国と相互不可侵条約の交渉を進め、戦時下で中国に対して軍事援助を行えるようにした。こうして中ソ両国は、日本の脅威に対抗するために、わずか1年半足らずで同盟を結んだのだった。このような中ソ関係の変化は、当時の東アジアの国際秩序全体に対して、そして、その後の中国の抗戦に対して大きな影響を与えた。とりわけ、日本の孤立が深まったという点は否定し難かった。なぜなら、「華北の危機」が拡大して以来、英米は日本に反対するようになり、そうした状況下で中ソが急速に接近したからだった。そのためこの時点では、日中両国と強い関係を維持していたドイツしか、日中の衝突を調停できる可能性がなくなっていた。

こうした国際関係を中国の側から見れば、次のようにまとめることもできる。すなわち中国は、米英ソ独の4大国から支持を得られたため、外交上は優勢だった。しかし中国は、かえって自らの力を過大に評価してしまい、また、国際的な干渉の効果についても過大に評価するようになった。そのため中国は、日

中国　日中全面戦争へ至った国際的要因　　335

中間で衝突が発生した際に、妥協のタイミングを見失ってしまったのである。

4. 破局——第2次上海事変の発生とトラウトマン和平工作の失敗、および日中全面戦争の始まり：1937-1938年

　ここでは、盧溝橋事件後の各国の反応と国際連盟の対応に主に注目してみたい。その際、日本の中国侵略政策が持っていた連続性や1935年以降の「華北の危機」を視野に収めると、日中間の交渉が行き詰まったこと、第三国による調停が不在だったこと、そして盧溝橋事件が発生したことが、いずれも必然的だったことが分かるだろう。

　必然的といえる理由は、まず事件の発生が、そもそも1936年5月から9月に起こった豊台をめぐる日中の衝突に端を発しているからである。また、日本は事件の発生直後に戦争拡大の方針を採り、1937年7月11日に突如として華北派兵声明を発表して、最終的に拡大派の伸張を許した。これに対して中国は、「国民政府の自衛抗戦に関する声明書」（7月14日）とその後の盧山談話で対応した。8月13日には第2次上海事変が勃発し、全面衝突は避けられないものとなった。

　この間、中国は、国際連盟を含む第三者による調停を積極的に模索していたが、有力な反応を得られなかった。たとえば、中国は7月16日に9ヵ国条約調印国に対して覚書を送付し、日本の行動を批判するとともに、日本の侵略を制止するよう各国に呼びかけた。これに対し、アメリカのハル国務長官は同日、「現在およびこれから発生するすべての敵対的軍事行動は、各国の権利と利益に深刻な影響を与えうる」という声明を発しはしたが、日本への明確な批判を避けた。ちなみにこの声明は、日本を含む西側諸国の賛同を直ちに得ている。

　日本は当初、第三国による介入を明確に拒否していた。しかし、9月以降、戦争が長期化の様相を呈してくると、第三国による「好意的調停」を利用して自らの利益を確保しようする選択肢も視野に入れるようになった。そこで、〔駐日イギリス大使〕ロバート・クレイギーと広田外相は華北の非武装化を主な条件として講和案をそれぞれ中国に提示したが、蔣介石はいずれも拒否した[36]。その後は、国際連盟と9ヵ国条約国会議が9月から11月にかけて原則的な宣

336　　第6章　全面戦争化——国際要因

言を繰り返し発したが、それ以外に実質的な行動はほとんど採られなかった。こうして、ドイツ以外の第三国による調停はすべて失敗に終わった。加えて、国際連盟と9ヵ国条約国会議も十分な対応を採ることができず、ワシントン体制は〔これによって〕正式に崩壊した、といえるだろう。

ただし、調停はとくに進展しなかったものの、主要国は中国を支持する旨を表明していた。そのなかでももっとも積極的だったのはソ連である。ソ連は、1937年8月、日本との貿易を停止し、8月21日には中国と相互不可侵条約を調印した。さらに9月に入ると、中国に対して正式に軍事援助を開始した。この時期、コミンテルンも中国に対して支援を開始した。また、アメリカも積極的に対応し、ローズベルト大統領は9月14日、政府船が日中両国に対して軍需用品を輸出することを禁止すると宣言したが、その際に商船は除外するとして、事実上中国との貿易を可能にした。この対応策は、中国にとっては相対的に有利だった。その後もローズベルトは「防疫演説」（10月5日）を行い、アメリカ国務省も声明（10月6日）を発して、いずれも日本の中国侵略を批判した。そのため、日米関係は急速に悪化していった。さらにイギリスも、盧溝橋事件が発生した後、日本との関係改善に向けた交渉を打ち切った。〔ここで注目すべきは、ドイツの対応である。実はこの時〕ドイツの態度にも変化が生じた。

ドイツは、1937年7月20日に中立を宣言して、引き続き中国への武器輸出を行うと表明した。と同時に、ドイツは同月末に、日本が中国で軍事行動を採ったことで、日本のソ連に対する圧力が弱まっているのではないかと懸念を示すようになった。そのため、ヒトラーは日本の駐ドイツ大使武者小路〔公共〕を呼び寄せ、ドイツは日本の中国侵略を支持しないと伝えた。しかしながら、それにもかかわらず、ヒトラーは同年10月に日本を支持するとの声明を出し、同月18日には中独間の武器貿易と工業貿易に関する交渉を延期した。こうした情勢のなか、広田弘毅は同月21日に〔駐日ドイツ大使〕ヘルベルト・フォン・ディルクセンと会談し、ドイツを中心とする日中間の調停を希望する旨を伝えた。ドイツもこれに同意し、駐華大使トラウトマンが責任者となることが決まった。

日本は、1937年11月5日に内蒙古の「自治」と華北の非武装化を条件として〔中国に対して和平を〕提案したが、蒋介石は受け入れなかった。12月5日、

中国　日中全面戦争へ至った国際的要因　　337

日本軍が南京への侵攻を開始すると、蒋介石は日本の条件を受け入れる意思を示すようになったが、それでも、華北の行政に対する完全な主権の回復を要求した。もちろんこの時点では、日中両国ともに相互の敵対行動が停止されることを望んでおり、日本の和平条件も柔軟に変更される可能性があった。しかし、日本はその後も要求を増やし続け、12月21日の条件には満洲国の正式承認まで含めるようになった。トラウトマンは12月26日、これを孔祥熙〔財政部長〕に伝えたが、〔当然に〕拒否された。1938年1月13日、王寵恵〔外交部長〕はトラウトマンと会談し、日本の条件があまりにも変わっていること、それらの新たな条件の意図と内容を知らせて欲しいことを伝えた。ところが日本は、南京を占領した後の状況下で、同年1月16日に〔第1次〕近衛声明を発し、国民政府を交渉相手としないと宣言した。こうして、トラウトマンは1月18日に調停の失敗を発表した。

　この調停の失敗の要因は多岐にわたっている。戦局が絶えず変化していること、日中両国の指導者が国内の政治圧力にさらされていたこと、日中両国が自国の優勢を確信していたことなどが、調停作業を難航させた。しかし重視されるべきことは、トラウトマンの和平工作が行われた時点で、ドイツは日中のどちらを選択するのか、という状況に直面していたことである。そのためこの調停作業は、実際のところは「調停」という機能を果たしておらず、「〔日中両国のどちらを選択するのかという〕本国からの意思伝達」の意味合いしかもっていなかった。このように考えれば、トラウトマン和平工作が失敗したこと、この時期に日中両国が交渉のテーブルに戻って相互に妥協できなかったことは、決して意外なことではなかった。ワシントン体制の命運はすでに尽き、体制外部の大国もそれぞれの立場を採ったことから、直接衝突していた日中両国は、当時の厳しい国際環境のなかで戦い続けるほかに選択肢を持ち合わせていなかったのである。

結　論

　本論が設定した4つの時期に即して分析してみると、国際的な要因が日中を全面戦争へと向かわせた、ということになる。そうした国際情勢のなかで、日

中両国の関係に絞ってみれば、次の諸点が重要となってくる。

　第1に、満洲事変の勃発からトラウトマン和平工作の失敗までの8年は、日中の緊張が高まり続けた8年であり、極東において、ワシントン体制が力を失って最終的に崩壊した8年だった。これら2つの過程は相互に刺激し合い、相互に影響を及ぼし合っていた。もし我々が日中戦争をめぐる一連の危機を、連続した1つの過程として捉えるならば、この8年のうちの前半の歴史的意味、すなわち国際調停作業が行われた前半の歴史的意味をもっと重視して良いのかもしれない。なぜなら、日中が衝突を回避して戦争を防止できなかったのは、危機そのものが拡大し、関係国の国内政治が複雑化し、さらに国際秩序そのものが弱体化したからであ〔って、国際調停作業そのものが無意味だったわけではないからであ〕る。

　第2に、日中以外の外部の大国は、自らの利害関係に基づいて極東情勢や日中の対立に介入し、日中両国のパワーによる対抗関係や日中両国の国際戦略と地域戦略に影響を与え、さらには東アジアの国際秩序そのものにも影響を与えた。とりわけ、ソ連とドイツが1935年以降の東アジア情勢を複雑化したことは、十分に重視されなければならない。外部勢力の介入は、必ずしも地域の危機を緩和できるわけではないのである。関係国がその切り札を多く持てば持つほど、国際情勢のコントロールは難しくなる。一般論からすれば、安定した局面は、往々にして破局へと向かうのである。

　第3に、国際的な要因が国内化したことも、日中戦争を勃発させた重要な国際要因だった。たしかに、1930年代の日中両国は幅広い国民を政治に参加させる仕組みをもっていなかったが、それでも両国のエリートは国内の競争的な政治環境に置かれており、既存の政治ルールも根本的な変容にさらされていた。政治家たちは、国際情勢の変動を利用して自らの国内における政治的動員力を強化し、人々からの支持を広げる一方で、国際情勢の変動によって批判や失脚の危機にもさらされていた。このため、当時の状況下では、一貫した政策を実現することは難しく、また、妥協によって危機を解決することも難しかった。国内政治における特定の政治力学が、動揺する国際政治の複雑さをさらに増幅させて危機へと向かわせ、その危機が最終的に破局へと向かう可能性を大きくさせた。そのため、〔当時の日中両国の〕政治家は、より高度な政治的叡智と強

靭な政治力を駆使して、〔このような国内政治に〕対応しなければならなかったのである。

---

1 本書もそうした研究成果の1つである。本論は、本書の第2章（国際関係・外交——1920年代）と第5章（全面戦争化——国内要因）ともっとも関係が深い。本論の視角からすれば、第2章が満洲事変の前史として捉えられるだけでなく、本論が論じる国際的要素のすべてが1920年代に現れ始めたことを指摘している。また、第5章は、日中双方が全面戦争へ向かった原因について詳細に議論しており、とりわけ、双方がいかなる動機の下でどのような政策決定を選択したのかを解明している。これらの選択は、本論で扱う国際的要因から影響を受けると同時に、東アジアにおける国際関係に対しても決定的な影響を及ぼしている。

2 これらについての優れた研究として William C. Kirby, *Germany and Republican China*, Stanford: Stanford University Press, 1984（中国語訳は柯偉林著・陳謙平訳『徳国与中華民国』江蘇人民出版社、2006年）や田嶋信雄『ナチス・ドイツと中国国民政府——一九三三－一九三七』東京大学出版会、2013年。楊天石・侯中軍主編『戦時国際関係』社会科学文献出版社、2011年。Christopher Thorne, *The Limits of Foreign Policy: The West*, the League and the Far Eastern Crisis of 1931-1933, New York: G. P. Putnam's Sons, 1972 などがある。

3 これについては、酒井哲哉『大正デモクラシー体制の崩壊——内政と外交』東京大学出版会、1992年を参照。

4 本論で扱う8年間に、日本の内閣は7回交代したが、1935年末から1937年までの1年半に限っていえば、内閣が3度も交代した。このような政治変動が日中関係の悪化に与えた影響については、検討しなければならない。

5 鹿錫俊「満洲事変と日中紛争」川島真・服部龍二編『東アジア国際政治史』名古屋大学出版会、2007年、150頁。

6 北岡伸一『日本政治史——外交と権力』有斐閣、2011年。

7 筒井清忠『満州事変はなぜ起きたのか』中央公論新社、2015年、121-123頁。

8 これは、1928年4月の第2次山東出兵後の田中外交に顕著に表れている。田中外交は、国民政府の革命外交に有効に対応したとはいえず、幣原外交の対英米協調路線とも距離があったため、1920年代末の世界の対中外交において日本を孤立に向かわせた。と同時に、田中外交は、中国の統一を形式的に果たすことになる国民政府が列強と効果的に協調する道も閉ざした。中国の革命外交と日本の田中外交については、服部龍二『東アジア国際環境の変動と日本外交1918〜1931』有斐閣、2001年、222頁を参照。

9 王栄霞『英国和日本在華関係（1925〜1931）』東方出版中心、2011年を参照。

10 王琪編『従中立到結盟——抗戦時期美国対華政策』広西師範大学出版社、1996年、22-32頁。

11 劉維開ほか『中華民国専題史——国民政府執政与対美関係』第5巻、南京大学出版社、2015年、321頁。

12 Kirby, *op. cit.*, pp.41-77、馬振犢・戚如高『友乎？敵乎？徳国与中国抗戦』広西師範大学出版社、1997年、13 - 33頁。

13 川田稔『昭和陸軍の軌跡――永田鉄山の構想とその分岐』中央公論新社、2011年。

14 これらは、理屈だけでなく実際の行動となって現れてもいる。たとえば、日本陸軍参謀本部第二部が1931年6月に起草した「満洲問題解決方策大綱」や、陸軍省が1930年末に幣原喜重郎に提出した「満洲鉄道問題について」は、いずれも幣原の協調外交から離れた、いわば二重外交の様相を帯びたものであった。北岡伸一『政党から軍部へ――1924〜1941』中央公論新社、1999年を参照。

15 加藤陽子『満州事変から日中戦争へ』岩波書店、2007年、64 - 104頁。

16 北岡、前掲書、1999年、184 - 184頁。

17 井上寿一『戦前日本の「グローバリズム」――一九三〇年代の教訓』新潮社、2011年、102 - 103頁。

18 王琪、前掲書、33 - 34頁。

19 徐藍『英国与中日戦争――1931〜1941』首都師範大学出版社、2010年、35 - 36頁。

20 羅志剛『中蘇外交関係研究――1931〜1945』武漢大学出版社、1999年、19 - 30頁。

21 徐、前掲書、37 - 47頁。

22 羅、前掲書、64 - 68頁。

23 入江昭（篠原初枝訳）『太平洋戦争の起源』東京大学出版会、1991年、17頁。

24 鹿、前掲書、145 - 146頁。経済的な支援とは、ドイツの影響下での工業戦略の調整などである（Kirby, *op. cit.*, pp.89-112）。

25 郭岱君編『重探抗戦史――従抗日大戦略的形成到武漢会戦（1931 - 1938)』第1巻、聯経出版事業、2015年、161 - 168頁。

26 酒井、前掲書、58 - 62頁。

27 戸部良一・臧運祜「満洲事変から盧溝橋事件まで」北岡伸一・歩平編『「日中歴史共同研究」報告書』第2巻、勉誠出版、2014年、237 - 274頁。

28 徐、前掲書、53 - 66頁。

29 臧運祜「抗戦前夕的中日国交談判述論」楊天石・侯中軍編『戦時国際関係』社会科学文献出版社、2011年、96 - 110頁。

30 徐、前掲書、71 - 83頁。王琪、前掲書、97 - 116頁。

31 百瀬宏「新興東欧諸小国と日本」入江昭・有賀貞編『戦間期の日本外交』東京大学出版会、1984年、65 - 97頁。

32 羅、前掲書、53 - 71頁。

33 王琪、前掲書、111 - 135頁。

34 徐、前掲書、91 - 103頁。

35 馬・威、前掲書を参照。

36 波多野澄雄・庄司潤一郎「日中戦争――日本軍の侵略と中国の抗戦」北岡ほか編、前掲書、319 - 357頁。

訳者注

〔1〕 日本が1936年1月に発表した日中関係に関する三原則であり、中国に対して排日言動の取り締まりや満洲国成立の黙認、共同防共を求める内容である。

〔2〕 殷汝耕などが、日本の後ろ盾の下に、現在の河北省に建てた政権である。1938年に

北京の中華民国臨時政府に合流して解消された。

〔3〕 1927年10月15日に満鉄総裁山本条太郎と張作霖の間で結ばれた協約。東北における鉄道建設について定めた。

〔4〕 スティムソン・ドクトリンに基づいて、中国の主権を侵害するあらゆる条約と協定を承認しないという方針。

〔5〕 中国がアメリカから5,000万ドルの借款を受け、それによってアメリカから綿花・小麦を購入した。購入した綿花・小麦は中国国内で販売され、その利益が中国の国内事業に使われた。

〔6〕 駐中国日本大使である川越茂と、中華民国外交部長である張群との間で行われた会談。日中関係について話し合われた。

結　び

中村元哉（津田塾大学）

　日中戦争が終結して「戦後」と呼ばれる時代が日本と中国に到来してから、すでに70年以上もの月日が流れた。「戦後」が始まった1945年から、日中両国には正式な国交関係がしばらくなかったが、その不正常な状態にピリオドが打たれたのは1972年のことだった。つまり、「戦後」の日中関係は、正常な状態のほうが圧倒的に長いわけである。しかし、それにもかかわらず、日中両国には歴史認識問題と呼ばれる、いわゆる20世紀前半の日本の対中侵略とその責任論をめぐる見解の相違が少なからず存在し、日中両国の政治、外交、社会がしばしば揺さぶられる事態となっている。

　もちろん、日中の双方は、客観性と冷静さが求められる学術交流の場において、この問題の解決に向けて対話を続けてきた。今世紀に入ってからの国際共同研究の一部に絞ったとしても、『「日中歴史共同研究」報告書』全2巻（北岡伸一・歩平編、勉誠出版、2014年）を筆頭に、『日中戦争の国際共同研究』全6巻（山田辰雄・波多野澄雄・平野健一郎・久保亨ほか編、慶應義塾大学出版会、2006‐2017年）、『国境を越える歴史認識——日中対話の試み』（劉傑・三谷博・楊大慶編、東京大学出版会、2006年）、『1945年の歴史認識——〈終戦〉をめぐる日中対話の試み』（劉傑・川島真編、東京大学出版会、2009年）、『対立と共存の歴史認識——日中関係150年』（劉傑・川島真編、東京大学出版会、2013年）などの成果が、日中英の3言語を中心にして、日中両国および英語圏において発信されてきた。これらの取り組みは民間の研究者や団体によっても支えられ、日本の場合では、たとえば笹川平和財団（于展氏・小林義之氏が主たる事業担当者）の御尽力のもとで継続し発展してきたのである。本書も、同財団からの支援を

受けている。

　これらの地道な取り組みが明らかにしたことは、歴史事実として認識を一致させること、あるいは、その認識を限りなく近づけることは可能かもしれないが、他方で、歴史学や政治学の科学的方法論を用いてもなお歴史事実の解釈をすべて一致させられるわけではない、ということだった。だからこそ、歴史認識問題は、日中両国の、とりわけそれぞれの社会においてたびたび争点化されてきた。「戦後」生まれの親をもつ日本人が戦争責任と向き合って謝罪の意思を引き継いだとしても、その謝罪が永遠に続きそうな現実に対して徒労感を覚え、そうした日本側の態度が心のこもった反省ではないという反発を中国側から招いているのだろう。

　しかしながら、「歴史事実の解釈をすべて一致させることは相当に困難だ」ということを出発点として、「むしろ重要なのは、日中両国の人々がその解釈の異同の中身を多角的に知ろうとする姿勢だ」と考えてみてはどうだろうか。もしかしたら不一致の幅は日中の人々がそれぞれに想像するよりもはるかに狭く、その不一致は日中両国の時々の諸情勢を反映して変化するかもしれないと理解できれば、双方が過度に中傷しあって誤解を増幅するような事態は避けられるのかもしれない。もしこうした姿勢が日中両国の社会にとって有益だとすれば、今こそ日中双方の有識者はその役割を積極的に担うべきではないだろうか。本書は、そうした信念を実践するために編集されたわけである。

　ただし、無用な誤解を避けるために断っておきたいことがある。それは、このような姿勢が日本の一部に見られる戦争責任を否定する議論や中国の一部に見られる不健全な中華ナショナリズム論を助長させるわけではない、ということである。そう言い切れる理由は、さきに指摘した数多くの国際共同研究も、そして本書も、それらのいずれの立場にも立っていないからである。

　それでは、本書は上述の信念をどのように日中両国の社会に示そうとしたのか。いわずもがな、読者の方々が本書全体を読めば、とりわけ日中双方の代表研究者が執筆した「総括報告」を精読すれば、直ちに理解して下さることだろう。本書は、日中戦争へと至った過程を、一つ一つの歴史事実を紐解き、それらを積み重ねる実証的な研究手法を重視しながらも、個々の歴史事実を日中両国の構造的要因や国際秩序のあり方と関連させながら、総合的に説明しようと

している。なぜなら、日中双方が、解釈の相違を生み出す歴史的諸条件を構造や秩序の観点から整理できれば、相手がなぜそのように解釈するのかを理解できるからである。本書に即して具体的に述べれば、次のようになる。すなわち、日中双方の研究者は、近代西洋を中心とする19世紀半ば以降のグローバル化がその後の日中両国の近代化にどのような影響を与え、そのことが日中両国の政治や経済、文化のあり方をどのように特徴づけたのか——ここに優劣関係はない——を説明した。と同時に、それらの総和として表出される、いわば近代化をめぐる日中双方の論理が、日中関係を含む国際秩序とどのように共鳴し衝突したのかを説明した。こうして本書は、日中戦争へと至った原因と背景を、日中双方の立場から、総合的に分析したわけである。この点こそが、本書のもつ最大の特徴と意義である。だからこそ本書は、時空を超えて、たとえば、両国関係をつなぎとめようとする穏健な勢力がどのような条件下で劣勢に立たされるのか、国家間の対立がなぜ決定的になってしまうのかといった普遍的な問いかけに対しても、示唆に富む内容となっている。

　最後に強調しておかなければならないことがある。それは、もし本書の試みが成功しているのだとすれば、日中双方の有識者が次に取り組むべき課題は明白になった、ということである。その課題は、少なくとも2つある。

　第1の課題は、近代以来の日中両国のそれぞれの構造的特質を、日本の日本近現代史研究者と中国の中国近現代史研究者の直接対話によって、より正確に理解しあうことである。そうできれば、日中両国の社会はお互いの国内要因を冷静に見定め、それが一因ともなって日中の対立が引き起こされたことを、今以上に客観的に知れるだろう。

　第2の課題は、日中両国の社会が「戦後」の日本、中国、および日中関係に対する理解を深めることである。日中間で「戦後」の理解を深めることは少なからぬ忍耐をともなうが、その忍耐がどのような性質のものなのかも含めて対話を促進できれば、日中両国が「戦前」と「戦中」の何を放棄して何を継承しながら「戦後」をスタートさせたのか、そして、その「戦後」をどのように積み上げて現在に至っているのかを、今以上に構造と秩序の観点から把握できるだろう。

　私たちが本書の次に取り組むべき課題は、もちろん後者である。そうして

70年以上続いている「戦後」と呼ばれる時代の日中関係を総括し、そろそろ次の段階へと歩みを進めたいと考えている。

　最後に、中央公論新社の胡逸高氏と校閲者が本書全体を隅々まで丁寧に編集、校正して下さったことに深く感謝申し上げたい。本書の明快さと正確さが保証されてこそ、初めて本書を通じた日中の相互理解が進むはずである。今後も民間出版社からの御理解と御支援を賜れれば幸いである。

関連年表

年	日　本	中国（清国-1911、中華民国1912-）
1840		1月　アヘン戦争（-1842年）
1851		1月　太平天国の乱（-1864年）
1856		10月　アロー戦争（-1860年）
1861		11月　同治帝即位（-1874年、同治中興）
1862	6月　幕府船千歳丸、上海入港	
1868	1月　明治維新	
1871	9月　日清修好条規・通商協定締結	
1974	5月　日本、台湾出兵	
1878	上海の石炭輸入総額中、日本石炭が69.7％を占める	
1879	4月　琉球処分	
1880	2月　横浜正金銀行開業	
1884	12月　甲申政変下のソウルで日清軍交戦	
1894	8月　日清戦争（-1895年）	
1895	4月　下関条約調印、露仏独の三国干渉	
		5月　変法運動（-1898年）
1896	7月　日清通商航海条約調印	
1898		9月　戊戌の政変
1900		6月　義和団事件（-1901年）
1901	5月　上海に東亜同文書院設立	
		9月　独露米英仏日など11ヵ国と北京議定書（辛丑条約）を締結
1902	1月　第1次日英同盟	
1904	2月　日露戦争（-1905年）	
1905	7月　桂・タフト協定 8月　第2次日英同盟	
	8月　孫文ら、東京で中国革命同盟会結成	
	9月　ポーツマス条約調印	9月　科挙を廃止
1906	11月　南満洲鉄道株式会社設立	

年	日　本	中国（清国−1911、中華民国1912−）
1907	6月　日仏協定	
1908	11月　高平・ルート協定	
1909	生糸輸出量、日本が中国を抜いて世界第1位となる	
1911	7月　第3次日英同盟	10月　湖北省武昌新軍の蜂起（辛亥革命）
	10月　内外綿株式会社、上海支店を開設（在華紡進出）	
1912		1月　中華民国成立（北京政府）
1913	10月　中華民国を承認	
1914	7月　孫文、東京で中華革命党を組織 7月　第1次世界大戦勃発（−1918年）	
1915	1月　日本、21ヵ条要求提出	
1917	11月　ロシア革命	
	11月　石井・ランシング協定	
1919	1月　パリ講和会議	
		5月　五・四運動 10月　中国国民党成立
1920	10月　日米英仏による新四国借款団結成	
1921	ワシントン会議（−1922年）	
		5月　中独条約調印 7月　中国共産党成立
1923	3月　対支文化事業特別会計法公布	5月　山東省臨城駅で外国人客が乗った急行列車襲撃（臨城事件）
1924		1月　第1次国共合作（−1927年）
	2月　日中文化協定（出淵・汪協定）	
1925		5月　五・三〇事件 10月　北京関税特別会議開催
1926		7月　蔣介石率いる国民革命軍、北伐開始
1927	3月　南京で諸外国の領事館や居留民が襲撃される（南京事件）	
		4月　蔣介石、南京国民政府を樹立
	5月　日本、第1次山東出兵	

年	日　本	中国（清国-1911、中華民国1912-）
1928	4月　日本、第2次山東出兵 5月　日本軍と国民革命政府軍が衝突（済南事件） 6月　張作霖爆殺、国民革命軍北京入城（北伐完了）	12月　張学良が南京国民政府に帰順 　　　（易幟）
1929	10月　ニューヨーク株式市場大暴落、世界恐慌始まる	
1930	1月　ロンドン海軍軍縮会議 5月　日本、条件つきで中国の関税自主権を承認（日中関税協定）	5月　国際連盟知的協力委員会に中国委員が誕生 9月　軍閥との内戦（中原大戦）
	11月　日本に漢口租界の返還を要求（革命外交）	12月　英米仏などに治外法権の撤廃を期限付きで要求
1931	9月　関東軍が柳条湖の満鉄路線を爆破、これを口実に総攻撃を開始（満洲事変） 10月　錦州爆撃 12月　国際連盟、満洲事変への調査委員会を設置	
1932	1月　スティムソン・ドクトリン通告／上海で日本海軍と中国軍が交戦（第1次上海事変）	
	5月　五・一五事件 9月　日満議定書調印、満洲国承認	3月　満洲国建国宣言
	10月　リットン調査団の報告書公表	
1933	1月　関東軍が山海関を占領	
	3月　国際連盟脱退を通告	
	5月　塘沽停戦協定 9月　日満文化協会発足	
1934	4月　国際文化振興会が認可	
1935	6月　梅津・何応欽協定、土肥原・秦徳純協定 10月　中国経済視察団来訪（呉鼎昌団長）	
		11月　幣制改革実施 12月　北平で華北自治反対の学生運動（一二・九運動）

関連年表　　349

年	日　本	中国（清国–1911、中華民国1912–）
1936	1月　日華貿易協会・中日貿易協会発足	
	2月　二・二六事件 11月　日独防共協定調印	4月　中独条約調印 5月　内蒙古自治政府樹立 11月　内蒙軍、綏遠省で傅作義軍に大敗（綏遠事件） 12月　張学良、蔣介石を拘禁（西安事変）
1937	3月　経済使節団訪中（児玉謙次団長） 7月　盧溝橋で日中両軍衝突（日中戦争） 8月　上海で日中両軍交戦開始（第2次上海事変）	
		8月　中ソ不可侵条約調印 9月　第2次国共合作成立 11月　重慶に遷都を宣言
	12月　日本軍南京を占領	
1938	12月　興亜院設置	6月　独駐華大使トラウトマン召還
1939	9月　第2次世界大戦勃発（–1945年）	
1940		3月　南京に汪精衛の中華民国国民政府樹立
1941	12月　ハワイ真珠湾空襲、対米英宣戦布告	
1944	1月　大陸打通作戦を命令	
1945	6月　秋田県花岡鉱山で中国人労働者が蜂起（花岡事件）	
	8月　ポツダム宣言受諾を決定 9月　降伏文書調印	

索　引

人名索引

［あ　行］

アトリー	163〜165, 177
天羽英二	328
有田八郎	152, 209, 291
石射猪太郎	219, 221
石井寛治	165, 167, 168, 173
石橋湛山	14, 15, 29, 134, 166
犬養毅	214, 270, 296, 297
ウィルソン	5, 17, 38, 59, 95, 97, 98, 106〜109, 128, 129, 131, 132, 206, 222
ヴェッツェル	305
宇垣一成	220, 221, 263, 264, 319
閻錫山	259〜261, 287
袁世凱	39, 40, 57〜59, 86, 126, 282
小幡酉吉	16
王正廷	95, 101, 208, 237, 238
汪栄宝	208, 209, 223, 233, 236〜238
汪精衛（汪兆銘）	18, 21, 146, 150, 258, 260, 266〜269, 271, 272, 276, 289, 294, 319
岡部長景	208, 215
岡村寧次	263, 268, 269

［か　行］

川越茂	192, 290, 292, 333
クリーベル	305
クレイギー	336
ゲーリング	309, 310, 312
慶親王	58
小村欣一	205〜207, 222
胡漢民	209, 258, 260, 261, 266, 273, 276
顧維鈞	37, 95, 96, 101, 106, 131, 294
児玉謙次	147, 149〜153, 155〜158, 192
呉鼎昌	147, 149, 151, 152, 154, 155, 158

後藤新平	23, 206, 231, 236, 242
孔祥熙	269, 309, 319, 338
黄郛	208, 268, 271, 276, 289, 295
康有為	56

［さ　行］

佐藤尚武	24, 28, 154, 157, 275, 277, 292, 333
西園寺公望	60, 270, 277
シャハト	306, 313, 334
施肇基	95
重光葵	19, 24, 105, 134, 208〜210, 318, 328, 329
幣原喜重郎	18〜20, 23, 24, 26, 29, 104, 134, 208〜210, 223, 225, 263, 264, 266, 269, 270, 286, 322
朱念祖	233, 238
徐世昌	125
周作民	147, 149, 150, 152, 155, 158
蔣介石	18, 21, 23, 28, 57, 84, 86, 146, 149, 153, 155, 164, 209, 236, 258〜262, 265〜269, 271〜273, 275〜277, 287, 289, 294, 295, 304, 305, 307, 310, 312, 313, 319, 320, 322, 323, 327, 333, 336〜338
邵元冲	149
蔣作賓	147
章宗祥	231
沈瑞麟	233, 240
スターリン	307, 310
スティムソン	269, 305, 324, 325
須磨弥吉郎	147, 149
杉村陽太郎	110
ゼークト	304, 306, 331
宋子文	105, 209, 267, 269, 294, 328

351

宋哲元	216,
261, 267, 268, 271 〜 273, 275, 276, 296	
宋美齢	164
曹汝霖	231
孫科	237, 260, 266, 294
孫文	15, 27, 35, 40, 57, 59, 60,
86, 121, 133, 259, 260, 276, 304, 305, 312	

［た 行］

田中義一	18, 262〜264, 270, 284
高橋是清	170, 172, 178, 270
谷正之	209
段祺瑞	232, 273
端方	56
チァーノ	308
チェンバレン	311
張学良	19, 210, 259〜262, 265
〜 268, 273, 276, 285, 287, 294, 295, 322	
張群	192, 258, 272, 295
張作霖	19,
84, 134, 210, 259, 261, 263, 283〜285, 322	
張之洞	56, 57
陳延齢	233
出淵勝次	233
トラウトマン	312, 314, 337, 338
唐紹儀	125
唐有壬	258, 266, 268, 271, 272, 289, 294
豊臣秀吉	48

［な 行］

名和統一	164, 178
西原亀三	190, 231
ノーマン	165, 177
ノックス	125

［は 行］

ハル	334, 336
バウアー	305
林権助	206, 207, 231
原朗	166, 172
ヒトラー	303, 305, 307, 308, 310〜313, 337
広田弘毅	149, 270, 271, 275,
289 〜 292, 296, 318, 328, 329, 336, 337	
ブロムベルク	309〜311
馮玉祥	259〜261, 268, 271, 287
福沢諭吉	49
船田中	219, 221
船津辰一郎	155, 245
ペリー	53

［ま・や行］

マルクス	162
牧野伸顕	108
ムソリーニ	308
山県有朋	60〜62
山田盛太郎	163, 165
芳沢謙吉	233, 240

［ら・わ行］

リッベントロップ	303, 311〜313
陸徴祥	131
李鴻章	55
梁啓超	56, 101
林康侯	150
レーニン	129, 163
黎元洪	58
ロイド=ジョージ	131
ローズベルト	310, 328, 337
若槻礼次郎	20

事項索引

［あ 行］

アヘン　　　　　　　　50, 52, 297
アヘン戦争　　51, 52, 54, 77, 102, 120, 122
天羽声明　　　27, 290, 318, 328, 329
石井・ランシング協定
　　　　　　37, 130, 132, 190, 321
一二・九運動　　　　　　22, 150
「一面抵抗、一面交渉」　267, 268, 327
一夕会　　263, 264, 268〜270, 274
以党治国　　　　　258, 269, 275
委任統治　　　　　　　　92, 93
梅津・何応欽協定
　147, 149, 216, 271, 297, 318, 329, 330, 333
英独海軍協定　　　　　306, 313

［か 行］

科挙　　　　　　　　　　54, 57
華僑　　　　　　　　　　　50
華北経済提携　　　　　273, 275
華北分離工作　　　　　22, 217,
　223, 224, 271, 272, 274, 276, 288, 318, 333
革命外交　　18, 19, 37, 100, 103, 105, 129,
　133, 135, 209〜211, 223〜226, 236, 322
隔離演説　　　　　　　　310
桂・タフト協定　　　　123, 130
関税自主権
　　　　17〜19, 25, 28, 100, 102, 103, 105,
　109, 142, 146, 191, 208, 225, 304, 321, 322
関東州　　　　　61, 99, 175, 281
関東軍　　　　　　14, 20〜22,
　84, 111, 134, 146, 168, 195, 216, 263〜269,
　271, 272, 276, 281, 282, 285〜287, 290, 297,
　298, 305, 313, 320, 323〜326, 329, 333
冀察政務委員会　　272, 274, 296
冀東防共自治政府　　　273, 318
冀東密貿易　　　28, 153, 155〜157
九・一八事変→満州事変を見よ

9ヵ国条約　　　　　　　17,
　18, 23, 26, 38, 100, 131, 132, 136, 191, 197,
　222, 283, 303, 310, 321, 326, 329, 336, 337
共産党→中国共産党を見よ
義和団事件　　　　　　97, 124
義和団事件賠償金（団匪賠償金）　28, 101,
　206〜208, 229〜232, 234〜237, 242, 245
錦州爆撃　　　　　　　　20
金本位制　　　　170, 186〜188
銀　　　　　　　　　　　19,
　25, 47〜49, 51〜53, 80, 187, 192, 330, 334
銀本位制　　　　　25, 187, 188
軍需工業　　　　33, 142, 164, 186
訓政時期約法　　　　　　261
憲政の常道　　　　　262, 270
憲法大綱　　　　　　　　58
興亜院　　　　　220, 221, 224
香河自治運動　　　　　　272
工業生産指数　　　　　　141
講座派　　　　　163〜166, 177
甲申政変　　　　　　　　60
江南製造総局　　　　　　55
国際文化振興会　　　　　214
国際連盟　　16, 20, 24〜27, 29, 37, 38,
　92, 93, 97, 105, 106, 108, 110, 116, 128〜
　130, 133, 134, 146, 197, 212, 213, 265, 305,
　306, 318, 320, 324〜328, 330, 336, 337
国際連盟知的協力委員会（ICIC）　212, 213
国民革命
　　　　18, 26, 35, 133, 187, 284, 321, 322
国民政府→中華民国国民政府を見よ
国民党→中国国民党を見よ
コミンテルン
　119, 121, 129, 133, 304, 307, 312, 335, 337
児玉使節団　　　29, 154, 158, 192
民族主義→ナショナリズムを見よ
国権回収（国権回復）　　15〜18, 20,
　23, 24, 28, 29, 61, 103〜107, 130, 209, 210

索　引　353

(第1次)近衛声明　218, 220, 221, 320, 338
五・一五事件　　　　　21, 258, 270
五・三〇事件　　　　18, 24, 104
五・四運動　5, 16, 34, 94, 96, 130, 283, 303
後藤・ヨッフェ会談　　　　　23

［さ 行］

鎖国　　　32, 47, 48, 50, 53, 120
山海関事件　　　　　267, 288, 297
山東　5, 15, 16, 18, 84, 93〜98, 106〜109,
　126, 127, 130 〜 132, 190, 191, 194 〜 196,
　198, 207, 216, 259, 273, 282, 283, 295, 303
山東出兵　　　　　　18, 27, 40,
　104, 107, 207, 235, 244, 250, 284, 285, 322
済南事件（済南事変）　　　　18, 19, 25,
　27, 28, 40, 41, 84, 103, 107, 134, 142, 143,
　207, 208, 215, 223, 235, 244, 250, 285, 322
在華紡　142, 144, 155, 169, 171, 176, 177
財閥　　70, 82, 103, 165, 186, 198
諮議局　　　　　　　　　　58
資源委員会　　　　142, 306, 334
資源志向型　　　　167〜169, 176, 177
資本輸出　　171, 172, 177, 184, 196
市場志向型　　　　167〜169, 177, 178
下関条約　32, 36, 121, 169, 190, 281
上海　104, 144, 147, 150, 152, 154〜156,
　158, 164, 176, 183, 188, 192, 195, 209, 233,
　235, 238, 239, 241, 288, 293, 294, 305, 326
上海自然科学研究所　　　229, 235
修約外交（条約修正外交）
　17, 18, 37, 100, 103, 130, 133
殖産興業　　　　　　　54, 75
植民地　　　32, 38, 39, 66, 82, 83, 92,
　93, 105, 109, 118, 121〜124, 126, 128〜130,
　166, 170 〜 172, 174 〜 176, 184 〜 187, 193
　〜 196, 198, 211, 212, 219, 242, 293, 311
辛亥革命　15, 34, 40, 58, 86, 122, 197
新外交　　　　　　　　17, 95,
　97, 98, 100, 106, 109, 204, 206, 221 〜 223
新軍　　　　　　　　　57, 58

新興財閥　　　　　　　　171
新四国借款団　23, 98〜100, 191, 222
清朝　　　　34, 39, 46, 47, 49〜61,
　85, 119〜123, 125, 135, 194, 214, 281, 282
14ヵ条の原則→平和に関する14ヵ条の原則
　を見よ
スターリング・ブロック　　　25
スティムソン・ドクトリン　　20, 325
スペイン内戦　　　308, 310, 313
綏遠事件　21, 157, 288, 292, 333
世界恐慌　　　　　19, 20, 29, 80,
　134, 161, 167, 170, 183, 187, 193, 198, 327
西安事変　273, 292, 295, 334, 335
政友会　　　21, 262〜264, 270
勢力圏（勢力範囲）　　　17, 22,
　23, 36, 42, 94, 95, 97 〜 100, 104, 109, 118,
　122, 123, 126, 131, 171, 184, 185, 282, 297
戦争違法化　　　　　　26, 109
全国商会連合会　　　　　　150
ソフト・パワー　　205, 222, 223
ソ連軍事顧問団　　　　305, 312

［た 行］

対支文化事業→東方文化事業を見よ
（東方文化事業）対支文化事業特別会計法
　207, 232, 234, 237, 240, 245, 249
（東方文化事業外務省）対支文化事業部
　210〜215, 217, 218,
　220, 223, 224, 233, 236, 238, 240, 247, 248
田中上奏文　　　　　　　284
対中投資　　144, 194, 195, 205
対満文化事業　　　　215, 236
『大公報』　　　　　　　　150
第1次上海事変　20, 266, 267, 326
第1次世界大戦　5, 15, 17, 18, 26, 28,
　36, 38, 39, 60, 78, 79, 92, 93, 95 〜 98, 100,
　101, 108, 116, 118, 119, 121, 126〜128, 130,
　141, 142, 166, 169 〜 171, 177, 178, 185
　〜 187, 190, 193 〜 195, 198, 204, 205, 212,
　221, 231, 245, 282, 283, 303, 310, 321, 324

第2次上海事変　309, 319, 320, 336
第2次世界大戦　3〜5,
　15, 83, 93, 129, 134, 142, 276, 281, 310
高橋財政　170〜173, 177
高平・ルート協定　125, 130
塘沽停戦協定（塘沽協定）　21, 28, 146, 191,
　216, 268, 272, 288, 290, 297, 318, 327, 328
治外法権　28, 95, 97, 100,
　103, 105, 109, 119, 136, 191, 209, 225, 303
中華人民共和国（人民共和国）　175, 189
中華民国（民国）
　　　　　27, 37, 39, 59, 122, 126, 135, 176, 188,
　193, 194, 197, 230, 245, 271, 282, 285, 323
中華民国国民政府（南京国民政府）
　　　　　　　　　　18〜22, 25〜28,
　41, 84〜86, 133, 146, 150, 168, 191, 192,
　196, 208〜210, 213, 223, 225, 226, 233,
　236, 237, 244, 248〜250, 259〜261, 264,
　268, 269, 275, 285, 287, 289, 290, 294〜
　296, 303, 306, 308, 309, 312〜314, 319,
　322, 323, 326, 328, 329, 332, 333, 336, 338
中華民国北京政府
　　　　　15〜18, 29, 85, 95, 101〜103, 107,
　130, 132, 133, 191, 212, 213, 225, 235, 241,
　259, 261, 271, 273, 282〜285, 303〜305
中原大戦　209, 260, 261, 287, 305
中国共産党（共産党）
　　　　　　　　18, 21, 24, 38, 103, 121,
　129, 133, 258, 261, 273, 275, 287, 307, 313
中国国民党（国民党）　18, 19,
　27, 35, 37, 38, 40, 59, 86, 100, 103, 105,
　107, 110, 121, 133, 142, 143, 146, 149, 157,
　209, 216, 233, 235, 236, 250, 258〜261,
　263, 266, 268, 269, 271, 273〜276, 287, 291,
　294, 295, 303, 304, 312, 313, 319, 329, 333
中国同盟会　57
中ソ不可侵条約　309, 319
中ソ紛争　110, 323
中独条約（1921年5月）　303, 304
中独条約（1936年4月）　29, 306, 313

中日貿易協会　28, 150, 152, 157
張作霖爆殺事件　263, 284, 285, 322
鄭家屯事件　282
帝国主義　16〜18, 23,
　24, 37〜39, 41, 42, 81, 85, 86, 92, 98, 104,
　118, 119, 121, 129, 131, 133〜135, 163,
　166〜168, 176, 177, 185, 186, 189, 196,
　197, 206, 211, 212, 222, 223, 236, 248, 323
天皇　41, 53, 54, 56, 262, 264, 277, 297
出淵・汪協定（日中文化協定）　28,
　207, 232〜237, 239〜241, 246, 248, 250
トラウトマン和平工作
　　　　　218, 317, 319, 320, 338, 339
東亜モンロー主義　27
東方文化事業（対支文化事業）
　　　　　　　　　　28, 40, 41, 204,
　207, 208, 210〜214, 217〜226, 229〜250
東方文化事業総委員会
　　　　　207, 217, 229, 234〜237, 240〜242
東北
　19, 48, 116, 121, 124, 125, 134, 135, 142,
　144, 146, 183, 191, 193〜195, 214, 259
　〜262, 265〜269, 271, 273, 275, 276, 281,
　283, 285〜287, 297, 320〜324, 326, 327
特政会　273
ドイツ軍事顧問団
　　　　　305, 306, 308, 309, 313, 314
土肥原・秦徳純協定
　　　　　147, 216, 271, 318, 329, 330, 333
銅　48, 49
独占資本　34, 85, 86, 184〜186, 198

[　な　行　]

ナショナリズム（民族主義）　5, 16,
　19, 24, 25, 27, 29, 34, 35, 37, 38, 42, 54, 94,
　104, 132, 134, 167, 198, 272, 322, 324, 344
南京国民政府→中華民国国民政府を見よ
南京事件（1927年）　18, 103, 104, 322
南京条約　119
西原借款　102, 190, 282

索引　355

（対華）21ヵ条要求　14〜16, 26, 36, 60, 61, 93 〜 96, 99, 126, 127, 130, 189, 190, 194, 198, 206, 211, 231, 240, 282, 321
日英同盟　93, 123, 126, 131, 135
日独防共協定　308, 313, 335
日仏協定　123
日満文化協会　215
日露戦争　22, 36, 60, 61, 81〜83, 120, 121, 124, 125, 169, 178, 193, 194, 198, 281, 320, 322
日華実業協会　150
日清戦争　26, 32, 55, 56, 60, 79, 81, 82, 85, 120, 121, 155, 187, 194, 198, 281, 320
日中戦争　4, 5, 15, 29, 31, 57, 81, 82, 87, 124, 140, 161, 162, 165, 168, 170, 171, 173, 175〜179, 183, 196 〜 198, 214, 258, 268, 275, 279 〜 281, 288, 302, 303, 309 〜 313, 339, 343 〜 345
日中ソ提携　23
日中文化協定→出渕・汪協定を見よ
日本経済連盟会　150
日本対支文化事業留学生学費補助分配辦法　246, 247, 249
日本品ボイコット　25, 142, 143
二・二六事件　172, 178, 259, 274, 291, 296, 319

［は 行］

八一宣言　307
パブリック・ディプロマシー　213
パリ講和会議　16, 37, 94〜98, 100, 101, 104, 106, 107, 121, 130 〜 132, 191, 232, 283, 303, 318
広田三原則　149, 271, 290, 318, 329, 333
ブロック経済　170, 185
プロト工業化　33, 67, 68, 71, 72, 75, 76, 87
武士道　56, 57
幣制改革　25, 28, 29, 86, 142, 150, 154, 157, 188, 192, 216, 330
米中棉麦借款　328, 329

平和に関する14ヵ条　5, 17, 38, 128, 129, 206, 222
北京関税特別会議　17, 102, 225
北京議定書　123, 136
北京政府→中華民国北京政府を見よ
邦交敦睦令　146
ポーツマス条約　121, 124, 281
北伐　18, 27, 40, 84, 103, 104, 107, 110, 134, 135, 207〜209, 213, 235, 250, 259, 263, 266, 284, 285, 305, 322, 323
北平政務委員会　266, 295
北洋海軍（北洋艦隊）　60
保護関税　25, 142, 143, 146

［ま 行］

マニュファクチュア　67〜70, 72, 75
マルクス主義　161, 163, 166, 177
満洲国　21, 26, 134, 168, 171, 175, 176, 191, 195, 214 〜 216, 236, 268, 270, 274 〜 276, 296, 312, 314, 326, 330 〜 332, 338
満洲事変（九・一八事変）　14, 15, 20〜22, 24 〜 27, 37, 41, 78, 79, 84, 86, 96, 105 〜 107, 109, 110, 116, 117, 134, 135, 143, 146, 163, 164, 168, 178, 183, 187, 191, 193, 195, 198, 211, 213, 223, 236, 258, 259, 262, 263, 265, 266, 268, 269, 274 〜 276, 280, 281, 286 〜 288, 290, 291, 294 〜 296, 298, 302, 303, 317, 318, 321, 323 〜 328, 339
満鉄→南満洲鉄道株式会社を見よ
万宝山事件　261, 286, 287
満蒙権益　14〜16, 19, 23, 26, 98〜100, 125, 126, 133, 207, 222, 263, 264, 277, 282, 285, 321, 324
満蒙独立政権　269
南満洲鉄道株式会社（満鉄）　14, 19, 22, 24, 61, 99, 144, 168, 169, 175, 177, 178, 190, 210, 216, 265, 269, 281, 284, 286
民政党　21, 146, 263, 270, 285
民族自決　5, 16, 17, 26, 38, 128, 129, 206
民族資本　84, 85, 185, 186

明治維新　　　　　　　　32, 46,
　65, 66, 69, 70, 73, 76, 120, 130, 136, 198
門戸開放　　　　　23, 123〜126, 129〜
　131, 190, 191, 205, 321, 322, 326, 329, 332

［や・ら行］

洋務運動　　　32, 65, 66, 70, 84, 85, 120
芳沢・沈交換公文　　　　　　　　233
立憲　　　　　　　　　　56, 58, 120
リットン調査団（報告書）21, 305, 324〜326
ロシア革命　　　　　　17, 119, 129
盧溝橋事件（七・七事変）

183, 217, 273, 275, 279, 280, 288, 291〜293,
296, 298, 317 〜 320, 333, 334, 336, 337

［わ 行］

ワシントン会議　　　　　　　　16,
　17, 37, 94, 96, 99〜101, 103〜105, 109, 121,
　130 〜 133, 191, 222, 283, 303, 304, 321
ワシントン海軍軍縮条約　　　　307
ワシントン体制　　　　　　　17〜
　19, 23, 29, 36, 37, 100, 101, 103 〜 105,
　131, 132, 198, 224, 264, 277, 317, 318, 320
　〜 323, 326, 327, 329, 331, 332, 337 〜 339

執筆者紹介

編者

波多野澄雄（はたの・すみお）

国立公文書館アジア歴史資料センター長、外務省「日本外交文書」編纂委員長、筑波大学名誉教授

1947年生まれ。慶應義塾大学法学部政治学科卒業、慶應義塾大学大学院法学研究科博士課程修了、博士（法学）。防衛省防衛研究所所員、筑波大学教授、同副学長などを経て現職。

主要著書：『「大東亜戦争」の時代——日中戦争から日米英戦争へ』（朝日出版社、1988年）、『歴史としての日米安保条約』（岩波書店、2010年）、『国家と歴史——戦後日本の歴史問題』（中公新書、2011年）、『日本の外交2　外交史 戦後編』（編著、岩波書店、2013年）、『宰相鈴木貫太郎の決断』（岩波書店、2015年）。

中村元哉（なかむら・もとや）

津田塾大学学芸学部教授

1973年生まれ。東京大学文学部卒業、東京大学大学院総合文化研究科博士課程修了、博士（学術）。南山大学外国語学部アジア学科准教授、津田塾大学学芸学部准教授などを経て、2015年より現職。

主要著書：『対立と共存の日中関係史——共和国としての中国』（講談社、2017年）、『中国、香港、台湾におけるリベラリズムの系譜』（有志舎、2018年）、『憲政から見た現代中国』（編著、東京大学出版会、2018年）。

執筆者（執筆順）

宮本雄二（みやもと・ゆうじ）

日中関係学会会長、宮本アジア研究所代表、日中友好会館会長代行

1946年生まれ、1969年外務省入省。欧州局ソヴィエト連邦課首席事務官、国際連合局軍縮課長、アジア局中国課長、軍備管理・科学審議官、在アトランタ日本国総領事、在ミャンマー連邦日本国大使館特命全権大使などを歴任したのち、2006 - 2010年、在中華人民共和国日本国大使館特命全権大使。10年に退官。

主要著書：『これから、中国とどう付き合うか』（日本経済新聞出版社、2011年）、『習近平の中国』（新潮新書、2015年）『強硬外交を反省する中国』（PHP新書、2017年）。

汪朝光（おう・ちょうこう：WANG Chaoguang）

中国社会科学院世界歴史研究所所長

1958年生まれ。1982年南京大学歴史学部卒業、1984年中国社会科学院大学院修了。中国社会科学院近代史研究所研究員、副所長を経て、2018年より現職。

主要著書：『1945 - 1949：国共政争与中国命運』（社会科学文献出版社、2010年）、『中華民

国史』（第4、11巻、中華書局、2011年）、『対立と共存の歴史認識——日中関係150年』（共著、東京大学出版会、2013年）。

吉澤誠一郎（よしざわ・せいいちろう）
東京大学大学院人文社会系研究科教授
1968年生まれ。東京大学文学部卒業、東京大学大学院人文科学研究科博士課程退学。2000年東京大学博士（文学）。東京外国語大学アジア・アフリカ言語文化研究所助手などを経て現職。
主要著書：『天津の近代——清末都市における政治文化と社会統合』（名古屋大学出版会、2002年）、『愛国主義の創成——ナショナリズムから近代中国をみる』（岩波書店、2003年）、『清朝と近代世界』（岩波新書、2010年）。

厳立賢（げん・りつけん：YAN Lixian）
中国社会科学院近代史研究所研究員
1960年生まれ。蘭州大学経済学部、南開大学社会学学部修士課程、北京大学歴史学部博士課程卒業、博士（歴史学）。中国教育部と日本文部省の合同博士育成コースで東京大学、早稲田大学に留学。
主要著書：『日本資本主義の形態に関する研究』（中国社会科学出版社、1995年）、『中国と日本の早期工業化と国内市場』（北京大学出版社、1999年）、『近代化モデルと近代以来の中国における近代化の歩み』（九州出版社、2010年）。

中谷直司（なかたに・ただし）
三重大学特任准教授
1978年生まれ。龍谷大学文学部卒業、同志社大学大学院法学研究科博士後期課程修了、博士（政治学）。同志社大学一神教学際研究センター特別研究員（PD）、日本学術振興会特別研究員（PD）、同志社大学助教（有期）などを経て、2017年より現職。
主要著書：『強いアメリカと弱いアメリカの狭間で——第一次世界大戦後の東アジア秩序をめぐる日米英関係』（千倉書房、2016年）、ほか論文多数。

王緝思（おう・しゅうし：WANG Jisi）
北京大学国際戦略研究院院長、同国際関係学院教授
1948年生まれ。北京大学国際政治学部卒業、同修士課程修了。1993-2005年中国社会科学院アメリカ研究所研究員、副所長、所長を歴任。2005-2013年北京大学国際関係学院院長。現在中華米国学会名誉会長。
主要著書：『国際政治の理性と思考』（北京大学出版社、2006年）、『多元性と統一性の併存——30年来世界政治の変遷』（共著、社会科学文献出版社、2011年）、『大国戦略——国際戦略の探究と思考』（中信出版社、2016年）。

孫桜（そん・おう：SUN Ying）
北京大学国際戦略研究院研究助手
1988年生まれ。中国人民大学ジャーナリズム＆コミュニケーション学部卒業。在学中、

一橋大学社会学部に1年間交換留学。ジョージタウン大学外交学院修士課程修了後、2015年より現職。

主要論文：「「西進」戦略の意義——国内開発と外交のリンケージ」（東京財団政策研究所HP、https://www.tkfd.or.jp/research/china/a00474　2013年）。

久保亨（くぼ・とおる）

信州大学人文学部特任教授

1953年生まれ。東京大学文学部卒業、一橋大学大学院社会学研究科修士課程修了。東京大学東洋文化研究所助手などを経て現職。

主要著書：『戦間期中国〈自立への模索〉——関税通貨政策と経済発展』（東京大学出版会、1999年）、『戦間期中国の綿業と企業経営』（汲古書院、2005年）、『戦時期中国の経済発展と社会変容』（共編、慶應義塾大学出版会、2014年）、『統計でみる中国近現代経済史』（共著、東京大学出版会、2016年）。

木越義則（きごし・よしのり）

名古屋大学大学院経済学研究科准教授

1974年生まれ。京都大学経済学部卒業、京都大学大学院経済学研究科修士課程修了、博士課程修了。京都大学経済学研究科研究員、大阪産業大学経済学部准教授などを経て現職。

主要著書：『近代中国と広域市場圏——海関統計からのマクロ的アプローチ』（京都大学学術出版会、2012年）、『統計でみる中国近現代経済史』（共著、東京大学出版会、2016年）

閻慶悦（えん・けいえつ：YAN Qingyue）

山東財経大学保険学院院長、教授

1962年生まれ。山東大学歴史学部学士、修士課程、北京大学経済学部卒業、博士（経済学）。広島大学経済学部、京都大学経済学部客員研究員を経験。

主要著書：『新編国際経済学』（共著、経済管理出版社、2004年）、『東アジア経済発展の再分析』（研究出版社、2005年）。

熊本史雄（くまもと・ふみお）

駒澤大学文学部教授

1970年生まれ。筑波大学第二学群日本語・日本文化学類卒業、筑波大学大学院博士課程中退。2012年筑波大学博士。1995年より外務省外交史料館外務事務官、2004年より駒澤大学文学部専任講師、2008年同准教授を経て、2014年より現職。

主要著書：『近代日本公文書管理制度史料集——中央行政機関編』（編著、岩田書院、2009年）、『大戦間期の対中国文化外交——外務省記録にみる政策決定過程』（吉川弘文館、2013年）。

徐志民（じょ・しみん：XU Zhimin）

中国社会科学院近代史研究所副研究員

1977年生まれ。2006年東京大学に留学。07年北京大学歴史学部博士課程卒業、博士（歴史学）。2009年より中国社会科学院近代史研究所研究員補佐。チベット社会科学院当代チ

ベット研究所副所長などを経て現職。

主要著書：『チベット史話』（社会科学文献出版社、2011年）、『戦後日本人の戦争責任認
識に関する研究』（社会科学文献出版社、2012年）、『靖国神社のA級戦犯たち』（共著、
五洲伝播出版社、2015年）。

光田剛（みつた・つよし）
　　成蹊大学教授
　　1965年生まれ。東京大学法学政治学研究科博士課程修了、2002年博士。立教大学法学部
　　助手などを経て現職。
　　主要著書：『中国国民政府期の華北政治──1928-37年』（御茶の水書房、2007年）、『現
　　代中国入門』（共編著、ちくま新書、2017年）。

臧運祜（ぞう・うんこ：ZANG Yunhu）
　　北京大学歴史学部教授
　　1966年生まれ。1989年北京大学歴史学部修士課程修了、1998年中国社会科学院大学院博
　　士課程修了、博士（歴史学）。中国人民解放軍軍事科学院歴史研究部研究補佐、北京大学
　　歴史学部助手、講師、准教授を経て現職。2006-2010年中日歴史共同研究中国側委員を
　　つとめる。中国抗日戦争史学会常務理事を兼任。
　　主要著書：『七七事変前の日本の対中国政策』（社会科学文献出版社、2000年）、『近代日
　　本のアジア太平洋政策の変遷』（北京大学出版社、2009年）。

田嶋信雄（たじま・のぶお）
　　成城大学法学部教授
　　1953年生まれ。北海道大学法学部卒業。ドイツ連邦共和国トリーア大学、ボン大学留学
　　を経て、北海道大学大学院法学研究科博士後期課程単位取得退学、博士（法学）。
　　主要著書：『ナチズム外交と「満洲国」』（千倉書房、1992年）、『ナチス・ドイツと中国国
　　民政府──一九三三──一九三七』（東京大学出版会、2013年）、『日本陸軍の対ソ謀略──
　　日独防共協定とユーラシア政策』（吉川弘文館、2017年）。

于鉄軍（う・てつぐん：YU Tiejun）
　　北京大学国際戦略研究院副院長、同国際関係学院准教授
　　1968年生まれ。2000年北京大学国際関係学院博士課程修了、博士（法学）。北京大学国際
　　関係学院助手、講師を歴任。東京大学総合文化研究科に留学、スタンフォード大学国際
　　安全と協力センター訪問学者、ハーバード大学東アジア研究センター訪問学者。
　　主要著書：『日中安全保障・防衛交流の歴史・現状・展望』（共著、亜紀書房、2011年）、
　　『帝国の混迷』（訳著、北京大学出版社、2007年）。

李卓（り・たく：LI Zhuo）
　　1986年生まれ。北京大学－早稲田大学ダブルディグリー・プログラム博士後期。北京大
　　学元培学部、北京大学国際関係学院修士課程卒業。2011-2015年、オレゴン大学に留学。
　　2015-2016年、北京大学国際戦略研究院研究助手。

主要論文：Stephen Biddle, *Military Power: Explaining Victory and Defeat in Modern Battle*, (Princeton University Press, 2010)（書評、『国際政治科学』2010年第3期）。

訳者（担当順）

小野寺史郎（おのでら・しろう）
　埼玉大学大学院人文社会科学研究科准教授
　1977年生まれ。東北大学文学部卒業、東京大学大学院総合文化研究科博士課程修了、博士（学術）。京都大学人文科学研究所附属現代中国研究センター助教などを経て現職。専門は中国近現代史。
　主要著書：『中国ナショナリズム──民族と愛国の近現代史』（中公新書、2017年）。

森川裕貫（もりかわ・ひろき）
　関西学院大学文学部准教授
　1979年生まれ。東京大学大学院人文社会系研究科博士課程単位取得退学、博士（文学）。日本学術振興会特別研究員、京都大学人文科学研究所附属現代中国研究センター特定助教などを経て、2018年より現職。
　主要著書：『政論家の矜持──中華民国時期における章士釗と張東蓀の政治思想』（勁草書房、2015年）。

久保茉莉子（くぼ・まりこ）
　日本学術振興会特別研究員（PD）
　1985年生まれ。東京大学文学部卒業、東京大学大学院人文社会系研究科博士課程修了、博士（文学）。東京大学大学院人文社会系研究科研究員を経て、2018年より現職。
　主要論文：「南京国民政府時期における刑事上訴制度」（『史学雑誌』第126編第9号、2017年）。

松村史穂（まつむら・しほ）
　北海道大学経済学部准教授
　1978年生まれ。東京大学大学院人文社会系研究科博士課程修了、博士（文学）。
　主要著書・論文：『海峡両岸近現代経済研究』（東京大学社会科学研究所、2011年）、「1960年代半ばの中国における食糧買い付け政策と農工関係」（『アジア経済』第52巻第11号、2011年）。

杉谷幸太（すぎたに・こうた）
　1984年生まれ。東京大学教養学部国際関係論分科卒業、2015年東京大学大学院総合文化研究科地域文化研究専攻博士課程単位取得退学。研究テーマは文化大革命と農村下放体験をめぐる「知識青年」（元紅衛兵、老三届）世代の記憶と文学。
　主要論文：「「青春に悔い無し」の声はなぜ生まれたか──「老三届」世代から見た「上山下郷」運動」（『中国研究月報』Vol.66, No.10）。

執筆者紹介　363

矢久保典良（やくほ・のりよし）
　千葉商科大学非常勤講師
　1982年生まれ。慶應義塾大学文学部卒業、慶應義塾大学大学院文学研究科史学専攻後期
博士課程修了、博士（史学）。
　主要論文：「日中戦争時期における中国回教救国協会の清真寺運営論」（『東洋学報』第97
第4号、2016年）。

河野正（こうの・ただし）
　東京大学社会科学研究所助教
　1982年生まれ。東京都立大学人文学部卒業、東京大学人文社会系研究科博士課程修了、
博士（文学）。日本学術振興会特別研究員などを経て、2018年より現職。
　主要論文：「朝鮮戦争時期、基層社会における戦時動員——河北省を中心に」（『中国研究
月報』第70巻第4号、2016年）。

日中戦争はなぜ起きたのか
——近代化をめぐる共鳴と衝突

2018年10月10日　初版発行

編　者　波多野澄雄／中村元哉

発行者　松 田 陽 三

発行所　中央公論新社
　　　　〒100-8152　東京都千代田区大手町 1-7-1
　　　　電話　販売 03-5299-1730　編集 03-5299-1740
　　　　URL http://www.chuko.co.jp/

ＤＴＰ　市川真樹子
印　刷　図書印刷
製　本　大口製本印刷

©2018 Sumio HATANO, Motoya NAKAMURA, *et al.*
Published by CHUOKORON-SHINSHA, INC.
Printed in Japan　ISBN978-4-12-005122-7 C1020
定価はカバーに表示してあります。落丁本・乱丁本はお手数ですが小社販売部宛お送り下さい。送料小社負担にてお取り替えいたします。

●本書の無断複製（コピー）は著作権法上での例外を除き禁じられています。また、代行業者等に依頼してスキャンやデジタル化を行うことは、たとえ個人や家庭内の利用を目的とする場合でも著作権法違反です。